suhrkamp taschenbuch
wissenschaft 1705

Theodor W. Adorno

Gesammelte Schriften

Herausgegeben von Rolf Tiedemann
unter Mitwirkung von
Gretel Adorno, Susan Buck-Morss
und Klaus Schultz

Band 5

Theodor W. Adorno

Zur Metakritik der Erkenntnistheorie
Drei Studien zu Hegel

Suhrkamp

7. Auflage 2026

Erste Auflage 2003
suhrkamp taschenbuch wissenschaft 1705

Umschlag nach Entwürfen von
Willy Fleckhaus und Rolf Staudt
Druck und Bindung: C. H. Beck, Nördlingen
Printed in Germany
ISBN 978-3-518-29305-8

Suhrkamp Verlag GmbH
Torstraße 44, 10119 Berlin
info@suhrkamp.de
www.suhrkamp.de

Inhalt

Zur Metakritik der Erkenntnistheorie

Studien über Husserl und die phänomenologischen Antinomien

Für Max

Vorrede

Aus einem umfangreichen Manuskript, entstanden in Oxford während der ersten Emigrationsjahre 1934–37, wurden die Komplexe ausgewählt und durchgearbeitet, deren Tragweite dem Autor über den bloßen Streit der Schulen hinauszureichen schien. Ohne daß die enge Fühlung mit dem Stoff, und damit die Verpflichtung zum eingreifenden Argument einer Methode gegenüber wäre geopfert worden, die hofft, das Argumentieren unter sich zu lassen, soll an einem konkreten Modell die Frage nach Möglichkeit und Wahrheit von Erkenntnistheorie prinzipiell aufgerollt werden. Husserls Philosophie ist Anlaß, nicht Ziel. Darum war sie auch nicht erst geschlossen darzustellen und dann eine sogenannte Auseinandersetzung zu führen. Wie es einem Denken geziemt, das der Idee des Systems nicht sich beugt, wurde versucht, das Gedachte um Brennpunkte zu ordnen. Es resultierten voneinander abgesetzte Einzelstudien, die gleichwohl aufs dichteste miteinander verbunden sind und sich gegenseitig stützen. Überschneidungen waren unvermeidlich.

Die Tendenz des Buches ist sachlich-philosophisch; die Kritik an Husserl meint, durch sein Werk hindurch, den Ansatz, um den er so nachdrücklich sich bemühte und den nach ihm das Philosophieren in Deutschland weit gründlicher sich zueignete, als heute ausgesprochen wird. Trotzdem ist das Buch nicht systematisch im Sinn des traditionellen Gegensatzes zur Geschichte. Fordert es den Begriff des Systems selber heraus, so sucht es im Innern der sachlichen Fragen eines geschichtlichen Kerns habhaft zu werden: auch die Scheidung von systematisch und historisch fällt unter die Kritik, die es übt.

Nirgends jedoch erhebt es philologischen oder hermeneutischen Anspruch; auf Sekundärliteratur wird nicht eingegangen. Viele Texte von Husserl selbst, zumal im Zweiten Band der Logischen Untersuchungen, sind dickichthaft verschlungen, wohl auch mehrdeutig; sollte die Interpretation der einen oder anderen Stelle fehlgreifen, so wäre der Autor der letzte, sie zu verteidigen. Andererseits konnte er programmatische Deklarationen nicht respektieren und mußte an das sich halten, was ihm die Texte selbst zu sagen dünkten. So hat er sich nicht von Husserls Versicherung einschüchtern lassen, die reine Phänomenologie sei keine Erkenntnistheorie, und die Region des reinen Bewußtseins habe nichts zu tun mit dem Begriff des Zusammenhangs des Gegebenen in der Bewußtseinsimmanenz, wie er dem vorhusserlschen Kritizismus vertraut war. Worin Husserl von diesem sich unterscheidet, steht ebenso zur Erörterung, wie ob jene Unterscheidung verbindlich sei.

Die Analyse beschränkt sich auf das von Husserl selbst Veröffentlichte und erteilt dabei den eigentlich phänomenologischen Schriften, auf denen die Restauration der Ontologie aufbaute, den Vorrang vor den späteren, in denen Husserls Phänomenologie sich selbst in einen subtil abgewandelten Neukantianismus zurücknahm. Da indessen die Revision der reinen Phänomenologie nicht bei der Gesinnung ihres Urhebers stand, sondern vom Gegenstand erzwungen ward, so fühlte der Autor sich frei, auf die »Formale und transzendentale Logik« und die »Cartesianischen Meditationen« zu rekurrieren, wann immer der Zug der Erwägungen es verlangte. Ausgeschlossen blieben sämtliche vorphänomenologischen Schriften, zumal die »Philosophie der Arithmetik«, ebenso wie die Nachlaßpublikationen. Nirgends ward Vollständigkeit angestrebt. Die Aufmerksamkeit gilt mehr den ausgeführten Analysen Husserls, an die er selber seine Energie wandte, als dem totalen Gefüge.

Gleichwohl geht die Absicht auf alles andere als auf die bloße Kritik an Details. Anstatt daß über erkenntnistheoretische Einzelfragen gerechtet würde, soll das mikrologische Verfahren stringent dartun, wie jene Fragen über sich selbst und schließlich ihre ganze Sphäre hinaustreiben. Die Motive, welche solche Bewegung auslösen, faßt die Einleitung zusammen. Die Verantwortung für die Triftigkeit des Entwickelten jedoch haben allein die vier Studien selbst zu tragen.

Drei der Kapitel wurden im »Archiv für Philosophie« veröffentlicht, zuerst das letzte, schon 1938 abgeschlossene, unter dem

Titel »Zur Philosophie Husserls«, Band 3, Heft 4, dann das erste und zweite, beide 1953 redigiert, Band 5, Heft 2 und Band 6, Heft 1/2. Zumal das Schlußkapitel ist gegenüber dem Vorabdruck wesentlich verändert.

Frankfurt, Ostern 1956

Einleitung

Θνατὰ χρὴ τὸν θνατόν, οὐκ ἀθάνατα τὸν θνατὸν φρονεῖν.

Epicharmos, Fragm. 20

Der Versuch, Husserls reine Phänomenologie im Geist von Dialektik zu erörtern, setzt vorab dem Verdacht der Willkür sich aus. Sein Programm geht auf eine »Seinssphäre absoluter Ursprünge«[1], sicher vor jenem »organisierten Widerspruchsgeist«, als welchen Hegel im Gespräch mit Goethe sein Verfahren einmal bezeichnete[2]. Die von Hegel konzipierte und dann auch gegen ihn gewandte Dialektik ist bei aller Verwandtschaft qualitativ verschieden von den positiven Philosophien, unter die er im Namen des Systems eingereiht wird. Mag auch die Hegelsche Logik gleich der Kantischen am transzendentalen Subjekt »festgemacht«, mag sie vollkommener Idealismus sein, so weist sie doch, wie nach Goethes dialektischem Diktum alles Vollkommene, über sich hinaus. Die Kraft des Unwidersprechlichen, die Hegel wie kein zweiter ausstrahlt und deren Gewalt die spätere bürgerliche Philosophie, auch die Husserlsche, tastend nur und fragmentarisch für sich wieder entdeckte, ist die Kraft des Widerspruchs und kehrt sich gegen sich selber, gegen die Idee des absoluten Wissens. Denken, das aktiv-zusehend in allem Seienden sich wiederfindet, ohne eine Schranke zu dulden, durchbricht als solche Schranke die Nötigung, ein fixiertes Letztes allen seinen Bestimmungen zugrundezulegen, und erschüttert damit noch den Primat des Systems, seinen eigenen Inbegriff. Wohl muß das Hegelsche System die Identität von Subjekt und Objekt voraussetzen und damit jenen Primat des Geistes, den es beweisen will, aber in seiner konkreten Entfaltung widerlegt es die Identität, die es der Totale zuspricht. Das antithetisch Entfaltete jedoch ist nicht, wie man heute wohl möchte, das Gefüge des Seins an sich, sondern die antagonistische Gesellschaft, auf deren Stadien nicht umsonst die Phänomenologie des Geistes, welche als Selbstbewegung des Begriffs auftritt, in all ihren eigenen Stadien sich bezieht. Das Zwangshafte, das die Dialektik mit dem System teilt und das unabtrennbar ist von ihrem Immanenzcharakter, ihrer »Logizität«, wird von ihrem eigenen Identitätsprinzip dem realen Zwang angenähert, dem Denken sich beugt und den es verblendet für den seinen hält: dem des gesellschaftlichen Schuldzusammenhangs. Sein geschlossener Kreis bewirkt den lückenlosen Schein des Natürlichen, schließlich den metaphysischen von Sein. Dialektik aber macht diesen Schein stets wieder zunichte. Demgegenüber hat Husserl noch im Alter im Titel seiner gedrängten Gesamtdarstellung der Phänomenologie jenen Cartesianischen beschworen, der den absoluten Grundlagen der Philosophie gilt. Er möchte die prima philosophia wiederherstellen kraft der Reflexion auf den von jeglicher Spur des bloß Seienden gereinigten Geist. Die metaphysische Konzeption, welche den Anfang des Zeitalters markierte, tritt an dessen Ende, aufs äußerste sublimiert und gewitzigt, dadurch jedoch nur desto unausweichlicher und konsequenter, kahl, nackt, hervor: eine Doktrin des Seins zu entwickeln unter den Bedingungen des Nominalismus, der Zurückführung der Begriffe aufs denkende Subjekt. Diese phänomenologische Konzeption verwirft aber die dialektische Analysis, Hegels Negativität, als bloße Anfechtung. Die Lehre von der Vermitteltheit aller, auch der tragenden Unmittelbarkeit ist mit dem Impuls zur »Reduktion«[3] unvereinbar und wird als logischer Widersinn gebrandmarkt. Hegels Skepsis gegen die Wahl eines absolut Ersten als des zweifelsfrei gewissen Ausgangspunktes der Philosophie soll deren Sturz ins Bodenlose gleichkommen – ein Motiv, das dann in den von Husserl ausgehenden Schulen rasch genug gegen alle Arbeit und Anstrengung des Begriffs sich kehrte und dazu herhielt, mitten im Denken den Gedanken zu sistieren. Wer davon sich nicht bange machen läßt, scheint von Anbeginn zu verfehlen, woran er sich mißt, und der fruchtlos transzendenten Kritik zu frönen, welche den leeren Anspruch eines überlegenen »Standpunkts« mit Unverbindlichkeit bezahlt; damit, daß sie in die Kontroverse gar nicht erst eingreift, sondern sie – wie Husserl gesagt hätte: »von oben her« – vorentscheidet.

Aber der methodologische Einwand bleibt allzu formal der Dialektik gegenüber, die auf den Unterschied von Methode und Sache überhaupt nicht sich vereidigen läßt. Ihr Verfahren selber ist die immanente Kritik. Sie opponiert nicht sowohl der Phänomenologie durch einen dieser äußerlichen und fremden Ansatz oder »Entwurf«, als daß sie den phänomenologischen mit seiner eigenen Kraft dorthin treibt, wohin er um keinen Preis möchte, und ihm mit dem Geständnis der eigenen Unwahrheit Wahrheit abnötigt. »Die wahrhafte Widerlegung muß in die Kraft des Gegners eingehen und sich in den Umkreis seiner Stärke stellen; ihn außerhalb seiner selbst angreifen und da Recht zu behalten, wo er nicht ist, fördert die Sache nicht.«[4] Dem gegen akademische Convenus gewappneten Bewußtsein ist der Widerspruch in der Idee einer vom geschichtlich irrevokabeln Nominalismus her gewonnenen Ontologie einleuchtend: daß eine aller Subjektivität vorgeordnete und über ihre Kritik erhabene Lehre vom Sein, offen oder verkappt, im Rückgang auf eben jene Subjektivität gefunden werden soll, welche die Lehre vom Sein als dogmatisch aufgelöst hat. Diesen Widerspruch läßt aber der dialektische Gedanke nicht abstrakt stehen, sondern nutzt ihn als Motor der begrifflichen Bewegung bis zur bündigen Entscheidung über das phänomenologisch Behauptete. Nicht ist unterhalb der Konstituentien der reinen Phänomenologie eine Schicht vom Schlage des ursprünglichen Seins als das eigentlich Erste auszugraben und damit der phänomenologische Anspruch womöglich zu überbieten. Vielmehr sind die vorgeblich originären Begriffe, zumal die der Erkenntnistheorie, als welche sie bei Husserl auftreten, allesamt und notwendig in sich vermittelt oder – nach hergebracht wissenschaftlicher Redeweise – »voraussetzungsvoll«. Zur Kritik steht der Begriff des absolut Ersten selber. Kommt etwa zutage, daß die Gegebenheit, von der Erkenntnistheorie handelt, den Mechanismus von Verdinglichung postuliert, während in der Immanenzphilosophie, der jener Terminus angehört, dinghaftes Dasein auf den Zusammenhang von Gegebenem zurückverweist, so folgt daraus nicht umgekehrt der Primat des Dinglichen über die Gegebenheit. Wohl aber, daß das hierarchische Schema von tragendem Ersten und daraus erst Abgeleitetem kein Recht hat. Jeglicher Versuch, einer privilegierten Kategorie dies Recht zu-

zuspielen, verfängt sich in Antinomien. In der immanenten Methode drückt das derart sich aus, daß die Analyse von Dinglichem ebenso aufs Gegebene stößt wie die des Gegebenen auf Dinghaftes. Das aber ist kein Einwand gegen ein Verfahren, das die Norm von Reduktibilität nicht sich zueignet, sondern nur gegen jene Methode, die dem Kanon solcher Reduktibilität gehorcht. Will die Kritik am Ersten nicht auf die Jagd nach dem Allerersten ausziehen, so darf sie auch nicht gegen die Phänomenologie vertreten, was dieser selbst und manchen ihrer Nachfolger vorschwebt: transzendentes Sein immanenzphilosophisch zu begründen. Es geht um Begriff und Legitimation eben solcher Begründung, nicht um die inhaltlich wie sehr auch immer wechselnde These, was nun der letzte Grund sei. Der philosophische Zwangscharakter ist zu brechen, indem er streng genommen und beim Namen gerufen wird; nicht ein anderer, neuer und noch älterer Bann an seiner Stelle aufzurichten.

Daß der Inhalt dessen, was als Erstes behauptet wird, unwesentlicher sei als die Frage nach dem Ersten als solchem; daß etwa der Streit über einen dialektischen oder ontologischen Beginn irrelevant bleibt gegenüber der Kritik der Vorstellung, es sei überhaupt mit einem Urprinzip, dem des Seins oder des Geistes, zu beginnen, impliziert einen emphatischen Gebrauch des Begriffs vom Ersten selber. Nämlich den der Setzung von Identität. In dem als philosophisch Ersten behaupteten Prinzip soll schlechthin alles aufgehen, gleichgültig, ob dies Prinzip Sein heißt oder Denken, Subjekt oder Objekt, Wesen oder Faktizität. Das Erste der Philosophen erhebt totalen Anspruch: es sei unvermittelt, unmittelbar. Damit es dem eigenen Begriff genüge, wären immer erst die Vermittlungen gleichsam als Zutaten des Gedankens zu beseitigen und das Erste als irreduktibles An sich herauszuschälen. Aber ein jegliches Prinzip, auf welches Philosophie als auf ihr Erstes reflektieren kann, muß allgemein sein, wenn es nicht seiner Zufälligkeit überführt werden will. Und ein jegliches allgemeines Prinzip eines Ersten, wäre es auch das der Faktizität im radikalen Empirismus, enthält in sich Abstraktion. Selbst jener Empirismus könnte kein einzelnes jetzt und hier Seiendes, kein Faktum als Erstes reklamieren, sondern einzig das Prinzip von Faktischem überhaupt. Als Begriff ist das Erste und Unmittelbare allemal vermittelt und darum nicht das Erste. Keine Unmittelbarkeit, auch kein Faktisches, in dem der philosophische Gedanke der Vermittlung durch sich selbst zu entrinnen hofft, wird der denkenden Reflexion anders zuteil denn durch den Gedanken. Das hat die vorsokratische Seinsmetaphysik registriert zugleich und verklärt im Parmenideischen Vers, Denken und Sein seien das Gleiche, und damit freilich auch bereits die eigene eleatische Doktrin vom Sein als Absolutum dementiert. Mit dem Prinzip des νοεῖν wird zwangvoll jene Reflexion in den Prozeß geworfen, welche die reine Identität des εἶναι zerstören muß und doch an sie gebannt bleibt als an den abstraktesten Begriff, das untilgbare Gegenüber des abstraktesten Gedankens. »Die Kennzeichen, welche man dem ›wahren Sein‹ der Dinge gegeben hat, sind die Kennzeichen des Nicht-Seins, des Nichts, – man hat die ›wahre Welt‹ aus dem Widerspruch zur wirklichen Welt aufgebaut: eine scheinbare Welt in der That, insofern sie bloß eine moralisch-optische Täuschung ist.«[5] Seitdem war alle Ontologie idealistisch[6]: erst ohne es zu wissen, dann auch für sich selber, schließlich gegen den verzweifelten Willen der theoretischen Reflexion, die aus dem selbstgesteckten Bezirk des Geistes als eines An sich ins An sich ausbrechen möchte. Dagegen verblassen die Unterschiede, auf denen die offizielle Geschichte der Philosophie beharrt, selbst der des Psychologischen und Transzendentalen, zur Irrelevanz. In den Cartesianischen Meditationen hat Husserls Redlichkeit das eingeräumt. Wohl läßt er nicht davon ab, selbst rein deskriptive Psychologie sei, trotz der strikten Parallelität beider Disziplinen, keineswegs transzendentale Phänomenologie: »Zwar ist reine Bewußtseinspsychologie eine genaue Parallele zur transzendentalen Bewußtseinsphänomenologie, aber gleichwohl muß beides streng auseinandergehalten werden, während die Vermengung den transzendentalen Psychologismus charakterisiert, der eine echte Philosophie unmöglich macht.«[7] Aber es handle sich um Nuancen. Dies Zugeständnis wiegt um so schwerer, als Husserl selber das Kriterium schuldig bleibt, das es erlaubte, das von ihm am Ende urgierte reine Ich, Heimat des Transzendentalen, von der Bewußtseinsimmanenz herkömmlich szientifischen Stils abzuheben. In dieser seien die Bewußtseinsdaten ein Stück »Welt«, Dasein, dort nicht. Auf die Frage aber,

was sonst sie seien, erteilt er den Bescheid, »Wirklichkeitsphänomene«[8]. Von Phänomenen ohne Dasein kann jedoch nicht wohl die Rede sein.
Indem das Erste der Philosophie immer schon alles enthalten soll, beschlagnahmt der Geist, was ihm nicht gleicht, macht es gleich, zum Besitz. Er inventarisiert es; nichts darf durch die Maschen schlüpfen, das Prinzip muß Vollständigkeit verbürgen. Die Zählbarkeit des Befaßten wird zum Axiom. Verfügbarkeit stiftet das Bündnis von Philosophie und Mathematik, das dauert, seitdem Platon das eleatische wie das heraklitische Erbe mit dem der Pythagoräer verschmolz. Seine Spätlehre, der zufolge die Ideen Zahlen seien, ist keine bloße Ausschweifung exotischer Spekulation. Stets fast läßt an den Exzentrizitäten des Gedankens das Zentrale sich ablesen. Durch die Zahlenmetaphysik wird exemplarisch die Hypostasis der Ordnung vollzogen, mit welcher der Geist die beherrschten Dinge so gänzlich überspinnt, bis es scheint, als wäre das Gewebe das Verborgene selber: schon dem Sokrates von Platons mittlerer Periode scheint es »notwendig, zu den Begriffen« seine »Zuflucht zu nehmen und an ihrer Hand das wahre Wesen der Dinge zu erforschen«[9]. Um so dichter aber wird der Schleier vorm Geist, je dinghafter er als herrschender – wie es in der Zahl geschieht – selbst wird. Im Begriff des Ersten, der in den Urtexten der abendländischen Philosophie waltet und im Seinsbegriff der Aristotelischen Metaphysik thematisch ward, sind Zahl und Zählbarkeit mitgedacht. Das Erste gehört an sich schon in die Zahlenreihe; wo von einem πρῶτον die Rede ist, muß ein δεύτερον sich angeben, muß sich abzählen lassen. Sogar der eleatische Begriff des Einen, das einzig sein soll, wird verständlich nur in seiner Beziehung auf das Viele, das er verneint. Man stößt sich am zweiten Teil des Parmenideischen Gedichts um seiner Inkompatibilität mit der These des Einen willen. Doch ohne die Idee des Vielen wäre die des Einen gar nicht zu bestimmen. In den Zahlen spiegelt sich der Gegensatz des ordnenden und festhaltenden Geistes zu dem, was er sich gegenüber findet. Erst reduziert er es, um es sich gleich zu machen, zum Unbestimmten, das er dann bestimmt als das Viele. Noch zwar nennt er es nicht mit ihm identisch oder auf ihn zurückführbar. Aber es wird ihm bereits ähnlich. Es büßt als

Menge von Einheiten seine besonderen Qualitäten ein, bis es sich als abstrakte Wiederholung des abstrakten Zentrums enthüllt. Die Schwierigkeit, den Zahlenbegriff zu definieren, stammt daher, daß sein eigenes Wesen der Mechanismus der Begriffsbildung ist, mit dessen Hilfe er zu definieren wäre. Der Begriff selbst ist Subsumtion und enthält damit ein Zahlenverhältnis. Die Zahlen sind Veranstaltungen, das Nichtidentische unter dem Namen des Vielen dem Subjekt kommensurabel zu machen, dem Vorbild von Einheit. Sie bringen das Mannigfaltige der Erfahrung auf seine Abstraktion. Das Viele vermittelt zwischen dem logischen Bewußtsein als Einheit und dem Chaos, zu dem die Welt wird, sobald jenes dieser sich gegenüberstellt. Ist aber in dem Vielen an sich die Einheit bereits enthalten als das Element, ohne das von Vielem nicht die Rede sein kann, so verlangt umgekehrt das Eine die Idee des Zählens und der Vielheit. Freilich hat der Gedanke der Vielheit noch nicht das dem Subjekt Gegenüberliegende durch Synthesis wiederum zur Einheit gemacht. Die Idee der Einheit der Welt gehört einer späten Stufe an, der identitätsphilosophischen. Die Kontinuität der Zahlenreihe jedoch blieb seit Platon das Modell aller Bruchlosigkeit der Systeme, ihres Anspruchs auf Vollständigkeit. Von ihr leitet sich bereits die Cartesianische, von aller als Wissenschaft auftretenden Philosophie respektierte Regel her, kein Mittelglied dürfe fehlen. Sie schon prägt, in dogmatischer Antizipation des späteren philosophischen Identitätsanspruchs, dem zu Denkenden eine Geschlossenheit auf, von der dahinsteht, ob sie jenem gebühre. Die Identität des Geistes mit sich selber, die nachmalige synthetische Einheit der Apperzeption, wird durchs bloße Verfahren auf die Sache projiziert und zwar desto rücksichtsloser, je sauberer und stringenter es sein möchte. Das ist die Erbsünde der prima philosophia. Um nur ja Kontinuität und Vollständigkeit durchzusetzen, muß sie an dem, worüber sie urteilt, alles wegschneiden, was nicht hineinpaßt. Die Armut philosophischer Systematik, welche die philosophischen Systeme schließlich zum Popanz erniedrigte, ist nicht erst ein Symptom von deren Zerfall, sondern teleologisch gesetzt von dem Verfahren selbst, das da schon bei Platon unwidersprochen verlangt, die Tugend müsse durch Reduktion auf ihr Schema demonstrierbar sein gleich einer geometrischen Figur[10].

Die Autorität des Platon ebenso wie das Eingeschliffensein der mathematisierenden Denkgewohnheit als der allein verbindlichen lassen das Bewußtsein des Ungeheuerlichen kaum recht aufkommen, daß eine konkret gesellschaftliche und von Gorgias im gesellschaftlichen Zusammenhang, nämlich dem von Herrschaft[11], ausdrücklich lokalisierte Kategorie wie die der Tugend derart auf ihr Skelett als auf ihr Wesen zurückgeführt werden soll. Im Triumph von Mathematik und jeglichem Triumph hallt wie im Bescheid der Orakel etwas von mythischem Hohn wider: wer darauf lauscht, hat das Beste schon vergessen. Tautologie ist Mathematik auch darin, daß ihre Allherrschaft doch nur die ist über das, was sie schon präpariert, sich selbst angebildet hat. Im Menon wird nicht ohne Grund vielleicht – nämlich um über jenes Ungeheuerliche hinwegzuleiten – das Desiderat des Sokrates wie selbstverständlich und daher unbegründet-dogmatisch, auch ohne Opposition ausgesprochen, die Tugend auf ihr Unveränderliches, damit aber Abstraktes und von jenem Zusammenhang Losgelöstes zu bringen. Dies Desiderat, spürbar noch hinter jeder Bedeutungsanalyse der reinen Phänomenologie, ist aber schon das von Methode im prägnanten Sinn, einer Verfahrungsweise des Geistes, die sich überall und stets zuverlässig anwenden läßt, weil sie der Beziehung auf die Sache, den Gegenstand der Erkenntnis sich entäußerte, die Platon noch respektiert wissen wollte[12]. Solcher Begriff der Methode ist die ihrer eigenen Implikation, des Rekurses aufs selbstherrliche Subjekt, noch nicht bewußte Vorform von Erkenntnistheorie, und diese war kaum je etwas anderes als die Reflexion der Methode. Der Schnitt jedoch, den sie vollzieht, gehört konstitutiv zum Begriff einer πρώτη φιλοσοφία. Wie diese nicht anders als methodisch kann vorgestellt werden, so ist Methode, der geregelte »Weg«, immer gesetzmäßige Folge eines Nachfolgenden aufs Frühere: wo methodisch gedacht wird, ist auch ein Erstes verlangt, damit nicht der Weg abbreche und beim Zufall ende, wider den er ersonnen ward. Vorweg wird das Verfahren so geplant, daß nichts außerhalb seines Stufengangs es stören darf. Daher die Harmlosigkeit alles Methodischen, vom Zweifel des Descartes bis zur respektvollen Destruktion des Tradierten bei Heidegger. Nur der bestimmte, nie der absolute Zweifel ist den

Ideologien jemals gefährlich geworden; der absolute fährt sich selbst in die Parade durch das methodische Ziel, was ist aus sich heraus noch einmal hervorzubringen. Dem entspricht in Husserls Erkenntnistheorie die Abgrenzung der ἐποχή von Sophistik und Skepsis[13]. Der Zweifel verschiebt bloß das Urteil zur Vorbereitung darauf, die Annahmen vorkritischen Bewußtseins wissenschaftlich zu vindizieren, in geheimer Sympathie mit dem konventionellen Menschenverstand. Zugleich jedoch muß die Methode der unbekannten Sache, um deren Erkenntnis willen sie einzig da ist, stets Gewalt antun, das andere nach sich selbst modeln – der Urwiderspruch in der ursprungsphilosophischen Konstruktion von Widerspruchslosigkeit. Die vor Aberrationen behütete, autarkische und sich selbst unbedingt dünkende Erkenntnis als methodische hat zum τέλος die rein logische Identität. Damit aber substituiert sie sich als Absolutum für die Sache. Ohne die Gewalttat der Methode wären Gesellschaft und Geist, wären Unterbau und Überbau kaum möglich gewesen, und das verleiht ihr nachträglich die Unwiderstehlichkeit, welche die Metaphysik als transsubjektives Sein zurückspiegelt. Die Ursprungsphilosophie, die als Methode die Idee von Wahrheit überhaupt erst zeitigte, ist jedoch zugleich im Ursprung ein ψεῦδος. Nur in Augenblicken des geschichtlichen Hiatus wie dem zwischen der Lockerung des scholastischen Zwangs und dem Beginn des neuen, bürgerlich-szientifischen hat der Gedanke Atem geschöpft; in Montaigne etwa verbindet sich die schüchterne Freiheit des denkenden Subjekts mit Skepsis gegen die Omnipotenz der Methode, nämlich der Wissenschaft[14]. Gesellschaftlich aber erscheint in der Konstitution von Methode als deren Trennung von der Sache die Trennung geistiger und körperlicher Arbeit. Im Arbeitsprozeß war die Allgemeinheit methodischen Vorgehens Frucht von Spezialisierung. Gerade der zur Sonderfunktion beschränkte Geist verkennt sich, dem eigenen Privileg zuliebe, als Absolutes. Bereits der Bruch im Gedicht des Parmenides ist ein Zeichen der Diskrepanz von Methode und Sache, mag auch ein Begriff von Methode noch fehlen. Die Absurdität der zweierlei Wahrheiten, die unvermittelt nebeneinander auftreten und von denen die eine doch bloßer Schein sein soll, drückt die Absurdität der frühesten Gestalt von »Rationalisierung« flagrant aus. Wahrheit, Sein, Einheit, die obersten eleatischen Worte, sind reine Denkbestimmungen, und Parmenides erkennt sie als solche; damit aber sind sie zugleich, was er und seine Nachfolger noch verschweigen, Anweisungen, wie zu denken sei, »Methode«. Natorps geschichtsfremder Neukantianismus hat diesen Aspekt der alten Philosophie besser getroffen als die allzu ehrfürchtige Versenkung in ihr Archaisches. Wie dem methodischen Verfahren steht den Parmenideischen Urworten die Sache einzig noch als störender Inhalt gegenüber: als bloßer Trug, den er verwirft. Die δόξα des Parmenides ist der Überschuß der Sinnenwelt übers Denken, Denken sein wahres Sein. Nicht sowohl fragt authentisch die Vorsokratik durch die Schuld späterer Entweihung verstummte Ursprungsfragen, als daß in ihr und noch in Platon der Bruch, die Entfremdung rein und unverstellt ausgesprochen ward. Das ist ihre Würde, die des Gedankens, der das Unheil noch nicht verschleiert, von dem er zeugt. Die fortschreitende ratio jedoch hat als fortschreitende Vermittlung jenen Bruch immer kunstvoller versteckt, ohne ihn je meistern zu können. Damit hat sie die Unwahrheit des Ursprungs stetig verstärkt. Schon der von Platon gelehrte χωρισμός dachte gegenüber dem klaffenden, noch von keinem Begriff eingefangenen Widerspruch der Eleaten beide Sphären, sei's auch in ihrem schroffen Gegensatz, zusammen, eine erste Vermittlung vor aller μέθεξις, und sein späteres Werk gleich dem gesamten des Aristoteles will mit voller Anstrengung den Graben ausfüllen. Denn während dieser den Ursprungsphilosophien als ihre eigene Bedingung eingezeichnet ist, ist er ihnen zugleich das schlechterdings Unerträgliche. Er mahnt sie an ihre Unmöglichkeit, daran, daß sich ihre Objektivität von subjektiver Willkür herleitet. Ihre Geschlossenheit ist selber der Bruch. Daher die fanatische Intoleranz der Methode, der totalen Willkür, gegen alle Willkür als Abweichung. Ihr Subjektivismus richtet das Gesetz von Objektivität auf. Die Herrschaft des Geistes glaubt nur als grenzenlose sich selber. Als wiedererrungene Einheit jedoch besiegelt sie bloß die Entzweiung; wahrhaft ein Absolutes, Schein der Versöhnung, entbunden von dem, womit zu versöhnen wäre, und in solcher Absolutheit erst recht Bild des ausweglosen Zusammenhangs von Schuld. Gerade die lückenlose Gefügtheit, deren sie doch nicht entraten können, verhängt über die Ursprungsphilosophien ihr Unheil und schafft zugleich die Bedingung zur Freiheit von ihnen. Der Entmythologisierungsprozeß, den der zur zweiten Mythologie sich zusammenschließende Geist durchläuft, enthüllt die Unwahrheit der Idee des Ersten selber. Das Erste muß der Ursprungsphilosophie immer abstrakter werden; je abstrakter aber es wird, desto weniger erklärt es mehr, desto weniger taugt es zur Begründung. Bei vollkommener Konsequenz nähert das Erste unmittelbar dem analytischen Urteil sich an, in das es die Welt verwandeln will, der Tautologie, und sagt am Ende überhaupt nichts mehr. Die Idee des Ersten zehrt in ihrer Entfaltung sich selber auf, und das ist ihre Wahrheit, die ohne Philosophie des Ersten nicht sich hätte gewinnen lassen.

Indem das Subjekt das Prinzip angibt, aus dem ein jegliches Sein hervorgehe, erhöht es sich selber. Darin hat wenig sich geändert, von den marktschreierischen Selbstanpreisungen jener Vorsokratiker, die wie arbeitslos gewordene Medizinmänner herumzogen und deren Unehrlichkeit widerhallt in der Platonischen Wut auf die Sophisten, bis zu Husserl. Seine Schriften sind voll von Bewunderung für die von ihm erschlossenen »ungeheuren Felder«[15]; in den Cartesianischen Meditationen heißt es: »eine unerhört eigenartige Wissenschaft tritt in unseren Gesichtskreis«[16], oder: »Haben wir uns einmal der phänomenologischen Aufgabe der konkreten Bewußtseinsdeskription bemächtigt, so eröffnen sich uns wahre Unendlichkeiten – vor der Phänomenologie – nie erforschter Tatsachen.«[17] Den gleichen Ton schlägt Heidegger an in dem Pronunciamento, das Sein sei das »Einzigartigste, was es überhaupt gibt«[18]. Auftrumpfend bietet von alters her sich der Sprecher der prima philosophia an als der, welcher alles im Sack hat und alles weiß. Er erhebt den Vielen gegenüber, die er durch Verachtung an sich bindet, einen Souveränitätsanspruch, der bei Platon noch als Empfehlung von Philosophenkönigen sich einbekannte. Selbst auf ihrer höchsten Stufe, der Hegelschen Lehre vom absoluten Wissen, ist die prima philosophia davon nicht geheilt. Hegel plaudert nur aus der Schule, was sonst meist die armen Weisen für sich behielten: Philosophie sei selber das wahre Sein; während Platon außerhalb der Utopie sich damit begnügte, den Philosophen günstige Plätze in der Unsterblichkeit zu reservieren[19]. Der offene oder geheime Pomp und das keineswegs selbstverständliche Bedürfnis nach absoluter geistiger Sekurität – denn warum eigentlich sollte das spielerische Glück des Geistes vom Risiko des Irrtums gemindert werden? – sind der Reflex auf reale Ohnmacht und Unsicherheit, die sich selbst durch Positivität übertäubende Klage dessen, der weder zur realen Reproduktion des Lebens beiträgt noch an dessen realer Beherrschung recht partizipieren darf, sondern einzig als dritte Person den Herrschenden ihr Herrschaftsmittel, den zur Methode versachlichten Geist, verkauft und anpreist. Was sie nicht haben, wollen sie wenigstens in der Fata morgana ihres eigenen Ressorts, des Geistes: Unwiderleglichkeit ersetzt ihnen die Herrschaft, fusioniert mit dem Dienst, den sie tatsächlich leisten, ihrem Beitrag zur Naturbeherrschung. Ihr Subjektivismus, verblendet von Anbeginn, wird aber sogleich von der Strafe für seine Beschränktheit ereilt. Um der Herrschaft willen muß er sich selbst beherrschen und negieren. Damit sie sich nur ja nicht irren, der eigenen Erhöhung zuliebe, erniedrigen sie sich und möchten sich am liebsten durchstreichen. Ihre Subjektivität wenden sie daran, von der Wahrheit das Subjekt zu subtrahieren und Objektivität stellen sie sich als Rest vor. Alle prima philosophia bis zu Heideggers Anspruch der »Destruktion«[20] war wesentlich Residualtheorie; Wahrheit soll sein, was übrig bleibt, die Neige, das Allerschalste. Der Inhalt auch von Husserls phänomenologischem Residuum ist ganz dürftig und leer und wird dessen überführt, sobald die Philosophie, wie in den soziologischen Exkursen der Cartesianischen Meditationen[21], auch nur den kleinsten Schritt wagt, um aus dem Gefängnis des Residuums ins freie Leben sich zurückzubegeben. Denn philosophia perennis verhält sich zur ungeschmälerten Erfahrung wie der Unitarismus zur Religion und die Kultur zu dem, was ihr neutralisierter Begriff verwaltet. Huxley behält ironisch recht, wenn er seine philosophia perennis als das Gemeinsame der durchmusterten Denker herausklaubt: der dünne Auszug fördert zutage, was dort schon impliziert war, wo man pathetisch zum erstenmal das wahre Sein dem allgemeinen Begriff zusprach. Nur in Freiheit vermöchte der Geist mit dem sich zu erfüllen und zu versöhnen, wovon er sich losriß, und ihr ist ein Element von Unsicherheit gesellt, wenn sie nicht zur bloßen Beteuerung verkommen soll; Freiheit selber ist nie gegeben, stets bedroht. Das absolut Gewisse als solches aber ist immer die Unfreiheit. Die Nötigung ihm nachzuhängen arbeitet gleich allem Zwang an der eigenen Zerstörung: unter der Devise zweifelsfreier Gewißheit wird vom szientifischen Geist jegliche zweifelsfreie Gewißheit abgeschafft. Aber die leitende Idee dessen, was übrigbleibt, läßt davon sich nicht irritieren. Der Absolutist Husserl, der methodisch das »phänomenologische Residuum«[22] heraussondern möchte, teilt jene Idee bis in die Terminologie hinein mit wütenden Nominalisten und Relativisten wie Pareto, der die Residuen den Derivaten kontrastiert[23]. Die traditionelle Theorie[24] der divergentesten Richtungen ist sich darin einig, daß nach naturwissenschaftlicher Sitte eliminiert werden soll, was die reine Sache zudeckt: die »störenden Faktoren«. Die jedoch sind ihr stets subjektive Zutat. Die Operation aber führt, je gründlicher sie vollzogen wird, desto zwingender auf den reinen Gedanken und damit eben den Menschen, den sie loszuwerden trachtet. Der Weg zur Befreiung vom Anthropomorphismus, den die Erste Philosophie im Zeichen von Entmythologisierung antritt, mündet in die Apotheose des ἄνθρωπος als zweite Mythologie. Nicht zuletzt weil sie daran gemahnen könnte, hat seit Husserl die stolze Philosophie die Psychologie verfemt. Aus Angst vor ihr opfert Philosophie auf der Suche nach dem Residuum all das, um dessentwillen sie da ist. Was arglose Pfarrer in entlegenen Landgemeinden noch predigen mögen: daß die Ewigkeitswerte ein Sparpfennig seien, davon hat alle prima philosophia etwas und nicht zuletzt die Max Schelers, der so gern die Kleinbürger verachtet hätte. Wenn aber seit der Platonischen Hypostasis der ewigen Ideen von der Metaphysik was zeitlich ist eskamotiert wird und die Residuen des Zeitlichen verdinglicht, so ist das am Ende wohl dem zuzuschreiben, daß Metaphysik unterm Mangel gedieh, unter der steten Furcht, das Wenige zu verlieren. Befangen bildete sie ihre Ewigkeit einem Zeitlichen nach, den Eigentumsverhältnissen, die von Menschen gemacht sind und entfremdet über ihnen walten. Husserls Programm von Philosophie als strenger Wissenschaft, die Idee absoluter Sekurität, ist solchen Schlages. Indem sein Cartesianismus Zäune baut um das, wofür sie den Rechtstitel des Invarianten und Apriorischen zu besitzen glaubt, um das, was nach der französischen Fassung der Cartesianischen Meditationen »m'est spécifiquement propre, à moi ego«[25], wird die prima philosophia sich selber zum Besitz. Darüber ignoriert sie die Funktion der Invarianten für die Erkenntnis: ob sie Wesentliches oder Gleichgültiges betreffen. So erwartet Husserl sich eine heilsame Reform der Psychologie von der Ausbildung einer intentionalen, nämlich rein apriorischen, ohne zu erwägen, ob nicht an Fülle der Einsicht die empirische, keineswegs invariante Psychologie weit mehr gewährt als jene, die ohne Furcht sein kann, weil sie nichts riskiert.

Mit der Unterschiebung des Bleibenden als des Wahren wird der Anfang der Wahrheit zum Anfang der Täuschung. Es ist ein Fehlschluß, was dauert, sei wahrer, als was vergeht. Die Ordnung, welche die Welt zum verfügbaren Eigentum ummodelt, wird für die Welt selber ausgegeben. Die Invarianz des Begriffs, die nicht wäre ohne das Absehen von der zeitlichen Bestimmtheit des unter jenem Befaßten, wird verwechselt mit der Unveränderlichkeit des Seins an sich. Das groteske Manöver jenes Adepten der Phänomenologie, der mit dem, was in seinem Jargon Problem der Unsterblichkeit heißt, fertig wird, indem er zwar den Untergang jeder individuellen Seele unerschüttert bestätigt, aber darüber beruhigt, weil ja der reine Begriff einer jeglichen solchen Seele, ihr individuelles εἶδος unverweslich sei – dieser ohnmächtige Trick bringt durch seine Plumpheit einzig zutage, was in den Höhlentiefen der großen Spekulation sich versteckt. Heraklit, vor dem Hegel und Nietzsche sich neigten[26], hat noch das Wesen der Vergängnis gleichgesetzt; seit der ersten authentischen Formulierung der Ideenlehre[27] hat man Vergänglichkeit der Erscheinung, dem Reich der δόξα, dem Schein zugerechnet und das Wesen der Ewigkeit reserviert. Nur Nietzsche hat dagegen aufbegehrt: »Die andere Idiosynkrasie der Philosophen ist nicht weniger gefährlich: sie besteht darin, das Letzte und das Erste zu verwechseln. Sie setzen Das, was am Ende kommt – leider! denn es sollte gar nicht kommen! – die ›höchsten Begriffe‹, das heißt die allgemeinsten, die leersten Begriffe, den letzten Rauch der verdunstenden Realität an den Anfang als Anfang. Es ist dies wieder nur der Ausdruck ihrer Art zu verehren: das Höhere darf nicht aus dem Niederen wachsen, darf überhaupt nicht gewachsen sein ... Moral: Alles, was ersten Ranges ist, muß causa sui sein. Die Herkunft aus etwas Anderem gilt als Einwand, als Werth-Anzweiflung. Alle obersten Werthe sind ersten Ranges, alle höchsten Begriffe, das Seiende, das Unbedingte, das Gute, das Wahre, das Vollkommene – das Alles kann nicht geworden sein, muß folglich causa sui sein. Das Alles aber kann auch nicht einander ungleich, kann nicht mit sich im Widerspruch sein ... Das Letzte, Dünnste, Leerste wird als Erstes gesetzt, als Ursache an sich, als ens realissimum ...«[28] Aber was Nietzsche als den Frevel »kranker Spinneweber«[29] betrachtet, der um des Lebens willen »gar nicht kommen« hätte sollen, ward mit der Wildheit des Lebens selber begangen, und das Unheil, das er aus jenem πρῶτον ψεῦδος als einem des Geistes erklärt, stammt aus der realen Herrschaft. Kodifiziert wird der Sieg, indem der Sieger sich als der Bessere aufwirft. Nach geglückter Gewalttat soll der Unterjochte glauben, was überlebt, sei höheren Rechtes, als was unterging. Der Zoll, den das Überlebende dafür zu entrichten hat, daß der Gedanke es zur Wahrheit transfiguriert, ist sein Leben selber; tot muß es sein, damit es zur Ewigkeit geweiht werde: »Sie fragen mich, was Alles Idiosynkrasie bei den Philosophen ist? ... Zum Beispiel ihr Mangel an historischem Sinn, ihr Haß gegen die Vorstellung selbst des Werdens, ihr Ägypticismus. Sie glauben einer Sache eine Ehre anzuthun, wenn sie dieselbe enthistorisieren, sub specie aeterni, – wenn sie aus ihr eine Mumie machen. Alles, was Philosophen seit Jahrtausenden gehandhabt haben, waren Begriffs-Mumien; es kam nichts Wirkliches lebendig aus ihren Händen. Sie tödten, sie stopfen aus, diese Herren Begriffs-Götzendiener, wenn sie anbeten, – sie werden Allem lebensgefährlich, wenn sie anbeten. Der Tod, der Wandel, das Alter ebensogut als Zeugung und Wachsthum sind für sie Einwände, – Widerlegungen sogar. Was ist, wird nicht; was wird, ist nicht ... Nun glauben sie Alle, mit Verzweiflung sogar, an's Seiende. Da sie aber dessen nicht habhaft werden, suchen sie nach Gründen, weshalb man's ihnen vorenthält.«[30] Aber Nietzsche hat, was er durchschaute, zugleich unterschätzt und blieb deswegen bei einem Widerspruch stehen, aus dem die Selbstreflexion des Gedankens erst noch sich herausarbeiten müßte. »Ehemals nahm man die Veränderung, den Wechsel, das Werden überhaupt als Beweis für Scheinbarkeit, ein Zeichen dafür, daß Etwas da sein müsse, das uns irre führe. Heute umgekehrt sehen wir genau so weit, als das Vernunft-Vorurtheil uns zwingt, Einheit, Identität, Dauer, Substanz, Ursache, Dinglichkeit, Sein anzusetzen, uns gewissermaßen verstrickt in den Irrthum, necessitirt zum Irrthum; so sicher wir auf Grund einer strengen Nachrechnung bei uns darüber sind, daß hier der Irrthum ist.«[31] Die Metaphysik des Bleibenden zog ihren Erkenntnisgrund aus der Konstanz des Dinges gegenüber seinen Erscheinungen, und die aufgeklärte Kritik, welche Nietzsche resümiert, im Grunde die Humesche, hat die damit vollzogene Hypostasis des Dinges aufgelöst. Aber auch das will nicht bruchlos gelingen. Das Feste dem Chaotischen entgegenzusetzen und Natur zu beherrschen, wäre nie gelungen ohne ein Moment des Festen an dem Beherrschten, das sonst ohne Unterlaß das Subjekt Lügen strafte. Jenes Moment skeptisch ganz abzustreiten und es einzig im Subjekt zu lokalisieren ist nicht minder dessen Hybris, als wenn es die Schemata begrifflicher Ordnung verabsolutiert. Beide Male werden Subjekt und Objekt als bereits geronnene zum ὑποκείμενον gemacht. Das bloße Chaos, zu dem der reflektierende Geist die Welt der eigenen Allmacht zuliebe entqualifiziert, ist ebenso sein Produkt wie der Kosmos, den er aufrichtet, um ihn zu verehren.

Das Feste, Tragende stellt der philosophische Begriff als das Elementare vor. Es soll – auch daran zweifelte Descartes nicht – einfacher sein als das Getragene. Weil aber das ὑποκείμενον wahrer sei, als was darüber sich erhebt, werden Primitivität und Wahrheit einander angenähert. Das ist vielleicht die verhängnisvollste Folge der Supposition von Unmittelbarkeit, mit der das Subjekt sich über sich selbst, die Vermittlung, krampfhaft betrügt. Stets waltete in der Ursprungstheorie als Bürgschaft ihrer Affinität zur Herrschaft eine Tendenz zur Regression, Haß gegen das Komplizierte. Fortschritt und Entmythologisierung haben diese Tendenz nicht erhellt und getilgt, sondern womöglich noch krasser hervortreten lassen. Der Feind, das Andere, Nichtidentische ist immer zugleich das von seiner Allgemeinheit Unterschiedene, Differenziertere. Vom Platonischen Fluch über die angeblich verweichlichenden Tonarten bis zu den Heideggerschen Invektiven gegen das »Gerede«, in denen die radikal sich gebärdende Besinnung als kernig offenbar wird, haben sie es diffamiert. Seitdem sie nach dem fragen, was am Anfang war, liegt ihnen die Tat auf den Lippen, die den gordischen Knoten zerhaut; selbst Hegel hat mit dem Motiv der Nichtigkeit des Individuierten jener Tendenz der traditionellen Philosophie pariert. Zu seinem höheren Ruhm beschimpft der reine Begriff das höher entwickelte Einzelne als unrein und Verfall: kein Fortschritt wissenschaftlicher und philosophischer Rationalität ohne solchen Rückschritt. Die totalitären Systeme haben ihn nicht aus dem historischen Nirgendwo angezettelt, sondern brutal vollstreckt, was die Ideologie über Jahrtausende spirituell, als Herrschaft des Geistes vorbereitete. Das Wort elementar deckt aber das szientifisch Einfache ebenso wie das mythisch Ursprüngliche. Die Äquivokation ist so wenig Zufall wie die meisten. Der Faschismus suchte die Ursprungsphilosophie zu verwirklichen. Das Älteste, das was am längsten da ist, sollte unmittelbar, buchstäblich herrschen. Damit rückte das Usurpatorische am Ersten grell ins Licht. Blut und Boden, die faschistisch konkretisierten und in der modernen Industriegesellschaft ganz schimärischen Ursprungsmächte wurden selbst schon in Hitlers Deutschland zum Kinderspott. Die Identität von Ursprünglichkeit und Herrschaft lief darauf hinaus, daß wer die Macht hat, nicht bloß der Erste, sondern auch der Ursprüngliche sein sollte. Als politisches Programm geht die absolute Identität über in die absolute Ideologie, die keiner mehr glaubt.

Die Erste Philosophie ist keineswegs bloß Herrschaft gewesen. Sie zielt zunächst auch auf Befreiung vom Naturzusammenhang, und nie hat Rationalität der Erinnerung an Autonomie und ihre Verwirklichung ganz sich entschlagen. Aber sobald sie sich verabsolutierte, ging sie fast stets gegen die gefürchtete Auflösung. Die Ursprungsphilosophie, die aus der eigenen Konsequenz, der Flucht vorm Bedingten, ins Subjekt, die reine Identität, sich wendet, fürchtet zugleich, in die Bedingtheit des bloß Subjektiven sich zu verlieren, das, als isoliertes Moment, eben doch nie die reine Identität erlangt und seinen Makel so gut behält wie sein Gegenüber; dieser Antinomie ist die große Philosophie nicht entronnen. Denken, das sich selbst als Seinsgrund behauptet, ist stets auf dem Sprung, sich als Störungsfaktor des Seins zu verbieten, und auch die idealistische Spekulation hat dies Verbot nur scheinbar durchbrochen: hat gleichsam das Subjekt entsubjektiviert. Der sich selbst verborgene Abstraktionsmechanismus neigt immanent zur gleichen Ontologie, der er entgegenarbeitet. Vermöge dieser Tendenz ist die bedrängte Ursprungsphilosophie aus der subjektiven Reflexion in den Platonismus zurückgeflohen und mußte zugleich sich verzweifelt bemühen, solchen Rückfall mit dem irrevokabeln subjektiv-kritischen Motiv auf den gemeinsamen Nenner zu bringen. Das datiert bis auf Kant zurück. Er hat den Schluß aufs Erste als Unmittelbarkeit widerlegen und gleichwohl das Erste in Gestalt des Constituens bewahren wollen, hat die Frage nach dem Sein liquidiert und doch prima philosophia gelehrt, »Grundlegung« in jedem Betracht. Dagegen hat selbst Hegels heroische Anstrengung nichts vermocht. Noch das Subjekt-Objekt ist verkapptes Subjekt. Solchem transzendentalen Subjektivismus gegenüber steht jedoch nicht, wie die Apologeten der Seinsfrage es wollen, heute diese frei vom Schutt der Jahrtausende als Eigentliches wieder vor Augen. Vielmehr ist ihr absolutes An sich nur die absolute Verblendung gegen die eigene subjektive Vermitteltheit, die der Seinsfrage selber immanent ist. Mit der zugleich dogmatischen und leeren Setzung von Sein meldet die auf die Erkenntnis des Ursprungs abzielende Denkbewegung den eigenen Bankrott an. Sie feiert den Ursprung um den Preis von Erkenntnis. Die Irrationalität, in der die philosophisch verabsolutierte ratio verendet, bekennt die Willkür dessen ein, was aller Willkür entrückt sein möchte; nicht erst in den Reden von Entwürfen, sondern schon bei Husserl, der die phänomenologischen Reduktionen zur Herstellung seiner »Seinssphäre absoluter Ursprünge« dekretiert, wie etwas, was man tun oder lassen kann, im äußersten Gegensatz etwa zum Begriff der »Nötigung« aus der Kantischen Ethik, oder zu Kants Ableitung der Kopernikanischen Wendung insgesamt als einer notwendigen, deren die Vernunft bedarf, um jene Widersprüche zu meistern, in welche sie nicht minder notwendig sich verwickelt. Je totaler heute der ontologische Anspruch, der über alles reflektierende Denken hinaus die Hand nach dem Mythos ausstreckt, um so abhängiger wird er von der bloßen »Einstellung«, die bei Husserl gleichsam als Existential der Erkenntnis fungiert. Während solches Philosophieren, gerade in der Behandlung des sogenannten Konstitutionsproblems, der Mathematik nacheifert, die im Namen strengster Stringenz beliebig verfahren, Mannigfaltigkeiten setzen, variieren kann, erfüllt die Willkür des Absoluten bald ihre politische Funktion. Die Form totaler Philosophie schickt sich insofern zum totalen Staat, als sie die Beliebigkeit der Parolen, in der ihre Notwendigkeit zergeht, mit dem diktatorialen Gebot einspruchsloser Anerkennung verbindet. Autorität und Usurpation werden wiederum unmittelbar eins.

Die wissenschaftliche Gestalt der Ursprungsphilosophie war die Erkenntnistheorie. Sie wollte das absolut Erste zum absolut Gewissen erheben durch Reflexion auf das Subjekt, das aus keinem Begriff vom Ersten sich ausscheiden ließe. Aber im Fortgang solcher Reflexion verstärkt sich zugleich der Identitätszwang. Der Gedanke, der nicht mehr, wie Husserl es nennt, »geradehin« vollzogen, sondern auf sich selber zurückgewandt wird, dichtet sich mehr stets ab gegen alles, was in ihm und seinem Bannkreis, in der Immanenz des Subjekts nicht aufginge. Daß aus jener Immanenz die Welt hervorgebracht oder auch nur die Gültigkeit von Urteilen über die Welt verifiziert werden könnte, ist vorweg nicht weniger problematisch als das um die Vermittlung unbekümmerte Urteil, und hat sich denn auch nur sehr allmählich im Fortgang der Reflexion als Prinzip durchgesetzt. Willkür, Komplement des Zwangs, steckt bereits in der Unterstellung, jener Rekurs sei die zureichende Bedingung der Wahrheit, mag er auch durch die wissenschaftliche Besinnung Schritt um Schritt motiviert sein. Dieser Willkür wird die Erkenntnistheorie überführt durch ihren eigenen Prozeß. Die Bestimmung des absolut Ersten in subjektiver Immanenz scheitert, weil diese das nichtidentische Moment niemals ganz in sich aufzulösen vermag, und weil zugleich Subjektivität, das Organ von Reflexion, der Idee eines absolut Ersten als purer Unmittelbarkeit widerstreitet. Während die Idee der Ursprungsphilosophie monistisch auf die reine Identität abzielt, läßt doch die subjektive Immanenz, in der das absolut Erste ungestört bei sich selber sein will, sich auf jene reine

Identität mit sich selbst nicht bringen. Was bei Husserl »Urstiftung« der transzendentalen Subjektivität heißt, ist zugleich ein Urpseudos. Darum wird in der erkenntnistheoretischen Analyse die Immanenz selber stets wieder nach subjektiven und objektiven Momenten polarisiert; Emil Lask hat das besonders nachdrücklich dargetan. Husserls noetisch-noematische Struktur ist ebenfalls eine von dualistischer Immanenz, ohne daß er jedoch des damit perpetuierten Widerspruchs gewahr geworden wäre. Die Wiederkunft von Subjekt und Objekt inmitten der Subjektivität, die Doppelheit des Einen, trägt sich in zwei Typen von Erkenntnistheorie zu, deren jeder von der Undurchführbarkeit des anderen zehrt. Grob sind es die von Rationalismus und Empirismus. Feindlich einander ergänzend, unterscheiden sie in ihrer inneren Zusammensetzung und in ihren Folgerungen sich nicht so radikal, wie die traditionelle philosophische Geschichtsschreibung suggeriert. Die Metakritik der Erkenntnistheorie hätte es mit beiden zu tun. Verfocht der Empirismus die Idee des absolut Ersten und der absoluten Identität niemals so bündig wie der Rationalismus und dessen idealistische Erben, und scheint er dadurch weniger verstrickt als diese, so überließ er sich dafür mit weit geringerer Energie dem Prozeß, der durch die Verstrickung hindurch an die Grenze der Immanenzbestimmungen selber geleitet: zu früh und zu widerstandslos kapituliert im Empirismus der Gedanke. Indem seine Demut sich dem bloßen Dasein beugt, verzichtet sie, es zu durchdringen, und läßt das Moment von Freiheit und Spontaneität fahren. Selbst im Bannkreis der Immanenz ergreift folgerechtes, kritisches und sich selbst reflektierendes Denken unvergleichlich viel mehr vom Wesen – vom Lebensprozeß der Gesellschaft – als ein Verfahren, das sich bescheidet, Fakten zu registrieren, und eigentlich die Waffen streckt, ehe es nur recht anhebt. Während der Empirismus, als eine Erkenntnistheorie, im faktisch-psychologischen Bewußtsein die Bedingung aller Erkenntnis aufspürt und zum tragenden Prinzip erklärt, könnte dies Bewußtsein sowohl wie seine Gegebenheiten, nach empiristischen Spielregeln, immer auch anders sein; es widerspricht der Idee des Ersten, welche doch einzig wiederum Bewußtseinsanalyse, auch die empiristische des human understanding, als philosophische Methode motiviert. Der isoliert subjektive Gegenpol inmitten des Bewußtseins aber, »Geist«, der sich der isoliert objektiven Vorfindlichkeit von Seiendem, »Gegebenem« entzieht, entzieht eben damit sich kaum minder der Bestimmung als jene. Seine »Leistung« wie er selber spotten der Analyse, er läßt sich nicht feststellen, wie es doch Erkenntnistheorie als wissenschaftliche Methode verlangen muß, während das Feststellbare selber bereits gebildet ist nach dem Modell jener Faktizität, zu der der Geist den Gegenpol besetzen soll. Der Geist ist aber vom Gegebenen so wenig abzuspalten wie dieses von ihm. Beide sind kein Erstes. Daß beide wesentlich durcheinander vermittelt sind, macht beide zu Urprinzipien gleich untauglich; wollte indessen einer in solchem Vermitteltsein selber das Urprinzip entdecken, so verwechselte er einen Relations- mit einem Substanzbegriff und reklamierte als Ursprung den flatus vocis. Vermitteltheit ist keine positive Aussage über das Sein, sondern eine Anweisung für die Erkenntnis, sich nicht bei solcher Positivität zu beruhigen, eigentlich die Forderung, Dialektik konkret auszutragen. Als allgemeines Prinzip ausgesprochen, liefe sie, ganz wie bei Hegel, immer wieder auf den Geist hinaus; mit ihrem Übergang in Positivität wird sie unwahr. Derlei Aporien zu meistern ist die perennierende Anstrengung der Erkenntnistheorien, und keiner will es gelingen; eine jegliche steht unter dem Fluch des Anaximander, dessen Seinsphilosophie, eine der frühesten, gleichsam das spätere Schicksal aller weissagte. Metakritik der Erkenntnistheorie erheischt die konstruierende Reflexion ihres Zusammenhangs als eines von Schuld und Strafe, von notwendigem Fehler und vergeblicher Korrektur. Mit anwachsender Entmythologisierung wird der philosophische Begriff immer spiritueller und immer mythischer zugleich. Von solcher Not ahnt etwas die Einleitung der Phänomenologie des Geistes, bis heute uneingelöstes Programm. Freilich ist die immanente Kritik der Erkenntnistheorie selber von der Dialektik nicht ausgenommen. Während die Immanenzphilosophie – die Äquivokation logischer und erkenntnistheoretischer Immanenz mahnt an einen zentralen Zusammenhang – nur immanent, also durch Konfrontation mit der eigenen Unwahrheit zu sprengen wäre, ist ihre Immanenz selber die Unwahrheit. Von dieser Unwahrheit muß immanente Kritik transzendent wissen, um nur anzuheben. Dem entspricht die Hegelsche Phänomenologie insofern, als sie gleichzeitig sich passiv der Bewegung des Begriffs überläßt und aktiv diese Bewegung ausführt und dadurch den Gegenstand verändert. Der Begriff der Immanenz setzt der immanenten Kritik die Schranke. Wird eine Behauptung an ihren Voraussetzungen gemessen, so verfährt man immanent, nämlich den formallogischen Regeln gehorchend, und Denken wird zum Kriterium seiner selbst. Daß aber nicht alles Sein Bewußtsein sei, ist nicht als Denknotwendigkeit in der Analyse des Seinsbegriffs beschlossen, sondern gebietet der Geschlossenheit einer solchen Analyse Einhalt. Das Nichtdenken denken: das ist keine bruchlose Denkkonsequenz, sondern suspendiert den denkerischen Totalitätsanspruch. Immanenz aber, im Sinne jener Äquivokation von Bewußtseins- und logischer Immanenz, ist nichts anderes als solche Totalität. Dialektik negiert beides in einem. Wahr ist die Erkenntnistheorie, insofern sie der Unmöglichkeit des eigenen Ansatzes Rechnung trägt und in jedem ihrer Schritte von dem Ungenügen der Sache selbst sich treiben läßt. Unwahr aber ist sie durch die Prätention, es sei gelungen, und ihren Konstruktionen und aporetischen Begriffen entsprächen jemals schlicht Sachverhalte. Mit anderen Worten: nach dem Maß der Wissenschaftlichkeit, das ihr eigenes ist. Daß aber die Kritik solcher Unwahrheit, selbst gefangen in den Abstraktionen, die sie demontiert, überflüssige Gelehrtensorge sei, ist untriftig, nachdem die materialistische Dialektik, welche die Bewußtseinsphilosophie aus den Angeln heben möchte, zur gleichen Dogmatik degenerierte und jene durchs bloße Dekret abfertigt, ohne daß sie der Logik der Sache je sich gestellt hätte. Ehe das gelingt, wird der Idealismus beliebig auferstehen.

Trotz ihres statisch-beschreibenden, scheinbar der Spekulation sich enthaltenden Tenors verschränkt sich auch die Erkenntnistheorie Husserls zu einem Schuldzusammenhang. Auch ihr System gleicht, moderner gesprochen, einem Kreditsystem. Ihre Begriffe bilden eine Konstellation, in der ein jeglicher die Verpflichtung des andern einlösen soll, obwohl die Darstellung den Prozeß verbirgt, der zwischen ihnen anhängig ist. Ausdrücke Husserls wie Erfüllung – die eines Vertrages –; Evidenz – das Beweisstück –; Urteil – das eines Prozesses – konstruieren ungewollt Erkenntnistheorie analog zu einem universalen Rechtsverhältnis. Am Ende verstärkt sich womöglich noch die Ähnlichkeit durch archaisierende Zutaten aus der Rechtssprache wie Domäne und Stiftung. In der Figur eines niemals erfüllten, darum in sich unendlichen, ausweglos sich wiederholenden Vertrages partizipiert noch die aufgeklärteste Erkenntnistheorie an dem Mythos vom Ersten. Ihre Metakritik präsentiert ihr den Wechsel und zwingt ihr selber die außen, an der Gesellschaft gewonnene Einsicht ab, daß Äquivalenz nicht die Wahrheit, daß der gerechte Tausch nicht die Gerechtigkeit sei. Der reale Lebensprozeß der Gesellschaft ist kein in die Philosophie soziologisch, durch Zuordnung Eingeschmuggeltes, sondern der Kern des logischen Gehalts selber.

Erkenntnistheorie, die Anstrengung, das Identitätsprinzip durch lückenlose Reduktion auf subjektive Immanenz rein durchzuführen, wird gegen ihre Absicht zum Medium der Nichtidentität. Als fortschreitende Entmythologisierung befestigt sie nicht bloß den Bann des von allem Heterogenen gereinigten Begriffs, sondern arbeitet auch daran, den Bann zu brechen. Sie nachvollziehen, ihre innere Geschichte schreiben ist eigentlich bereits das Erwachen. Die einzelnen erkenntnistheoretischen Bestimmungen sind denn auch so wenig absolut falsch – dazu werden sie erst, sobald sie absolut wahr sein wollen – wie sie Sachverhalte treffen: ein jeglicher ist necessitiert von der Forderung der Widerspruchslosigkeit. Zu tilgen ist der Wahn, diese Widerspruchslosigkeit, die Totalität des Bewußtseins sei die Welt, nicht aber die Selbstbesinnung der Erkenntnis. Am letzten obliegt es der Kritik der Erkenntnistheorie, welche die Vermitteltheit der Begriffe zum Kanon hat, unvermittelten Objektivismus zu verkünden: das wäre den zeitgenössischen Ontologien oder den Denkfunktionären des Ostblocks zu überlassen. Die Erkenntnistheorie kritisieren heißt auch: sie festhalten. Sie ist mit ihrem eigenen Absolutheitsanspruch zu konfrontieren, dem Kantischen der Frage, wie Metaphysik als Wissenschaft möglich sei, dem Husserlschen Ideal von Philosophie als strenger Wissenschaft. Die Usurpation der Allgemeinheit, die sie begeht, verpflichtet zugleich, der Allgemeinheit des Gedankens zu genügen, welche die Auflösung des Privilegs impliziert, von dem der philosophische

Geist zehrt, wofern er die Allgemeinheit sich selber zuschreibt. Erkenntnis, die am Ideal von Allgemeinheit sich mißt, kann nicht mehr von den Medizinmännern und Weisen monopolisiert werden, die sie betreiben; Weisheit ist so anachronistisch wie, nach Valérys Einsicht, die Tugend. Je konsequenter die Erkenntnistheorie verfährt, desto weniger geht sie auf: so bereitet sie das Ende des Fetischismus der Erkenntnis vor. Der fetischisierte Geist wird sein eigener Feind: selten so eindringlich und prototypisch wie bei Husserl. Kodifiziert die Immanenzphilosophie die ὕβρις des Geistes, der alles sein will, so hat gerade sie das Moment der Reflexion, der Vermittlung entdeckt und damit ebenso die Erkenntnis als Arbeit bestimmt wie ihren Träger, das logisch-allgemeine Subjekt, als die Gesellschaft. Ohne das Moment subjektiver Reflexion wäre jeglicher Begriff von Dialektik nichtig; was nicht in sich reflektiert ist, kennt nicht den Widerspruch, und die Perversion des dialektischen Materialismus zur russischen Staatsreligion und positiven Ideologie beruht theoretisch auf der Verleumdung jenes Elements als idealistisch. Neigt die Immanenzphilosophie, mit Grund, dazu, ins Dogma, in Ontologie oder Abbildrealismus zurückzuschlagen, so entwickelt sie zugleich auch das Gegengift. Erst der Idealismus hat die Wirklichkeit, in der die Menschen leben, als eine nicht von ihnen unabhängige und invariante durchsichtig werden lassen. Ihre Gestalt ist menschlich und noch die schlechterdings außermenschliche Natur vermittelt durch Bewußtsein. Das können die Menschen nicht durchstoßen: sie leben im gesellschaftlichen Sein, nicht in Natur. Ideologie aber ist der Idealismus, indem er die Wirklichkeit schlechtweg vermenschlicht, einig mit dem naiven Realismus als dessen reflektierende Rechtfertigung. Gerade dadurch nimmt er, was ist, in »Natur«, wäre es auch die transzendentale, zurück.

Der Immanenzzusammenhang als absolut in sich geschlossener, nichts auslassender ist notwendig immer bereits System, gleichgültig ob er sich ausdrücklich aus der Einheit des Bewußtseins deduziert oder nicht. Nietzsches Mißtrauen gegen die prima philosophia richtete sich denn auch wesentlich gegen die Systematiker: »Ich mißtraue allen Systematikern und gehe ihnen aus dem Weg. Der Wille zum System ist ein Mangel an Rechtschaffenheit.«[32] Leitet man, mit neueren Autoren, den Gedanken des Rechtssystems aus dem didaktischen Bedürfnis, dem nach in sich geschlossener und Hörer überzeugender Darstellung ab[33], so mag man wohl die philosophischen Systeme auf ein verwandtes Bedürfnis zurückführen; die beiden ersten Systematiker großen Stils waren die ersten Vorsteher organisierter Schulen. Wie das System nichts ausläßt, verhält sich der Lehrer, Redner, Demagoge zu den Hörern. Seine irrationale Autorität wird durch die ratio vermittelt; der Führungsanspruch durch logisch-argumentativen Zwang. Bereits der Platonische Sokrates fertigt seine Interlokutoren durch den keineswegs attisch-eleganten Nachweis ihrer Ignoranz ab: im Panegyrikus des Alkibiades am Ende des Gastmahls hallt das leise Echo des Unbehagens daran nach. Je problematischer die Weisheit, um so unermüdlicher muß sie ihre Stringenz unterstreichen. Und dafür empfiehlt sich die Konsequenzlogik, die den Denkzwang unter Absehen von der Erfahrung des Gegenstandes, also »formal« und damit unwiderstehlich auszuüben erlaubt. Während Platons Philosophie die Rhetoren denunziert, die formal Gegenstände behandeln, von denen sie nichts verstehen, befleißigt er selber in der Methode der Begriffsbestimmung sich eines advokatorischen Formalismus, der den sophistischen einzig durch Folgerichtigkeit überbietet. In dem Wettkampf muß Sokrates gegen die von ihm als Gegner Designierten fast immer recht behalten, obwohl und weil er »nichts weiß«. Nicht zufällig bleibt in der Rede des Agathon, oder gelegentlich im Phaidros, in der Schwebe, ob Platon ein rhetorisches Prunkstück parodiert oder eine Stufe der Wahrheit darstellt oder am Ende beides. Das Bombastische vieler vorsokratischer Sprüche rührt wohl daher, daß das totale Wissen, das sie sich zuschreiben, das Einschließende des Systems, immer zugleich ausschließt: das ist vielleicht das finsterste Geheimnis der Ersten Philosophie. Der emphatische Unterschied von Wesen und Schein, ihr großer Fund, hat zugleich den Aspekt des »Ich weiß und ihr wißt nicht«, wie sehr auch das verhärtete und sich selbst entfremdete Leben jener Unterscheidung als seines Korrektivs bedarf.

Aber gerade der Übereifer, mit dem die Erste Philosophie den Toren ihr Wissen anbietet, zeugt von ihrer Unsicherheit. Der

Anspruch des Absoluten, mit dem sie auftritt, ist das Medium seiner eigenen Erschütterung. Das System, das ihn im Namen von Geschlossenheit und Vollständigkeit auf die Formel bringt, stößt auf die Unmöglichkeit, ihm zu genügen. Der Idealismus, der durch Reduktion auf die absolute Einheit des Ich denke überhaupt erst zur allseitig entfalteten Systematik fähig ward, hat nach dem Maß des eigenen Radikalismus die Fragwürdigkeit des von ihm definitiv Auskristallisierten aufgedeckt. In der Antinomienlehre der Kritik der reinen Vernunft hat die prima philosophia das Bewußtsein davon erreicht. Die Suche nach dem schlechthin Ersten, der absoluten Ursache resultiert in einem unendlichen Regreß; Unendliches läßt sich nicht als abschlußhaft gegeben setzen, während doch diese Setzung dem totalen Geist unvermeidlich dünkt. Der Begriff des Gegebenen, letzte Zuflucht des Irreduktibeln im Idealismus, prallt zusammen mit dem des Geistes als der vollkommenen Reduktibilität, mit dem Idealismus selber. Die Antinomie sprengt das System, dessen eigene Idee die jener erreichten Identität ist, welche als antizipierte, als Endlichkeit des Unendlichen, mit sich selbst uneins wird. Der Rekurs auf subjektive Immanenz geschah nur, um wegzuräumen, was in einem Ersten nicht bereits enthalten wäre; sonst büßt die Immanenzphilosophie ihre raison d'être ein. Aber ihr eigener Gang, die Analyse des Bewußtseins fördert zutage, daß es ein derart absolut Erstes unabhängig von seinem Material, von dem, was dem Bewußtsein »zukommt«, nicht enthält. Das ontologisch Erste ist das ontologisch nicht Erste, und damit wankt seine Idee. Kant hilft sich mit dem Unterschied von Form und Inhalt ingeniös und künstlich genug aus der Verlegenheit. In der Bestimmung des Widerspruchs und seiner Notwendigkeit, die eigentlich die Schlichtung verbietet, die Kant selber versuchte, ist gegenüber dem späteren Idealismus auf seiner Seite die unversöhnlichere Wahrheit. Aber als Apologet der prima philosophia hat er doch den Primat der Form weiter verfochten. Die von ihm selbst erreichte reziproke Abhängigkeit von Form und Materie durfte den Ansatz des Systems nicht tangieren. Zum absolut Ersten werden ihm die Formen als Gegebenheit sui generis, für die sich, der zweiten Fassung der transzendentalen Deduktion[34] zufolge, »ferner ein Grund« nicht nennen läßt. Das ist das Modell von Husserls späterem Verfahren, transzendentale Strukturen zu beschreiben. Kant sucht freilich das Geheimnis zu enträtseln, die einigermaßen paradoxe Gegebenheit der Formen abzuleiten. Dabei gelangt er zur reinen Identität, dem bloßen Denken selber, dem Subjekt, das, als »reines« von allem Inhalt abgespalten, zum schlechterdings nichtseienden gemacht und gleichwohl hypostasiert wird. Die transzendentale Deduktion mündet in der Vernunft als absolutem Sein, die transzendentale Dialektik kritisiert die Absolutheit von Sein wie von Vernunft; so bleibt in gewisser Weise die Deduktion hinter der Antinomienlehre zurück. Trotzdem setzt diese die Deduktion, den Nachweis des subjektiven Charakters der Kategorie voraus, um vor der »naiven«, unreflektierten Setzung des Unendlichen zu behüten. Durch den Rückzug auf den Formalismus, den Hegel schon und dann wieder die Phänomenologen Kant vorwarfen, hat er dem Nichtidentischen Ehre angetan, hat verschmäht, es in die Identität des Subjekts ohne Rest hineinzuziehen, damit aber die Idee der Wahrheit selber eingeschränkt, die nun mehr sich nicht zutraut, als das Heterogene mit Ordnungsbegriffen zu klassifizieren. Davor hat die restaurative Phänomenologie Husserls sich ängstlich gehütet. Das ist ihr eigentlich vorkritisches Element, das sie zum Schrittmacher der Ontologie qualifizierte, aber auch ihr legitimer Einspruch gegen den Formalismus. Nichts unterscheidet sie und was aus ihr wurde so nachdrücklich vom sonst überaus verwandten Neukantianismus, als daß Husserl, jedenfalls in den für die Folge maßgebenden Schriften, die Frage nach der Infinitesimalität kaum laut werden läßt oder zur Möglichkeit bruchlos beliebiger Variabilität und »entschränkter Horizonte« neutralisiert. Das Unendliche war die paradoxe Gestalt, in der absolutes und in seiner Souveränität auch offenes Denken dessen sich bemächtigt, was in Denken nicht sich erschöpft und dessen Absolutheit blockiert. Seitdem die Menschheit real in geschlossenen Verwaltungssystemen aufzugehen beginnt, verkümmert der Begriff der Unendlichkeit, und der physikalische Satz von der Endlichkeit des Raumes kommt ihr gelegen.

Kant zufolge treten die Antinomien auf, wo Denken über die Möglichkeit von Erfahrung hinausgeht. Aber prima philosophia, das System wird von Erfahrung gefährdet. Daran hat die Kantische Vernunftkritik sich zu Tode gedacht. Keineswegs jedoch koinzidiert darum die Frage nach der prima philosophia mit der Alternative von Realismus und Nominalismus. Alle Ursprungsphilosophien des neueren Zeitalters entstanden unter nominalistischen Auspizien. Ja bereits die Aristotelische Metaphysik, mit der Doppeldeutigkeit ihres Begriffs von οὐσία, steht auf der Schwelle, und fragen ließe sich, ob nicht eine jede Philosophie des Ersten, indem sie ihr Substrat aus Denken, dem begriffsbildenden Verfahren zu bestimmen trachtet, in solcher Reflexion dem Nominalismus willfahrt, dem sie opponiert. Die Wendung aufs Subjekt macht den Begriff zum Produkt von dessen Denken; das Beharren auf dem reinen An sich, quod nulla re indiget ad existendum, verwandelt es in ein Für anderes. Nominalismus wie Realismus stehen unterm Primat des Ersten. In beiden wird über ante oder post gewürfelt, und jede Rede vom post impliziert ein ante, in der res als dem Prinzip des Seienden nicht weniger als im universale. Gewiß meinte einmal der Nominalismus etwas anderes: Gorgianische Sophistik und Antisthenische Cynik widersprachen wohl wie der fetischisierten Kultur überhaupt so auch der Seinsphilosophie. Aber seit der Fusion mit Wissenschaft und dem Sieg der großen Schulen, auch derer, die aus jenen unzuverlässigen Gruppen entstanden, ward ihr Impuls abgelenkt. Einmal aufs Gegebene und damit ebenso auf die subjektive Immanenz vereidigt wie sein Widerpart, gerät der Nominalismus in die Position dessen, der B sagen muß, weil er A gesagt hat, so ungern er es auch möchte. Als Theorie der Begründung von Wissenschaft wird er unausweichlich zum »extremen Empirismus«[35]; extremer Empirismus aber widerspricht, wie Husserl wohl gewahrte, dessen eigenem Begriff. Der neuere Empirismus seit Hume, vom logischen Positivismus zu schweigen, hat in der Sorge ums Kriterium absoluter Gewißheit, und insofern ums Fundamentale, die absolutistische Metaphysik womöglich übertrumpft. Umgekehrt war die Resignation gegenüber dem Absoluten, welche die nominalistischen und empiristischen Richtungen verkünden, insgeheim der absolutistischen Metaphysik nie ganz fremd; für Husserl war sie fast selbstverständlich. Die Frage nach dem Ersten selbst ist retrospektiv; Denken, das wie das Platonische sein Absolutes an der Erinnerung hat, erwartet sich eigentlich nichts mehr. Das Lob des Unveränderlichen suggeriert, daß nichts anders sein soll, als es von je schon war. Ein Tabu ergeht über die Zukunft. Es ist rationalisiert im Verlangen aller »Methode«, Unbekanntes aus Bekanntem zu erklären, wie es schon bei Platon am Werk ist, der dabei die Konvenienz, das Einverständnis in der etablierten Sprache stillschweigend als Norm unterstellt. Mit Axiomen wie dem von Vollständigkeit und Lückenlosigkeit setzt Identitätsdenken eigentlich immer schon totale Überschaubarkeit, Bekanntheit voraus. Neues wird filtriert; es gilt bloß als »Material«, als kontingent, als Störenfried gleichsam. Was dem Subjekt heraushelfen könnte aus der Gefangenschaft bei sich, wird negativ betont; ein Gefährliches, zu Bewältigendes, das sogleich wieder ins Gehege des Bekannten zurückzunehmen sei. Darin stimmt der Empirismus mit seinen Gegnern überein und das kettet ihn an die Ursprungsphilosophie.

Die Wendung zur Ontologie, die Husserl zögernd begann und rasch genug widerrief, ward von dem Bruch der großen Systeme bedingt, wie er die Kantische Vernunftkritik so schroff und darum so großartig durchfurcht. Die Ontologien wollen Erste Philosophie sein, die doch des Zwangs und der Unmöglichkeit ledig wäre, aus einem Ersten Prinzip sich selbst und was ist zu deduzieren. Sie möchten vom System den Vorteil haben und die Buße nicht zahlen; die Verbindlichkeit von Ordnung aus dem Geist wiederherstellen, ohne sie aus Denken, der Einheit des Subjekts zu begründen. Der doppelte Anspruch ist der Willkür verhaftet, und darum der Fortschritt der Ontologie übers System so zweideutig wie spätbürgerliche Fortschritte zumeist. Die auferstandene Ontologie regrediert: den Systemzwang schüttelt sie ab, um jenes Ersten schlagartig sich zu bemächtigen, das durch seine universale Vermittlung hindurch fragwürdig ward. Ihr Ausbruch aus der Immanenz opfert Rationalität und Kritik im objektiven Einverständnis mit einer Gesellschaft, die sich aufs Finstere der unmittelbaren Herrschaft zubewegt. Aber die subjektive Willkür des Ausbruchs rächt sich: er mißlingt. Die tautologische Leere der sakrosankten obersten Bestimmungen wird vergebens vertuscht durch Erschleichungen aus Psychologie und Anthropologie, denen die subjektive Herkunft auf der Stirn geschrieben steht. Was am Ende sich Ursprung dünkt, archaisiert bloß, mit jener in der Jugendbewegung eingeübten Allergie gegen das neunzehnte Jahrhundert, die nicht sowohl von Überwindung zeugt als von Unbewältigtem und vom Verrat an der Freiheit. Weil die Frage nach dem unmittelbar Ersten dem Stand des Geistes heute unangemessen ist und sich entschlossen die Augen verbinden muß gegen die Vermittlung, beschwört sie einen veralteten historischen Stand. Ihr zeitlos dem Ontischen Vorgeordnetes ist ein Wechselbalg, das unkenntlich gemachte Vergangene. Schon der Brentanoschüler Husserl, den manche Zeitgenossen als Scholastiker empfanden und in dessen positivbeschreibender Haltung die Spur des Kritischen fast ganz fehlt, neigte wider Willen zum Altertümlichen. Nach ihm wird die kritische Besinnung vollends, und paradox, stillgestellt um des von der Kritik ererbten Postulats der Verbindlichkeit willen; die Kategorien werden als bloß noch zu registrierende – in der dafür ersonnenen Sprache: zu sagende – Sachverhalte von der Reflexion dispensiert. Die Abdikation des Begriffs und das verzweifelte Bedürfnis nach einem Absenten, Negatives also, wird als positives Apriori erkoren. Wohl ist das Dekret an sich seiender Positivität durch die Vernunft wider das vorgeblich zerstörende Treiben der Vernunft so alt wie die städtisch-bürgerliche Philosophie. Aber die Differenz zwischen deren Tradition und der auferstandenen Metaphysik ist doch eine ums Ganze. Kant hält sich der Rekonstruktion von Wahrheit aus der Immanenz des Bewußtseins heraus versichert, und das »Wie ist möglich« bildet die bestimmende Figur all seiner Fragen, weil ihm die Möglichkeit selbst fraglos ist. Daher nimmt er, wie nach ihm Hegel, die Last auf sich, jene Rekonstruktion allseitig durchzuführen. Husserl verzweifelt daran[36]. In den transzendentalen Forschungen, die bei ihm das System substituieren, bricht der Gedanke ab. Er hält inne bei singulären Bestimmungen, und die glücklich wiedererrungene Konkretion verdankt sich nicht einem Mehr, sondern einem Weniger der Philosophie. Gedacht wird von Husserls Nachfolgern nur noch, um den Gedanken zu entmächtigen und ein gleichwohl verpflichtendes und darum abstraktes Dogma zu kanonisieren. Wenn der kritische Vollzug der zur Phänomenologie geronnenen Motive deren Löcher aufdeckt, die sie durch den Übergang von einem Begriff zum anderen vergebens stopft, so will in gewissem Sinn die Phänomenologie in ihrer ontologischen Endphase jene Löcher selbst: von ihren unfreiwilligen Irrationalitäten profitiert ihre zuinnerst irrationalistische Absicht. Daher redet sie den Jargon der Eigentlichkeit, der mittlerweile die gesamte deutsche Bildungssprache zum geweihten Kauderwelsch verderbte, theologischer Ton bar des theologischen Inhalts wie eines jeglichen außer der Selbstvergötzung. Er täuscht die leibhafte Gegenwart des Ersten vor, das nicht leibhaft ist und nicht gegenwärtig. Seine Autorität gleicht der der verwalteten Welt, die auf nichts sich stützen kann als aufs Faktum der Verwaltung selber. Die Inthronisierung des vollendet Abstrakten ist gesellschaftlich die der bloßen Organisationsform unter Absehung von ihrem gesellschaftlichen Inhalt, der aus gutem Grund vernachlässigt wird. Verglichen mit den Lehrgebäuden des Aristoteles und des Thomas, welche noch die ganze Schöpfung zu beherbergen hofften, gebärdet sich die Ontologie heute, als befände sie sich in einem Glashaus mit undurchdringlichen, aber durchsichtigen Wänden und erblickte die Wahrheit draußen, wie unergreifbare Fixsterne, Worte, deren Heiligkeit man zu nahe tritt, wenn man nur fragt, was sie bedeuten. Alles Sachhaltige aber, das Leben der Begriffe, wird verachtungsvoll Einzelwissenschaften wie der Geschichte, der Soziologie und der Psychologie zugeworfen, denen solche Emanzipation von der Philosophie ebenfalls nicht zum Segen gereicht. Philosophie soll dann nur noch sein, was mit schlechterdings Gleichgültigem sich beschäftigt, und ihre Würde steigert sich mit der Gleichgültigkeit des obersten Worts, das alles umfaßt und darum nichts. Die neue Ontologie kehrt reumütig zum Beginn der Hegelschen Logik zurück und erlischt in der abstrakten Identität, mit der das gesamte Spiel anhob.

Seit Schelers Buch über die Kantische Ethik wurde der erkenntnistheoretische und systematische Formalismus diffamiert. Ihm gegenüber verhieß man, freilich sogleich belastet mit dem überaus fragwürdigen, vom Tauschverhältnis abgezogenen Wertbegriff, materiales Philosophieren. Nicht länger sollten Instrumente geschliffen werden: sie sollten, wie Hegel es wollte, an Stoffen sich erproben. Aber die phänomenologische Bewegung, die als Erkenntnistheorie begann, hat danach Zug um Zug, wie von allem Seienden so selbst von dessen Oberbegriff, dem Dasein, wiederum sich entfernt, das Husserl ursprünglich ja ausschalten wollte. Ratifiziert wird damit der notwendig formale Charakter von πρώτη φιλοσοφία selber, nicht nur ihrer immanenzphilosophischen Reflexionsform. Wer ein absolut Erstes nennen will, muß eliminieren, wessen immer ein schlechterdings Erstes nicht bedürfte. Ist aber einmal, in der Abwehr des Akzidentellen, die ontologische Differenz als unvermittelt, fest, unverrückbar behauptet, so greift der Purifizierungsprozeß auf das Seiende über. Es könnte, wie Husserl unverblümt aussprach, gemessen am reinen Begriff von Sein ebensogut auch nicht sein. Ignoriert wird, daß umgekehrt auch die Idee des Seins nur im Verhältnis zu Seiendem zu denken wäre. Das wird der auferstandenen Ontologie zum Verhängnis. Vergebens, wenn auch notwendig, projiziert sie das Verhängnis auf die Struktur von Sein an sich. Was heute als Seinsfrage populär ward, enthüllt nicht die apologetisch zitierte Ursprünglichkeit, sondern die Not der Ursprungsphilosophie, durch deren Netz das Ontische gleitet und die seiner gleichwohl nicht entraten kann. Im Haß gegen die Vermittlung muß ihr Seinsbegriff noch das Seiende ontologisieren. Am Ende löst sie aber doch, unter hochtönenden Beteuerungen, jenseits der ontisch-ontologischen Differenz zu sein, diese nach der Seite des bloßen Begriffs auf. Der Antiidealismus kommt zu sich selber in der bloßen Idee, so wie schon Husserls Phänomenologie sich in den transzendentalen Idealismus retrovertierte. Das notwendig falsche Bewußtsein dieser Denkbewegung ist der Prototyp von Ideologie. Dazu schickt sich die Tendenz der Lehre. Verschwimmt Seiendes ununterscheidbar mit Sein in dessen oberster Ausweitung, so läßt Seiendes nach Belieben und historischer Opportunität sich verabsolutieren. Das ist das Schema der ontologischen Überwindung des Formalismus. Gegen sie hat Husserls altmodisches Beharren beim Formalismus das höhere Recht bewährt, und schließlich ist die Ontologie reumütig, aber verschämt zu ihm zurückgekehrt, indem sie ein Ritual des reinen Begriffs ausarbeitete, der leugnet, daß er einer ist. Der Schein der Konkretion war das Fascinosum der Schule. Geistiges soll anschaulich, unmittelbar gewiß sein. Die Begriffe werden sinnlich getönt.

Das Metaphorische, Jugendstilhafte, bloß Ornamentale solcher Sprache aber wird bei Husserl selbst daran evident, daß die prätendierte Sinnlichkeit des Gedankens im philosophischen Gefüge keine Konsequenzen hat. Worten aus der freilich nach »Sein und Zeit« publizierten »Logik« wie »Bewährung«[37], »durchherrscht«[38], »Weckung«[39] ist eine veranstaltete, entfernt an die Georgeschule mahnende Gewähltheit und Distanziertheit anzumerken: die ἐποχή changiert ins Esoterische. Husserls Erkenntnistheorie hat einer Ideologie das Instrumentarium beigestellt, mit der ihre szientifische Gesinnung nichts zu tun haben wollte, die aber ihrerseits gerade die Prätention des Verbindlichen an das von Husserl mit dem Gestus wissenschaftlicher Gediegenheit Vorgetragene anschloß. Darum reicht die Kritik an seiner spezialistischen Erkenntnistheorie wesentlich über diese hinaus. Die Aura des Konkreten wächst dem Begriff zu, der nach den Theoremen von der idealen Einheit der Spezies und der Ideation unbefleckt vom Abstrahieren dem Bewußtsein sich darbietet. Dem, was nichts Subjektives in sich enthalte, werden die subjektiv vermittelten Bestimmungen als Qualitäten seines Ansichseins gutgeschrieben und seine Autorität befestigt; die Rückfrage, woher jene Bestimmungen stammen, verhindert. Unterm Tabu gegen die Faktizität sind aber jene konkreten Begriffe zugleich ganz dünn. Sie nähren sich mit ontischen Elementen, die dann durch bloße Etikettierung »rein«, reines Bewußtsein oder rein ontologisch, werden. Der Schein des Konkreten beruht auf der Verdinglichung von Resultaten, nicht unähnlich der positivistischen Sozialwissenschaft, welche die Produkte gesellschaftlicher Prozesse als letzte hinzunehmende Tatsachen verzeichnet. Sein metaphysisches Pathos aber empfängt das Scheinkonkrete gerade von der emphatischen Faktenferne, jenem Geistigen, das im ontologischen wie in allem deutschen Idealismus der Faktizität vorgeordnet wird. Wer daran teilhat, muß nicht mit jenem bloß Seienden die Hände sich beschmutzen, dem doch wieder die charakteristischen Begriffe den substantiellen Klang entlehnen. In dieser Verfahrungsweise vergißt die verspätete πρώτη φιλοσοφία energisch die Kritik der kruden These, das logisch Höhere sei zugleich das metaphysisch Höhere. Nicht minder aber vergißt sie den logischen Prozeß selber. Solche Vergeßlichkeit stiftet das absolute

An sich. Weise geworden, versteht die alte Weisheit, am Ende alle Narben ihres Mißlingens als Ehrenmale zu präsentieren. Alles schlägt ihr zum Guten an. Weil die Vermittlungen ins Dunkel gescheucht wurden, können die Bestimmungen, auf die bei der Bildung allgemeiner Begriffe verzichtet werden muß, vom philosophischen Bedürfnis dem Resultat ohne Aufsehen doch wieder hinzugefügt werden. Man braucht nicht zu bemerken, was weggelassen wurde, um zu »Sein überhaupt« zu gelangen; da aber dies Sein alles Erdenkliche in sich einschließt, so läßt es durchs Eingeschlossene unwidersprochen sich auffüllen. Sein wird in den sinnlichsten Metaphern, mit Vorliebe solchen frühgeschichtlicher Verrichtungen, umschrieben, weil aus dem Begriff jegliches Kriterium verschwand, das die Metapher vom Gemeinten abzuheben erlaubte. Die harmlos-szientifische Maxime der Husserlschen Phänomenologie, in deskriptiv getreuen Bedeutungsanalysen das Wesen der Begriffe zu erschauen, als ob jeder einzelne, ohne Rücksicht auf den andern und ihre Konstellation, ein unerschütterlich festes Wesen hätte, ermunterte bereits zur Scheinkonkretion. Ihr gegenüber besitzt noch der obsolete Begriff des Systems seine korrektive Wahrheit als Wissen von der Unmöglichkeit der isolierenden Praxis des Geistes. Diese wurde zur Prärogative, dem Begriff jene Farben anzuhexen, die er geschichtlich im Entfremdungsprozeß verlor. Sie sind aber flüchtige Phantasmagorie, solange der Begriff, der die Wesenheit beschwört, sein eigenes Wesen verleugnet. Husserl hat seine Erwägungen als radikal empfohlen, und seitdem sind allerorten fiktiv-radikale Fragen emporgeschossen. Sie werden sich selber zur Antwort und lassen im übrigen alles bei jenem Alten, das ihnen die Wahrheit sein soll. Der Begriff radikal wurde unter Beistand der Theologie kastriert. Wollte er in den Thesen gegen Feuerbach die Wurzel des Übels treffen, so soll er jetzt seinen Nachdruck nur noch der Frage leihen, hinter die nicht weiter zurückgefragt werden kann, Vorwegnahme der Antwort, die es nicht gibt. Dem Denken, das in der Bestimmung des Ersten die Mannigfaltigkeit der Fakten um ihrer Bedingtheit und Vermitteltheit willen ausklammert, ist keine Auskunft übrig als die von der neuen Ontologie verschwiegene, paradoxe, die Leibniz dem Lockeschen Empirismus erteilt: intellectus ipse. In dieser

Paradoxie wie in ihrem abstrakten Gegensatz, der Lehre von der tabula rasa, drückt sich die Unmöglichkeit der Polarisierung von Erkenntnis aus und damit die der Frage nach dem Ersten selber. Mit dessen Begriff stürzt zugleich der des absolut Neuen, an dem die Phänomenologie partizipierte, ohne eigentlich ein neues Motiv zu bringen, phantasmagorisch auch darin. Erstes und absolut Neues sind komplementär, und der dialektische Gedanke müßte beider sich entäußern. Wer dem Bann der Ursprungsphilosophie den Gehorsam verweigerte, hat seit der Vorrede der Hegelschen Phänomenologie mit der Vermitteltheit des Alten auch die des Neuen erkannt und es als je schon in der älteren Form enthalten bestimmt, als die Nichtidentität seiner Identität. Dialektik ist der Versuch, das Neue des Alten zu sehen anstatt einzig das Alte des Neuen. Wie sie das Neue vermittelt, so bewahrt sie auch das Alte als Vermitteltes; verliefe sie nach dem Schema bloßen Strömens und unterschiedsloser Lebendigkeit, so erniedrigte sie sich zum Abbild des amorphen Naturzusammenhangs, den sie nicht wiederholend sanktionieren, sondern erkennend überschreiten soll. Sie gibt dem Alten das Seine als dem dinghaft Verfestigten, das sie zu bewegen vermag nur, indem sie die Kraft seiner eigenen Schwere entbindet. Sie erreicht die Einsicht, daß der geschlossene Prozeß auch das nicht Eingeschlossene einschließt, und damit eine Grenze von Erkenntnis selber. Sie selbst würde erst von verändernder Praxis überschritten. Vorher aber ist das Neue so sehr im Bann wie das Alte; will dieses die Herrschaft der Autochthonen aufs Göttliche zurückdatieren, so vergötzt jenes den Vorrang der Produktion, in dem nicht minder das Herrschaftsprinzip sich verbirgt, wie denn auf dem Markt des Geistes die Frage, was Neues geboten wäre, synonym mit der nach der Ursprünglichkeit aufgebracht zu werden pflegt. Das Hämische dieser Frage, und damit freilich die Abwertung des Neuen überhaupt, ist urbürgerlich: aus Bekanntem soll nichts Unbekanntes, kein anderes hervorgehen können. Alle Steine des Spiels seien ausgespielt. So spricht die Selbstverachtung des zur Unfreiheit verurteilten und verstümmelten Vaters, der seinem Sohn nicht gönnt, daß er besser und glücklicher werde als die ererbte Schmach, während die Frau in der patriarchalen Gesellschaft dem Sohn gegenüber daran doch nicht ganz partizipiert. Ein

Moment des Schuldzusammenhangs bildet das Bewußtsein, er könne nicht durchbrochen werden. Den Identitätssatz durchschauen aber heißt, sich nicht ausreden lassen, daß das Entsprungene den Bann des Ursprungs zu brechen vermöchte. Alle Musik war einmal Dienst, um den Oberen die Langeweile zu kürzen, aber die Letzten Quartette sind keine Tafelmusik; Zärtlichkeit ist der Psychoanalyse zufolge die Reaktionsbildung auf den barbarischen Sadismus, aber sie wurde zum Modell von Humanität. Auch die hinfälligen Begriffe der Erkenntnistheorie weisen über sich hinaus. Bis in ihre obersten Formalismen hinein, und vorab in ihrem Scheitern, sind sie ein Stück bewußtloser Geschichtsschreibung, zu erretten, indem ihnen zum Selbstbewußtsein verholfen wird gegen das, was sie von sich aus meinen. Diese Rettung, Eingedenken des Leidens, das in den Begriffen sich sedimentierte, wartet auf den Augenblick ihres Zerfalls. Er ist die Idee philosophischer Kritik. Sie hat kein Maß als den Zerfall des Scheins. Ist das Zeitalter der Interpretation der Welt vorüber und gilt es sie zu verändern, dann nimmt Philosophie Abschied, und im Abschied halten die Begriffe inne und werden zu Bildern. Möchte Philosophie als wissenschaftliche Semantik die Sprache in Logik übersetzen, so ist ihr als spekulativer noch übrig, die Logik zum Sprechen zu bringen. Nicht die Erste Philosophie ist an der Zeit sondern eine letzte.

I. Kritik des logischen Absolutismus

> Wenn uns ein Engel einmal aus seiner Philosophie erzählte, ich glaube, es müßten wohl manche Sätze so klingen, als wie 2 mal 2 ist 13.
>
> Lichtenberg

Seit Cartesianischen Zeiten ist im Verhältnis der Philosophie zu den Wissenschaften ein Widerspruch hervorgetreten, der schon in Aristoteles angelegt war. Philosophie versucht das Unbedingte zu denken, über die Positivität, das akzeptierte Dasein der auf getrennte Gegenstände willkürlich vereidigten, Sache und Methode voneinanderreißenden Wissenschaften hinauszugehen und ihrem Betrieb die ungefesselte Wahrheit zu kontrastieren. Aber sie nimmt selber die Wissenschaft sich zum Vorbild. Deren Arbeit überschnitt sich mit dem Bereich der überkommenen Metaphysik. Wissenschaft hat dieser seit der kosmologischen Spekulation mehr stets von dem entzogen, was sie als ihr Eigenstes erachtete, und zugleich ein Ideal zweifelsfreier Gewißheit entworfen, dem gegenüber Metaphysik, soweit sie nicht wissenschaftliche Disziplin benutzte, eitel und dogmatisch dünkte. Wie Metaphysik als Wissenschaft möglich sei, das umschreibt nicht allein das Thema der Kantischen Vernunftkritik als einer Erkenntnistheorie, sondern nennt den Impuls der gesamten neueren Philosophie. Er gilt jedoch von Anbeginn nicht bloß einem in ruhigem Fortschritt zu lösenden »Problem«, etwa der Reinigung der Philosophie von ihren vorwissenschaftlichen Begriffen durch Reflexion auf sich selbst. Die Verwandlung der Philosophie in Wissenschaft, wäre es auch, worauf man sich apologetisch immer wieder herausredete, als erste und die Einzelwissenschaften begründende oder als oberste und krönende, ist kein glückliches Reifen, in dem der Gedanke seiner kindischen Rudimente, der subjektiven Wünsche und Projektionen sich entäußerte. Sondern sie

unterhöhlt zugleich den Begriff der Philosophie selber. Soweit sie im Kultus dessen, was, nach Wittgensteins Formulierung, »der Fall ist«, sich erschöpft, kommt sie im Wettlauf mit den Wissenschaften, denen sie sich verblendet assimiliert, doch stets ins Hintertreffen; sagt sie aber von diesen sich los, und denkt frischfröhlich drauflos, wird sie zum ohnmächtigen Reservat, dem Schatten der schattenhaften Sonntagsreligion. So ist es nicht der bornierten Fachwissenschaft, sondern objektivem Zwang zuzuschreiben, wenn die Philosophie bei jener in Verruf geriet.
An der Bewegung des philosophischen Gedankens selber läßt sich ablesen, was ihm mit dem unabdingbaren Fortschritt seiner wissenschaftlichen Kontrolle und Selbstkontrolle widerfährt. Indem er wahrer wird, verzichtet er auf Wahrheit. Wer in Freiheit nachdenkt über von der organisierten Wissenschaft beschlagnahmte Gegenstände, der mag manchmal dem taedium scientiae entrinnen, aber er wird dafür nicht nur mit dem schmählichen Lob des Anregenden und Intuitiven belohnt, sondern muß sich obendrein den Nachweis sei's mangelnder Sachkenntnis, sei's der Überholtheit dessen gefallen lassen, was sogleich zur Hypothese verzerrt und zwischen den Mühlsteinen »Wo ist der Beweis?« und »Wo ist das Neue?« zerrieben wird. Zieht aber Philosophie, um jener Gefahr zu entrinnen, sich auf sich selber zurück, so gerät sie ins entweder leere oder unverbindlich-scholastische Begriffsspiel, auch wenn sie es hinter pathetischen Neologismen versteckt, wie sie, De Maistre zufolge, die großen Schriftsteller fürchten[1]. Der Gedanke, der danach tastet, zu begreifen – und über dem Begreifen selbst liegt mittlerweile das Tabu der Unwissenschaftlichkeit – findet alles schon besetzt. Er wird nicht nur heilsam vorm Amateurhaften, dem Komplement des Experten, gewarnt, sondern gelähmt, ohne sich doch etwa bei der Anfertigung jenes geistigen Bandes zwischen all dem Festgestellten bescheiden zu dürfen, dessen Abwesenheit Faust beklagt. Denn die »Synthese«, die mit je schon verfügbaren wissenschaftlichen Befunden vorlieb nimmt, bleibt der spontanen Beziehung des Gedankens auf den Gegenstand äußerlich und ist selbst ein Teilakt jener Organisation, die sie zu widerrufen wähnt. Das konservierte Ideal der Wissenschaft, das einmal der Philosophie zur Befreiung von der theologischen Fessel verhalf, ist selber mittlerweile zur Fessel

geworden, die es dem Denken verbietet zu denken. Das ist aber so wenig bloße Fehlentwicklung wie die gleichsinnige jener Gesellschaft, der die Philosophie innewohnt, und läßt darum nicht durch Einsicht und Entschluß beliebig sich korrigieren. Die Verwissenschaftlichung des Denkens unterwirft es der Arbeitsteilung. Entweder es verfährt nach den vorgezeichneten und überflüssige Anstrengung einsparenden Schemata der etablierten Einzelfächer, oder es etabliert sich als zusätzliches Einzelfach, das sich auf dem Markt durch die Differenz von den anderen behauptet. Denken, das sich gegen die Arbeitsteilung sperrt, fällt hinter die Entwicklung der Kräfte zurück und verhält sich »archaisch«; ordnet es sich aber als Wissenschaft den Wissenschaften ein, so verzichtet es auf den eigenen Impuls eben dort, wo es dessen am dringendsten bedürfte. Es bleibt dinghaft, bloße Nachkonstruktion eines durch die gesellschaftlichen Kategorien und schließlich Produktionsverhältnisse bereits Vorgeformten auch dann noch, wenn es über sogenannte Prinzipienfragen wie das Verhältnis von Subjekt und Objekt wissenschaftlich zu urteilen sich zutraut. Wissenschaft verdinglicht, indem sie die geronnene geistige Arbeit, das seiner gesellschaftlichen Vermittlungen unbewußte Wissen, zum Wissen schlechthin erklärt. Ihre Forderungen und Verbote drücken das allesamt aus. So ist jegliche Thematik auf der wissenschaftlichen Landkarte vorweg abgesteckt; etwa wie Mathematik herkömmlicherweise die Frage, was eine Zahl sei, als außermathematisch fortwies, soll Philosophie mit nichts sich befassen als der Struktur und den Bedingungen des stets und überall Gültigen. Da jedoch die Themen bereits präpariert, vom gesellschaftlichen Betrieb fertig geliefert sind, so schmiegt der wissenschaftliche Gedanke nicht dem sich an, was sie etwa von sich aus verlangten, sondern unterwirft sie den gesellschaftlich erheischten oder eingeschliffenen Prozeduren. Heute wird der Primat der Methode bereits so weit getrieben, daß weithin nur solche Forschungsaufgaben gestellt werden können, die mit den Mitteln der verfügbaren Apparatur sich lösen lassen. Der Primat der Methode ist der Primat der Organisation. Die Verfügbarkeit der Erkenntnisse durch logisch-klassifikatorische Ordnung wird zu ihrem eigenen Kriterium; was nicht hineinpaßt, erscheint nur am Rande als »Datum«, das auf seine Stelle wartet und, wofern keine sich findet, fortgeworfen wird. Wie Menschen in einem straff organisierten Gemeinwesen, müssen alle Sätze der Kontinuität aller andern sich einfügen: das »Unverbundene«, nicht Integrierbare wird zur Todsünde. Drastisch wird der Gedanke der Kontrolle durch die gesellschaftliche Organisation vollends überantwortet, indem grundsätzlich jede wissenschaftliche Aussage von jedem approbierten Wissenschaftler des Sachgebiets, gleichgültig wie er geistig beschaffen ist, überprüft werden, jede geistige Leistung für jeden beliebigen anderen nachvollziehbar sein soll. Die Einsicht hat gleichsam einen Personalausweis beizubringen, wenn sie geduldet werden will, die »Evidenz«, die nicht in ihrem eigenen Gehalt und dessen Entfaltung, sondern im Stempel einer Anweisung auf künftige Daten gesucht wird. So verweilt Erkenntnis nicht bei ihrem Gegenstand, um ihn aufzuschließen. Eigentlich meint sie ihn überhaupt nicht, sondern setzt ihn herab zur bloßen Funktion des Schemas, mit dem sie ihn souverän überspinnt; je objektiver, von aller Täuschung und Zutat des Betrachters gereinigter sie jeweils sich aufspielt, um so subjektiver wird sie in der Totalität des Verfahrens. Die Organisationsform, die der Wissenschaft immanent ist und die Philosophie aufsaugt, verwehrt das Ziel, das der Philosophie vor Augen steht. Wenn aber das Verhältnis der Philosophie zur Wissenschaft in sich antagonistisch ist; wenn sie als Wissenschaft in Gegensatz tritt zur eigenen raison d'être und doch, wofern sie der Wissenschaft die kalte Schulter zeigt, buchstäblich ihre raison, die Vernunft einbüßt, dann muß notwendig ihr Versuch, als Wissenschaft sich zu behaupten, auf Widersprüche führen. Das Hegelsche Prinzip der Dialektik ist, von der Spannung zwischen Spekulation und Wissenschaft her verstanden, der positive Ausdruck solcher Negativität. Hegel sucht sie zum Organon der Wahrheit umzuschmieden. Woran alle Philosophie laboriert, die mit der Phänomenologie des Geistes ihre »Erhebung zur Wissenschaft« sich erhofft, und die begriffliche Bewegung, die jener Widersprüchlichkeit Herr zu werden trachtet, indem sie sie austrägt – das wird dem Wesen der Philosophie gleichgesetzt. Wenig fehlt, und man möchte den Metaphysiker des absoluten Geistes, bei dem allemal die Welt recht behält, den konsequenten Positivisten nennen.

Den gordischen Knoten hat Bergson, dessen Intuitionismus gern der Husserlschen Wesensschau verglichen wird, zu zerhauen versucht, indem er gegen das begrifflich-klassifikatorische Denken der Wissenschaft ein unmittelbar-anschauliches Innewerden des Lebendigen postulierte. Seine Kritik des Szientivismus hat wie keine andere den Triumph des dinghaft konventionellen Abgusses über das Eigentliche denunziert. Durch den Dualismus der beiden Erkenntnisweisen und »Welten« jedoch hat er die philosophische in ein Reservat verwandelt und eben damit paradox dem verdinglichten Leben doch wiederum eingegliedert, so wie es im Sinn des gesamten spätbürgerlichen Irrationalismus liegt, den Bergson durch Tiefe der Erfahrung und Nähe zum Phänomen so weit sonst überragt wie nur der Impressionismus die neuromantischen Ideologien. Im Mechanismus der Verdinglichung des Denkens gibt die ordnende Begrifflichkeit, der Bergson alles Unheil zuschiebt und die doch selbst nur Derivat der Tauschgesellschaft ist, bloß ein Moment ab[2]. Andererseits verfügt die lebendige Erkenntnis, um deren Rettung es Bergson geht, an sich keineswegs über ein andersgeartetes Erkenntnisvermögen. Dessen Annahme vielmehr reflektiert selber die dem Bergson verhaßten Bereich angehörige Spaltung von Methode und Sache; mit dem bürgerlichen Denken hat Bergson den Glauben an die isolierbare und wahre Methode gemein, nur daß er dieser eben jene Attribute zuteilt, welche ihr seit Descartes abgesprochen wurden, ohne zu durchschauen, daß man, indem man eine wohldefinierte Methode gegenüber ihren wechselnden Gegenständen verselbständigt, bereits die Starrheit sanktioniert, welche der Zauberblick der Intuition lösen soll. Erfahrung im emphatischen Sinn, das Geflecht der unverstümmelten Erkenntnis, wie es der Philosophie zum Modell dienen mag, unterscheidet sich von der Wissenschaft nicht durch ein höheres Prinzip oder Instrumentarium, sondern durch den Gebrauch, den sie von den Mitteln, zumal den begrifflichen, macht, die als solche denen der Wissenschaft gleichen, und durch ihre Stellung zur Objektivität. So wenig in solcher Erfahrung zu verleugnen ist, was bei Bergson Intuition heißt, so wenig läßt es sich hypostasieren. Die mit Begriffen und ordnenden Formen durchwachsenen Intuitionen gewinnen an Recht, je mehr das vergesellschaftete und organisierte Dasein sich expandiert und verhärtet. Nicht aber machen jene Akte eine absolute, vom diskursiven Denken durch einen ontologischen Abgrund getrennte Quelle der Erkenntnis aus. Wohl erscheinen sie jäh, unwillkürlich zuweilen – die Künstler wissen, daß sie sich auch kommandieren lassen – und sprengen den geschlossenen Zusammenhang des Schlußverfahrens auf. Darum jedoch sind sie nicht vom Himmel gefallen: so stellen sie nur die Positivisten sich vor, denen Bergsons Ursprünge, wie die Husserls, nicht fern waren. Sondern es setzt in ihnen sich durch, was an besserem Wissen der Zurichtung entschlüpfte, in der Geistfeindschaft und Wissenschaft so gut sich verstehen. Die Plötzlichkeit der Intuition mißt sich am Widerstand gegen die soziale Kontrolle, die den Gedanken aus seinen Schlupflöchern aufscheuchen möchte. Die sogenannten Einfälle sind weder so irrational noch so rhapsodisch, wie der Szientivismus und mit ihm Bergson ihnen zumutet: in ihnen explodiert das unbewußte, den Kontrollmechanismen nicht ganz botmäßige Wissen und durchschlägt die Mauer der konventionalisierten und »realitätsgerechten« Urteile. Indem sie an der manipulativen Leistung der vom Ich gesteuerten Erkenntnis nicht teilhaben, sondern passiv-spontan dessen an der Sache sich erinnern, was dem Ordnungsdenken bloßes Ärgernis heißt, sind sie in der Tat »ichfremd«. Aber was immer in rationaler Erkenntnis am Werk ist, geht auch in sie, sedimentiert und wiedererinnert, ein, um für einen Augenblick gegen die Apparatur sich zu wenden, über deren Schatten Denken allein nicht zu springen vermag. Das Diskontinuierliche der Intuition tut der von der Organisation verfälschten Kontinuität Ehre an: einzig die aufblitzenden Erkenntnisse sind gesättigt mit Erinnerung und Vorblick, während die offiziell »verbundenen«, wie Bergson wohl gewahrte, als solche gerade erinnerungslos aus der Zeit herausfallen. Der Erkennende wird im Moment der Intuition überwältigt und aus dem Einerlei des bloßen Subsumierens herausgerissen von der aktuellen Gegenwart vergangener Urteile, Schlüsse, zumal Relationen, deren Vereinigung das am Gegenstand ins Licht rückt, was mehr ist als sein Stellenwert in der Systematik. In den Intuitionen besinnt sich die ratio auf das, was sie vergaß, und in diesem von ihm freilich kaum intendierten Sinn hat Freud recht, wenn er dem Unbewußten eine eigene Art von Rationalität zuschreibt. Die Intuition ist kein einfacher Gegensatz zur Logik: sie gehört dieser an und mahnt sie zugleich an das Moment ihrer Unwahrheit. Als blinde Flecke im Prozeß der Erkenntnis, aus dem sie doch nicht herauszubrechen sind, verhalten die Intuitionen die Vernunft dazu, auf sich selbst als bloße Reflexionsform von Willkür zu reflektieren, um der Willkür ein Ende zu bereiten. In der unwillkürlichen Erinnerung versucht wie immer auch vergeblich der willkürliche Gedanke etwas von dem zu heilen, was er gleichwohl verüben muß. Das hat Bergson verkannt. Indem er die Intuitionen für die unmittelbare Stimme jenes Lebens ausgab, das doch nur als vermitteltes noch lebt, hat er sie selber zum abstrakten Prinzip verdünnt, das rasch mit der abstrakten Welt sich befreundet, gegen die er es ersann. Die Konstruktion der reinen Unmittelbarkeit, die Negation alles Starren veranlaßt ihn in der Schrift über das Lachen zu sagen, »daß jeder Charakter komisch ist, wenn man nämlich unter Charakter den ganz fertigen, in seiner Entwicklung abgeschlossenen Teil unserer Persönlichkeit versteht, dasjenige in uns, was einem fertig montierten Mechanismus gleicht, der automatisch funktionieren kann«[3]. Charakter heißt ihm aber nichts anderes als die »Versteifung gegen das soziale Leben«[4], also gerade jener Widerstand, der die Wahrheit der Intuition ist. Die Verabsolutierung des intuitiven Erkennens entspricht praktisch einer Verhaltensweise absoluter Anpassung: verworfen wird, was versäumt, »auf seine Umgebung aufzumerken, sich nach ihr zu richten« und statt dessen »sich in seinem Charakter wie in einem festen Turm einmauert«[5]. Eben dessen bedarf, wer die versteinerten Verhältnisse ändern will, deren Abdruck die mechanistischen Begriffe bilden. Kein Begriff eines Lebendigen kann gedacht werden, ohne daß dabei ein Moment des identisch Beharrenden festgehalten würde. Die abstrakte Negation der Vermittlung, der Kultus der reinen Aktualität, der dagegen sich sperrt, fällt eben damit den Konventionen anheim und dem Konformismus. Während Bergson am Geist die gesellschaftlichen Schwielen tilgt, überantwortet er ihn der gesellschaftlichen Realität, die jene hinterließ.

Husserls Versuch, durch philosophische Meditation den Bann

der Verdinglichung zu brechen und in »originär gebender Anschauung« die »Sachen selbst«, wie die Phänomenologen zu nennen es liebten, »in den Griff zu bekommen«, bleibt der eigenen Absicht nach, im Gegensatz zu Bergson, mit der Wissenschaft einverstanden. Zwar unterwirft er diese der Rechtsprechung der Philosophie, aber erkennt sie zugleich an als deren Ideal. Dadurch erscheint er unvergleichlich viel akademischer als Bergson. Trotz der Parole »Zu den Sachen« sind seine Texte gerade in ihren fruchtbarsten Partien überaus formal und voll von terminologischen Distinktionen. Vom Bewußtseins»strom« ist auch bei ihm die Rede, aber die Konzeption der Wahrheit ist die traditionelle, zeitlos-statische. An Nüchternheit sucht er die szientifische zu überbieten: seine bedeutende Kraft zur sprachlichen Darstellung hält sich hermetisch kunstfremd. Unradikalkontemplativ, belastet sein Denken vorweg sich mit all dem, wogegen es aufbegehrt. Indem er jedoch sein in sich antagonistisches Verhältnis zur Wissenschaft nicht verleugnet, sondern es aus der eigenen Schwerkraft wirken läßt, vermeidet er den Trug des Irrationalismus, die abstrakte Negation hätte Macht über die Verdinglichung. Sein Ingenium verschmäht das ohnmächtige Glück eines Verhaltens, das den Gegner ignoriert, anstatt dessen Gewalt sich zuzueignen. Je unversöhnter in seiner Philosophie die Widersprüche hervortreten, desto mehr Licht fällt auf deren Notwendigkeit, die der Intuitionismus in den Wind schlägt, und desto näher kommt die ihrer selbst unbewußte Entfaltung der Widersprüche der der Wahrheit. Husserl akzeptiert das Denken in seiner verdinglichten Gestalt, folgt ihr jedoch so unbestechlich, bis sie über sich hinaustreibt. Sein Programm denkt Philosophie als »strenge Wissenschaft«[6], während der »Ausschaltung alle Natur- und Geisteswissenschaften mit ihrem gesamten Erkenntnisbestande, eben als Wissenschaften«[7] verfallen, und zwar nicht nur, wie er es möchte, die sachhaltigen, »die der natürlichen Einstellung bedürfen«[8], sondern ebenso die »reine Logik als mathesis universalis«[9], ohne die jener Begriff strenger Wissenschaft keinen Sinn hätte, dem doch Husserl die Phänomenologie unterwirft. Denken, Bewußtsein als »Seinssphäre absoluter Ursprünge«[10] wird unterm Primat des Wissenschaftsideals als reines, von allem Vorurteil und aller theoretischen Zutat gereinigtes Forschungsthema behandelt. Damit aber gerinnt es zu dem, was nach Wesen und Möglichkeit aus ihm erst hervorgehen soll. Denken, von Denken »betrachtet«, zerlegt sich in ein daseiend objektives und ein solche Objektivität passiv registrierendes Element: durch die den Wissenschaften entlehnte Form der phänomenologischen Deskription, die ihm scheinbar nichts hinzufügt, ändert es sich gerade in sich selber. Denken wird aus Denken ausgetrieben. Das ist, trotz der Reduktion der natürlichen Welt, der strenge Tatbestand von Verdinglichung. Prototypisch dafür ist bereits die Lehre vom »logischen Absolutismus«. Mit ihr hat Husserl nicht bloß erstmals intensiv gewirkt, sondern, weitergebildet zur Theorie des idealen Sachverhalts, resultiert sie in der Konstruktion der Wesensschau, dem Extrem, in dem Husserl mit Bergson sich berührt. Unabdingbar haftet sich Irrationalismus an den europäischen Rationalismus.

Nichts konnte Husserl ferner liegen als die Rechenschaft von solchen Verschränkungen. Der Begriff von Wissenschaft, auf den seine Konzeption der Philosophie sich stützt, hält sich im Sinn des späteren neunzehnten Jahrhunderts für den Triumph gediegener Forscherarbeit über das dialektisch-spekulative Blendwerk. Alle Dialektik seiner Philosophie ereignet sich gegen deren Willen und ist ihr mit der Kraft ihrer eigenen Konsequenz erst abzuzwingen. Mit den meisten seiner deutschen Zeitgenossen hat er den Schein des Sophistischen an der Dialektik für bare Münze genommen. Nirgends ist bei ihm von Hegel anders als geringschätzig die Rede, mag selbst der Name Phänomenologie in Erinnerung an die des Geistes gewählt sein. Er spricht die Sprache der szientifischen Ranküne gegen eine Vernunft, die nicht vorm gesunden Menschenverstand kapituliert: »Im faktischen Denken des normalen Menschen tritt nun freilich die aktuelle Negation eines Denkgesetzes in der Regel nicht auf; aber daß es beim Menschen überhaupt nicht auftreten kann, wird man schwerlich behaupten können, nachdem große Philosophen wie Epikur und Hegel den Satz des Widerspruchs geleugnet haben. Vielleicht sind Genie und Wahnsinn einander auch in dieser Hinsicht verwandt, vielleicht gibt es auch unter den Irrsinnigen Leugner der Denkgesetze; als Menschen wird man doch auch sie müssen gelten lassen.«[11] Noch als Husserl die eigene Aufgabe als eine der »Kritik der logischen Vernunft« ansah, verwahrte er sich gegen den Verdacht, womit er sich befasse, sei eine »bloße Spielfrage einer zwischen skeptischem Negativismus bzw. Relativismus und logischem Absolutismus verhandelnden Dialektik«[12]. Ähnlich verstockt heißt es in den Cartesianischen Meditationen: »Dieser Idealismus« – der von Husserls später transzendentaler Phänomenologie – »ist nicht ein Gebilde spielerischer Argumentationen, im dialektischen Streit mit Realismen als Siegespreis zu gewinnen«[13]. Der Starrsinn solcher dogmatischen Positivität, die den »Streit«, die begriffliche Bewegung nicht anders denn als Spiegelfechterei sich ausmalen kann, ist um so erstaunlicher – beteuernde Abwehr dessen, wohin sein eigenes Denken gravitiert – als fast orthodox Hegelisch der reife Husserl die Positivität der Wissenschaften verworfen hat: »Denn das ist nun stets die unabläßliche Forderung, sie macht überall das spezifisch Philosophische eines wissenschaftlichen Absehens, sie unterscheidet überall Wissenschaft in naiver Positivität (die nur als Vorstufe echter Wissenschaft und nicht als sie selbst gelten darf) und echte Wissenschaft, die nichts anderes als Philosophie ist.«[14] Dort warnt Husserl nach wissenschaftlichem Gebrauch die Philosophie vor Begriffskonstruktionen, hier weist er die Idee von Wissenschaft, die in solcher Warnung sich aufspreizt, als naiv von sich. So mußte denn der Phänomenologe von einem anderen Philosophen, dem keine Widersprüche aufstießen, Wilhelm Wundt, sich vorhalten lassen, »daß er selber im zweiten Band seines Werkes einem Logizismus anheimfällt, wie ihn die Geschichte seit den Tagen der scholastischen Begriffs- und Wortdialektik nicht mehr erlebt hat«[15].

Aber Husserls Philosophie war wissenschaftlich motiviert als »philosophische Klärung«[16] der reinen Mathematik und Logik, die vom Bestand der Wissenschaften abhängen sollen: »Ob eine Wissenschaft in Wahrheit Wissenschaft, eine Methode in Wahrheit Methode ist, das hängt davon ab, ob sie dem Ziele gemäß ist, dem sie zustrebt. Was den wahrhaften, den gültigen Wissenschaften als solchen zukommt, m. a. W. was die Idee der Wissenschaft konstituiert, will die Logik erforschen, damit wir daran messen können, ob die empirisch vorliegenden Wissenschaften ihrer Idee entsprechen, oder inwieweit sie sich ihr nähern, und worin sie gegen sie verstoßen. Dadurch bekundet sich die Logik als normative Wissenschaft und scheidet von sich ab die vergleichende Betrachtungsweise der historischen Wissenschaft, welche die Wissenschaften als konkrete Kulturerzeugnisse der jeweiligen Epochen nach ihren typischen Eigentümlichkeiten und Gemeinsamkeiten zu erfassen und aus den Zeitverhältnissen zu erklären versucht.«[17] Sätze solcher Art erscheinen am Eingang weitreichender theoretischer Erörterungen plausibel bis zur gleichgültigen Selbstverständlichkeit, während in ihnen sich verbirgt, was erst zu beweisen wäre. Husserls Begriff von Logik setzt den Bestand der Wissenschaften als deren Kontrollinstanz voraus, und ihr selber wird ihr Feld im System der Wissenschaften angewiesen. Wissenschaftlichkeit mißt sich an der Zweckmäßigkeit der Mittel – der Methode – gegenüber dem selbst außerhalb der Betrachtung gehaltenen »Ziel«, ganz ähnlich wie in Max Webers Theorie der Zweckrationalität; als Kriterium der Wissenschaftlichkeit dient die Stringenz ihres eigenen Begründungszusammenhanges, keine Beziehung auf eine wie immer auch geartete Sache. Damit aber wird auch die Logik stillschweigend vom Denken losgelöst: nicht dessen Form soll sie sein, sondern die der vorhandenen Wissenschaft. Indem deren Existenz von der Untersuchung supponiert wird, ist der Faden zwischen Logik und Geschichte durchschnitten, ehe die Beweisführung nur anhebt, die eben darauf hinaus will. Was Logik sei, möchte die Analyse der formalen Konstituentien der Wissenschaft zeigen; Geschichte aber habe es einzig mit den Wissenschaften als »konkreten Kulturerzeugnissen der jeweiligen Epochen« zu tun, nicht mit den in den Wissenschaften sedimentierten Denkfunktionen als solchen. Wie diese im Prozeß zwischen subjektiven und objektiven Momenten sich gebildet haben und was von jener Auseinandersetzung in ihnen sich niederschlug, bleibt außerhalb der säuberlichen Demarkationslinie der wissenschaftlichen »Regionen«. So affiziert die geistige Arbeitsteilung die immanente Gestalt von Fragen, die auftreten, als wären sie allem Sachhaltigen vorgeordnet. Husserls logischer Absolutismus spiegelt die Fetischisierung der Wissenschaften, die sich und ihre Hierarchie als ein an sich Seiendes verkennen, in deren eigener Begründung wider. In der Tat heißt es an der Stelle der Prolegomena, die das Verhältnis von Mathematik – bei Husserl durchweg dem Äquivalent der reinen Logik – und Philosophie umreißt: »Und wirklich fordert die Natur der Sache hier durchaus eine Arbeitsteilung.«[18] Im Sinn des hierarchischen Vorrangs der deduktiven Wissenschaften wird danach der Streit der Fakultäten geschlichtet: »Nicht der Mathematiker, sondern der Philosoph überschreitet seine natürliche Rechtssphäre, wenn er sich gegen die ›mathematisierenden‹ Theorien der Logik wehrt und seine vorläufigen Pflegekinder nicht ihren natürlichen Eltern übergeben will.«[19] Ihn beunruhigt einzig die Sorge: »Gehört aber die Bearbeitung aller eigentlichen Theorien in die Domäne der Mathematiker, was bleibt dann für den Philosophen übrig?«[20] Die positive Wissenschaft, wäre es auch die formale Charakteristik des Denkens, beansprucht Vorrang vor dessen Selbstbesinnung: es werden für sie, als »Domäne«, Besitzrechte angemeldet. Je abstrakter und isolierter aber das wissenschaftliche »Gebiet«, desto größer Versuchung und Bereitschaft es zu hypostasieren. Keine Grenze kennt der Drang zum Ausschließen als die Möglichkeit von Wissenschaft selber, deren abgrenzendes Verfahren zum metaphysischen Prinzip erhöht ist: »Indessen ins Schrankenlose können wir Transzendenzen nicht ausschalten, transzendentale Reinigung kann nicht Ausschaltung aller Transzendenzen besagen, da sonst zwar ein reines Bewußtsein, aber keine Möglichkeit für eine Wissenschaft vom reinen Bewußtsein übrig bliebe.«[21] Der kritisch-idealistische Rückverweis jeglicher Gegenständlichkeit – auch der Wissenschaft – auf die Bewußtseinsimmanenz darf an die Prärogative der Wissenschaft nicht rühren. Die allen Wissenschaften voraufgehende Analyse des im reinen Bewußtsein Vorfindlichen muß es selber als wissenschaftlichen Gegenstand traktieren. Dies Paradoxon ist der Schlüssel zur gesamten Phänomenologie. Die wissenschaftliche Vergegenständlichung wird auf die Begründung von Gegenständlichkeit und Wissenschaft übertragen. Der Transzendentalphilosoph Husserl, der die gesamte positivistische Kritik am nachkantischen Idealismus unterschreibt, wagt nicht Fichtisch die Wissenschaft dem Absoluten gleichzusetzen. Aber von ihrem Primat will er nichts nachlassen. Darum muß die idealistische Jagd nach dem Transzendentalen vorerst abgeblasen, die Ausklammerung der Transzendenz unterbrochen werden. Das Transzendentale wird substituiert durch ein trotz aller »Reduktion« von den empirisch vorliegenden Wissenschaften abgezogenes Erkenntnisideal. Darin ähnelt Husserl aufs tiefste der Kantischen Resignation: nicht ob, sondern wie Wissenschaft möglich sei, wird zur Frage, und jede andere ist gebrandmarkt als bodenlose Spekulation. Keine intellektuelle Operation Husserls, und gebärdete sie sich noch so radikal, traut sich den Gedanken von der Eitelkeit der Wissenschaften noch zu, wie ihn Agrippa von Nettesheim in der Frühzeit des bürgerlichen Humanismus hegte. Noch in den Cartesianischen Meditationen ist das Ideal der Philosophie und das der Wissenschaft – »Universalwissenschaft« – das gleiche, und Philosophie wird als eine Hierarchie wissenschaftlicher Erkenntnisse ganz nach dem Schema des Cartesianischen Rationalismus beschrieben[22]. Wenn dem unraffinierteren Descartes gegenüber der Zweifelsversuch auf die Wissenschaften ausgedehnt scheint, so besagt das nicht mehr, als daß die unreflektiert »vorgegebenen« Wissenschaften, auch die formale Logik, selber vor einem strengeren Begriff von Wissenschaft, dem des lückenlos gefügten Stufenbaus der Evidenzen, sich verantworten sollen. Husserl kümmert nicht, ob Wissenschaft wahr, sondern ob die Wissenschaften wissenschaftlich genug seien. Die kritische Rückwendung der etablierten wissenschaftlichen Methodologie auf die Legitimation der Wissenschaft selbst ist ihm so fraglos wie irgendeinem seiner positivistischen Gegner. Das erklärt, warum auch dem späteren Husserl Wahrheit ein dinghaft Vorgegebenes, »deskriptiv« zu Fassendes bleibt. Noch die idealistischen Motive der Erzeugung und des Ursprungs versteinern dem szientifischen Blick zu feststellbaren Sachverhalten. Nie traut seine Philosophie die spontane Teilhabe am Prozeß der Erzeugung, darum auch nie den Eingriff in die Realität, selber sich zu. Durchwegs stilisiert der Phänomenologe sich als »Forscher«, der »Gebiete« entdeckt und ihre Landkarte entwirft; er nimmt die Kantische Metapher vom »Land der Wahrheit«, einem »reizenden Namen«[23], buchstäblich. Ja sogar der Terminus Ontologie, später die Gegenparole wider szientifische Systematik, dürfte bei Husserl heraufbeschworen sein vom Willen, das System der Wissenschaften zum Absoluten zu erheben. Die obersten Allgemeinheiten eines jeglichen wissenschaftlichen Sachgebiets sollen sich, seiner Konzeption zufolge, zu nicht weiter reduktibeln Sätzen höchst formaler Art zusammenfügen, und deren Inbegriff heißt Ontologie, darin vielleicht übrigens mehr im Geist von Aristoteles und Thomas, als die neuen Ontologien wenigstens zu Anfang Wort haben mochten. Husserls Modell auf allen Stufen ist die Mathematik, trotz des Einspruchs der »Ideen« gegen deren Konfusion mit der Philosophie[24]. Wenn in den »Prolegomena« ein Wertunterschied der Erkenntnisse nach dem Maß ihrer Gesetzlichkeit postuliert wird[25], so durchherrscht solcher Mathematismus der Form nach das gesamte Denken Husserls bis zum Ende, auch dort noch, wo er sich nicht mehr bei der »Klärung« der Logik bescheidet, sondern es auf die Kritik der logischen Vernunft abgesehen hat. Mag immer der Husserl der phänomenologischen Reduktionen die natürliche Dingwelt »ausgeklammert« haben, sein Philosophieren selber hat nie anders sich bestimmt denn nach der Form eines sublimierten Auffassens von Dinghaftem, wie es im Verhältnis des Bewußtseins zur Einsicht in mathematische »Sachverhalte« vorgezeichnet ist.

Daß Husserl, im Rückgriff auf die Anfänge der bürgerlichen Philosophie und unangefochten von der Kritik, die Hegels Logik eben daran übte, der Mathematik den Primat zuerteilt, geschieht um deren »Reinheit« willen: der Mathematiker »unterläßt [es], je Fragen möglicher Wirklichkeit von Mannigfaltigkeiten zu stellen«[26]. Der analytische Charakter der Mathematik behütet sie vor jeder Störung durch unvorhergesehene Erfahrung. Darum mißt sich an ihr Apriorität, unbedingte Gewißheit und Sicherheit. Der Preis dafür wird von Husserl ausgeplaudert: »Diese Reinheit in der thematischen Beschränkung auf gegenständliche Sinne in ihrer Eigenwesentlichkeit – auf ›Urteile‹ im erweiterten Sinne – kann auch gewissermaßen unbewußt betätigt sein.«[27] Der Terminus »unbewußt« zeigt an, daß der Vollzug mathematischer Akte unabhängig sei nicht nur von den »Fragen möglicher Wirklichkeit«, sondern auch von der Reflexion auf ihre eigene Losgelöstheit. Wohl möglich, daß Mathematik als Wissenschaft solcher Unbewußtheit des Vollzugs bedarf. Aber objektiv zersetzt diese schließlich den Begriff von Wahrheit selber. Das bloße Operieren ist die verhexte Gestalt, in der die von der Theorie und von der Qualität ihrer Objekte gleichermaßen getrennte, leerlaufende Praxis in der Theorie wiederkehrt. Die Frage nach jeglichem Bedeuten wird unterm Primat der Mathematik ersetzt durch eine Art abgeblendeter, technischer Denkaktivität, die den verwirrt, der auf Bedeutung aus ist, während umgekehrt der Mathematiker in jeder Frage nach Bedeutung Sabotage an der Maschinerie wittert und sie deshalb verbietet. Seine entschlossene Unbewußtheit bezeugt den Zusammenhang von Arbeitsteilung und analytischer »Reinheit«: der Mathematiker beschäftigt sich mit idealen Gegenständen wie der Paläontologe mit Fossilien, und die blinde Anerkennung einer von außen her gestellten Thematik, wie übrigens Husserls Sprache durchweg sie auch der Philosophie zumutet, entbindet ihm zufolge den Mathematiker von der Verpflichtung, jene Akte zu vollziehen, welche sein »Sachgebiet« als Moment des Ganzen und Wirklichen enthüllen könnten. Philosophie wiederholt, was real oft genug sich bewährt, und weiht Ignoranz als Rechtsquelle der Sicherheit. Je hermetischer aber die Unbewußtheit des Mathematikers seine Sätze gegen das Gedächtnis dessen abdichtet, worin sie verflochten sind, um so vollkommener erscheinen dafür die reinen Denkformen, aus denen die Erinnerung ans Abstrahieren getilgt ward, als eigene »Wirklichkeit«. Ihre Vergegenständlichung ist das Äquivalent dafür, daß sie aus allem Gegenständlichen herausgesprengt wurden, ohne das doch von »Form« nicht einmal zu reden wäre. Die unbewußte Gegenständlichkeit kehrt als falsches Bewußtsein von den reinen Formen wieder. Es stellt sich ein naiver Realismus der Logik her. Ihm eifern alle realistischen Motive Husserls nach, er motiviert seinen Ausbruchsversuch aus der erkenntniskritischen Immanenztheorie.

Seine Rede von einer »›dogmatisch‹ behandelten reinen Logik«[28] drückt aus, daß er sich in seiner transzendentalphilosophischen Phase schließlich selber am naiven Realismus der Logik geärgert hat. Darum wollte er im Alter die logische Vernunft aus dem reinen Bewußtsein erklären. Auf die Schwierigkeit ist er aber bereits in der ursprünglichen Formulierung des logischen Absolutismus gestoßen. Unter die »Bedingungen der Möglichkeit jeder Theorie überhaupt«[29] rechnet er nämlich die subjektiven: »Die Theorie als Erkenntnisbegründung ist selbst eine Erkenntnis und hängt ihrer Möglichkeit nach von gewissen Bedingungen ab, die rein begrifflich in der Erkenntnis und ihrem Verhältnis zum erkennenden Subjekt gründen. Z. B.: Im Begriff der Erkenntnis im strengen Sinne liegt es, ein Urteil zu sein, das nicht bloß den Anspruch erhebt, die Wahrheit zu treffen, sondern auch der Berechtigung dieses Anspruches gewiß ist und diese Berechtigung auch wirklich besitzt. Wäre der Urteilende aber nie und nirgends in der Lage, diejenige Auszeichnung, welche die Rechtfertigung des Urteils ausmacht, in sich zu erleben und als solche zu erfassen, fehlte ihm bei allen Urteilen die Evidenz, die sie von blinden Vorurteilen unterscheidet, und die ihm die lichtvolle Gewißheit gibt, nicht bloß für wahr zu halten, sondern die Wahrheit selbst zu haben – so wäre bei ihm von einer vernünftigen Aufstellung und Begründung der Erkenntnis, es wäre von Theorie und Wissenschaft keine Rede.«[30] Das ist, aus der Konsequenz der Reflexion, schon ganz transzendental-philosophisch gedacht und mit dem »logischen Absolutismus« streng nicht zu vereinen. Denn die Geltung der logischen Sätze »an sich« wird getragen – und eingeschränkt – von der Forderung möglicher Evidenz für menschliches Bewußtsein. Damit schleichen alle die erkenntniskritischen Besorgnisse aufs neue sich ein, die der logische Absolutismus bannen wollte. Der rationale Impuls Husserls hat nicht bloß die dogmatische Begründung der Logik in Psychologie, sondern ebenso den logischen Dogmatismus angegriffen und jene Wendung erzwungen, die ihn dem billigen Vorwurf aussetzte, er hätte den Psychologismus erst eliminiert, um ihn dann wieder einzuschmuggeln. Der Anspruch eines logischen Ansichseins zergeht. Nur wird die Erkenntnis der Bedingungen der Möglichkeit von Logik selbst wiederum eines jeglichen Moments der Spontaneität entäußert und dem positivistischen Ideal bloßen Hinnehmens irreduzibler Fakten, »Gegebenheiten«, untergeordnet. Das geschieht durch den Begriff der Evidenz. Dessen zentrale Rolle im gesamten Denken Husserls erklärt sich damit, daß Evidenz die kontradiktorischen Forderungen der Begründung durch subjektive Rückfrage und des Gewahrwerdens irreduzibler, »absoluter« Sachverhalte zur Deckung zu bringen verspricht: »Also verstößt eine Theorie gegen die subjektiven Bedingungen ihrer Möglichkeit als Theorie überhaupt, wenn sie, diesem Beispiel gemäß, jeden Vorzug des evidenten gegenüber dem blinden Urteil leugnet; sie hebt dadurch das auf, was sie selbst von einer willkürlichen, rechtlosen Behauptung unterscheidet.«[31] So bereits wird rudimentär das positivistische Ideal sinnlicher Gewißheit ausgeweitet und um seine kritische Funktion gebracht. Die Forderung unmittelbarer Gegebenheit ist aufs geistige Bereich übertragen: daß logische Sachverhalte an sich seiend, absolut und doch vernünftig zu begründen sein sollen, zieht die Konstruktion der kategorialen Anschauung herbei. Deren spätere Doktrin ist nichts als die Beschwörungsformel der Evidenz. Ohne solchen Hilfsbegriff jedoch, in dem das Ansichsein von Geistigem und dessen subjektive Rechtfertigung zusammenfallen, kommt Husserl nicht aus. Wenn es »subjektive Bedingungen der Möglichkeit einer Theorie« gibt, die in einem Zusammenhang von Urteilen vorliegen, kann die logische Theorie als ein An sich nicht behauptet werden. Eben darauf aber muß Husserl von Anbeginn bestehen. Das gleiche Postulat der »Erfahrungsunabhängigkeit«, das auf die »realistische« Konstruktion des logischen An sich hinausläuft und Logik und Mathematik behandelt, als wären sie schlechterdings da, gebietet zugleich die Idealität von Logik und Mathematik als ihre Reinheit von Faktischem. Verdinglichung und Idealisierung werden dieser Philosophie – und nicht ihr zum erstenmal – zu Korrelaten. Würden die logischen Sätze legitimiert durch die Analyse des Wie ihres »Erscheinens« – als des Bewußtseins, der Erfahrung von ihnen – so wäre die Konstitutionsfrage aufgerollt und Daseiendes nicht fernzuhalten. Nur als auf wie immer Seiendes bezogene sind logische Sätze überhaupt »erfahrbar« und lassen motiviert sich nachvollziehen; sonst bleiben sie leer vorgestellt, und es wird der Logik Stringenz zugeschrieben, ohne daß diese selbst im Denken der Logik einsichtig würde. Daher verschränkt sich der naive Realismus der Logik paradox mit der Behauptung der Idealität der Sätze an sich gegenüber dem Seienden. Der Gedanke muß sich selbst sistieren, um dem als logischer Automatismus entfremdeten Geist, in dem der Gedanke sich nicht wiedererkennt, das Privileg in sich ruhender Absolutheit zu bewahren. Wird aber Wissenschaft als systematische, lückenlos immanente Einheit der »Sätze an sich« entworfen wie durchweg bei Husserl, so verfällt sie dem Fetischcharakter: »Man denke etwa an die phänomenologische Methode Husserls, in der letzten Endes das ganze Gebiet der Logik in eine ›Faktizität‹ höherer Ordnung verwandelt wird.«[32] Die Borniertheit einer auf »Domänen«[33] geeichten Methode ausdrücklich postulieren und sie durchschauen, ist aber beinahe dasselbe. Indem Husserl die Verdinglichung von Mathematik – und reiner Logik – einbekennt, erreicht er die Kritik am Positivismus zweiten Grades: »Hier ist zu beachten, daß der Mathematiker in Wahrheit nicht der reine Theoretiker ist, sondern nur der ingeniöse Techniker, gleichsam der Konstrukteur, welcher, in bloßem Hinblick auf die formalen Zusammenhänge, die Theorie wie ein technisches Kunstwerk aufbaut. So wie der praktische Mechaniker Maschinen konstruiert, ohne dazu letzte Einsicht in das Wesen der Natur und ihrer Gesetzlichkeit besitzen zu müssen, so konstruiert der Mathematiker Theorien der Zahlen, Größen, Schlüsse, Mannigfaltigkeiten, ohne dazu letzte Einsicht in das Wesen von Theorie überhaupt und in das Wesen ihrer sie bedingenden Begriffe und Gesetze besitzen zu müssen.«[34]

Nirgends wird der fetischistische Aspekt solches innehaltenden, um die eigene bewegende Konsequenz unbesorgten Denkens deutlicher als in Husserls Auseinandersetzung mit den »Logischen Studien« F. A. Langes: »Nur die Unachtsamkeit auf den schlichten Bedeutungsgehalt des logischen Gesetzes ließ es übersehen, daß dieses zur tatsächlichen Aufhebung des Widersprechenden im Denken weder direkt noch indirekt die mindeste Beziehung hat. Diese tatsächliche Aufhebung betrifft offenbar nur die Urteilserlebnisse eines und desselben Individuums in einem und demselben Zeitpunkt und Akt; es betrifft nicht Bejahung und Verneinung verteilt auf verschiedene Individuen oder auf verschiedene Zeiten und Akte. Für das Tatsächliche, das hier in Frage ist, kommen dergleichen Unterscheidungen wesentlich in Betracht, das logische Gesetz wird durch sie überhaupt nicht berührt. Es spricht eben nicht von dem Kampfe kontradiktorischer Urteile, dieser zeitlichen, real so und so bestimmten Akte, sondern von der gesetzlichen Unverträglichkeit unzeitlicher, idealer Einheiten, die wir kontradiktorische Sätze nennen. Die Wahrheit, daß von einem Paar solcher Sätze nicht beide wahr sind, enthält nicht den Schatten einer empirischen Behauptung über irgendein Bewußtsein und seine Urteilsakte.«[35] Husserl kritisiert die landläufige psychologische Begründung der Logik aus der Unvereinbarkeit kontradiktorischer Sätze im gleichen Bewußtsein. Weil das gleiche Urteil von verschiedenen Individuen und zu verschiedenen Zeiten bejaht oder verneint werden könne, reiche das Argument nicht aus. Seine Beweisführung ist aber nur möglich, weil er das Bewußtsein verschiedener Individuen zu verschiedenen Zeiten monadologisch isoliert, ohne daß die kollektive Einheit im Vollzug von Bewußtseinsakten, das gesellschaftliche Moment der Synthesis des Denkens, überhaupt in sein Blickfeld träte. Indem er jene nicht konzediert, aber die über das einzelne Individuum hinausgreifende Gültigkeit der logischen Sätze anerkennen muß, sieht er sich gezwungen, diesen unvermittelt ein Ansichsein zuzuerkennen. Faßte er das Subjekt der logischen Gültigkeit als gesellschaftlich und bewegt anstatt als isoliert-»individuell«, so müßte er keinen ontologischen Graben zwischen das Denken und dessen eigene Gesetze legen. Wäre in der Tat Denken bloß das von Monaden, so wäre es ein Wunder, daß diese nach denselben Gesetzen denken müssen, und die Theorie hätte keinen Ausweg, als dies Wunder durch den Platonischen Realismus der Logik sich zuzueignen. Aber Denken ist allein schon durch Sprache und Zeichen dem je Einzelnen vorgeordnet, und dessen Meinung, »für sich« zu denken, enthält noch in der äußersten Opposition zum Allgemeinen ein Moment des Scheins: was dem individuellen Denkenden von seinem Gedanken zugehört, ist dem Inhalt wie der Form nach ein Verschwindendes. Das ist wahr an der Lehre vom transzendentalen Subjekt, das über das empirische den Vorrang habe. Husserl aber kennt, individualistisch verblendet, Bewußtsein nur als das von Monaden, und da er einsieht, daß die Geltung der logischen Sätze sich nicht in der Abstraktion von der Monade erschöpft, muß er jene Geltung hypostasieren. Die Emanzipation des reinen Denkgesetzes vom Denken fällt auf jenen Standpunkt zurück, an dessen Kritik Philosophie seit Aristoteles ihren Inhalt hat; Wissenschaft selber gerät durch ihr obstinat durchgeführtes Prinzip zwangshaft in eben die Mythologie, die sie tilgen wollte.

Der paradoxe Ursprung der Verdinglichung der Logik in der Abstraktion von aller Faktizität liegt dort zutage, wo der frühe Husserl sich um die Motivation seiner Arbeit an der »philosophischen Klärung« der reinen Logik und Mathematik bemüht: »Damit aber hängt der unvollkommene Zustand aller Wissenschaften zusammen. Wir meinen hier nicht die bloße Unvollständigkeit, mit der sie die Wahrheiten ihres Gebietes erforschen, sondern den Mangel an innerer Klarheit und Rationalität, die wir unabhängig von der Ausbreitung der Wissenschaft fordern müssen.«[36] Abermals wird ein keineswegs Selbstverständliches als selbstverständlich unterstellt: der Dualismus zwischen der sachlichen Entfaltung einer Wissenschaft und ihrem »Wesen«, das sie formal charakterisieren soll – der idealistische Dualismus von Inhalt und Form. Der tatsächliche Fortschritt der Erkenntnis in den Wissenschaften habe nichts zu tun mit dem, was sie an sich sind. Wird aber die Klärung der Logik strikt jenem Postulat zufolge unternommen, so begeht die Theorie eine petitio principii. Objektivität und Idealität der Logik – ihr dinghaftes Ansichsein – die von der philosophischen Kritik erwiesen werden sollen, sind bereits vorausgesetzt von einer Methode, die der Logik eine vom Stand ihrer Ausbildung unabhängige Rationalität und Klarheit zuschreibt und damit zufrieden ist, sie deskriptiv darzutun. Dabei handelt es sich um mehr als die von Husserl später erörterte »Selbstbezogenheit« der Logik. Gewiß ist es legitim, auf die Logik logische Sätze anzuwenden: sonst ließe über sie vernünftig sich nicht urteilen. Ein anderes aber ist die Frage nach dem Wesen der Logik, die sinnvoll nur gestellt werden kann, wenn sie nicht die Antwort präjudiziert. Das jedoch geschieht in jener Annahme Husserls – der eines faktenfreien und darum gegen das historische Faktum der wissenschaftlichen Entwicklung gleichgültigen formalen Apriori. Wie nur an einer weit geförderten Logik deren Konstituentien herausgearbeitet werden können, so sind Klarheit und Rationalität dem eigenen Wesen nach in Geschichte verflochten: daß sie erst als Resultat hervortreten, in der Trennung von Methode und Sache sich kristallisieren, ist ihnen nicht äußerlich, so obstinat sie auch der Erinnerung daran sich sperren. Die Indifferenz gegen solche Erinnerung verleiht den Prolegomena, bei all ihrem Verdienst gegenüber einem Psychologismus, der in der Tat bloß das Korrelat der verdinglichten Logik ist, ein eigentümlich Ohnmächtiges. Immer wieder enthält die Argumentation als implizite Prämisse, worauf sie als explizites Resultat hinausmöchte. Notwendig fällt der Schatten des von Husserl Ausgeschlossenen – und die Grundoperation seiner Philosophie ist ein Ausschließen, sie ist defensiv durch und durch – über die behütete Zone der Reinheit. So hat Husserl nicht geleugnet, daß »Übung und Assoziation« wesentliche, nicht bloß akzidentelle Momente eines jeglichen logischen Vollzugs abgeben. Dann ist aber Logik erst recht nicht vom Denken zu scheiden. Er sucht Übung und Assoziation aus der »eingeprägten« Gesetzmäßigkeit der logischen Form abzuleiten[37], ohne auch nur die Frage aufzuwerfen, auf der später aller Nachdruck liegt, wie nämlich ein rein Logisches Ursache eines psychisch Faktischen sein könne, und sonderbar unbekümmert darum, daß jene Denkpraktiken offensichtlich dem faktischen Vollzug von Akten, nicht der reinen Form zugehören.

Anfechtbar jedoch ist nicht nur die Voraussetzung der Argumentation für den logischen Absolutismus, sondern der Kern jener Argumentation selbst. Die Stelle des ersten Bandes der Logischen Untersuchungen, welche die zwingendste Kritik des Psychologismus enthält, die Polemik dagegen, es seien die Denkgesetze »vermeintliche Naturgesetze, welche in isolierter Wirksamkeit das vernünftige Denken kausieren«[38], ist zugleich das Opfer von Verdinglichung. Husserl führt aus[39], es sei unsinnig, die logischen Gesetze als kausalpsychologische Ursachen für den Verlauf menschlichen Denkens anzusehen. Eine Rechenmaschine sei »naturgesetzlich« derart konstituiert, daß die Ziffern so herausspringen, wie die mathematischen Sätze es verlangen. Niemand jedoch werde, um das Funktionieren der Maschine zu erklären, anstatt der mechanischen Gesetze die arithmetischen heranziehen. Das sei auf den Menschen übertragbar. Er habe zwar außerdem noch »Einsicht« in die Richtigkeit des Gedachten durch ein »anderes« gesetzmäßiges Denken, gleichsam eine zweite Maschine. Sein Denkapparat als solcher aber funktioniere nicht anders als die Rechenmaschine. Durch das Beispiel hat Husserl in der Tat schlagend dargetan, daß Psychologisches aus logischen Sätzen nicht abgeleitet werden kann, daß diese nicht Naturgesetzen gleichzusetzen sind. Freilich würde ohne die ideale »Gültigkeit« der arithmetischen Sätze die Maschine genau so wenig funktionieren, wie wenn sie nicht den Gesetzen der Mechanik entsprechend organisiert wäre. Selbst in dem Beispiel will die Trennung der Sphären nicht ohne peinlichen Rest gelingen. Aber das Gleichnis, nicht umsonst mechanisch, läßt sich auf den lebendigen Vollzug von Einsicht überhaupt nicht anwenden. Die Unmöglichkeit der Deduktion faktischer Denkleistungen aus logischen Gesetzen bedeutet keinen Chorismos zwischen beiden. Darin ist der Vergleich mit der Maschine trügerisch. Daß in dieser die mathematische Richtigkeit der Resultate und die kausal-mechanischen Bedingungen des Funktionierens nichts miteinander zu tun zu haben scheinen, verdankt sich einzig dem Absehen von der Konstruktion der Maschine. Diese verlangt eine wie immer auch geartete Verbindung zwischen den arithmetischen Sätzen und der physikalischen Möglichkeit, ihnen gemäß zu operieren. Ohne solche Verbindung käme keine korrekte Lösung heraus, und sie herzustellen ist die Aufgabe des Konstrukteurs. Nicht die Maschine, wohl aber sein Bewußtsein vollzieht die Synthesis von beiden. »Ding« wird die Maschine, indem die Relation von Logik und Mechanik ein für allemal festgelegt und darum dann nicht mehr in den Einzeloperationen sichtbar ist. In der Maschine ist die Arbeit des Konstrukteurs geronnen. Das Subjekt, das kausal-mechanische Verfahren auf logische Sachverhalte abstimmte, hat sich aus der Maschine zurückgezogen wie der Gott der Deisten aus seiner Schöpfung. Der unvermittelte Dualismus von Realität und Mathematik entsteht historisch durch ein Vergessen, den Rückzug des Subjekts. Das gilt nun aber nicht bloß für die Maschine, sondern auch für den Menschen selbst, insofern sein Denken in logische und psychologische Momente zerfällt. Das Subjekt überträgt seine eigene Spaltung in einen diszipliniert geistig Arbeitenden und einen scheinbar isoliert Daseienden auf die Ontologie. Die logischen Momente repräsentieren, ihm entfremdet, das Übergreifende. Als Denkender und Handelnder ist er mehr als nur er selbst. Er wird zum Träger gesellschaftlichen Vollzugs und mißt sich zugleich an der Realität, die dem abgespaltenen Fürsichsein seiner Subjektivität vorgeordnet ist. Als psychologische Person dünkt er sich selbst nicht entfremdet. Aber für das Zurückgeworfensein auf die bloße Identität mit sich hat er den Preis der Unverbindlichkeit eines jeglichen Inhalts seines Bewußtseins zu zahlen, ohne doch dem Verhängnis zu entgehen, vor dem die psychologische Person sich retten möchte. Bar der Beziehung aufs Allgemeine, schrumpft sie zum Faktum zusammen, unterliegt einer ihr äußerlichen Determination und wird, als zur festen Einzelheit verhärtete Subjektivität, ebenso zum subjektlosen Ding wie das Gesetz, das über ihr waltet. Das Getrennte läßt beim Menschen so wenig aus der Willkür des Gedankens sich zusammenbringen wie bei der Maschine. Über Trennung und Vereinigung entscheidet der gesellschaftliche Prozeß. Aber das Bewußtsein bleibt zugleich auch die Einheit des voneinander Gerissenen. Wäre Selbstentfremdung radikal, sie wäre der Tod. Als von Menschen Angestiftetes ist sie auch Schein. Dieser verblendet Husserl als den bewußtlosen, doch getreuen Historiographen der Selbstentfremdung des Denkens. Er projiziert diese auf die Wahrheit. Gewiß bemerkt er die Grenze der Analogie mit der Maschine. Aber er fertigt den Einwand eilends ab: »Die Maschine ist freilich keine denkende, sie versteht sich selbst nicht und nicht die Bedeutung ihrer Leistungen; aber könnte nicht unsere Denkmaschine sonst in ähnlicher Weise funktionieren, nur daß der reale Gang des einen Denkens durch die in einem anderen Denken hervortretende Einsicht in die logische Gesetzlichkeit allzeit als richtig anerkannt werden müßte?«[40] Allein schon das hypothetische »Könnte« an einer zentralen Stelle der Beweisführung müßte den Phänomenologen, der verspricht, sich rein »an die Sachen« zu halten, stutzig machen. Vor allem jedoch besteht das Subjekt der Argumentation nicht aus mehreren »Denken« – die sprachliche Unmöglichkeit des Plurals von Denken verweist auf die sachliche – und auch durch die Unterscheidung reflektierender von geradehin vollzogenen Akten wäre kein absoluter Dualismus außerhalb der Einheit des Selbstbewußtseins begründet. Die Möglichkeit der Reflexion selbst setzt die Identität des reflektierenden Geistes mit dem Subjekt der Akte voraus, auf welche es reflektiert. Wie wäre aber vollkommene Divergenz zwischen der erkennenden Legitimation logischer Sätze und dem faktischen Vollzug logischer Operationen zu behaupten, wenn beide in ein und dem gleichen Bewußtsein sich durchdringen? Die Einheit des Denkens, das da logisch operiert und des Sinnes seiner Operationen selbst innewird, läßt nur um eines thema probandum willen sich ignorieren, das die Unterscheidung wissenschaftlicher Disziplinen in den Seinsgrund verschiebt. Ohne jene Einheit ließe nicht einmal die Konsistenz eben der Logik sich vorstellen, zu deren Verteidigung Husserl auf den Absolutismus verfallen ist. Daß über Gegenständliches nach logischen Gesetzen überhaupt geurteilt werden kann, würde zum Wunder, wäre nicht das Denken, das solche Urteile vollzieht, das der Logik gehorcht und das die Logik einsieht. Husserls Theorie des Bruches ist selber brüchig.

Seine Erwägungen über die »Ziele der Denkökonomik«, deren Begriff er von der positivistischen Erkenntniskritik des ausgehenden neunzehnten Jahrhunderts, insbesondere von Mach und Avenarius, übernimmt, brauchten nur weitergetrieben zu werden, um all das aufzudecken. Aber er ruft den Mechanismus der Verdinglichung beim Namen einzig, um vor ihm zu kapitulieren: »So ist es z. B. ein ernstes Problem, wie mathematische Disziplinen möglich sind, Disziplinen, in welchen nicht relativ einfache Gedanken, sondern wahre Türme von Gedanken und tausendfältig ineinandergreifenden Gedankenverbänden mit souveräner Freiheit bewegt und durch Forschung in immer sich steigernder Komplikation geschaffen werden. Das vermag Kunst und Methode. Sie überwinden die Unvollkommenheiten unserer geistigen Konstitution und gestatten uns indirekt, mittels symbolischer Prozesse und unter Verzichtleistung auf Anschaulichkeit, eigentliches Verständnis und Evidenz, Ergebnisse abzuleiten, die völlig sicher, weil durch die allgemeine Begründung der Leistungskräftigkeit der Methode ein für allemal gesichert sind.«[41] Genauer denn als Verzicht auf Anschaulichkeit, Verständnis und Evidenz wäre der Widerspruch kaum zu bezeichnen, daß die mathematische Arbeit nur durch Verdinglichung, durch Preisgabe der Aktualisierung des je Bedeuteten geleistet werden kann und gleichwohl den Vollzug dessen, was sie als Verunreinigung tabuiert, als Rechtsgrund der eigenen Gültigkeit voraussetzt. Indem Husserl den Tatbestand beschreibt, ohne ihn aufzulösen, sanktioniert er bereits den Fetischismus, der sechzig Jahre später in der Faszination durch die abenteuerlich verbesserten Rechenmaschinen und die damit befaßte kybernetische Wissenschaft seinen wahnhaften Aspekt hervorkehrte. Er spricht, mit einem guten Gleichnis, von den mathematischen »Gedankentürmen«, die nur möglich seien, weil die in der Mathematik enthaltenen Leistungen nicht in jeder Operation vom Mathematiker erfüllt werden, sondern sich zwischen den Symbolen zutragen, so daß die Objektivität des mathematischen Verfahrens gegenüber dem subjektiven Denken selbständig aussieht. Jene »Türme« sind Artefakte, die sich darstellen, wie wenn sie natürlich wären. So wird, um im Bilde zu bleiben, altes Mauerwerk, dessen gesellschaftlicher Ursprung und Zweck vergessen ist, als Element der Landschaft wahrgenommen. Aber der Turm ist kein Felsen, wenngleich aus dem Gestein gefertigt, das der Landschaft die Farbe gibt. Husserl erkennt die Verdinglichung der Logik, um sie, wie es insgesamt seiner Methode eigen ist, »hinzunehmen«, das von der Logik Vergessene absichtlich nochmals zu vergessen. Unabweisbar die Analogie mit dem vulgär-ökonomischen Denken, das den Wert den Waren an sich zuschreibt, anstatt ihn als ein gesellschaftliches Verhältnis zu bestimmen. »Künstlich« ist die mathematische Methode bloß insofern, als in ihr das Denken nicht seiner selbst inne wird, aber gerade solche »Künstlichkeit« verzaubert Logik in zweite Natur und leiht ihr die Aura des idealen Seins. Ihr zuliebe hält Husserl an Mathematik als gleichsam vorphilosophischem Modell inmitten seiner Philosophie fest. Er nimmt kein Ärgernis an der Paradoxie der »Denkmaschinerie«[42]. Der geschworene Antipositivist begegnet paradox mit den Logistikern sich auch darin, daß er die dem lebendigen Vollzug entrückten Produkte der Maschinerie, die allgemeinen arithmetischen Zeichen für

Zahlbegriffe, als »reine Operationszeichen« definiert, »nämlich als Zeichen, deren Bedeutung ausschließlich durch die äußeren Operationsformen bestimmt ist; ein jedes gilt nun als ein bloßes Irgendetwas, mit dem in diesen bestimmten Formen auf dem Papiere so und so hantiert werden darf«[43]. Dem logistischen Begriff der Spielmarke bleibt noch Husserls Sprachtheorie verhaftet, der die Worte lediglich »sinnliche Zeichen« und damit auswechselbar sind[44]. Der logische Absolutismus hebt sich selbst auf: indem Husserl die Begriffe von ihrer »Einsichtigkeit« dispensiert, werden sie notwendig zugleich zu »äußeren Operationsformen« und ihre absolute Geltung für Sachen zu einem Zufälligen. Die Verselbständigung und Verewigung des Formalen, die ihm die Konfrontation mit dem eigenen Sinn erspart, durchschneidet zugleich den Zusammenhang des als absolut wahr Statuierten mit der Idee der Wahrheit.

Der erste Band der Logischen Untersuchungen hat zur These, daß die logischen Sätze für alle überhaupt möglichen Urteile gelten. Insofern sie auf jegliches Denken von jeglichem Gegenstand anzuwenden sind, komme ihnen Wahrheit »an sich« zu: ihre Gültigkeit habe mit keinem Gegenstand etwas zu tun, eben weil sie alle Gegenstände beträfe. Als Ansichseiende sollen sie zugleich unabhängig sein von den Akten, die logisch ablaufen oder in denen auf Logik reflektiert wird. Die Rede von »jeglichem Gegenstand« ist aber mehrdeutig. Daß von jeglichem Gegenstand abgesehen werden mag, weil die formale Logik für alle paßt, besagt zwar, daß in der höchsten Allgemeinheit der Kategorie »Gegenstand überhaupt« sämtliche spezifischen Differenzen verschwinden; nicht aber verschwindet die Beziehung ihrer Sätze auf einen »Gegenstand überhaupt«. Sie gelten nur »für« Gegenstände. Einzig auf Sätze läßt Logik sich anwenden, einzig Sätze können wahr oder falsch sein. Das Prinzip des Widerspruchs etwa wäre nicht auszusprechen ohne Rücksicht auf den Begriff kontradiktorisch einander entgegengesetzter Sätze. Der Begriff solcher Sätze aber involviert notwendig ein Inhaltliches, sowohl mit Hinblick auf die Faktizität ihres eigenen Vollzugs, auf tatsächliches subjektives Urteilen, wie mit Hinblick auf die stofflichen Elemente, die auch dem abstraktesten Satz, sei es noch so vermittelt, zugrundeliegen, wenn er überhaupt etwas bedeuten, ein Satz sein soll. Daher ist die Rede vom Ansichsein der Logik streng nicht zulässig. Ihre bloße Möglichkeit hängt ab vom Dasein, von Sätzen, mit allem, was dies Dasein mit sich führt, so wie umgekehrt die Sätze abhängen von der Logik, der sie genügen müssen, um wahr zu sein. Die formale Logik ist funktionell, kein ideales Sein. Wird aber, in phänomenologischer Manier zu reden, das »Worauf überhaupt« als ihre konstitutive Bedingung anerkannt, so werden die Bedingungen der Möglichkeit eines solchen »Worauf überhaupt« zugleich zu solchen der formalen Logik. Das »Worauf überhaupt«, die Sätze, welche der Logik unterworfen sind, erheischen, als Synthesen, notwendig Denken, auch wenn das Zwingende der Synthesis das Moment der Spontaneität verbirgt und jene, analog der sinnlichen Wahrnehmung, als bloß passives Registrieren eines rein Objektiven erscheinen läßt. Damit aber verweisen die logischen Sätze zugleich auf eine Materie, die gerade nicht im Denken aufgeht, das an ihr sich betätigt. Indem Husserl das subjektive Moment, Denken, als Bedingung der Logik unterschlägt, eskamotiert er auch das objektive, die in Denken unauflösbare Materie des Denkens. An ihre Stelle tritt das unerhellte und darum zur Objektivität schlechthin aufgespreizte Denken: der logische Absolutismus ist, ohne es zu ahnen, von Anbeginn absoluter Idealismus. Einzig die Äquivokation des Terminus »Gegenstand überhaupt« erlaubt es Husserl, die Sätze der formalen Logik als Gegenstände ohne gegenständliches Element zu interpretieren. So wird der Mechanismus des Vergessens zu dem der Verdinglichung. Nutzlos die Berufung auf die Hegelsche Logik, der das abstrakte Sein zum Nichts werde, so wie beim Husserlschen »Gegenstand überhaupt« von allem Gegenständlichen abgesehen werden könne. Das Hegelsche »Seyn, reines Seyn, – ohne alle weitere Bestimmung«[45] ist nicht mit der obersten Husserlschen Substratkategorie »Gegenstand überhaupt« zu verwechseln. Vor allem aber regt sich bei Husserl kein Zweifel am Satz der Identität. Die Begriffe bleiben was sie sind. Das Husserlsche »Nichts«, die Eliminierung der Faktizität in der Interpretation logischer Sachverhalte, beansprucht absolute Geltung als isolierendes Urteil. Darum müssen seine Termini sich seiner eigenen Lieblingsmethode, der kritischen Bedeutungsanalyse, stellen.

Eine solche ist scharfsinnig in der Einleitung zur Psychologie Brentanos von Oskar Kraus durchgeführt worden: »Es ist vor allem nötig, sich über den Terminus ›Gegenstand‹ (Objekt) klar zu werden; gebraucht man ihn im selben Sinne wie Sache, Ding, oder Reales, dann ist er ein selbstbedeutender (autosemantischer) Ausdruck. Er bedeutet dann nichts anderes, als das, was wir in dem höchsten Allgemeinbegriff denken, zu dem wir von den Anschauungen abstrahierend aufsteigen können und wofür Brentano eben auch den Ausdruck ›Wesen, Sache, Reales‹ verwendet. Gebraucht man aber ›Gegenstand‹, ›Objekt‹ in Fügungen wie ›Etwas-zum-Objekte-haben‹, ›Etwas-zum-Gegenstand-haben‹, dann ist das Wort ›Gegenstand‹ nicht selbstbedeutend, sondern mitbedeutend (synsemantisch), denn diese Wortgefüge können durch den Ausdruck ›Etwas-vorstellen‹ vollständig ersetzt werden. – Die Doppelbedeutung und fallweise Mitbedeutung des Wortes ›Gegenstand‹ wird vielleicht noch klarer, wenn man bedenkt, daß der Satz: ›Ich habe etwas, d. h. ein Ding, ein Reales, eine Sache, ein Wesenhaftes zum Gegenstand‹ auch äquivalent ausgedrückt werden kann durch die Wendung ›ich habe Etwas, d. h. einen Gegenstand zum Gegenstande‹. In diesem Satz steht ›Gegenstand‹ das erstemal selbstbedeutend für Sache, Ding, Wesen oder Reales, das zweitemal ist es synsemantisch und bedeutet für sich gar nichts und im Zusammenhang der Rede so viel wie der Satz ›Ich stelle ein Ding vor, ein Ding erscheint mir, ein Ding ist mein Phänomen, ich habe ein Ding gegenständlich oder 'gegeben' oder 'phänomenal' oder 'immanent', ich habe etwas gegenständlich‹.«[46] Der Nachweis der Unterschiebung eines synsemantischen für einen autosemantischen Begriff charakterisiert bedeutungstheoretisch die Verdinglichung an ihrem Resultat, ohne sie freilich aus ihrem Ursprung zu entwickeln. Daß Husserls Theorie der Logik selbst ihren »Gegenstand überhaupt«, ihre dem Sinn der logischen Sätze implizite Relation auf Gegenständliches vernachlässigt, und daß Logik in dem von Kraus herausgearbeiteten Irrtum selber zum Gegenstand gemacht wird, sind nur zwei verschiedene Aspekte des Gleichen. Da kein Denken aus der Subjekt-Objekt-Polarität herausspringen, ja nicht einmal diese selbst fixieren, die unterschiedenen Momente unabhängig

voneinander bestimmen kann, so kehrt das in der Hypostasierung der reinen Logik ausgetriebene Objekt in jener wieder: sie wird zu dem Gegenstand, an den sie vergaß. In ihrer Naivetät gegenüber der Beziehung auf Gegenständliches mißversteht die Logik notwendig sich selbst: ihre Stringenz, die sie ja im Urteil über Gegenstände gewinnt, schreibt sie sich als reiner Form zu und unterschiebt sich als Ontologie. Das affiziert aber nicht nur die Frage nach ihren »Grundlagen«, sondern ihr inneres Gefüge. Die vielberufene Starrheit der Logik seit Aristoteles, die erst durch Russell und Whitehead wieder in Fluß kam, dürfte bewirkt sein von der Verdinglichung der Logik, die sich gegen den eigenen gegenständlichen Sinn um so vollkommener abdichtete, je mehr sie als Einzelwissenschaft durchgebildet ward.
Die Verdinglichung der Logik, als Selbstentfremdung des Denkens, hat zum Äquivalent und Vorbild die Verdinglichung dessen, worauf Denken sich bezieht: der Einheit von Objekten, die dem Denken, das an ihnen arbeitet, derart zur Identität geronnen sind, daß, von ihrem wechselnden Inhalt abgesehen, die bloße Form ihrer Einheit festgehalten werden kann. Solche Abstraktion bleibt die sinngemäße Voraussetzung aller Logik. Sie weist zurück auf die Warenform, deren Identität in der »Äquivalenz« des Tauschwerts besteht. Damit aber auf ein sich selbst uneinsichtiges gesellschaftliches Verhältnis, auf falsches Bewußtsein, aufs Subjekt. Der logische Absolutismus ist beides: die Reflexion der vom Subjekt vollzogenen Verdinglichung im Subjekt, das am Ende sich selber zum Ding wird, und der Versuch, den Bann der universalen Subjektivierung zu brechen, dem in aller Macht sich als Willkür, wenn nicht Ohnmacht beargwöhnenden Subjekt Einhalt zu gebieten durch ein schlechterdings Irreduzibles. Der radikalisierte Subjektivismus wird zum Phantasma der eigenen Überwindung: das ist schon in den Prolegomena das Schema Husserls. Seine Verfahrensweise ist bereits, wie später in der Erkenntnistheorie, ein »Durchstreichen«, »Ausklammern«. Zugrunde liegt jener Residualbegriff der Wahrheit, den alle bürgerliche Philosophie, mit Ausnahme von Hegel und Nietzsche, gemeinsam hat. Wahrheit erscheint diesem Denken als das, was »übrig bleibt«, nachdem man die Unkosten ihres Gestehungsprozesses, gleichsam den Lohn der

Arbeit, kurz das weggelassen hat, was schließlich in der Vulgärsprache der dem Positivismus überantworteten Wissenschaft die »subjektiven Faktoren« heißt. Ob dabei nicht das Substantielle der Erkenntnis, Fülle und Bewegtheit ihres Gegenstandes, abgeschnitten wird, ist einem Bewußtsein gleichgültig, das am Besitz des Unveränderlichen und Unauflöslichen das Surrogat der Erfahrung besitzt, die ihm nach klassifikatorischen Kategorien zerfällt. Das Instrument, das alles Absolute auflöst, wirft sich selbst zum Absoluten auf. Wie Faust nichts in Händen behält als Helenas Gewand, tröstet die Wissenschaft, die immer strebend sich bemüht, sich mit der Leerform des Denkens. Husserl selbst nennt sich, nicht ohne durch die beschwichtigende Formel sit venia verbo leises Unbehagen anzumelden, einen »logischen Absolutisten«[47]. Gemeint sind die von der »Besonderheit des menschlichen Geistes unabhängigen Gesetze der reinen Logik«[48], deren Begriff abermals mit der zögernden Parenthese »falls es dergleichen gibt« eingeführt wird. Der logische Absolutismus geht somit weit hinaus über die Kritik der psychologischen Deutung der Logik als der Ableitung ihrer Geltung aus der Dynamik des »Seelenlebens«; über den gelungenen Nachweis, daß die logischen Gesetze kein bloß innermenschlich Seelisches sind. Absolutistisch ist Husserls Theorie vielmehr, weil sie die Abhängigkeit logischer Gesetze von Seiendem überhaupt als der Bedingung ihres möglichen Sinnes leugnet. Sie drückt ihm kein Verhältnis von Bewußtsein und Gegenständlichem aus, sondern es wird ihr ein Sein sui generis zugeschoben: »Wir unsererseits würden nun aber sagen: Allgemeingleichheit nach Inhalt und konstanten Funktionsgesetzen (als Naturgesetzen für die Erzeugung des allgemeingleichen Inhalts) macht keine echte Allgemeingültigkeit, die vielmehr in der Idealität ruht.«[49] Solche Idealität kommt ihm mit Absolutheit überein: »Sind alle Wesen einer Gattung ihrer Konstitution nach zu gleichen Urteilen genötigt, so stimmen sie miteinander empirisch überein; aber im idealen Sinne der über alles Empirische erhabenen Logik können sie dabei doch statt einstimmig vielmehr widersinnig urteilen. Die Wahrheit durch Beziehung auf die Gemeinsamkeit der Natur bestimmen, heißt ihren Begriff aufgeben. Hätte die Wahrheit eine wesentliche Beziehung zu denkenden Intelligenzen, ihren geistigen Funktionen und Bewegungsformen, so entstände und verginge sie mit ihnen, und wenn nicht mit den Einzelnen, so mit den Spezies. Wie die echte Objektivität der Wahrheit wäre auch die des Seins dahin, selbst die des subjektiven Seins, bzw. des Seins der Subjekte. Wie wenn z. B. die denkenden Wesen insgesamt unfähig wären, ihr eigenes Sein als wahrhaft seiend zu setzen? Dann wären sie und wären auch nicht. Wahrheit und Sein sind beide im gleichen Sinne ›Kategorien‹ und offenbar korrelativ. Man kann nicht Wahrheit relativieren und an der Objektivität des Seins festhalten. Freilich setzt die Relativierung der Wahrheit doch wieder ein objektives Sein als Beziehungspunkt voraus – darin liegt ja der relativistische Widerspruch.«[50] So schlüssig das lautet, so angreifbar bleibt es im einzelnen. Indem die »Nötigung« zu gleichen Urteilen von den urteilenden Subjekten getrennt und der idealen Logik zugeschoben wird, ist zugleich auch das aus der Sache folgende Moment des Zwanges in solcher Nötigung vernachlässigt. Nur in der vom Subjekt vollzogenen Synthesis des Urteils macht dies Moment sich geltend; ohne die konstitutive Vermittlung durch Denken wären die vorgeblichen Idealgesetze auf Wirkliches gar nicht anwendbar; das ideale Sein hätte mit realem nicht einmal als dessen »Form« etwas zu tun. Was Husserl höchste Objektivität dünkt, die »über alles Empirische erhabene Logik«, wäre in solcher Erhabenheit zu bloßer Subjektivität verdammt: ihr Verhältnis zu Wirklichem stünde beim Zufall. Auch die plausible und gegenüber dem Empirismus triftige These, der Begriff der Wahrheit wäre aufgegeben, wenn man ihn durch die »Gemeinsamkeit der Natur« bestimmt, erweist sich als abstrakte Negation, als zu grob. Das Denken von Wahrheit erschöpft sich weder im sei's auch transzendentalen Subjekt noch in der reinen Idealgesetzlichkeit, sondern erheischt die Beziehung des Urteils auf Sachverhalte, und diese Beziehung – und damit die Objektivität der Wahrheit – begreift die denkenden Subjekte mit ein, die, indem sie die Synthesis vollbringen, zu dieser zugleich von der Sache her veranlaßt werden, ohne daß Synthesis und Nötigung voneinander sich isolieren ließen. Gerade die Objektivität der Wahrheit bedarf des Subjekts; von diesem getrennt, wird sie Opfer bloßer Subjektivität. Husserl sieht nur die starre Alternative zwischen dem empirischen, kontingenten Subjekt – und dem absolut notwendigen, von aller Faktizität reinen Idealgesetz: nicht aber, daß Wahrheit weder in jenem noch diesem aufgeht, sondern eine Konstellation von Momenten ist, die nicht als »Residuum« der subjektiven oder objektiven Seite sich zurechnen läßt. Er unterstellt in einem Versuch der reductio ad absurdum der »subjektivistischen« Logik, dieselben denkenden Wesen »wären und wären auch nicht«, wenn ihre Anlage ihnen verböte, »ihr eigenes Sein als wahrhaft seiend zu setzen«. Die Absurdität soll darin bestehen, daß solche Wesen, trotz ihres Defekts, eben doch »wären«. Aber ohne die Möglichkeit von Denken, der der Begriff von Subjekten immanent ist, wäre der logische Absolutismus selber sinnlos. Die scheinbar schlagende Absurdität kommt nur dadurch zustande, daß Husserl hier kontingente psychophysische Personen, dort logische Gesetze annimmt; über diese haben freilich die Personen unmittelbar keine Gewalt. Aber sie sind vermittelt durch einen Begriff von Subjektivität, der über die psychophysischen Individuen hinausgeht, ohne sie doch einfach zu durchstreichen, sondern der sie als Moment der eigenen Fundierung in sich bewahrt. So wenig die Wahrheit durch die bloße Faktizität subjektiver Organisation sich ausweist, so wenig durch eine Idealität, die einzig vermöge der Blindheit gegen ihre eigenen faktischen Implikate konstituiert wird. Die empiristische wie die idealistische Theorie verfehlen die Wahrheit, indem sie sie als ein Seiendes – Husserl nennt es »Sein« – festnageln: sie ist aber ein Kraftfeld. Gewiß, »man kann nicht Wahrheit relativieren und an der Objektivität des Seins festhalten«. Aber Husserl selbst setzt an Stelle solcher Objektivität ihren Abguß, die bloße Form ein, weil er Objektivität nicht anders denn als statisch-dinghaft zu fassen vermag.

Die Vergötzung der Logik als reines Sein erheischt die unbedingte Trennung von Genesis und Geltung: sonst würde das logisch Absolute mit Seiendem und nach dem Maßstab des Chorismos Kontingentem und Relativem versetzt. Husserl hat die Trennung polemisch gegen den Empirismus entwickelt. Ihm zufolge zeigt der Psychologismus der logischen Theorie »überall die Neigung, die psychologische Entstehung gewisser allgemeiner

Urteile aus der Erfahrung, wohl vermöge dieser vermeintlichen ›Natürlichkeit‹, mit einer Rechtfertigung derselben zu verwechseln«[51]. Diese Klarstellung der Termini greift in die Sache selbst nicht eigentlich ein. Daraus, daß Entstehung und Rechtfertigung von Urteilen nicht miteinander zu »verwechseln« seien, sondern daß Geltung etwas anderes heißt als Genesis, folgt keineswegs, daß die Explikation des Sinnes von Geltungscharakteren nicht auf genetische Momente zurückverweise als auf ihre notwendige Bedingung, wie es übrigens der spätere transzendentalphilosophische Husserl stillschweigend konzediert hat, ohne doch die These des logischen Absolutismus ausdrücklich zu berichtigen. Soweit die Beziehung der logischen Geltung auf Genesis notwendig ist, gehört diese selber zu dem zu explizierenden, zu »erweckenden« logischen Sinn. Husserl hat die Antinomien, in welche der logische Psychologismus mündet, eindringlich und mit viel Autorität dargestellt. Aber die unvermittelte absolutistische Gegenposition verwickelt sich in kaum harmlosere. Zwei Auslegungen der absoluten, unabhängig von aller Genesis und damit endlich allem Seienden geltenden Logik sind möglich. Das Bewußtsein steht der Logik, den »Idealgesetzen« gegenüber. Will es ihren Anspruch nicht krud supponieren, sondern als begründet dartun, so müssen die logischen Gesetze dem Denken einsichtig sein. Dann muß aber das Denken sie als seine eigenen Gesetze, als sein eigenes Wesen erkennen; denn Denken ist der Inbegriff logischer Akte. Reine Logik und reines Denken wären voneinander unablösbar, der radikale Dualismus zwischen Logik und Bewußtsein würde aufgehoben und das Subjekt von Denken ginge in die Begründung der Logik mit ein. – Oder aber Husserl verzichtet, um der Reinheit des Absolutheitsanspruchs willen, auf die Begründung der Logik als der dem Denken immanenten und ihm als sein eigenes Wesen durchsichtigen Form. Dann aber wäre sie – wenn anders eine erkenntnistheoretische Redeweise auf höchst formale Sachverhalte übertragen werden darf – dem Bewußtsein bloß »phänomenal« gegeben und nicht »an sich« evident. Nicht als ein dem Bewußtsein bloß Erscheinendes und von ihm heteronom Hinzunehmendes, sondern als wahr wüßte das Bewußtsein die Logik nur, wenn sie selbst das Wissen des Bewußtseins wäre. Durch ihre lediglich registrierende Hinnahme, der eines »Phänomens« höherer Ordnung, mag zwar die Reinheit des logischen Apriori gerettet sein. Die Logik verliert aber zugleich den Charakter der unbedingten Gültigkeit, der für den logischen Absolutismus ebenso unverletzlich ist wie die ideale Reinheit. Ihre Gesetze gälten dann nur im Rahmen ihres »Erscheinens« und blieben dogmatisch, unausgewiesen, kontingent. Sie würden, paradox, zu Erfahrungsregeln: der Absolutismus schlüge in Empirismus um. Wenn dem Bewußtsein andere logische Gesetze »erschienen«, so müßte es diesen ebenso sich beugen wie denen der bestehenden Logik, und der Phänomenologe fände sich in eben jener Lage, deren Möglichkeit Husserl selbst einer Logik von Engeln abgesprochen hat[52]. Es könnten dann in der Tat, wie Husserl Erdmann zu konzedieren sich weigert, »andere Wesen ganz andere Grundsätze haben«[53]. Beide Interpretationen des absolutistischen Anspruchs führen in Aporien so gut wie die psychologistische Gegenposition. Logik ist kein Sein, sondern ein Prozeß, der weder auf einen Pol »Subjektivität« noch auf einen »Objektivität« sich rein reduzieren läßt. Die Selbstkritik der Logik hat zur Konsequenz die Dialektik.

Husserl jedoch pointiert den Gegensatz von Geltung und Genesis aufs äußerste: »Die Frage ist nicht, wie Erfahrung, die naive oder wissenschaftliche, entsteht, sondern welchen Inhalt sie haben muß, um objektiv gültige Erfahrung zu sein; die Frage ist, welches die idealen Elemente und Gesetze sind, die solche objektive Gültigkeit realer Erkenntnis (und allgemeiner: von Erkenntnis überhaupt) fundieren, und wie diese Leistung eigentlich zu verstehen ist. Mit anderen Worten: wir interessieren uns nicht für das Werden und die Veränderung der Weltvorstellung, sondern für das objektive Recht, mit dem sich die Weltvorstellung der Wissenschaft jeder anderen gegenüberstellt, mit dem sie ihre Welt als die objektiv-wahre behauptet.«[54] Die These, daß es nicht darauf ankäme, wie Erfahrung entsteht, sondern welche Inhalte sie haben müsse, um objektiv gültige Erfahrung zu werden, sieht daran vorbei, daß der Inhalt von Erfahrung selber ein »Entstehen« ist, in dem subjektive und objektive Momente chemisch gleichsam sich verbinden. Das Urteil muß zugleich einen Sachgehalt ausdrücken und ihn durch

Synthesis stiften. Nur wenn der immanente Spannungscharakter des Urteils verkannt wird, kann vom »Entstehen« des Inhalts abgesehen werden. In der Tat befaßt sich denn Husserl auch gar nicht, wie jene Sätze glauben machen, mit dem Inhalt, sondern bloß mit der abgezogenen Form des Urteils und weicht eben damit der Dynamik aus, die im logischen »Sachverhalt« selber spielt. Der Form-Inhalt-Dualismus ist das Schema von Verdinglichung. Husserl erklärt, »wir« – nämlich die zünftigen Logiker – interessierten uns nicht für das Werden, sondern für das objektive Recht wissenschaftlicher Weltvorstellung. So inthronisiert er hochmütig das von der wissenschaftlichen Arbeitsteilung diktierte »Interesse« als Kriterium der ontologischen Dignität vorgeblich unveränderlichen Seins gegenüber bloßem Werden. Das Wort »Interesse«, das ein willkürliches sich Hinwenden anzeigt, verrät gegen Husserls Absicht, daß jene Dignität nicht vom logischen Sachverhalt an sich, sondern von der »Einstellung« einer Wissenschaft herrührt, die um ihrer vermeintlichen Würde willen gegen den Zusammenhang der Erkenntnis zum Ganzen ängstlich sich abkapselt. Das Desinteressement des Logikers an der »Veränderung der Weltvorstellung« dankt allein dem Schillern von deren Begriff den Schein seiner Evidenz. Mit Recht bekümmert die Logik sich nicht um die Veränderung der Weltvorstellung als bloßer Vorstellung; mit Unrecht jedoch, soweit diese Vorstellung von der Veränderung der Welt ist. Das »objektive Recht, mit dem sich die Weltvorstellung der Wissenschaft jeder anderen gegenüberstellt«, hat nicht, wie Husserl es möchte, seinen gottgewollten Grund in der »Idee der Wissenschaft«, sondern findet Maß und Grenze am Vermögen der Wissenschaft, ihren Gegenstand zu erkennen. Dazu hilft ihr die Arbeitsteilung und verhindert sie daran. Husserls starrer Objektivismus des Logischen bewährt sich als ein sich selbst verborgener Subjektivismus auch insofern, als die Idee der Wissenschaft, das vom menschlichen Bewußtsein den Gegenständen auferlegte Ordnungsschema, behandelt wird, als wäre das in diesem Schema angezeigte Bedürfnis die Ordnung in den Gegenständen selbst. Jede statische Ontologie hypostasiert naiv das Subjektiv-Kategoriale.

Husserl macht es sich darum mit seiner Polemik gegen die

genetische Auffassung der Logik so leicht, weil er sie einengt auf den »Psychologismus«. Die genetische Interpretation der logischen Gesetze müsse auf die Bewußtseinsvorgänge im psychologischen Subjekt, im einzelmenschlichen Individuum als auf ihr letztes Substrat rekurrieren. Das erlaubt ihm recht wohl, den Unterschied zwischen der psychologischen Fundierung in individuellen Bewußtseinsakten und der Objektivität des logischen Gehalts hervorzukehren. Aber die implizite Genesis des Logischen ist gar nicht die psychologische Motivation. Sie ist ein gesellschaftliches Verhalten. In den logischen Sätzen schlagen Durkheim zufolge gesellschaftliche Erfahrungen wie die Ordnung von Generations- und Eigentumsverhältnissen sich nieder, welche den Vorrang über Sein und Bewußtsein des einzelnen behaupten. Verbindlich zugleich und dem Einzelinteresse entfremdet, treten sie dem psychologischen Subjekt stets als ein an sich Geltendes, Zwingendes, und doch wiederum auch Zufälliges gegenüber – ganz so, wie es bei Husserl gegen seinen Willen den »Sätzen an sich« widerfährt. Die Gewalt des logischen Absolutismus über die psychologische Begründung der Logik ist der Objektivität des die einzelnen unter sich zwingenden und ihnen zugleich undurchsichtigen gesellschaftlichen Prozesses abgeborgt. Husserls wissenschaftliche Besinnung nimmt im Angesicht dieses Gesellschaftlichen unreflektiert die Position des Individuums ein. Wie das vorkritische Bewußtsein die Dinge, erhöht er die Logik zu einem an sich Seienden. Damit drückt er richtig aus, daß die Denkgesetze des Individuums – psychologisch gesprochen, des Ichs, dessen Kategorien ja der Realität zugewandt, in Wechselwirkung mit dieser gebildet und insofern »objektiv« sind – ihre Objektivität nicht vom Individuum empfangen. Verzerrt dringt die Einsicht von der Vorgeordnetheit der Gesellschaft gegenüber dem Individuum durch. Dessen Priorität, die Selbsttäuschung des traditionellen Liberalismus, wird von Husserls nachliberaler Konzeption erschüttert. Aber die Ideologie behält gleichwohl ihre Macht über ihn. Der undurchschaute gesellschaftliche Prozeß verklärt sich ihm zur Wahrheit schlechthin, seine Objektivität wird transfiguriert in eine geistige, ins ideale Sein der Sätze an sich.

Der Einwand der Rückbeziehung der Logik auf Denken und

damit auf Seiendes liegt zu nahe, als daß er Husserl nicht hätte begegnen müssen. »Man wird nicht einwenden, daß in aller Welt die Rede von logischen Gesetzen nicht hätte aufkommen können, wenn wir nie Vorstellungen und Urteile im aktuellen Erlebnis gehabt und die betreffenden logischen Grundbegriffe aus ihnen abstrahiert hätten; oder gar, daß in jedem Verstehen und Behaupten des Gesetzes die Existenz von Vorstellungen und Urteilen impliziert, also daraus wieder zu erschließen sei. Denn kaum braucht gesagt zu werden, daß hier die Folge nicht aus dem Gesetz, sondern aus dem Verstehen und Behaupten des Gesetzes gezogen ist, daß dieselbe Folge aus jeder beliebigen Behauptung zu ziehen wäre, und daß psychologische Voraussetzungen oder Ingredienzien der Behauptung eines Gesetzes nicht mit logischen Momenten seines Inhaltes vermengt werden dürfen.«[55] Was »kaum gesagt zu werden braucht«, gleitet über die zentrale Schwierigkeit hinweg. Denn es handelt sich nicht um ein bloß subjektives, vom Sachverhalt unabhängiges und beliebig vollziehbares »Verstehen und Behaupten« des Gesetzes. Sondern der Anspruch von dessen Absolutheit kommt gleich dem seiner Richtigkeit, und diese ist in der Tat anders als an aktuellen »Vorstellungen und Urteilen« nicht zu gewinnen. Dem »Gesetz« läßt nicht dessen »Verstehen und Behaupten« als irrelevante Verhaltensweise des Zuschauers dort sich kontrastieren, wo das Gesetz als »Denkgesetz« verlangt, gedacht zu werden, um sich zu legitimieren, und wo es einzig als Gesetz für Denken – und »Verstehen« – ausgesprochen werden kann. Der Fehler des logischen Psychologismus ist es, unmittelbar aus Psychisch-Tatsächlichem die Gültigkeit der logischen Sätze abzuleiten, die gegenüber dem faktischen psychischen »Leisten« sich verselbständigt haben. Aber die Sinnanalyse der logischen Struktur selber erzwingt die Rückfrage auf Denken. Keine Logik ohne Sätze; kein Satz ohne die synthetische Denkfunktion. Husserl hat die Aufmerksamkeit darauf gelenkt, daß die psychologische Voraussetzung zur Behauptung eines Gesetzes mit seiner logischen Geltung nicht vermengt werden darf. Wohl aber sind die logischen Gesetze nur dann »sinnvoll«, können nur dann erkannt werden, wenn ihnen die Anweisung auf Denkakte innewohnt, die sie einlösen. Der Sinn der Logik selber fordert Faktizität. Anders ist sie nicht vernünftig zu begründen: ihre Idealität ist kein reines An sich, sondern muß immer auch ein Für anderes sein, wenn sie überhaupt irgend etwas sein soll. Im Recht ist Husserl, wenn er fürs entfaltete wissenschaftliche Bewußtsein und den irrevokablen Stand der Entfremdung die unmittelbare Identität von Einsicht und Sachverhalt, Genesis und Geltung bestreitet; im Unrecht, wenn er die Differenz hypostasiert.

Husserl bleibt dabei nicht stehen. Er entfaltet seine Kritik an den logischen Hauptprinzipien, dem Satz vom Widerspruch und dem von der Identität. Für die psychologische Fehlinterpretation des Satzes vom Widerspruch stehen ihm insbesondere Heymans und Sigwart ein, dessen Logik Husserl die Formulierung entnimmt, »daß es unmöglich ist, mit Bewußtsein denselben Satz zugleich zu bejahen und zu verneinen«. Husserl argumentiert weiter gegen die Begründung des Satzes vom Widerspruch aus der Unmöglichkeit der psychologischen Koexistenz, wie sie in Mills Schrift gegen Hamilton und in der Logik von Höfler und Meinong vorliegt. Wiederum ist das Verfahren sprachkritisch, die gut Aristotelische Analyse von Äquivokationen: »Der Terminus Denken, der in weiterem Sinne alle intellektiven Betätigungen befaßt, wird im Sprachgebrauch vieler Logiker mit Vorliebe in Beziehung auf das vernünftige ›logische‹ Denken, also in Beziehung auf das richtige Urteilen gebraucht. Daß sich im richtigen Urteilen Ja und Nein ausschließen, ist evident, aber damit ist auch ein mit dem logischen Gesetz äquivalenter, nichts weniger als psychologischer Satz ausgesprochen. Er besagt, daß kein Urteilen ein richtiges wäre, in welchem derselbe Sachverhalt zugleich bejaht und verneint würde; aber mit nichten sagt er irgend etwas darüber, ob – gleichgültig ob in einem Bewußtsein oder in mehreren – kontradiktorische Urteilsakte realiter koexistieren können oder nicht.«[56] Die Koexistenz von kontradiktorischen Urteilen wäre also nur einem Denken unmöglich, dessen »Korrektheit« bereits voraussetzt, daß es dem Satz vom Widerspruch gemäß verfährt, der demnach nicht aus der Unmöglichkeit jener Koexistenz abzuleiten ist. Aber die Unterscheidung von Denken schlechthin und logischem Denken, die am Resultat, den widerspruchsfreien

Sätzen, so schneidend gerät, stellt der Reflexion auf den Denkprozeß nicht ebenso unproblematisch sich dar. Die logischen Grundsätze kristallisieren sich nicht nur vom objektiven Pol her, unterm Zwang logischer »Sachverhalte«, sondern diese kommen zugleich durch Bedürfnisse und Tendenzen des denkenden Bewußtseins zustande, die in der logischen Ordnung sich widerspiegeln. »Die Allgemeinheit der Gedanken, wie die diskursive Logik sie entwickelt, die Herrschaft in der Sphäre des Begriffs, erhebt sich auf dem Fundament der Herrschaft in der Wirklichkeit.«[57] Die geschichtliche Entwicklung jener Allgemeinheit des Denkens ist eben die seiner logischen »Richtigkeit«; nur kontemplative Willkür könnte beides isolieren. Richtigkeit selbst ist nur als entspringende, als Konsequenz des entfalteten Denkens. Wenn aber Denken und richtiges Denken nicht derart semantisch unterschieden werden können, wie Husserl behauptet, dann ist auch für die Logik die Frage der möglichen Koexistenz kontradiktorischer Urteile nicht so gleichgültig, wie er es möchte. Er hat es darum so leicht, weil er mit den psychologischen Logikern die These von der Unmöglichkeit jener Koexistenz teilt und lediglich bestreitet, sie habe etwas mit der Geltung des Satzes vom Widerspruch zu tun. Wird ihm das nicht länger zugestanden, also dem Ursprung von Denken, der »Urgeschichte der Logik« nachgefragt, so ist die Möglichkeit der Koexistenz von Kontradiktorischem in faktischen Urteilen nicht länger irrelevant. Die psychologische These von der Unmöglichkeit der Koexistenz ahmt naiv den Satz nach, der gleiche Ort im Raum könne nicht gleichzeitig von zwei Materien besetzt sein. Ein solcher »Punkt« im Bewußtseinsleben ist, wie die Kritik der punktuellen Auffassung reiner Gegenwart längst dargetan hat, fiktiv. Das Denken von Widersprechendem scheint der Sonderung vorauszugehen. Genetisch stellt die Logik sich dar als Versuch zur Integration und festen Ordnung des ursprünglich Vieldeutigen, als entscheidender Schritt der Entmythologisierung[58]. Der Satz vom Widerspruch ist eine Art Tabu, verhängt übers Diffuse. Seine absolute Autorität, auf der Husserl insistiert, entstammt gerade der Tabuierung, also der Verdrängung übermächtiger Gegentendenzen. Er hat, als »Denkgesetz«, ein Verbot zum Inhalt: denke nicht zerstreut, laß dich nicht ablenken durch unartikulierte Natur, sondern halte die Einheit des Gemeinten fest wie einen Besitz. Kraft der Logik entringt sich das Subjekt der Verfallenheit ans Amorphe, Unbeständige, Vieldeutige, indem es der Erfahrung sich selbst, die Identität des sich am Leben erhaltenden Menschen als Form aufprägt und an Aussagen über die Natur nur soviel gelten läßt, wie von der Identität jener Formen einzufangen ist. Solcher Interpretation der Logik wäre die Geltung, Rationalität selbst, nicht länger irrational, kein unbegreifliches und bloß hinzunehmendes An sich, sondern die über alles Dasein mächtige Forderung ans Subjekt, nicht in Natur zurückzufallen, nicht zum Tier zu werden und jenes Geringe zu verlieren, wodurch der Mensch, sich selbst perpetuierendes Naturwesen, über Natur und Selbsterhaltung wie immer ohnmächtig doch hinausreicht. Zugleich aber ist die logische Geltung objektiv, indem sie, um Natur beherrschen zu können, dieser sich anmißt. Jede logische Synthesis wird von ihrem Gegenstand erwartet, aber ihre Möglichkeit bleibt abstrakt und wird einzig vom Subjekt aktualisiert. Beide bedürfen einander. Im logischen Absolutismus ist mit Grund angemeldet, daß die Geltung, oberstes Instrument der Naturbeherrschung, in dieser nicht sich erschöpft. Was in der logischen Synthesis von Menschen getan, was zusammengebracht wird, bleibt nicht nur der Mensch, nicht die leere Form von dessen Willkür. Sondern vermöge der Gestalt dessen, worauf die Synthesis sich erstreckt, und was ohne diese sich verflüchtigte, reicht die Synthesis übers bloße Tun hinaus. Urteilen heißt Ordnen und mehr als bloß Ordnen in eins.

Im Gefolge der Tradition behandelt Husserl den Satz vom Widerspruch und den Identitätssatz unabhängig voneinander. Beim letzteren sucht er die Geltung der logischen Sätze zumal von ihrem normativen Charakter abzusondern. »Das Normalgesetz soll die absolute Konstanz der Begriffe als erfüllt voraussetzen? Dann würde das Gesetz also nur Geltung unter der Voraussetzung haben, daß die Ausdrücke allzeit in identischer Bedeutung gebraucht werden, und wo diese Voraussetzung nicht erfüllt ist, verlöre es auch seine Geltung. Dies kann nicht die ernstliche Überzeugung des ausgezeichneten Logikers« – Sigwarts – »sein. Natürlich setzt die empirische Anwendung des

Gesetzes voraus, daß die Begriffe, bezw. Sätze, welche als Bedeutungen unserer Ausdrücke fungieren, wirklich dieselben sind, so wie der ideale Umfang des Gesetzes auf alle möglichen Sätzepaare entgegengesetzter Qualität, aber identischer Materie geht. Aber natürlich ist dies keine Voraussetzung der Geltung, als ob diese eine hypothetische wäre, sondern die Voraussetzung möglicher Anwendung auf vorgegebene Einzelfälle. So wie es die Voraussetzung der Anwendung eines Zahlengesetzes ist, daß uns gegebenenfalls eben Zahlen vorliegen, und zwar Zahlen von solcher Bestimmtheit, wie es sie ausdrücklich bezeichnet, so ist es Voraussetzung des logischen Gesetzes, daß uns Sätze vorliegen, und zwar verlangt es ausdrücklich Sätze identischer Materie.«[59] Was Husserl »Voraussetzung« nennt, daß nämlich die Ausdrücke in identischer Bedeutung verwandt würden, ist nichts anderes als der Inhalt des Satzes selbst; wo sie nicht erfüllt ist, verlöre in der Tat ein Gesetz seine Geltung, das ihre bloße Tautologie darstellt. Gewiß ist der Satz der Identität keine »Hypothese«, die verifiziert oder falsifiziert würde, je nachdem ob die Bedeutungen der Ausdrücke festgehalten werden oder nicht. Aber ohne die Konfrontation des Ausdrucks mit identischer oder nichtidentischer »Materie« läßt der Satz der Identität überhaupt nicht sich formulieren. Husserl verschiebt das Problem, indem er die normative Auffassung des Identitätssatzes als dessen Herabwürdigung zur Hypothese angreift. Die Frage ist jedoch nicht, ob er durch den ihm impliziten Verweis auf die Sätze, die ihm unterstehen, relativiert werde, sondern ob er nicht vielmehr ohne solchen Rückverweis zur sinnleeren Aussage verkommt. »Ich verstehe also unter dem Princip der Identität nicht einen ›Grundsatz‹, der als wahr anzuerkennen wäre, sondern eine Forderung, die zu erfüllen oder unerfüllt zu lassen in unserer Willkür steht, ohne deren Erfüllung aber ... der Gegensatz von Wahrheit und Irrtum unserer Behauptungen seinen Sinn verliert. Der vermeintliche logische Grundsatz der Identität nämlich, den man in dem angeblich selbstverständlichen, ›tautologischen‹ Satz ›a ist a‹ zu formulieren pflegt, drückt durchaus nicht eine selbstverständliche und über jeden Zweifel erhabene, unbeweisbare und unerklärbare, letzte und geheimnisvolle Wahrheit aus, sondern die Wahrheit dieses Satzes ist ihrerseits abhängig von der Erfüllung des Identitätsprincips im obigen Sinne, d. h. von der Erfüllung der Forderung des Festhaltens der Bedeutung der Bezeichnungen, und ist eine Folge der Erfüllung dieser Forderung. Wird diese Forderung hinsichtlich des Zeichens a nicht erfüllt, so ist auch der Satz ›a ist a‹ nicht mehr richtig; denn wenn wir in diesem Satz das zweitemal unter a nicht dasselbe verstehen wie das erstemal, so ist das erste a eben nicht das zweite a, d. h. der Satz ›a ist a‹ gilt dann nicht mehr.«[60] Der Identitätssatz ist danach kein Sachverhalt, sondern eine Regel, wie zu denken sei, die losgelöst von den Akten, für die sie aufgestellt wird, in der Luft hinge: ihre Bedeutung begreift die Beziehung auf jene Akte ein. Gemeint ist offenbar von Husserl, daß der identische Gebrauch der Termini auf die Seite der Faktizität gehöre und daß unabhängig davon der Identitätssatz eine ideale Geltung »an sich« habe. Aber diese Geltung wäre doch in seiner Bedeutung zu suchen, und er bedeutet nichts, es sei denn, wo tatsächlich Termini gebraucht werden. Übrigens würde bereits die von Husserl unbestrittene, aber bagatellisierte »Voraussetzung des logischen Gesetzes, daß uns Sätze vorliegen«, hinreichen, den logischen Absolutismus zu entkräften, sofern nur all ihre Implikationen verfolgt würden.

Davon wird Husserl abgehalten durch einen horror intellectualis vorm Zufälligen. Kontingenz ist ihm so unerträglich wie der bürgerlichen Frühzeit, deren theoretische Impulse bei ihm am Ende, sublimiert durch jegliche Reflexion, nochmals aufflackern. An Kontingenz hat alle bürgerliche – alle erste – Philosophie vergebens sich abgemüht. Denn eine jegliche versucht ein real in sich antagonistisches Ganzes zu versöhnen. Den Antagonismus bestimmt das philosophische Bewußtsein als den von Subjekt und Objekt. Weil es ihn an sich nicht aufheben kann, trachtet es, ihn für sich fortzuschaffen: durch Reduktion von Sein auf Bewußtsein. Diesem heißt Versöhnung: alles sich gleichmachen, und das ist zugleich der Widerspruch von Versöhnung. Kontingenz aber bleibt das Menetekel der Herrschaft. Diese ist insgeheim stets, wozu sie am Ende offen sich bekennt: totalitär. Was nicht ist wie sie, das schwächste Ungleichnamige, das subsumiert sie als Zufall. Was einem zufällt, darüber hat man keine

Gewalt. Die gleichviel an welcher Stelle aufspringende Kontingenz straft die Allherrschaft des Geistes Lügen, seine Identität mit dem Stoff. Sie ist die verstümmelte, abstrakte Gestalt des An sich, von dem das Subjekt alles Kommensurable an sich gerissen hat. Je rücksichtsloser es auf der Identität besteht, je reiner es seine Herrschaft zu befestigen trachtet, um so mehr wächst der Schatten der Nichtidentität an. Die Drohung der Kontingenz wird von dem ihr feindlichen reinen Apriori, das sie beschwichtigen soll, bloß befördert. Der reine Geist, der mit dem Seienden identisch sein will, muß, um der Illusion der Identität, der Indifferenz zwischen Subjekt und Objekt willen sich vollständiger stets auf sich selbst zurücknehmen, mehr stets weglassen. Nämlich alles Faktische. »Es ist nun klar, daß in diesem prägnanten Sinne jede Theorie logisch widersinnig ist, welche die logischen Prinzipien aus irgendwelchen Tatsachen ableitet.«[61] Die prima philosophia als Residualtheorie der Wahrheit, die sich stützt auf das, was an unbezweifelbar Gewissem ihr zurückbleibt, hat zum Komplement das ihr widerspenstige Kontingente, das sie doch ausscheiden muß, um den Anspruch der eigenen Reinheit nicht zu gefährden, und je rigoroser der Aprioritätsanspruch sich selber auslegt, desto weniger entspricht diesem Anspruch, desto mehr wird ins Reich des Zufalls hinabgestoßen. Darum schließt die Allherrschaft des Geistes allemal auch dessen Resignation ein. Gleichwohl ist die Unlösbarkeit des »Problems der Kontingenz«, das Nichtaufgehen des Seienden in seiner begrifflichen Bestimmung zugleich Trug. Kontingenz reicht nur soweit, wie Vernunft mit dem Herrschaftsanspruch sich solidarisiert und nichts duldet, was sie nicht einfängt. An der Unauflöslichkeit der Kontingenz kommt der falsche Ansatz der Identitätsphilosophie zutage: daß die Welt nicht als Produkt des Bewußtseins gedacht werden kann. Nur im Verblendungszusammenhang hat die Kontingenz ihre Schrecken; dem Denken, das diesem Zusammenhang entronnen wäre, würde das Kontingente zu dem, woran es sich stillt und worin es erlischt. Husserl aber wird zur Sisyphusarbeit an der Bewältigung der Kontingenz genötigt in dem Augenblick, da die Einheit der bürgerlichen Gesellschaft als eines sich selbst produzierenden und reproduzierenden Systems, wie sie auf der Hegelschen Höhe visiert war, zerbricht. Ihm zufolge gibt es in den »wissenschaftlichen Begründungszusammenhängen«, die das Modell seiner gesamten Philosophie ausmachen, keinen »Zufall«, »sondern Vernunft und Ordnung, und das heißt: regelndes Gesetz«[62]. Nirgends überträgt er verhängnisvoller als hier eine vorgegebene einzelwissenschaftliche Methode auf das Ganze. Er glaubt, die Skepsis aus den Angeln heben zu können, weil sie die Gesetze leugnet, »welche den Begriff der theoretischen Einsicht wesentlich konstituieren«[63], den »konsistenten Sinn«[64] von Termini wie Theorie, Wahrheit, Gegenstand, Beschaffenheit. Sie hebe damit sich selbst logisch auf, insofern sie ihrem Inhalt nach Gesetze bestreitet, »ohne welche Theorie überhaupt keinen ›vernünftigen‹ (konsistenten) Sinn hätte«[65]. Aber es ist nicht ausgemacht, daß, was doch keineswegs vorweg als mathematische Mannigfaltigkeit definiert ist, in sich konsistent sei und der Form der reinen Widerspruchslosigkeit Genüge tue. Nur aus dem mathematischen Ideal des Begründungszusammenhangs wird der Philosophie, die danach sich zu richten habe, der Ausschluß von Kontingenz auferlegt, während sie erst selber darüber zu befinden hätte, ob sie nicht dadurch auf vorkritischen Rationalismus regrediert. Diese Besinnung wird von Husserl nicht mehr vollzogen. Bei ihm werden die zu reinen Formen verdünnten Ideen des Wirklichen nirgendwo mehr Herr. Nirgends gehen sie in es ein, nirgends reflektieren sie es in sich. Die Menschen selber sind demzufolge, als ein Stück Wirklichkeit, der Idee gegenüber kontingent und werden aus dem Paradies der prima philosophia, dem Reich ihrer eigenen Vernunft, verjagt. Hat in der Geschichte der neueren Philosophie die Kontingenz, als Skepsis, die Ideen in ihren Strudel hineingerissen, so verfährt Husserl nun buchstäblich nach dem Diktum, daß, wenn die Fakten der Idee nicht gehorchen, es um so schlimmer für die Fakten sei. Sie werden für nicht philosophiefähig erklärt und ignoriert. Über dem Konkretionsbegriff der neueren anthropologischen Philosophien liegt das ironische Zwielicht, daß die Theorie, welche die »materiale« Wendung inaugurierte, mit dem Formalismus ihrer Idee von Wahrheit weit den Kantischen überbot, gegen den das Schelersche Feldgeschrei ging. Die materialen Wesenheiten, auf welche die Deskription später, tendenziell aber schon bei Husserl selber sich richtete, sind eben von jenem Seienden unerreichbar, zu dem zurückzukehren sie prätendieren, und daher ist alle phänomenologische Konkretion schattenhaft. Die Not der Kontingenz des Faktischen im Idealismus wird von Husserl umgedeutet in die Tugend der Reinheit der Idee. Die Ideen bleiben zurück als caput mortuum des vom Geist verlassenen Lebens.

Die materialen Einzelwissenschaften werden rückhaltlos empiristisch aufgefaßt: »Das Gebiet des Psychischen ist eben ein Teilgebiet der Biologie.« Je höher die Anforderungen an die Apriorität geschraubt werden, um so vollkommener wird Empirie entzaubert, etwa wie der Bürger die Liebe nach dem Schema Heilige oder Dirne einrichtet. In Variation der Kantischen Formel könnte die Lehre der Prolegomena logischer Absolutismus, empirischer Relativismus heißen. Von der intersubjektiven Welt wird darin gehandelt im Stil der Wissenssoziologie: »Nach psychologischen Gesetzen erwächst, auf Grund der im Rohen übereinstimmenden ersten psychischen Kollokationen, die Vorstellung der einen, für uns alle gemeinsamen Welt und der empirisch-blinde Glaube an ihr Dasein. Aber man beachte wohl: diese Welt ist nicht für jeden genau dieselbe, sie ist es nur im großen und ganzen, sie ist es nur so weit, daß die Möglichkeit gemeinsamer Vorstellungen und Handlungen praktisch zureichend gewährleistet ist. Sie ist nicht dieselbe für den gemeinen Mann und den wissenschaftlichen Forscher; jenem ist sie ein Zusammenhang von bloß ungefährer Regelmäßigkeit, durchsetzt von tausend Zufällen, diesem ist sie die von absolut strenger Gesetzlichkeit durchherrschte Natur.«[66] Solcher Relativismus ist alles eher als Aufklärung. Im Gedanken an die »absolut strenge Gesetzlichkeit« macht er es sich allzuleicht mit den »tausend Zufällen«, die gar keine sind. Für den Forscher ist der Zufall der peinliche Rest, der am Boden seiner Begriffe sich absetzt, für den »gemeinen Mann«, dessen Namen Husserl ohne Zögern über die Lippen bringt, das, was ihm zustößt und wogegen er wehrlos ist. Der Forscher bildet sich ein, der Welt das Gesetz vorzuschreiben; der »gemeine Mann« muß jenem Gesetz praktisch gehorchen. Dafür kann er nichts, und es mag ihn mit Recht zufällig bedünken, aber daß die Welt aus solchen besteht, die dergleichen Zufällen ausgeliefert sind, und anderen, die sich, wenn sie schon nicht das Gesetz machen, an dessen Existenz trösten können, ist kein Zufall, sondern selber das Gesetz der realen Gesellschaft. Keine Philosophie, welche die »Weltvorstellung« erwägt, dürfte darüber sich hinwegsetzen. Husserl jedoch eröffnet die Preisgabe der Empirie nicht die ungeschmälerte Einsicht in dergleichen Zusammenhänge, sondern er wiederholt achselzuckend das ausgelaugte Vorurteil, es käme alles auf den Standpunkt an. Mit der Erkenntnis des Faktischen wird es nicht so genau genommen, weil sie ohnehin mit dem Mal der Zufälligkeit behaftet bleibe. Die Wirklichkeit wird Objekt des bloßen Meinens. Kein bündiges Kriterium soll an sie heranreichen. Diese Bescheidenheit ist falsch wie ihr Komplement, die Hybris des Absoluten. Husserl überschätzt die Zufälligkeit des Bewußtseinslebens nicht minder als umgekehrt das Ansichsein der Denkgesetze. Die abstrakte Reflexion darauf, daß alles Faktische »auch anders sein könnte«, betrügt über die allgemeinen Bestimmungen, denen unterliegt, daß es nicht anders ist.

Die Preisgabe der Welt als des Inbegriffs solcher kontingenten Faktizität impliziert bereits den Widerspruch der beiden maßgebenden Motive von Husserls Philosophie, des phänomenologischen und des eidetischen. Der Ausschluß des Mundanen führt nach dem altgewohnten Cartesianischen Schema auf das Ich, dessen Bewußtseinsinhalte, als unmittelbar gewiß, schlechterdings hinzunehmen sein sollen. Aber das Ich, das die Einheit des Denkens konstituiert, gehört selbst eben der Welt an, die um der Reinheit der logischen Denkformen willen ausgeschlossen werden soll. Darüber reflektiert Husserl: »Es gäbe also keine Welt an sich, sondern nur eine Welt für uns oder für irgendeine andere zufällige Spezies von Wesen. Das wird nun manchem trefflich passen; aber bedenklich mag er wohl werden, wenn wir darauf aufmerksam machen, daß zur Welt auch das Ich und seine Bewußtseinsinhalte gehören. Auch das ›Ich bin‹ und ›Ich erlebe dies und jenes‹ wäre eventuell falsch; gesetzt nämlich, daß ich so konstituiert wäre, diese Sätze auf Grund meiner spezifischen Konstitution verneinen zu müssen. Und es gäbe nicht bloß für diesen oder jenen, sondern schlechthin keine Welt, wenn keine in der Welt faktische Spezies urteilender Wesen so glücklich konstituiert wäre, eine Welt (und darunter sich selbst) anerkennen zu müssen.«[67] Die Absurdität kommt jedoch einzig dadurch zustande, daß ein Glied der Argumentationsreihe isoliert und am bereits vorgegebenen logischen Absolutismus gemessen wird. Gewiß wären die logischen Grundsätze nicht »falsch«, wenn die Menschengattung ausstürbe. Wohl jedoch wären sie ohne den Begriff eines Denkens, für das sie gelten, weder falsch noch richtig: es könnte von ihnen überhaupt nicht die Rede sein. Denken aber erheischt ein Subjekt, und aus dessen Begriff läßt ein wie immer auch geartetes faktisches Substrat sich nicht austreiben. Die von Husserl als »artiges Spiel« verhöhnte Möglichkeit – »aus der Welt entwickelt sich der Mensch, aus dem Menschen die Welt; Gott schafft den Menschen, und der Mensch schafft Gott«[68] – kann nur einem starr-polaren, im Hegelschen Sinn abstrakten Denken schreckvoll erscheinen. Sie bietet einen zwar kruden und naturalistischen, aber keineswegs unsinnigen Einsatz für dialektisches Denken, welches Mensch und Welt nicht als feindliche Brüder hinstellt, deren einer gegenüber dem anderen das Recht der Erstgeburt um jeden Preis zu behaupten hat, sondern sie als wechselseitig sich produzierende und auseinandertretende Momente des Ganzen entwickelt. Husserls Haß gegen die Skepsis wie gegen die von ihm mit dieser verwechselte Dialektik drückt eine Bewußtseinslage aus, in der die Verzweiflung über den Verlust der statischen Konzeption von Wahrheit alle Theorien brandmarkt, die jenen Verlust bezeugen, anstatt daß darüber reflektiert würde, ob im Verlust selbst nicht ein Defekt des traditionellen Wahrheitsbegriffs zutage kommt. Denn aller Relativismus zehrt von der Konsequenz des Absolutismus. Indem der je einzelnen und beschränkten Erkenntnis aufgebürdet wird, sie müsse schlechterdings und unabhängig von jeder weiteren Bestimmung gelten, wird eine jegliche mühelos der eigenen Relativität überführt. Reine Subjektivität und reine Objektivität sind die obersten solcher isolierten und darum inkonsistenten Bestimmungen. Daß Erkenntnis ausschließend aufs Subjekt oder aufs Objekt soll reduziert werden können, erhebt die Isolierbarkeit, das Zerlegen, zum Gesetz der Wahrheit. Das ganz Isolierte ist die bloße Identität, die in nichts über sich hinausweist, und die integrale Reduktion aufs Subjekt oder aufs Objekt verkörpert das Ideal solcher Identität. Die Unwahrheit des Relativismus ist nichts anderes, als daß er auf der an sich richtigen negativen Bestimmung alles Einzelnen beharrt, anstatt von ihr weiterzugehen. In diesem Bestehen auf dem Schein ist er so absolutistisch wie der Absolutismus: ist die Erkenntnis nicht unbedingt, so soll sie sogleich hinfällig sein. Es wird, mit einem Gestus, der nicht umsonst an das biphasische Denken mancher Psychotiker gemahnt, zweiwertig, nach dem Schema Alles oder Nichts geurteilt. Husserl versteht sich nur allzu gut mit den von ihm erkorenen Gegnern. Beide haben unablässig gegeneinander, als »Standpunktphilosophen«, wie Husserl[69] gleich Hegel sie ablehnt, Recht: er, indem er den Gegnern demonstriert, daß ihre Wahrheitskriterien Wahrheit selbst auflösen; jene, indem sie ihn daran mahnen, daß Wahrheit, die jenen Kriterien sich entzieht, ein Hirngespinst sei. Seine Kritik ist aber darum ohne Gewalt, weil das Anderssein-Können der Faktizität eine bloße Möglichkeit darstellt, während in der so und nicht anders beschaffenen Verfahrungsweise des Denkens die Notwendigkeit, einem Objekt gerecht zu werden, und damit ein Moment von Objektivität selber sich niedergeschlagen hat. Der Begriff von Objektivität, dem der logische Absolutismus die Welt zum Opfer bringt, kann nicht verzichten auf den Begriff, an dem Objektivität überhaupt ihr Modell hat, den eines Objekts, der Welt.

II. Spezies und Intention

> Was ich nur meine, ist mein, gehört mir als diesem besondern Individuum an; wenn aber die Sprache nur Allgemeines ausdrückt, so kann ich nicht sagen, was ich nur meine.
>
> Hegel, Enzyklopädie

Die Lossage vom Dasein verleiht der Husserlschen Lehre vom logischen Absolutismus weit größere Tragweite als die einer bloßen Spielart der Interpretation der formalen Logik. Die zu Sätzen an sich erhobenen logischen Axiome bieten das Modell der faktenfreien, reinen Wesenheiten, deren Begründung und Beschreibung die gesamte Phänomenologie sich als Aufgabe wählte und dem Begriff der Philosophie gleichsetzte. Husserls Auffassung vom formalen Apriori hat seine Konzeption aller Wahrheit und die seiner Schüler, auch der Apostaten unter ihnen, bis zur These vom jeglichen Seienden vorgeordneten Sein geprägt. Die Bewegung des Begriffs trieb über die Prolegomena hinaus, weil die Leerformen des Denkens von dem nicht isoliert werden können, was der traditionellen Erkenntnistheorie Konstitutionsfragen hieß. Die Geltung der logischen Grundsätze war auch vor Husserl außerhalb der dialektischen Lehre kaum kontrovers. Die außerordentliche Wirkung seines zunächst recht speziellen Theorems erklärt sich nur damit, daß es das längst heranreifende Bewußtsein eines weit beunruhigenderen Sachverhalts emphatisch ausdrückte. Zum erstenmal seit dem Verfall der großen Systeme bezeugt der philosophische Kampf gegen den Psychologismus die Insuffizienz des Individuums als Rechtsgrundes der Wahrheit, weit über die neukantische Nuancierung des Transzendentalen hinaus. Aber nun mahnt der Antiindividualismus nicht sowohl an den Vorrang des Ganzen vorm Partikularen, als daß er den Zerfall des Individuums selber einbekennt. Indem diesem und seiner Struktur jeder Anteil an der Legitimation von Wahrheit entzogen wird, hält die aller Realität entäußerte Logik ihm seine reale Nichtigkeit entgegen. Fern vom kulturkritischen Raisonnement schöpft Husserl einen Gedanken, darin der Defaitismus des ohnmächtigen Einzelnen mit dem Leiden am monadologischen Zustand sich vermischt. So fungierten die Prolegomena als geschichtlicher Seismograph. Sie vereinen die lange zugedeckte Ahnung, daß Individuation selber Schein sei, gezeitigt von dem Gesetz, das in ihr sich versteckt, mit dem Abscheu vor eben der negativen Wirklichkeit, deren Gesetz das Individuum in der Tat zum Schein degradiert. Von solcher Zweideutigkeit schillert Husserls Wesensbegriff. Nichts zeitlicher als dessen Zeitlosigkeit. Die phänomenologische Reinheit, idiosynkratisch gegen alle Berührung mit Faktischem, bleibt doch hinfällig wie ein Blumenornament. Wesen war das Lieblingswort des Jugendstils für die schwindsüchtige Seele, deren metaphysischer Glanz einzig dem Nichts, der Abkehr vom Dasein entspringt. Ihre Schwestern sind die Husserlschen Wesenheiten, phantasmagorische Spiegelungen einer Subjektivität, die in ihnen, als ihrem »Sinn«, zu erlöschen hofft. Je subjektiver ihr Grund, desto verstiegener das Pathos ihrer Objektivität; je süchtiger sie als Sachverhalte sich setzen, desto verzweifelter beschwört Denken ein Nicht-Existentes. Die Anstrengung von Husserls Philosophie ist eine der Abwehr; die abstrakte Negation des durchschauten Subjektivismus, die doch in dessen Bannkreis gefangen bleibt und teilhat an der Schwäche, gegen die sie eifert. Phänomenologie schwebt in einer Region, als deren Allegorie man in jenen Jahren die Wolkentöchter liebte, einem Niemandsland zwischen Subjekt und Objekt, der trügenden Fata Morgana ihrer Versöhnung. Philosophisch wird die Sphäre, in der blasse, blumenhaft körperlose Frauenbilder »Wesen« hießen, reflektiert vom Meinen als der subjektiven Gebärde zu einem Gegenüber hin, dessen Gehalt doch im subjektiven Akt sich erschöpft. Daher schließt Husserls Wesenslehre und Ontologie, die Ausdehnung des absolutistischen Motivs auf Erkenntnistheorie und Metaphysik, an seine Lehre von den Intentionen an. Auf sie überträgt er das Verfahren, das den logischen Absolutismus hervorzauberte. Gedachtes wird zum Wesen durch Isolierung der einzelnen »Akte«, »Erlebnisse«, gegenüber einer

Erfahrung, die als ganze schon kaum mehr ins Blickfeld seiner Philosophie rückt. Das zerfallende Individuum ist nur noch der Inbegriff der zu Surrogaten konkreter Erfahrung aufgespreizten, punktuellen Erlebnisse, nicht aber solcher Erfahrung selber mehr mächtig. Das aus dem Einerlei des verdinglichten Lebens herausgehobene besondere Erlebnis, der versprengte Augenblick hinfälliger, todgeweihter Erfüllung als Rettung des absenten metaphysischen Sinnes, wie Christian Morgenstern es verspottete – »wieder ein Erlebnis voll von Honig« – ist das historische Modell für Husserls Idee vom Allgemeinen, das der singulären Intention sich schenke.

In den Prolegomena ist für den Begriff eines an Individuellem zu entnehmenden Wesens kein Raum: sie stehen noch auf dem Boden der traditionellen Abstraktionstheorie. »Die Wahrheiten zerfallen in individuelle und generelle. Die ersteren enthalten (explizite oder implizite) Behauptungen über wirkliche Existenz individueller Einzelheiten, während die letzteren davon völlig frei sind und nur die (rein aus Begriffen) mögliche Existenz von Individuellem zu erschließen gestatten. Individuelle Wahrheiten sind als solche zufällig.«[1] Individuelles und Faktisches werden ohne weiteres gleichgesetzt: daß ein Individuelles unabhängig von seiner Existenz ein Wesen haben könne, ist nicht unterstellt. Dazu kommt es erst durch die Lehre von den intentionalen Akten, die von Anbeginn es sich angelegen sein läßt, vereinzelte »Erlebnisse« herauszupräparieren, denen dann jeweils ebenso vereinzelte »irreelle« Sinnesimplikate, die vom »Akt« gemeint werden, entsprechen sollen. »Wir meinen, hier und jetzt, in dem Augenblick, wo wir den allgemeinen Namen sinnvoll aussprechen, ein Allgemeines, und dieses Meinen ist ein anderes als in dem Falle, wo wir ein Individuelles meinen. Dieser Unterschied muß im deskriptiven Gehalt des vereinzelten Erlebnisses, im einzelnen aktuellen Vollzug der generellen Aussage, nachgewiesen werden.«[2] Daß das Meinen selber, also die Qualität des Aktes variiere, je nachdem, ob ein Allgemeines oder Individuelles gemeint sei, bleibt bloße Behauptung, wofern überhaupt mehr gesagt sein soll als die Tautologie, daß in beiden Fällen die intentionalen Objekte verschiedenen logischen Klassen angehören, und daß nach der Klasse ihrer Objekte auch die Akte sich einteilen ließen. Schwer hielte es, darüber hinaus den einzelnen Akten, die jene Klassen bilden sollen, verschiedene Charakteristika zuzusprechen. Während Husserl das auch gar nicht versucht, folgert er doch stillschweigend aus der logischen Differenz der Objekte, daß der von den Arten des Gemeinten vorgezeichnete Unterschied »im deskriptiven Gehalt des vereinzelten Erlebnisses ... nachgewiesen werden ... muß«, daß also die Beschaffenheit der Akte als solcher sich ändere. Dies scheinbar geringfügige Postulat, der subtile Fehler, aus logischen Unterschieden der Denkobjekte absolute Unterschiede in der Art ihres Gemeintwerdens dogmatisch zu folgern, ist von der äußersten Konsequenz. Indem Husserl den Unterschied im deskriptiven Gehalt der »vereinzelten Erlebnisse« sucht und eine ursprüngliche Trennung zwischen dem Meinen eines Besonderen und dem Meinen eines Allgemeinen setzt, überträgt er diese willkürlich vollzogene Trennung der Charaktere des Meinens zurück aufs Gemeinte, derart, daß Allgemeines und Besonderes radikal geschieden seien, weil hier und dort verschieden geartete Akte des Meinens vorlägen. Diese Verschiedenheit selbst spiegelt bloß die der Klassen des Gemeinten, anstatt sie zu begründen, und daher bedürfte die Verschiedenheit der Klassen des Gemeinten erst noch ihrer Ableitung. Der »deskriptive Gehalt« der einzelnen Erlebnisse mißt sich allenfalls dem Charakter der »Fertigprodukte«, dem Resultat der bereits vollzogenen Scheidung an, stiftet aber keine primäre, von Vielheiten und der Abstraktion unabhängige »ideale Einheit«.

Darüber hinaus widerspricht in Husserls Deduktion sein tatsächliches Verfahren dem phänomenologischen Programm. Eine Analyse, die sich ernstlich an die sogenannten Vorfindlichkeiten des Bewußtseinslebens hielte, stieße nicht auf dergleichen Erlebnissingularitäten und darum auch nicht auf absolut singuläre »Sinne«; sie sind eben das, was der phänomenologische Husserl als theoretische Konstruktionen zu tadeln pflegt, Rudimente der atomistischen Assoziationspsychologie. Wie kein Erlebnis »singulär« ist, sondern, verflochten mit der Totalität des individuellen Bewußtseins, notwendig über sich hinausweist, so gibt es auch keine absoluten Sinne oder Bedeutungen. Ein jeglicher Sinn, dessen Denken überhaupt inne wird, enthält kraft des

Gedankens ein Element von Allgemeinheit und ist mehr als bloß er selber. Noch in dem bereits allzu einfachen Fall der Erinnerung an den Namen eines Menschen gehen in diese Erinnerung Momente wie die Beziehung des Namens zu seinem Gegenstand, seine identifizierende Funktion, die Qualität des Namens, insofern er gerade dies Individuelle und nicht ein anderes meint, und, vag oder artikuliert, ungezähltes Andere mit ein; die Beziehung von Erinnerung und Erinnertem als absolut individuell und einsinnig zu beschreiben, wäre logizistische Willkür. Unterstellte man aber die Konstruktion des je einzelnen Aktes und der je einzelnen Bedeutung, gleichgültig, ob sie vorkommen oder nicht, als notwendig, um herauszuarbeiten, wie Bewußtsein artikulierter Erkenntnis fähig wird, so wäre die traditionelle idealistische Verfahrungsweise wieder reinstalliert. Dann wäre auch nicht mehr einzusehen, warum man in der Konstruktion bei den vermeintlichen »reinen Bedeutungen« stehen bleiben und nicht vielmehr in deren Analyse nach Weise der älteren Erkenntnistheorie fortschreiten sollte, wobei man notwendig zur Empfindung, zu jener ὕλη gelangte, vor der sich die reine Bedeutungslehre schützen möchte. Husserl wirft Hume mit Recht vor[3], daß ein »Konglomerat« konkreter Bilder die Erkenntnis nicht weiter bringe als die einzelne Vorstellung. Aber in den Logischen Untersuchungen hält er selber das Humesche Motiv des Konglomerats fest, indem er die Einheit allein in die Bedeutungsfunktion, in Denken verlegt, ohne Rücksicht darauf, daß die angeblich letzten Daten bereits kein Konglomerat, sondern, wie die Gestalttheorie* bis zum Überdruß dargetan hat, strukturiert, mehr als die Summe ihrer Teile sind; aber auch ohne Rücksicht auf den kategorialen Zusammenhang, die »Synthesis«. Keineswegs steht der phänomenologische Begriffsrealismus im bloßen Gegensatz zur nominalistischen Tradition, welche das Bewußtsein aus atomistischen Erlebnissen

* Als die »Logischen Untersuchungen« erschienen, war sie noch nicht voll entwickelt. Wohl aber lag Christian von Ehrenfels' Abhandlung »Über Gestaltqualitäten« vor (Vierteljahreszeitschrift für wissenschaftliche Philosophie, 14. Jahrgang, 1890), die bereits die Elemente der Kritik einer atomistischen Auffassung vom unmittelbar Gegebenen enthält. Unwahrscheinlich, daß der Brentanoschüler Husserl sie nicht las.

addiert, sondern ist auch, seit Franz Brentano, deren Komplement. Die beiden polaren Momente, das Einzelne und die Einheit, gerinnen zu absoluten Bestimmungen, sobald sie nicht als wechselseitig einander produzierend, und insofern auch produziert, verstanden werden. Denken, dem das Resultat sich in Sein verzaubert, setzt die abgespaltene Singularität und die verselbständigte Allgemeinheit als gleichberechtigte, voneinander unabhängige, letztgültige Elemente nebeneinander. Beide verdanken den Schein ihrer Absolutheit dem Abbrechen, den Nachdruck ihrer Positivität einem Negativen. Und es ist eben dieser Schein, samt der Abstraktheit, zu der die Trennung beide verdammt, die es erlauben, den Begriff eines idealen Seins aus ihnen abzudestillieren, ihn durch Selektion ihrer Qualitäten zuzubereiten, wo nicht gar beide zum Gleichen zu erklären. Weil für Husserl die Stoffe der Erkenntnis, nach idealistischem Dogma, chaotisch sind, verabsolutiert er das intentionale Objekt als ein zugleich Gegebenes, also Unbezweifelbares, und als ein Bestimmtes und insofern objektiv Seiendes. Auf die übliche erkenntnistheoretische Distinktion zwischen dem Akt als einem unmittelbar und dem Gemeinten als einem mittelbar Gegebenen geht er nicht ein. Er begnügt sich, das intentionale Objekt starr nach beiden Seiten abzugrenzen: von der Empfindung, denn es werde, wie er mit Recht urgiert, nicht ein Farbenkomplex, sondern »der Tannenbaum« wahrgenommen[4]; vom Ding, denn es sei gleichgültig, ob der intentionale Gegenstand im raum-zeitlichen Kontinuum »existiert«. So gerät die Konstruktion der Wahrnehmung, das Meinen eines sinnlich Gegenwärtigen, zwitterhaft: die Unmittelbarkeit des Akts wird dem Aktsinn angerechnet, der symbolische Gehalt mit Leibhaftigkeit belehnt. Das »reine«, faktenfreie, intentionale Objekt bleibt ein Notbehelf. Es leistet so wenig, was es leisten soll, die Objektivation der Erscheinungen, wie ihm die Unmittelbarkeit gebührt, um derentwillen Husserl es als Kanon aller Erkenntnis reklamiert. Die Desiderate der Gewißheit von Gegebenem und der Notwendigkeit von geistig Durchsichtigem, die seit Platon und Aristoteles nicht zur Deckung zu bringen waren und an deren Vermittlung die gesamte Geschichte des Idealismus sich abarbeitete, werden von Husserl, der an jener Vermittlung endgültig irre ward, krampfhaft einander gleichgesetzt. Die Divergenz von Sinnlichkeit und Verstand, ja die von Subjekt und Objekt will er wie in momentanem Innehalten, unter Absehen von Dauer und Konstitution, zum Einstand zwingen. Als Indifferenz von Idealität und Gegenständlichkeit ist das hypostasierte Objekt Urbild aller späteren phänomenologischen Wesenheiten.

Der Begriff der Wesensschau selbst wurde längst vor der Theorie der kategorialen Anschauung von Husserl verwandt. Die zweite Logische Untersuchung des zweiten Bandes will, dem Vorwort der Prolegomena zufolge, »daß man an einem Typus, etwa repräsentiert durch die Idee ›rot‹, Ideen sehen und sich das Wesen solchen ›Sehens‹ klarmachen lerne«[5]. Husserl stellt das »Bedeutungsbewußtsein« der Abstraktion »in jenem uneigentlichen Sinn« entgegen, »der die empiristische Psychologie und Erkenntnistheorie« beherrsche, »und der das Spezifische gar nicht zu fassen vermag, ja dem man es als Verdienst anrechnet, daß er dies nicht tut«[6]. Er ist darauf aufmerksam geworden, daß das einem Sachverhalt Wesentliche, das der Spezies Zukommende, sein »Spezifisches« nicht erreicht wird von seinem Artbegriff, der Merkmaleinheit mehrerer Sachverhalte. Darin harmoniert er mit den Impulsen anderer, sonst sehr von ihm abweichender akademischer Philosophen seiner Generation wie Dilthey, Simmel und Rickert, deren jeder auf seine Weise auf das sich besann, was bereits die Kantische Kritik der Urteilskraft motiviert hatte und mittlerweile zur Banalität wurde: daß die kausal-mechanische und klassifikatorische Erklärung nicht ins Zentrum des Gegenstandes dringt, daß sie das Beste vergißt. Dem konnte im ausgehenden neunzehnten Jahrhundert auch der aller metaphysischen Spekulation abgeneigte Gelehrte sich nicht entziehen, wofern er »Individuelles« studierte. Auch ihm gewährt vielfach ein einziges Konkretes, insistent betrachtet und aufgeschlossen, tiefere und verbindlichere Einsicht in weiter ausgreifende Zusammenhänge als ein Verfahren, das vom Individuellen nur soviel duldet, wie unter allgemeine Begriffe sich subsumieren läßt. Weder entbehrt es der Ironie noch ist es geschichtsphilosophisch irrelevant, daß zur gleichen Zeit, als Husserl das Wesen der komparativen Allgemeinheit zu entreißen übernahm, sein Landsmann und Antipode, Sigmund

Freud, auf dessen zum totalen Anspruch tendierende Psychologie Husserls Polemik gegen den Psychologismus gemünzt sein könnte, trotz ungebrochen naturwissenschaftlicher Position mit der nachhaltigsten Wirkung eben jenes Verfahren der Wesensbestimmung am individuellen »Fall« anwandte, nach dessen erkenntnistheoretischer Formel Husserl sucht. Aber wie Freud war auch Husserl Kind der Periode, insofern er die am Individuellen aufgehenden Wesenheiten selber nicht anders denken mochte denn als Allgemeinbegriffe vom Typus der Logik der exakten Wissenschaften. Eben hier hat die Energie seines Entwurfs ihr Zentrum: er versagte sich der zur Zeit seiner Anfänge beliebten Trennung von Natur- und Kulturwissenschaften, von divergenten Erkenntnisweisen des Individuellen oder Historischen einerseits, andererseits des mathematisch Allgemeinen, stand zur Idee der Einen Wahrheit und bemühte sich, die unverkümmerte Konkretion der individuellen Erfahrung und die Verbindlichkeit des Begriffs zusammenzuzwingen, anstatt mit dem Pluralismus der Wahrheiten je nach dem Erkenntnisgebiete sich zufrieden zu geben. Das wohl macht die magnetische Kraft seines Ansatzes aus, aber verwickelt ihn auch in Schwierigkeiten, um welche die südwestdeutschen Schulphilosophen bequem herumkamen. Weil er, geprägt von der Mathematik, sich nicht getraut, das Spezifische, »Wesentliche«, dem er nachhängt, anders zu fassen, denn als die Klasse der wissenschaftlichen Begriffsbildung, muß er sich darauf einlassen, den klassifikatorischen Begriff aus der Singularität herauszulesen, und unterscheidet darum jene beiden Weisen von Abstraktion.

Als uneigentlich wird von ihm bezeichnet, was sonst Abstraktion heißt, die Begriffsbildung durch Herausgliedern eines einzelnen Merkmals aus einer Mehrheit von Gegenständen. Demgegenüber insistiert er darauf, daß das Wesen, das eine Art konstituiert, in einem einzelnen Akt des Bedeutens aufgehe. »Indem wir das Rot in specie meinen, erscheint uns ein roter Gegenstand, und in diesem Sinne blicken wir auf ihn (den wir doch nicht meinen) hin. Zugleich tritt an ihm das Rotmoment hervor, und insofern können wir auch hier wieder sagen, wir blickten darauf hin. Aber auch dieses Moment, diesen individuell bestimmten Einzelzug an dem Gegenstande meinen wir nicht, wie wir es

z. B. tun, wenn wir die phänomenologische Bemerkung aussprechen, die Rotmomente der disjunkten Flächenteile des erscheinenden Gegenstandes seien ebenfalls disjunkt. Während der rote Gegenstand und an ihm das gehobene Rotmoment erscheint, meinen wir vielmehr das eine identische Rot, und wir meinen es in einer neuartigen Bewußtseinsweise, durch die uns eben die Spezies statt des Individuellen gegenständlich wird.«[7] Im »Meinen« eines Besonderen, hier eines »roten Gegenstandes der Anschauung«, trete zugleich dessen »Rotmoment«, das die Spezies konstituierende Merkmal, hervor, und auf dieses »blicken wir hin«, versicherten uns also der idealen Einheit der Spezies, ohne daß es anderer Exemplare, anderer »roter Gegenstände« dabei bedürfte. Die Schwäche der Argumentation liegt im Gebrauch des Terminus »identisch«. Denn es soll ja in jenem Akt »das eine identische Rot« bewußt und dadurch eben die Spezies statt bloß des Individuellen getroffen werden. Es läßt sich aber von einem Identischen sinnvoll bloß reden in Beziehung auf eine Vielheit. »Identisches Rot« gibt es überhaupt nur an mehreren Gegenständen, die miteinander gemeinsam haben, rot zu sein – es sei denn, daß der Ausdruck auf die Kontinuität der wahrgenommenen Farbe an einem Ding, also ein bloß Phänomenales geht. Beides spielt bei Husserl ineinander. Daß das in jenem Akt Wahrgenommene während der Wahrnehmung ein und dasselbe sei und bleibe, wird substituiert für die Identität des Begriffs als der Merkmaleinheit verschiedener Exemplare. Das mit sich selbst identisch wahrgenommene Rote ist nicht um solcher Identität willen bereits die Spezies rot; wofern Husserl nicht doch uneingestandenermaßen vergleichende Operationen unterstellt. »Identisch« kann strengen Sinnes an der entscheidenden Stelle nichts anderes heißen als das in einem bestimmten Akt Gemeinte. Diese Identität, die Beziehung einer Intention auf ein festgehaltenes Dies da, wird aber so interpretiert, als wäre sie schon die des Allgemeinbegriffs. Sollte dieser intentionales Objekt werden, so müßte er vorgegeben, bereits konstituiert sein; der Akt als solcher ist indifferent dagegen, ob in ihm ein Individuelles oder ein Begriffliches »gemeint« wird; das pure Meinen nimmt keine Rücksicht auf Konstitution und Legitimation des Gemeinten: sonst wäre es bereits Urteil. Das aus der singulären Farbwahrnehmung herausideierte »Rot« wäre lediglich ein mit der obligaten phänomenologischen Klammer verziertes »reduziertes« Dies da. Einzig die Sprache, die das singuläre Rotmoment ebenso benennt wie die Spezies rot, verführt zur Hypostasis der letzteren. Husserls »ideierende« Abstraktion, der von ihm erfundene Gegenbegriff zur komparativen, umfangslogischen, postuliert, daß bereits die elementaren Formen des Bewußtseins, ohne jede Rücksicht auf ein zu Vergleichendes, ihren Stoff derart vergegenständlichen, wie unter einer optischen Linse fixieren, daß ihnen die absolute Singularität zum »Identischen« gerät – einem Identischen unabhängig davon, womit es identisch sei. Unter der Suggestion des angeblichen Systems der Wissenschaften sieht Husserl hier die zu idealen Geltungseinheiten verdünnten reinen Vernunftwahrheiten, die vérités de raison, dort die ebenso »reine«, nämlich von allen naturalistischen Vorurteilen gesäuberte Bewußtseinsimmanenz. Zwischen beiden gibt es keinen Zusammenhang als den, daß die reine Bewußtseinsimmanenz wie ein Guckkastenfenster auf jene idealen Einheiten offen sei. Das ist die Konstruktion des Meinens. Weil die Herkunft der idealen Gegenstände, als bloß gemeinter, nicht ins epistemologische Blickfeld tritt, werden sie gegenüber den sie komponierenden Bewußtseinsakten verselbständigt. Der reine Gegenstand der Intention soll die ideale Einheit sein, das An sich im Akt erscheinen. Husserl will dem Desiderat: »Ideen sehen zu lernen«, gerecht werden, indem er er eine Art von Akten einführt, »in welchen uns die in diesen mannigfaltigen Denkformen gefaßten Gegenstände als so gefaßte evident ›gegeben‹ sind, mit anderen Worten, ... die Akte, in welchen sich die begrifflichen Intentionen erfüllen, ihre Evidenz und Klarheit gewinnen. So erfassen wir die spezifische Einheit Röte direkt, ›selbst‹, auf Grund einer singulären Anschauung von etwas Rotem. Wir blicken auf das Rotmoment hin, vollziehen aber einen eigenartigen Akt, dessen Intention auf die ›Idee‹, auf das ›Allgemeine‹ gerichtet ist. Die Abstraktion im Sinne dieses Aktes ist durchaus verschieden von der bloßen Beachtung oder Hervorhebung des Rotmomentes; den Unterschied anzudeuten, haben wir wiederholt von ideierender oder generalisierender Abstraktion gesprochen.«[8] Dabei begeht er eben die Kontamination, die er Locke und den an ihn anschließenden Lehren[9] vorwirft; er interpretiert den auf das »abstrakte Teilmoment« eines Inhalts gerichteten Akt, insofern jenem abstrakten Teilmoment ein Hyletisches zugrunde liegt, unmittelbar als Anschauung der Spezies. Er zieht gewissermaßen Nutzen aus zwei einander sich ausschließenden Bestimmungen: die Unmittelbarkeit, mit der man ein Rotes wahrnimmt, soll den anschaulichen Charakter des Aktes garantieren; daß aber dabei das Sinnliche nicht isoliert, sondern nur mit Denken verflochten vorkommt, soll das unmittelbar Angeschaute zugleich zu einem Geistigen – zum Begriff machen, der unmittelbar an der Singularität, ohne Rücksicht auf den Charakter des Begriffs als abstrakter Einheit gleicher Momente, aufleuchte. Die Doktrin läuft darauf hinaus, daß man, wenn man einen roten Gegenstand betrachtet und dieses Gegenstandes als eines roten sich bewußt wird – wobei das Verhältnis dieser beiden Momente dahinsteht – nicht nur die spezifische Empfindung habe, sondern in ihr zugleich einen Begriff von rot überhaupt. Nun ist gewiß nicht abzustreiten, daß vermöge seiner kategorialen Momente der Akt über reine Empfindung hinausgeht; – im übrigen eine Tautologie, weil dieser Unterschied terminologisch schlechterdings den von Empfindung und Akt definiert. Leugnete man ihn konsequent als bloße theoretische Hilfskonstruktion, bestritte man die Existenz kategorienfreier Daten und bestimmte man mit Hegel die Unmittelbarkeit als jeweils bereits in sich vermittelte, so beseitigte man damit den Begriff unmittelbaren Wissens selber, auf dem Husserls Polemik gegen die Abstraktionstheorie beruht. Er aber hält an der traditionellen Differenz des Hyletischen und Kategorialen ohne Skrupel fest. Von kategorialer Leistung kann indessen sinnvoll nur die Rede sein, wo Unmittelbares auf Vergangenes und Zukünftiges, auf Erinnerung und Erwartung bezogen wird. Sobald das Bewußtsein nicht beim reinen begriffslosen Dies da stehenbleibt, sondern einen wie immer auch primitiven Begriff bildet, bringt es das Wissen von nichtgegenwärtigen Momenten ins Spiel, die nicht »da«, nicht anschaulich, kein absolut Singuläres sind, sondern von Anderem abgezogen. Zum »eigenen Sinn« eines Aktes, dem Kanon von Husserls Methode, gehört immer mehr als sein eigener Sinn. Jeder Akt transzendiert seinen Umfang, insofern das Gemeinte, um gemeint werden zu können, das Mitmeinen von Anderem stets verlangt. Keine Aktanalyse vermag denn auch sich in dem Umfang der Singularität des vermeinten Gegenstandes zu halten. Damit wird der Rekurs auf den Aktsinn als ein in sich Ruhendes und Beständiges, wie Husserl ihn nach dem Schema eines naiven Realismus verlangt, den er sonst in der Erkenntnistheorie ablehnt, aus einem letzten Prinzip zu einem Insuffizienten, zumindest bloß Vorläufigen. Die Annahme eines solchen in sich festen, invarianten, der Dynamik enthobenen Aktsinns aber ist das Modell für seine Konstruktion des Wesens. Seine Wesenheiten sind Singularitäten, denen nichts fehle als ihr Faktisch-Sein, insofern sie als ein rein Mentales, »Gemeintes« bestimmt werden. Lasse man von einer Farbempfindung denkend weg, daß sie in Raum und Zeit, daß sie wirklich sei, so werde sie zum Begriff der empfundenen Farbe. Aber dabei ist das Einfachste verkannt: übrig bliebe doch immer noch bloß die Idee dieses einen τόδε τι und dessen Spezies wäre keinesfalls erreicht. Die Wesenheiten sind in nichts von dem starr-dinghaft konzipierten und zugleich, als bloß intentional, irrealen Aktsinn zu unterscheiden und nicht etwa »ideale Einheiten«. Diese werden ihnen von außen her unterlegt. Die Emanzipation der idealen Einheit der Spezies vom Vollzug der Abstraktion ist illusionär, analog der des Satzes an sich vom Denken: was erst als Resultat zu bestimmen ist – hier der Begriff – wird hypostasiert um einer Verbürgtheit willen, die ihm nicht als Losgelöstem, sondern gerade nur in seiner Beziehung auf die Totalität der Erfahrung zufiele. So wahr es ist, daß die Spezies im Abstraktionsvorgang sich nicht erschöpft, weil identische Momente vorliegen müssen, damit überhaupt durch Abstraktion von den verschiedenen ein Begriff gebildet werden kann, so wenig lassen doch diese identischen Momente von der abstrahierenden Operation, von diskursivem Denken sich abspalten. Und wie beim logischen Absolutismus eskamotiert Husserl Subjektivität – hier Denken als Synthesis – indem er ein Einzelnes herausbricht und diejenigen Momente darin, die Funktionen des Zusammenhangs sind, zu seinen singulären Charakteristiken schlägt. Der Mechanismus der Husserlschen

Ontologie ist durchweg, wie bei allen statischen Ideenlehren seit Platon, der des Isolierens, also gerade die szientifisch-klassifikatorische Technik, der der Versuch, reine Unmittelbarkeit wiederherzustellen, eigentlich opponiert. Ziel und Methode sind unvereinbar.

Was in Husserls Beispiel »ideierende Abstraktion« heißt, ist keineswegs, wie er lehrt, etwas radikal anderes als das Unterscheiden und Pointieren eines unselbständigen Inhalts in einer komplexen Wahrnehmung, sondern eine um des erkenntnistheoretischen thema probandum willen ersonnene Interpretation jener geistigen Leistung. In der Pointierung wird der Teilinhalt, als ein im wörtlichen Verstande Abstraktes, vom komplexen Phänomen Abgezogenes, gemeint; zugleich aber soll er, eben als Teil eines konkret Anschaulichen, auch selbst anschaulich sein: so wird dem Paradoxon anschaulicher Abstraktion Plausibilität erschlichen. Unterschlagen ist nur, daß bereits das Pointieren des Rotmoments – psychologisch gesprochen, die Zuwendung der Aufmerksamkeit – mit dem reinen Datum nicht mehr identisch ist. Sobald man an der Wahrnehmung »das« Rot herausschaut, kategorisiert man und sprengt die Einheit des Wahrnehmungsaktes, der etwa auf diese Farbe im Zusammenhang mit Anderem, jetzt und hier Betrachtetem geht. Das hervorgehobene »Rotmoment« sondert von der gegenwärtigen Wahrnehmung das Moment »Farbe« ab. Indem diese einmal als selbständige Einheit isoliert ist, gerät sie in Beziehung zu anderen Farben. Sonst wäre das Farbmoment als selbständiges gar nicht hervorzuheben, da es ja in der gegenwärtigen Wahrnehmung gerade mit anderem verschmolzen ist. Selbständigkeit erlangt es erst dadurch, daß es mit einer völlig verschiedenen Erfahrungsdimension, nämlich mit vergangener Kenntnis von Farbe schlechthin, zusammengebracht wird; erst als Repräsentant von »Farbe«, wie sie dem Bewußtsein jenseits der bloß gegenwärtigen Erfahrung vertraut ist. Ihr Begriff, mag er noch so primitiv, mag er noch so wenig aktualisiert sein, wird vorausgesetzt, und er kommt nicht aus dem hic et nunc. Zu glauben, daß das Subjekt rein aus diesem die »Röte« herausschauen könnte, wäre pure Selbsttäuschung, auch wenn man die Möglichkeit solcher Erlebnissingularitäten hypothetisch unterstellte: Röte – »Rotheit« – ist Farbe, nicht Empfindungsdatum, und das Bewußtsein von Farbe verlangt Reflexion und hat nicht an der Impression sein Genügen. Husserl verwechselt das Meinen der Röte hier und jetzt mit dem Wissen von der Röte, dessen jenes Meinen notwendig bedarf. Das singuläre Meinen allgemeiner Gegenstände unterschiebt er für die Konstitution von Allgemeinheiten, für das begründete Wissen von solchen; das Meinen von Abstraktem setzt er einsichtigen Urteilen über Abstraktes gleich, während der scheinbar nur dem Einzelakt eigene »ideale« Gehalt auf Mannigfaltigkeiten, auf Erfahrung zurückverweist. Das allein erlaubt seine statische Konzeption des Wesens. Wenn er später in der unermüdlichen Analyse von Fundierungsverhältnissen, zumal des Urteils, Erfahrung zur Geltung brachte und die Hypostasis des Allgemeinen implizit berichtigte, so unterblieb doch die dringlichste Konsequenz daraus, die Revision der Wesenslehre, die an jener Hypostasis haftet. Bis zum Ende behielt sie trotz ihrer eklatanten Unstimmigkeit Schlüsselcharakter für seine Philosophie*. Jene Lehre aber zehrt davon,

* Die Theorie des im einzelnen Akt gelegenen und unmittelbar herauszupräparierenden Wesens der Spezies freilich hat Husserl bereits in den »Ideen« fallen gelassen, in denen die Aktanalyse bezogen ist auf die Kontinuität des Bewußtseinsstroms. Er hat für sich noch einmal entdeckt, daß es jene Art des absoluten singulären Akts, zumal der Wahrnehmung, nicht gibt, daß jeder Akt mehr ist als bloß er selber und daß daher die Spezies nicht aus dem einzelnen Akt begründet werden kann. Wie in der zweiten Logischen Untersuchung des zweiten Bandes jedoch beharrt er dabei, daß die Phänomenologie »nur die Individuation fallen läßt«, aber »den ganzen Wesensgehalt ... in der Fülle seiner Konkretion ... ins eidetische Bewußtsein« (Husserl, Ideen zu einer reinen Phänomenologie und phänomenologischen Philosophie, Halle 1922, S. 140) erhebt. Er geht also vom paradoxen Begriff der »eidetischen Singularitäten« (ibd.) nicht ab. Es heißt auch weiterhin, daß dieser »konkrete«, der Singularität zugehörige Wesensgehalt »sich, wie jedes Wesen, nicht nur hic et nunc, sondern in unzähligen Exemplaren vereinzeln könnte« (ibd.), so daß jedem einzelnen Individuellen bloß durch Verzicht auf seine raumzeitliche Setzung und ohne Rücksicht auf andere Individuationen sein Begriff zu entnehmen wäre. Aber er meldet immerhin, wohl unter dem Einfluß von William James, Bedenken an gegen die Möglichkeit einer derartigen absoluten Singularität als solcher. »Man sieht ohne weiteres, daß an eine begriffliche und terminologische Fixierung dieses und jedes solchen fließenden Konkretums nicht zu denken ist, und daß dasselbe für jedes seiner unmittelbaren, nicht minder fließenden Teile und abstrakten

daß die singulären Akte, auf die sie sich stützt, in Wahrheit gar keine solchen sind, sondern stets bereits eben die Mannigfaltigkeiten mit sich ziehen, die Husserls Platonischer Realismus verleugnet. Nur deshalb wird man am Einzelnen des Allgemeinen habhaft, weil das Einzelne selber vom Allgemeinen durchsetzt, in sich vermittelt ist. Dadurch jedoch wird Husserls Grundpostulat, streng ans originär im »reinen Erlebnis« Gegebene sich zu halten[10], aufgelöst: Unmittelbarkeit ist nicht länger das Kriterium von Wahrheit. Darauf hat die Phänomenologie nicht kritisch reflektiert und sich bei einer dem Positivismus als wissenschaftlich selbstverständlichen Forderung beschieden. Husserl setzt die Möglichkeit eines reinen Hinnehmens des Sachverhalts im Gedanken voraus, während der Begriff des Sachverhalts eher jenem Bereich des Faktischen angehört, der phänomenologisch und eidetisch »reduziert« werden sollte. Die Übertragung der »vorurteilslosen Forschung« auf die erkenntnistheoretische Analyse bildet einen vorphänomenologischen Restbestand. Sie wird durchführbar nur mit Hilfe jenes Mittels, dessen Rechtfertigung die Phänomenologie wiederum als ihre Hauptaufgabe betrachtet, der kategorialen Anschauung, ein ὕστερον πρότερον der Methode. Der theoretische Gedanke kann gar nicht, wie Husserl möchte, ein Gegebenes rein als das nehmen, als was es sich gibt, weil es denken es bestimmen heißt und es zu mehr macht als der bloßen Gegebenheit. Das Urmodell der Verdinglichung liegt bei Husserl gar nicht erst in der Ausweitung des Begriffs der Gegenständlichkeit auf Phänomenales, sondern schon in der dogmatischen Position dessen, was scheinbar aller Verdinglichung vorausgeht, des unmittelbaren Datums. Dadurch, daß er es nicht als in sich vermittelt durchschaut, wird ihm das in Wahrheit höchst abstrakte τόδε τι zu einer Art Ding an sich, zum letzten festen Substrat. Das von Husserl »in Idee gesetzte« τόδε τι ist aber weder die Spezies, noch das Individuierte, sondern etwas darunter, ein gleichsam Prälogisches, eigentlich die Konstruktion eines von allem Kategorialen freien Ur-

Momente gilt.« (ibd.) Danach wäre nicht mehr wie in der zweiten Logischen Untersuchung das Wesen aufzusuchen in der Einzelintention. Diese Schwierigkeit hat viel beigetragen zur Konzeption der kategorialen Anschauung als eines Erkenntnisvorgangs sui generis.

gegebenen. Er entkleidet es lediglich der »naturalistischen« Thesis seiner Faktizität. Die eidetische Singularität, wie sie etwa von dem »Rotmoment« in Husserls Beispiel repräsentiert wird, ist daher nicht, wie die Begriffe, umfassender als das τόδε τι, sondern einzig noch dessen Schatten. Der Glaube aber, das Wesen eines Idealen sei das Was der Individuation, trügt. Denn dies Was in seiner strengen Selbstheit wäre von Individuellem überhaupt nicht mehr zu unterscheiden. Reines τόδε τι und Wesen, das Individuelle und sein Begriff fielen zusammen. Keine Differenzbestimmung ließe sich nennen, außer daß jenes faktisch sei und dieses nicht. Offensichtlich hätte diese bloße Verdopplung des Individuellen durch seine eidetische Reduktion nichts mit dem zu tun, was Begriff heißt. Das reine τόδε τι und damit der Begriff bliebe leer und unbestimmt, solange nicht darüber hinausgegangen, jenes in Beziehung gesetzt wird zu einem, das es selber nicht ist. Die Singularität entgleitet einem Denken, das die Vielheit nicht kennt: die Setzung von »Einem« als durch seine Einzelheit Bestimmten impliziert bereits ein Mehr. Dies Mehr aber wird von Husserl ins τόδε τι an sich hineinverlegt, als ein der bestimmenden Erkenntnis des Individuellen schlechthin Vorausgehendes. Gerade das Zuwenig am reinen τόδε τι, jene Unbestimmtheit, die Hegel im spezifischen Sinn abstrakt zu nennen pflegte, wird zu solchem Mehr gemacht, zum Ersatz für das im üblichen Sinn Abstrakte, den Allgemeinbegriff. Das Moment von Wahrheit daran: daß nämlich die reine Unmittelbarkeit als Abstraktion in sich vermittelt, daß das absolut Besondere allgemein ist, bedarf zu seiner Einlösung gerade, daß der Prozeß der Erkenntnis diesen Vermittlungscharakter des Unmittelbaren aufdeckt, und eben davon möchte Husserls Theorie des individuellen Wesens dispensieren. Weil das τόδε τι alles und nichts ist, kann von ihm behauptet werden, es enthielte den allgemeinen Begriff exemplarisch in sich, ohne daß diese Aussage, so abstrakt vorgebracht wie das τόδε τι selber, der Widerlegung exponiert wäre. Das Extrem der Faktizität wird zum Vehikel, die eigene Faktizität zu verleugnen: hypostasiertes Faktum und hypostasiertes Wesen gehen trüb ineinander über. Die Mehrdeutigkeit des abstrakten τόδε τι, sein Mangel an jener Bestimmtheit, die es erst zum Individuellen macht, erhebt den Anspruch des Überindividuellen, Allgemeinen, Wesenhaften, Surrogat jener Konkretion des Begriffs, die auch bei Husserl noch durch die Maschen des klassifikatorischen Netzes schlüpft. Auf der Jagd nach ihr irrt seine Philosophie hilflos um zwischen ihren abstrakten Polen, dem des bloßen Da und dem des bloßen Überhaupt. Sie klafft auseinander in Positivismus und Logik und zerbricht beim gewalttätigen Versuch, die unversöhnlichen Momente zusammenzubringen. Seine Vorstellung vom bloßen Da, vom Datum transponiert er derart auf den Gehalt der höheren kategorialen Funktionen, daß ihm auf allen seinen Stufen die Prädikate eines starren, von der Subjekt-Objekt-Dialektik unberührten Ansichseins zugesprochen werden. Könnte aber das Subjekt wirklich einen roten Gegenstand als absolute Singularität, wie eine Insel im Bewußtseinsstrom, wahrnehmen – im übrigen kaum eine »Vorfindlichkeit« des Bewußtseins – ohne daß die Heraushebung des Rotmoments als »Röte« in irgendeiner Weise Wissen von Vergangenem und Abstraktion mit sich führte; und könnte es dann das isolierte Farbmoment »in Idee setzen«, so wäre das derart Erfaßte keineswegs die Spezies, sondern eben jenes Darunter, das reine Dies da, die Aristotelische πρώτη οὐσία, die von anderen bloß sinnlichen Momenten lediglich darin sich unterschiede, daß sie in die Husserlschen Klammern gesetzt, daß also nicht die Thesis ihrer leibhaften Wirklichkeit vollzogen ist. Auch in Klammern zerbräche das pure Dies da nicht seinc haecceitas und erhöbe sich nicht zum »Wesen«. Das konkrete Rotmoment, isoliert und nicht als Realität gesetzt, hätte darum doch keineswegs schon begrifflichen Umfang. Wenn Husserl die Idealkonstruktion eines isolierten hyletischen Moments als »Röte« bezeichnet, so verwechselt er dabei den Begriff, zu dessen Sinn Vergleichen und Herausheben des Identischen gehört, mit der bloßen Neutralitätsmodifikation an einem schlechthin Einmaligen, die ihm zwar die Existenz in gewissem Sinn entzieht, damit aber es längst nicht zur Allgemeinheit »Röte überhaupt« bringt. Bei strikter Einmaligkeit der Wahrnehmung gäbe es keine Röte, sondern nur die Reflexion auf eine Empfindung unter Absehen von deren tatsächlichem Vorkommen.

Wohlweislich aber geht Husserls Analyse nicht hinunter auf die

Empfindung, sondern hält inne bei der Wahrnehmung als einem Bewußtsein von »etwas«, von einem Gegenständlichen, während die Empfindung bei ihm eigentlich nur mit Hinblick auf die Wahrnehmung, als ihr hyletischer Kern eingeführt ist. Aus dem tragenden Substrat, das sie der traditionellen Erkenntnistheorie war, wird sie zu einem Sekundären, von der Wahrnehmung erst Herbeigezogenen, zu deren τέλος; aus dem Stoff der Erkenntnis gleichsam zu deren Bestätigung am äußersten Rande des intentionalen Gefüges. Wohl trägt er damit dem Rechnung, daß der Begriff der Empfindung selber – wie übrigens, auf der nächsthöheren Stufe, auch der der Wahrnehmung – eine Abstraktion darstellt; daß einzelne Empfindungen kaum sich isolieren lassen. Dieser generelle Vorbehalt, der ja Husserl insgesamt aus dem Konzept bringen müßte, darf aber nicht darüber täuschen, daß er dem »Bewußtsein von etwas«, der Intentionalität, erkenntnistheoretisch die Zentralstelle zuweist, weil eben das Abbrechen der Analyse beim intentionalen Akt es gestattet, die Konstruktion eines an sich seienden Geistigen als deskriptiv evident vorzutragen. Die Verkopplung von Bedeutungs- und Wesenslehre ist das überzeugendste Alibi der Verdinglichung in Husserls Philosophie. Die »ideierende Abstraktion«, also die originären Erkenntnisse, in denen an einer reinen Singularität deren Wesen soll erfaßt werden können, stehen und fallen damit, daß bereits von ihnen, den vorgeblich elementaren Leistungen des Bewußtseins, als »Blickstrahlen«, ohne Rücksicht auf ihren Zusammenhang mit der Totalität der Erfahrung, unmittelbar ein Gegenständliches erreicht werde, so daß noch die absolute Einzelheit, die an keiner Vielheit irgend sich mäße, Identität, die ihres »Noemas« besäße. Deshalb werden die Akte zum Organon der Erkenntnis. Husserl vermag dem absolut Isolierten die Dignität des Übergreifenden zuzuteilen nur, indem er es in ursprüngliche Korrelation rückt mit einem bereits Vergegenständlichten, an dem die synthetischen Momente unsichtbar sind. Einzig durch Hypostasis des Befundes, daß bestimmte Klassen von Bedeutungen »direkt und individuell« nicht auf Individuelles, sondern auf Allgemeines gehen, ist die ideale Allgemeinheit für einen Begriffsrealismus, dessen Exzesse Husserl gelegentlich beklagt[11], zu reklamieren. Er bestreitet zwar die Realität der Spezies, spricht ihr jedoch, mit einer bis auf den Aristotelischen Doppelsinn von οὐσία zurückdatierenden Unstimmigkeit, »Gegenständlichkeit«[12] zu, ohne daß die Differenz beider Aussagen im mindesten entfaltet wäre; immerhin mahnt der Terminus »Gegenständlichkeit« deutlich genug an Verdinglichung. Indem die Phänomenologie sich konzentriert auf die »direkte und eigentliche Intention« der »Namen ..., welche Spezies nennen«[13], befestigt sie die Lehre von der idealen Einheit der Spezies an Bedeutungsanalysen: »Die Frage, ob es möglich und notwendig sei, die Spezies als Gegenstände zu fassen, kann offenbar nur dadurch beantwortet werden, daß man auf die Bedeutung (den Sinn, die Meinung) der Namen zurückgeht, welche Spezies nennen, und auf die Bedeutung der Aussagen, welche für Spezies Geltung beanspruchen. Lassen sich diese Namen und Aussagen so interpretieren, bzw. läßt sich die Intention der ihnen Bedeutung gebenden nominalen und propositionalen Gedanken so verstehen, daß die eigentlichen Gegen stände der Intention individuelle sind, dann müssen wir die gegnerische Lehre zulassen. Ist dies aber nicht der Fall, zeigt es sich bei der Bedeutungsanalyse solcher Ausdrücke, daß ihre direkte und eigentliche Intention evidentermaßen auf keine individuellen Objekte gerichtet ist, und zeigt es sich zumal, daß die ihnen zugehörige Allgemeinheitsbeziehung auf einen Umfang individueller Objekte nur eine indirekte ist, auf logische Zusammenhänge hindeutend, deren Inhalt (Sinn) sich erst in neuen Gedanken entfaltet und neue Ausdrücke erfordert – so ist die gegnerische Lehre evident falsch.«[14] Demgegenüber hat der zur Frühzeit der Phänomenologie verbreitete und erst unter der Vorherrschaft der Existentialontologie vornehm vergessene Vorwurf des Rückfalls in Scholastik sein Recht. Anstatt von Erkenntniskritik sollen lediglich die symbolisch fungierenden Ausdrücke in ihrer Relation aufs Symbolisierte studiert werden. Die Frage, »ob es möglich oder notwendig sei«, die Spezies als Gegenstände zu fassen, also die nach der Wahrheit oder Unwahrheit des Platonischen Realismus, könne »nur« dadurch beantwortet werden, daß man auf den Sinn der Namen der Spezies zurückgeht: die semantische Analyse wird unmittelbar zum Urteil über die Sache. Was gemeint werde, entscheide über den

Realismusstreit; so buchstäblich usurpiert es das Ding an sich. Die bereits begrifflich filtrierte Welt – bei Husserl die der Wissenschaft, so wie es einmal die der Theologie war – stellt sich vor den Wahrheitsgehalt der Begriffe. Darin ist Husserl »vorkritisch«. Der Primat der Logik über die Erkenntnistheorie, der bei ihm der Denkstruktur nach auch noch herrscht, wenn er ihn inhaltlich widerruft, drückt die Substitution des Begriffsnetzes für die Dialektik von Begriff und Sache aus. Formale Logik heißt regelhaftes Operieren mit bloßen Begriffen, ohne Rücksicht auf deren materiale Legitimität. So aber verfährt Husserl selbst dort, wo er die Möglichkeit der logischen Sachverhalte diskutiert. Er bleibt, indem er die Bedeutung der Begriffe zum Kanon ihrer Wahrheit erhebt, in der Immanenz ihres Geltungsbereichs befangen, während es aussieht, als ob er diese Geltung selbst begründe. Das verleiht der Husserlschen Phänomenologie ihren eigentümlich hermetischen Charakter, den des Spiels mit sich selbst, einer gewaltigen Anstrengung beim Stemmen von Gummigewichten. Etwas von dieser Unverbindlichkeit haftet an allem, was von ihm ausging, und trägt bei, die Lockung zu erklären, der solche erliegen, die ohne Gefahr bedenklicher Antworten radikal fragen wollen. Wodurch immer er Geschichte gemacht hat, insbesondere die Wesensschau, setzt den in der Wissenschaft oder dann der Sprache kodifizierten Abguß der Welt, das System der Begriffe, dem An sich gleich. Was an Erkenntnis in jener zweiten Natur sich abspielt, gewinnt den Schein des Unmittelbaren, Anschaulichen. An solcher Autarkie der Begriffe hat auch dann sich nichts geändert, als die phänomenologische Methode unter anderen Namen dazu benutzt ward, vorgebliche Ursprünglichkeit aufzuschließen. Je weiter die Nachfolger vom diskursiven Denken sich entfernen, um so vollkommener setzen sie einen von solchem Denken präparierten Mechanismus voraus; in den auferstandenen Spekulationen hat allenthalben bloß die Verdinglichung sich verstärkt, welche sie abschütteln wollten. Mag immer es unmöglich sein, das begriffliche Netz zu zerreißen, so ist es doch die ganze Differenz, ob man seiner als eines solchen gewahr wird, es kritisch reflektiert, oder ob man es um seiner Dichte willen für das »Phänomen« hält. Freilich ist dieser Schein selbst eine Funktion der Realität, der geschichtlichen Tendenz. Je mehr die

Form der Vergesellschaftung zur Totalität sich ausbreitet und ein jegliches Menschliche, vorab die Sprache, präformiert, und je weniger das einzelne Bewußtsein dem zu widerstehen vermag, um so mehr nehmen die vorgegebenen Formen mit dem Charakter der Fatalität den des an sich Seienden an. Verdinglichtes Denken ist der Abdruck der verdinglichten Welt. Im Vertrauen auf seine Urerfahrungen verfällt es der Verblendung. Die Urerfahrungen sind keine.

Beim Übergang vom logischen Absolutismus zur Erkenntnistheorie, von der These des Ansichseins oberster formaler Prinzipien zu der des Ansichseins der allgemeinen Begriffe, der idealen Einheiten von Gegenständlichem, hat Husserl Rechenschaft darüber zu erteilen, wie Denken eines Gegenständlichen sich überhaupt bewußt werde und wie in solchem Bewußtsein reale und ideale Momente zueinander stehen. Das ist nicht die letzte unter den Absichten der Lehre von der Intentionalität. Schon in den Prolegomena war die Polemik gegen den Psychologismus bedeutungsanalytisch: Husserl argumentiert durchweg, indem er nach dem »Sinn« der logischen Sätze fragt. Solcher »Sinn« wird dann zum Kanon der Theorie eigentlichen Bewußtseins. Erkenntnis folgt der Struktur von Noesis und Noema, von meinenden Akten und in ihnen Vermeintem. Der Idealist Husserl erteilt von den Momenten, aus denen sich dem Kantianismus die Einheit des Selbstbewußtseins komponierte, einem, der symbolischen Funktion – in der Sprache der Vernunftkritik: der Reproduktion in der Einbildungskraft – den Vorrang. Der positivistische parti-pris auf »Sachverhalte« verwehrt ihm bis zu einer viel späteren Phase, einen Begriff vom Subjekt und gar von der Einheit des Selbstbewußtseins zu konzipieren, die, als Spontaneität, sich der tatbestandsmäßigen Beschreibung entzieht*. Die dinghafte Struktur von Husserls Erkenntnistheorie, das Vergessen des Denkens an sich selber,

* Vor-Husserlschen Idealisten ist gerade diese Schwäche nicht entgangen. Sie wird insbesondere in dem aus dem Nachlaß publizierten Band »Unmittelbarkeit und Sinndeutung« von Heinrich Rickert (Tübingen 1939) notiert, der auch an der vermeintlich absoluten Gewißheit des Ausgangs vom unmittelbar Gegebenen, als dem Bewußtseinsinhalt eines je einzelnen und auf idealistischem Boden kontingenten Subjekts, sehr scharfsinnige Kritik übt.

entspricht solcher Subjektlosigkeit. Die symbolische Funktion: daß eben gewisse Tatbestände des Bewußtseins anderes »meinen«, empfiehlt sich ihm darum, weil in ihr, als isolierter, kein tätiges Subjekt am Werke scheint, sondern das Meinen auf ein Statisches, den Ausdruck, als dessen spezifische, selber gleichsam sachliche, ein für allemal vorhandene Qualität verlagert werden kann. Zur Begründung der Wesenslehre aber taugt die Intentionalität darum so gut, weil in den Akten, welche überhaupt prägnant als »Bewußtsein«, nämlich als Bewußtsein von etwas gelten, das Symbolisierte dem bloßen Dasein entrissen wird.

Strikt im Rahmen der bloßen Bewußtseinsanalyse vorfindlich, soll es sich doch von der Faktizität der Empfindung unterscheiden und selber bereits jene Idealität besitzen, auf deren Rechtfertigung Husserls Philosophie abzielt. Vom Gemeinten als solchen wird, im Gegensatz zum Kantischen Constitutum, keine empirische Realität prädiziert. Notwendig aber war es für Husserl, die Vermittlung des Intentionalitätsbegriffs zu bemühen, weil die Position der »Prolegomena«, der »naive Realismus der Logik«, nicht nur diesseits der erkenntnistheoretischen Reflexion sich hielt, sondern sie eigentlich ausschloß durch die Behauptung eines unbedingten Gegensatzes von logischen und Denkgesetzen. Erkenntnistheoretisch das Programm der Prolegomena, die Demonstration idealen Seins durchzuführen, gebietet deren Revision. Ein geistiges An sich müßte nun die Bewußtseinsanalyse aufspüren. So erweist sich Husserls Philosophie schon früh als Dialektik wider Willen: indem sie den logischen Absolutismus erkenntnistheoretisch zu begründen und erweitern trachtet, löst sie Elemente jener Lehre auf. Ideale Sachverhalte werden im Denken selbst als unabdingbare Momente seiner Struktur aufgesucht. Das sind in den »Ideen« die Noemata, die nichtreelle Seite der Intentionalität. Sie sollen gegenständlich zugleich und ideal sein und obendrein dem Bewußtsein eigentümlich, zugänglich in der Beschränkung seiner deskriptiven Analyse auf die reine Immanenz, gewähren also, was immer die Systematik begehrt. Die Noesen, als tatsächliche Denkakte, psychologische Faktizitäten, wären dafür ungeeignet; die bloßen »Sätze an sich« aber blieben unverbunden mit dem

Bewußtsein. »Die Erkenntnis der wesentlichen Doppelseitigkeit der Intentionalität nach Noesis und Noema hat die Folge, daß eine systematische Phänomenologie nicht einseitig ihr Absehen auf eine reelle Analyse der Erlebnisse und speziell der intentionalen richten darf. Die Versuchung dazu ist aber am Anfang sehr groß, weil der historische und natürliche Gang von der Psychologie zur Phänomenologie es mit sich bringt, daß man das immanente Studium der reinen Erlebnisse, das Studium ihres Eigenwesens wie selbstverständlich als ein solches ihrer reellen Komponenten versteht. In Wahrheit eröffnen sich nach beiden Seiten große Gebiete der eidetischen Forschung, die beständig aufeinander bezogen und doch, wie sich herausstellt, nach weiten Strecken gesondert sind. In großem Maße ist das, was man für Aktanalyse, für noetische, gehalten hat, durchaus in der Blickrichtung auf das ›Vermeinte als solches‹ gewonnen, und so waren es noematische Strukturen, die man dabei beschrieb.«[15] Es ist aber die Rache an solchen Brückenbegriffen, daß sie mit dem, worauf sie zielen, allenthalben in Konflikt geraten und die glücklich beseitigten Schwierigkeiten auf höherer Stufenleiter reproduzieren, ein Stück Elend der Philosophie, der fatale Aspekt aller sich selbst undurchsichtigen Dialektik, dem die dialektische Methode zu begegnen sucht, indem sie ihm sich anmißt und ihn gleichsam als ihre eigene Sache verkündet.

Die Noemata sollen die nicht »reellen Komponenten der Erlebnisse« sein[16], und es wird gefragt, »was nach seiten dieses ›von etwas‹« – nämlich des Noemas – »wesensmäßig auszusagen ist«[17]. »Jedes intentionale Erlebnis ist, dank seiner noetischen Momente, eben noetisches; es ist sein Wesen, so etwas wie einen ›Sinn‹ und ev. mehrfältigen Sinn in sich zu bergen.«[18] Der Wesensbegriff, der zur universalen Charakteristik der Noesen herhält, die einen »Sinn haben« sollen, der ein »idealer Sachverhalt« sei, ist belastet. Das Verhältnis Noesis-Noema wird mit seiner Hilfe als ein letztes, Unableitbares, als »Wesensgesetz« behauptet ohne Rücksicht auf den Funktionszusammenhang, in welchem die traditionelle idealistische Erkenntnistheorie Gegenstand und Denken interpretierte. Systematisch ist in den »Ideen« der Wesensbegriff der Erkenntnistheorie vorgeordnet: alle späteren phänomenologischen Aussagen wollen eidetisch sein. Aber es fällt schwer, die beiden Reduktionen zu separieren. Wie die Aussagen übers Noema eidetischen Anspruch anmelden, so sind umgekehrt die εἴδη eine Klasse der Noemata, die in intentionalen Akten gemeinten Spezies. Was in der Beziehung der Noesen auf die Noemata, des Denkens aufs Gedachte sich ereignet, wird stillgestellt. Unter dem deskripten Blick verwandelt sich Spontaneität in eine bloße Korrelation. Die »schauende« Methode affiziert das Geschaute. Zwar ist immerzu von Akten die Rede, aber von der actio bleibt nichts übrig als eine Struktur einander zugeordneter Momente. Werden polarisiert sich in Seiendes. Weil es das Wesen der Noesen sei, einen »Sinn« zu haben, wird vernachlässigt, wie er sich konstituiert durch denkenden Vollzug. Die bloße phänomenologische Definition des Aktbegriffs spielt dem idealen Etwas, dem Noema Substantialität zu. Das immanent im Akt Gemeinte verwandelt sich ins »Wahrgenommene«, »Erinnerte«, »Geurteilte«, »Gefallende« als solches[19]. Vom Modus seiner Hervorbringung ist dies »als solches« unabhängig gleich dem Wesen. Wohl unterscheidet es sich von diesem, nach dem herkömmlichen Sprachgebrauch, durch größere begriffliche Weite: das Noema, in Aristotelischer Terminologie einfach der Begriff, kann etwa, in Husserls Sprache, ein »Baumwahrgenommenes als solches«, eine Singularität sein, während die εἴδη allemal Allgemeinbegriffe sind. Aber den Logischen Untersuchungen zufolge genügt ja auch dem Wesensbewußtsein eine Singularität, wie jenes aus einer Wahrnehmung herausgeschaute Rotmoment, sofern nur dessen Faktizität suspendiert bleibt. Die auf verschiedenen Ebenen, der logischen und der erkenntnistheoretischen, angesiedelten Begriffe konvergieren; das reine individuelle Wesen – das τόδε τι, dessen Faktizität durchstrichen ist – mit dem Noema als dem »vollen«, aber rein nur gemeinten, der »natürlichen Einstellung« entzogenen Sachverhalt, dem Ding abzüglich seiner Existenz. Nur fordert Husserl nicht von allen Noemata das Exemplarische, über die Singularität Hinausgreifende, das die ebenfalls an der Singularität aufgehende ideale Einheit bezeichnet.

Das Noema ist ein Zwitter aus dem »idealen Sein« – dem aller Husserlschen Philosophie – und dem mittelbar Gegebenen der älteren positivistischen Erkenntnistheorie. Diese Zwieschlächtigkeit nun, bedingt vom systematischen Bedürfnis, führt auf Widersprüche. Sie lassen sich an Husserls ausgeführter Analyse des Noemas der Wahrnehmung demonstrieren. In einer solchen Wahrnehmung – Husserls Beispiel ist jener »blühende Apfelbaum«, den er »ambulando« betrachtet[20] – hat das Objekt »von all den Momenten, Qualitäten, Charakteren, mit welchen er in dieser Wahrnehmung erscheinender, ›in‹ diesem Gefallen ›schöner‹, ›reizender‹ u. dgl. war, nicht die leiseste Nuance eingebüßt« – nur die »thetische Wirklichkeit ist . . . urteilsmäßig für uns nicht da«[21]. »Und doch bleibt sozusagen alles beim alten.«[22] Das Noema gleicht danach durchaus dem wahrgenommenen Ding, bloß mit dem Mentalreservat, daß nichts über dessen Wirklichkeit behauptet werde, sondern von ihm nur soweit die Rede sei, wie es in dem isolierten einzelnen Akt gemeint ist, also ohne die Möglichkeit von Verifizierung oder Falsifizierung des Existentialurteils in lebendiger Erfahrung. Während das Noema nicht ohne weiteres sämtliche Bestimmungen des unreduzierten Dinges tragen soll, ist es, als je Festgenageltes, Fixiertes, zugleich dinghafter als das immerhin veränderliche Ding. Wiederum aber schöpft Husserl aus seinem Mangel, seiner Beschränktheit auf ein punktuelles, erfahrungsfremdes Meinen, das Positivum seiner unverletzlichen Idealität. Das Noema, Gehalt der bloßen Meinung, ist unwiderleglich: so wird, in umgekehrtem Platonismus, die δόξα zum Wesen. Allen ganzheitlichen Beteuerungen der auf Husserl zurückdatierenden Anti-Nominalisten zum Trotz schleppt die neue Ontologie ihre mechanisch-atomistischen Ursprünge mit sich fort. Die Fragwürdigkeit von Husserls Konstruktion wird kraß evident in Formulierungen wie: »Ähnlich wie die Wahrnehmung hat jedes intentionale Erlebnis – eben das macht das Grundstück der Intentionalität aus – sein ›intentionales Objekt‹, d. i. seinen gegenständlichen Sinn.«[23] Der Sprachgebrauch ist äquivok. Daß ein intentionales Erlebnis sein intentionales Objekt habe, ist bloße Tautologie. Es besagt nicht mehr, als daß Akte, im Gegensatz zu bloßen Daten, eben etwas bedeuten. Ihr »Objekt« aber, also das von jedem »bedeutenden« Akt Symbolisierte identifiziert Husserl stillschweigend mit einem Gegenständlichen, womöglich an sich Seienden, dessen Bestand in Wahrheit sich gar nicht in dem einzelnen Akt erschöpft. Objektivität als Bedeutetes und Objektivität als Gegenständlichkeit, die Husserl durch die Formel d. i. kontaminiert, sind keineswegs dasselbe. Die formale Bedeutung des Ausdrucks Gegenstand, als des Subjekts möglicher Prädikate, wird vermengt mit der materialen eines identischen Erfahrungskerns des Aktgefüges. Dank dieser Äquivokation gelingt es Husserl, in den je einzelnen Akt eine Leistung hineinzupraktizieren, die nicht jener vollbringt, sondern, idealistisch gesprochen, die synthetische Einheit der Apperzeption. Dem dergestalt »konstituierten« Gegenstand aber wäre die Raum- und Zeitlosigkeit des Wesens nicht länger nachzurühmen.

Die Verankerung der Wesenslehre in den intentionalen Akten befestigt nicht einfach den logischen Absolutismus der »Sätze an sich«, sondern widerspricht zugleich dessen Konzeption. Noch in der ersten Logischen Untersuchung des zweiten Bandes werden die Termini »abstrakt-allgemein« und »Idee« als Äquivalente gebraucht: »Aber da es dem reinen Logiker nicht auf das Konkrete ankommt, sondern auf die betreffende Idee, auf das in der Abstraktion erfaßte Allgemeine, so hat er, wie es scheint, keinen Anlaß, den Boden der Abstraktion zu verlassen und statt der Idee vielmehr das konkrete Erlebnis zum Zielpunkt seines forschenden Interesses zu machen.«[24] Aufs »konkrete Erlebnis«, also die Erkenntnistheorie, wird Husserl erst durch seinen Gegensatz zur traditionellen Abstraktionslehre gelenkt. Weil die ideale Einheit unabhängig sein soll von der Vielheit des unter ihr Befaßten, wird sie im erkennenden Bewußtsein aufgesucht, und zwar im singulären Akt. Mit Bergson wie mit der Gestalttheorie teilt Husserl das Bestreben, »wissenschaftlich«, also mit antimetaphysischer Armatur, die Metaphysik zu restaurieren. Darin meldet sich, gegenüber dem klassifikatorischen Denken, die Erinnerung an, daß der Begriff nichts der Sache Äußerliches und Zufälliges sei, das willkürlich durch Abstraktion hergestellt wird, sondern daß der Begriff, Hegelisch gesprochen, das Leben der Sache selber ausdrückt, und daß von jenem Leben durch die Versenkung ins Individuierte mehr zu erfahren ist als durch den Rekurs auf all das andere, dem sie in dieser oder jener Hinsicht ähnelt. Aber er hat dabei das Moment der Vermittlung übersprungen und am archimedischen Punkt seiner Philosophie schließlich doch auch, wie Bergson, dem szientifischen Verfahren der Begriffsbildung dogmatisch ein anders geartetes kontrastiert, anstatt jenes in sich selbst durchzureflektieren. Zu dieser abstrakten Negation der wissenschaftlichen Methode, die erst an seinen Schülern ganz offenbar ward, ließ er sich gerade durch die unkritische Übernahme des positivistischen Prinzips verführen, durch den Kultus des Gegebenen und der Unmittelbarkeit. Seine Anstrengung, das Wesen dem Umfang zu entreißen, mißlingt, weil er nicht die Individuation selber durchdringt, nicht das Atom als Kraftfeld aufschließt, also nicht durch Beharren vorm Phänomen es zum Sprechen bringt, wozu freilich das erkennende Subjekt stets mehr schon wissen und erfahren haben muß als nur das Phänomen, sondern vor der gegen ihre eigene Dynamik abgedichteten Intention kapituliert. Dadurch werden die Begriffe wieder eben das, wovor sie bewahrt werden sollten, ein Äußerliches, das durch einzelne Denkakte jeweils Vermeinte, das keineswegs in diesen selbst sich sachlich motiviert, sondern mit dem falschen Anspruch einer »Urgegebenheit« ihnen gleichsam fertig gegenüber tritt. Die εἴδη bleiben denn auch genau dasselbe, was sonst durch den Abstraktionsmechanismus begründet wird, also abstrakte Allgemeinbegriffe: nichts ändert sich an ihrer traditionellen szientifischen Struktur, nur ihre Genesis und damit ihr Anspruch wird uminterpretiert. Durch Vogel-Strauß-Politik: indem sie die Kontinuität des Bewußtseins ignoriert und statt dessen einzelne intentionale Sachverhalte aufspießt, will absolutistische Logik die Relativität austreiben, die dem abstrakten Allgemeinbegriff anhaftet, soweit es dem Belieben anheimgestellt ist, welches Moment einer Mannigfaltigkeit als identisches jeweils hervorgehoben und welchem logischen Umfang ein Individuelles eingefügt werden soll.

Aber solche Strategie hilft nicht aus der Not. Wenn Husserl nicht umhin kann, durch Rekurs auf Tatbestände des Bewußtseins geistiges Ansichsein – das »Wesen« – zu legitimieren, dann ist es doch eben dieser Rekurs, der jene Legitimation prinzipiell verwehrt. Die Platonische Ideenlehre hätte nicht gedeihen können auf Husserls Boden, dem des erkenntnistheoretischen, subjektiv gewandten Idealismus. Die These einer ontologischen Transzendenz der Wesenheiten gegenüber dem Vollzug der Abstraktion wäre in sich stimmig nur, wenn sie nicht bloß aus Bewußtseinstatsachen abgeleitet würden. Sobald einmal das objektiv Wahre bestimmt wird als wie immer auch vermittelt durchs Subjekt, büßt es den statischen Charakter, die Unabhängigkeit von jenen Akten ein, die es vermitteln. Dagegen sperrt sich die Philosophie Husserls, weil sie keinen Zweifel an jener Statik toleriert. Er begehrt ein Widersinniges. Aus der subjektiven Erkenntnisfunktion will er die εἴδη als jenseits der subjektiven Erkenntnisfunktion beheimatete herausholen. Die Paradoxie, das eingefrorene Zerrbild der Dialektik, bemeistert er, indem er der subjektiven Vermittlung selbst wiederum den Schein des Unmittelbaren verleiht, dem Denken den eines bloßen Innewerdens von Sachverhalten. Dieser Schein läßt am ehesten bei den intentionalen Akten sich wahren, die ohne selbst zu abstrahieren, ein Abstraktes bedeuten. Im Paradoxon aber drückt eine philosophische Antinomie sich aus. Aufs Subjekt muß Husserl reduzieren, weil sonst nach den traditionellen Spielregeln die Objektivität der Allgemeinbegriffe dogmatisch, wissenschaftlich uneinsichtig bliebe; das eidetische An sich muß er verteidigen, weil sonst die Idee der Wahrheit nicht zu retten wäre. Darum muß er imaginäre Erkenntnisleistungen bemühen. Der Spuk zerginge erst einem Denken, das die Begriffe von Subjekt und Objekt selber durchdränge, die er unangefochten läßt; die konstitutive, Dasein erst stiftende Bewußtseinsimmanenz ebenso wie die traditionelle Wahrheitstheorie der Angemessenheit von Urteil und Sache. Denn der Begriff des Subjekts ist so wenig vom Dasein, vom »Objekt« zu emanzipieren wie der des Objekts von der subjektiven Denkfunktion. Im bloßen Gegensatz zueinander erfüllen beide nicht, wozu sie einmal ersonnen wurden.

Der späte Husserl, der als Transzendentalphilosoph die grob dualistische, »deskriptive« These von der im isolierten Akt bewußt werdenden idealen Einheit der Spezies nicht mehr verteidigen mochte, hat sie in einer sehr subtilen Theorie abgewandelt, der der »eidetischen« Variation. Ihr zufolge ist das Individuelle vorweg »Beispiel« für sein εἶδος. Es wird zwar vom

Individuellen getragen, diesem aber nicht mehr die gleiche eidetische Dignität zugemutet wie in den früheren Schriften. Die Vorstellung vom individuellen Wesen ist revidiert, das Moment der Allgemeinheit im Wesen bestätigt. Es soll mehr sein als bloß die raum-zeitlose Verdopplung von Individuellem. Aber zu seiner Konstitution bedürfte es keiner Mehrheit von Individuellem, sondern durch freie Phantasietätigkeit, Fiktion, werde an einem einzelnen Individuellen das übergreifende Wesen bewußt. Daß ein Etwas für die Unendlichkeit seiner Möglichkeiten einstehen könne, mag für mathematische Mannigfaltigkeiten gelten, kaum aber für Materiales, dessen Zugehörigkeit zu einem Totum und dessen qualitätslose Vertauschbarkeit nicht vorweg definiert ist. Die Überspannung des Aprioritätsanspruchs weit über den herkömmlichen Idealismus hinaus, wenn man will die Schärfung des kritischen Organs für was immer der Zufälligkeit könnte überführt werden, bewirkt einen Rückschlag in vorkritischen Rationalismus, gar nicht viel anders als die Dynamik der späten bürgerlichen Gesellschaft tendenziell sich selbst, die »Erfahrung« abschafft und auf ein System aus gleichsam reinen Begriffen, das der Verwaltung, zielt. An Stelle der Abstraktion als eines unabgeschlossenen Kolligierens tritt ein Kalkül, der sich aufs Einzelelement verläßt, wie wenn ihm das Ganze bereits vorgegeben wäre. Das ist in der »Formalen und transzendentalen Logik« als Methode der Wesensforschung angedeutet: »Alles was wir in unseren Betrachtungen über Konstitution ausgeführt haben, ist zunächst an beliebigen Exempeln beliebiger Arten vorgegebener Gegenstände einsichtig zu machen, also in reflektiver Auslegung der Intentionalität, in der wir reale oder ideale Gegenständlichkeit schlicht geradehin ›haben‹. Es ist ein bedeutungsvoller Schritt weiter zu erkennen, daß was für faktische Einzelheiten der Wirklichkeit oder Möglichkeit offenbar gilt, auch notwendig in Geltung bleibt, wenn wir unsere Exempel ganz beliebig variieren und nun nach den korrelativ mitvariierenden ›Vorstellungen‹, d. i. den konstituierenden Erlebnissen zurückfragen, nach den sich bald kontinuierlich bald diskret wandelnden ›subjektiven‹ Gegebenheitsweisen. Vor allem ist dabei zu fragen nach den im prägnanten Sinn konstituierenden ›Erscheinungs‹-weisen, den die jeweils exemplarischen Gegenstände und ihre Varianten erfahrenden, und nach den Weisen, wie darin die Gegenstände sich als synthetische Einheiten im Modus ›sie selbst‹ gestalten ... Die hierbei zu vollziehende Variation des (als Ausgang notwendigen) Exempels ist es, in der sich das ›Eidos‹ ergeben soll und mittels deren auch die Evidenz der unzerbrechlichen eidetischen Korrelation von Konstitution und Konstituiertem. Soll sie das leisten, so ist sie nicht zu verstehen als eine empirische Variation, sondern als eine Variation, die in der Freiheit der reinen Phantasie und im reinen Bewußtsein der Beliebigkeit – des ›reinen‹ Überhaupt – vollzogen wird, womit sie sich zugleich in einem Horizont offen endlos mannigfaltiger freier Möglichkeiten für immer neue Varianten hineinerstreckt.«[25] Das »allgemeine Wesen« soll diesen Variationen gegenüber das »Invariante« sein, »die ontische Wesensform (apriorische Form), das Eidos, das dem Exempel entspricht, wofür jede Variante desselben ebensogut hätte dienen können«[26]. Husserl hofft, durch »exemplarische Analyse« faktischer Gegebenheiten Ergebnisse auszukristallisieren, die von der Faktizität befreit sind[27]. Zunächst aber ist der »bedeutungsvolle Schritt« dogmatisch behauptet, daß, was für »faktische Einzelheiten der Wirklichkeit offenbar gelte«, auch gelte bei »ganz beliebiger« Variation des Exempels. Solange streng nur dieses dem Bewußtsein bekannt ist, wäre solche Extrapolation unzulässig; vorweg ist gar nicht abzusehen, was von den angeblichen Wesensbeständen bei der Variation, und gar einer »beliebigen«, sich veränderte. Der Schein der Indifferenz des Wesens gegen die Variation kann gewahrt werden einzig, weil im Schutz des Phantasiebereichs dem Wesen die Probe auf seine Invarianz erspart bleibt. Erst Erfahrung vermöchte darüber zu belehren, ob solche Abwandlungen das Wesen tangieren oder nicht; die bloße »Phantasiemodifikation«, die keineswegs lebendig alles erfüllt, was sie setzt, liefert dafür kein Kriterium. Ist aber dem Bewußtsein mehr gegenwärtig als bloß die isolierte Ausgangsvorstellung des »Exempels« – warum dann auf diese sich kaprizieren? Wenn weiter für die von Husserl gelehrte Wesensforschung überhaupt ein »Exempel« »als Ausgang notwendig« ist, so wird bereits die reinliche Trennung von Faktum und Idealität revoziert, insofern das Ideelle eines Faktischen bedarf, um überhaupt nur vorgestellt werden zu können. Läßt sich zum Wesen ohne Faktum, und wäre es auch nur ein einzelnes, nicht gelangen, so wird damit eigentlich jene Beziehung zwischen Begriff und Erfahrung implizit wiederhergestellt, die Husserl wegerklärt hatte. Eine Wesensform, die, um ihre Invarianten zu gewinnen, Fiktionen miteinander vergleichen muß, wiederholt die von Husserl befehdete Abstraktionstheorie auf vermeintlich höherer Ebene. Zudem sind die beliebigen Phantasievariationen, die Husserl mit empirischen nicht verwechselt sehen möchte, ohne über den Unterschied etwas Inhaltliches auszusagen, unvermeidlich mit Elementen der Erfahrung versetzt. Noch ihre Abweichungen von der Erfahrung knüpfen an Erfahrungselemente an: ihr Fiktionscharakter ist selber fingiert. Der Begriff des Beispiels allein sollte Husserl stutzig machen: er kommt aus eben jener trivialen Abstraktionstheorie, die ein Beispiel wählt, dann ein anderes, und aus ihrer Vielfalt das Wesentliche aussondert; demgegenüber bezeichnete die phänomenologische Wesenslehre in ihrer radikalen Gestalt geradezu den Versuch, das Wesen vom »Beispiel« zu emanzipieren. Er hat dagegen rebelliert, daß die klassifikatorische Logik den Allgemeinbegriff zur bloßen Form darunter befaßter Fakten verdünnt und vom Eigentlichen, »Wesentlichen«, losreißt. Eben dies Verfahren ist die Sphäre der »Beispiele«. Indem sie sich beliebig ersetzen lassen, entäußern sie sich dessen, worum Husserl sich mühte. Sobald das Konkretum zum bloßen Exemplar seines Begriffs herabsinkt, reduziert sich umgekehrt auch das Allgemeine auf ein von bloßen Einzelheiten Abgezogenes, ohne Anspruch auf Substantialität der Einzelheit gegenüber. Husserl kapituliert im Entscheidenden vor der traditionellen Abstraktionstheorie, weil sein eigener Ansatz von ihr nie losgekommen war. Während er aufbegehrend das Wesen im Einzelnen sucht, bleibt ihm das Wesen nichts anderes als der alte Allgemeinbegriff der Umfangslogik.

Die Theorie vom εἶδος als einer Invarianten und der Faktizität als der Variation ist näher ausgeführt erst in den Cartesianischen Meditationen: »Jeder von uns, als cartesianisch Meditierender, wurde durch die Methode der phänomenologischen Reduktion auf sein transzendentales ego zurückgeführt und natürlich mit seinem jeweiligen konkret-monadischen Gehalt als dieses faktische, als das eine und einzige absolute ego.«[28] Die zunächst »faktischen«, empirischen Beschreibungen des reinen Ich sollen jedoch gewissermaßen von selbst den Charakter von Wesensnotwendigkeiten annehmen. »Aber unwillkürlich hielt sich doch unsere Beschreibung in einer solchen Allgemeinheit, daß die Ergebnisse davon nicht betroffen sind, wie immer es mit den empirischen Tatsächlichkeiten des transzendentalen ego stehen mag.«[29] Lassen allemal die von Husserl gelehrten »Parallelitäten« reiner und ontischer Regionen an deren striktem Dualismus zweifeln, so verwischt hier nur der »unwillkürliche« Übergang von der einen zur anderen die ganze Schwierigkeit. Die Fülle der konkreten Bestimmungen, deren Husserl sich freut, und die allein etwas wie transzendentale Phänomenologie gestatten, sind aus dem Erfahrungsgehalt geschöpft und, gleichviel wie man variiert, auf Erfahrenes angewiesen. Er möchte auf die Drastik und Dichte der Erfahrung nicht verzichten, aber den Zoll dafür sparen, daß nämlich seine Aussagen eben dadurch auch in den Zusammenhang der Erfahrung und dessen Bedingtheit eingespannt bleiben. Und zwar der gefilterten Erfahrung, auf deren Begriff seine gesamte Methode basiert – der immanenzphilosophischen des persönlichen Bewußtseins des Meditierenden. Solange die solipsistische Ausgangsposition behauptet, also die fraglose Gewißheit an die Unmittelbarkeit des Mir gekettet ist, dürfte keine Variation den Umkreis dieses Mir überschreiten, wofern sie nicht eben jenen Typus Gewißheit einbüßen will, demzuliebe das ganze sum cogitans erfunden ward; jeder Modifikation der »empirischen Tatsächlichkeiten des transzendentalen ego« wäre der Rahmen der unmittelbaren Erfahrung des je Meditierenden vorgeschrieben. Sonst geriete sie nach dem Maß des eigenen Ansatzes in die Problematik des Analogieschlusses, der Relativität. Man kann nicht zugleich von jenem solipsistischen Ansatz Nutzen ziehen und seine Grenze überspringen: die Konsequenz des Gedankens müßte ihn dann schon selber negieren. Statt dessen überbrückt Husserl den Chorismos, der sonst seiner Philosophie nie tief genug sein kann, als wäre ein Bach zu überqueren. Die Technik der Phantasievariation prätendiert nicht weniger, als bewußt jenes Eidetische zu erreichen, das von der Ichanalyse unbewußt soll erreicht worden sein. »Ausgehend vom Exempel dieser Tischwahrnehmung variieren wir den Wahrnehmungsgegenstand Tisch in einem völlig freien Belieben, jedoch so, daß wir Wahrnehmung als Wahrnehmung von etwas – von etwas, beliebig was – festhalten, etwa anfangend damit, daß wir seine Gestalt, die Farbe usw. ganz willkürlich umfingieren, nur identisch festhaltend das wahrnehmungsmäßige Erscheinen. Mit anderen Worten, wir verwandeln das Faktum dieser Wahrnehmung unter Enthaltung von ihrer Seinsgeltung in eine reine Möglichkeit und unter anderen ganz beliebigen reinen Möglichkeiten – aber reinen Möglichkeiten von Wahrnehmungen. Wir versetzen gleichsam die wirkliche Wahrnehmung in das Reich der Unwirklichkeiten, des Als-ob, das uns die reinen Möglichkeiten liefert, rein von allem, was an das Faktum und jedes Faktum überhaupt bindet. In letzterer Hinsicht behalten wir diese Möglichkeiten auch nicht in Bindung an das mitgesetzte faktische ego, sondern eben als völlig freie Erdenklichkeit der Phantasie – so daß wir auch von vornherein als Ausgangsexempel ein Hineinphantasieren in ein Wahrnehmen hätten nehmen können außer aller Beziehung zu unserem sonstigen faktischen Leben. Der so gewonnene allgemeine Typus Wahrnehmung schwebt sozusagen in der Luft – in der Luft absolut reiner Erdenklichkeiten.«[30] Zwischen dem von Husserl als bloße Umformung des Vorhergehenden durch den Ausdruck »mit anderen Worten« eingeführten Satz und jenem vorhergehenden klafft, in seiner Sprache zu reden, ein »Abgrund des Sinnes«. Denn was die zunächst empfohlene Variation ergäbe, ist keine »reine« Möglichkeit. Sondern jedes durch Variation einzusetzende und dem Allgemeinbegriff »Wahrnehmungsgegenstand« subsumierbare neue Faktum muß doch eben faktischer Wahrnehmung potentiell zugänglich sein, um dergestalt subsumierbar zu bleiben. Man kann nicht »variierend« für alle erdenklichen materialen Wahrnehmungsgehalte die Kategorie der Wahrnehmung oder des Etwas überhaupt einführen. Gesetzt, es würde variiert innerhalb des Begriffs animal, und schließlich an Stelle von Menschen, Pferden, Dinosauriern der als Beispiel bei Husserl beliebte Kentaur erreicht. Dann wäre, solange der identische Begriff »Wahrnehmungsobjekt« festgehalten ist, dessen Definition nur erfüllt, wenn das Variierte seinereits auch irgend zur Wahrnehmung gebracht werden könnte. Ist das aber, wie beim Kentauren, nicht möglich, so ist das durch den Begriff »Wahrnehmungsobjekt« der Variation vorgezeichnete Gesetz verfehlt. Das reine Phantasieobjekt fällt nicht darunter: es ist kein Wahrnehmungsobjekt. Phantasie im Husserlschen, übrigens dem wahren sehr fremden Sinn des Fingierens ist nicht, wie er irrtümlich lehrt, eine »freie Möglichkeit«: das »Festhalten des Begriffs« schreibt eine Regel vor, die zwar keine bestimmte Faktizität erwarten läßt, aber dennoch notwendig die Beziehung auf Faktisches und nicht auf ein bloß Ausgedachtes in sich enthält. Die formale Übereinstimmung zwischen einem fiktiven Lebewesen wie dem Kentauren und einem realen trägt nicht darüber hinweg, daß der Kentaur, wäre seine Vorstellung mit noch so vielen sinnlichen Merkmalen ausgestattet, nicht wahrgenommen werden kann, weil es ihn nicht gibt, und dagegen ist die Bestimmung Wahrnehmungsobjekt nicht indifferent. Während der Husserlschen Variation der Rückweg zur Faktizität verlegt ist, sobald er mit dergleichen Gebilden sich befaßt, ja während die Variation nichts mit Faktizität zu tun haben möchte, zieht sie doch ihre Substantialität aus ihr, und falsch wird vermittelt, was die Husserlsche Logik nicht vermitteln kann. Der Umfang eines Begriffs erfordert die Frage nach der Existenz des darin Enthaltenen, nicht dessen bloßes Meinen. Noch die Wesenslehre des letzten Husserl bleibt Gefangene im Treibhaus der Intentionalität. Dem entspricht die dinghaft starre Ansicht von der Phantasie als einem bloßen Erfinden von Objekten, die, von Faktischem abgezogen, vor diesem nichts voraushaben sollen, als daß sie nicht faktisch sind. Husserls Bestimmung des Wesens richtet dieses selber: es ist fiktiv. Was er in den Cartesianischen Meditationen die »Luft absolut reiner Erdenklichkeiten« nennt, in der das εἶδος »schwebe«, war das Klima seiner gesamten Philosophie, das gläserne Reich einer Erkenntnis, welche die Flucht vorm vergänglichen Dasein, die Negation des Lebens, mit der Bürgschaft von dessen Ewigkeit verwechselt. Wesenlos bleiben die Wesen, mit denen der willkürliche Gedanke des Subjekts dem verödeten Seienden Ontologie einzubilden sich vermißt.

III. Zur Dialektik der erkenntnistheoretischen Begriffe

> Der Weg ... kann deswegen als der Weg des Zweifels angesehen werden, oder eigentlicher als Weg der Verzweiflung; auf ihm geschieht nämlich nicht das, was unter Zweifeln verstanden zu werden pflegt, ein Rütteln an dieser oder jener vermeinten Wahrheit, auf welches ein gehöriges Wiederverschwinden des Zweifels und eine Rückkehr zu jener Wahrheit erfolgt, so daß am Ende die Sache genommen wird wie vorher. Sondern er ist die bewußte Einsicht in die Unwahrheit des erscheinenden Wissens.
>
> Hegel, Phänomenologie des Geistes

Die Selbstkritik Husserls, als welche der »Versuch einer Kritik der logischen Vernunft« aus seiner Spätzeit in weitem Maße aufzufassen ist, hat der Unmöglichkeit sich versichert, durchs Herauslösen der einzelnen Intention Wesenheiten ohne Abstrahieren zu ergreifen. Der Universalienstreit läßt sich nicht durch ein Dekret schlichten, demzufolge das Universale, als schlicht, »selbst« Vermeintes, mit dem Gegebenen, dem Dasein, der res zusammenfiele: »Intentionalität ist nichts Isoliertes, sie kann nur betrachtet werden in der synthetischen Einheit, die alle Einzelpulse psychischen Lebens teleologisch in der Einheitsbeziehung auf Gegenständlichkeiten verknüpft, oder vielmehr in der doppelten Polarisierung von Ichpol und Gegenstandspol.«[1] Diese Korrektur, die übrigens nicht als solche gegenüber den Logischen Untersuchungen vorgetragen wird; das Zugeständnis einer wie immer gearteten Divergenz von »Ichpol und Gegenstandspol«, von Subjekt und Objekt enthüllt aber nachträglich die Phänomenologie als das, was sie im Namen von »Forschung«, der Beschreibung von Sachverhalten, bis zum Ende eifrig verleugnet[2], als Erkenntnistheorie. Sie strengt sich an, Ungleichnamiges auf den gemeinsamen Nenner, hier den statischen Oberbegriff der »Pole«, zu bringen. Ihre wirksamsten Gedanken waren

Vehikel, geschaffen eben zu diesem Zweck, theoretische Konstruktionen. Erst wenn man von der Suggestion eines radikal neuen und ursprünglichen Ansatzes sich befreit, welche die Phänomenologie wie ihre Nachfolger auszuüben trachtet, und ihrer epistemologischen Tendenz sich nicht versperrt, der, zu ergründen, wie Wissen von Gegenständlichem überhaupt möglich sei und in der Struktur des Bewußtseins sich ausweise, werden jene Kategorien durchsichtig, welche die Phänomenologie schlechterdings entdeckt zu haben behauptet. Sie erschließen sich weniger von den Leistungen und Sachverhalten im tatsächlichen Vollzug der Erkenntnis her, die ihnen die Theorie zumutet – sie sind in allen Erkenntnistheorien fragwürdig – als aus der Funktion, die jene Begriffe zugunsten der Konsequenz und Einstimmigkeit der Theorie selber, zur Meisterung ihrer Widersprüche zumal, erfüllen. Gerade der Anspruch der Frische und theoretischen Unvoreingenommenheit, das Feldgeschrei »Zu den Sachen«, stammt von einer erkenntnistheoretischen Norm her: der positivistischen, die Denken aufs gleichsam technische Verfahren der Abkürzung einschränkt und die Substanz der Erkenntnis einzig dem zuschreibt, was ohne die Zutat des Denkens da sein soll, und was freilich auf die dünnsten, abstraktesten Befunde hinausliefe. Dies positivistische Kriterion hat sich in Husserl, vermöge der selbst zunächst gleichermaßen positivistischen Forderung reiner Bewußtseinsimmanenz, mit dem subjektiv-idealistischen verbunden und dadurch die These vom geistigen Ansichsein, den Wesenheiten als einer Gegebenheit sui generis auskristallisiert: die Phänomenologie ließe sich als der paradoxe Versuch einer theoriefreien Theorie definieren. Dafür aber ereilt sie die Rache: was an sich sein soll, ist nur für sie; was sie erschaut, hat sie erzeugt, um zu begründen, daß sie schaue. In der Differenz der systematischen Funktion vom vorgeblich Getroffenen jedoch wird sie, gleich aller Theorie, der Kritik kommensurabel. Sie gerät allenthalben in die Irre, weil eben die im Namen der Deskription sogenannter Sachverhalte oder Vorfindlichkeiten des reinen Bewußtseins eingeführten Begriffe gar nicht Erkenntnisvorgänge oder Typen von solchen beschreiben, sondern einzig dazu herhalten, um im Rahmen der »Reduktion« etwas wie eine strukturelle Einheit zu ermöglichen.

Von dieser Schwäche der Begriffe hat Husserl, ähnlich wie die Lebensphilosophen und die Gestalttheoretiker, ein Gefühl, mag aber doch, der szientifischen Abwehr des Irrationalismus zuliebe, auf die Klassifikation von »Bewußtseinsinhalten« nicht verzichten. Darum muß er die Erkenntnisklassen mit Qualitäten ausstatten, die den Erkenntnisleistungen nicht entsprechen, und umgekehrt die Definitionen jener Erkenntnisklassen verletzen, ohne welche ihre Einführung sich erübrigt hätte.

Die in jeglichem Positivismus latente, noch in dessen jüngster Abwandlung wirksame Spannung zwischen dem logischen und dem empirischen Element, deren beider das an der Wissenschaft gebildete Erkenntnisideal bedarf, ohne sie vereinigen zu können, entscheidet Husserl zugunsten des logischen. Wiederum trägt eine Art von Dialektik wider Willen sich zu: die Maxime, nach den Tatsachen sich zu richten, unterhöhlt den Begriff des Tatsächlichen selber, den nominalistischen Vorrang des Datums vorm Begriff, und der letztere reklamiert die positivistische Gediegenheit des Sachverhalts. Auf diesen Umschlag jedoch wird von Husserl nicht reflektiert; seine Resultate möchte er in unmittelbare Übereinstimmung bringen mit der traditionellen Logik der Widerspruchslosigkeit, deren Rechtfertigung jenen Prozeß insgesamt auslöste. Im undialektischen System wird die Dialektik wider Willen zur Fehlerquelle und doch zum Medium der Wahrheit, indem sie alle erkenntnistheoretischen Kategorien, die sie erfaßt, über sich hinaustreibt bis zur Liquidation des Ansatzes selber, der Analyse der Form von Erkenntnis ohne Rücksicht auf ihren konkreten, bestimmten Inhalt. Die Überführung des Positivismus in Platonischen Realismus will nicht gelingen: weder läßt sich die positivistische Forderung purer Gegebenheit in die der bloßen Hinnahme idealer Sachverhalte umsetzen, noch gar Idealität, Begriff, Logos als Gegebenheit interpretieren. Die kennzeichnenden Kategorien der Philosophie Husserls – die gleichen, die ins Instrumentarium der irrationalistischen Ideologie im Zeitalter totaler Rationalisierung eingingen – sind durchweg ersonnen worden, um verräterische Erdenreste inmitten der prima philosophia, die Spuren des Unvereinbaren, zu tilgen. Der Husserlschen Reflexionsphilosophie ist die Identität der Extreme, der faktischen Vorfindlichkeit und des reinen Geltens, nur als selber unmittelbare, nicht als wiederum begrifflich vermittelte erträglich. Gerade weil der Begriff der Unmittelbarkeit nicht von der Faktizität zu emanzipieren, nicht für die Idealität zu retten ist, muß sein dogmatischer Gebrauch dazu herhalten, das kritische Bewußtsein niederzuschlagen. Dabei bleibt das Verhältnis der aneinander sich reibenden Elemente der Husserlschen Philosophie kein äußerliches unvereinbarer Weltanschauungen, die er unter einen Hut zu bringen suchte. Vielmehr gehorchen die Konflikte objektivem Zwang. Als Wissenschaftler und Mathematiker sieht Husserl sich nicht bloß einer ungeformten Mannigfaltigkeit gegenüber, sondern auch den Einheiten des Seienden im Begriff. Da er aber diese weder aus dem Subjekt, als dem »Geist« erzeugen kann – denn das wäre dem Positivisten als idealistische Metaphysik suspekt – noch die Einheiten von der ungeformten Mannigfaltigkeit des Faktischen selber hernehmen, muß er die einheitlich begrifflichen Strukturen, die ihm in den entfalteten Wissenschaften vor Augen stehen, als An sich reklamieren. Die Wesenheiten werden jenseits von subjektivem Geist sowohl wie von bloß daseiender, zerstreuter Faktizität angesiedelt. Die Platonisierende Wendung ist unfreiwillig. Er muß die Wesenheiten als Absolutum und letztes Gegebenes präsentieren, weil die positivistische Wissenschaftsnorm den Begriff der Gegebenheit selbst anzutasten verwehrt. Dem älteren Positivismus wirft denn auch der Husserl der Logischen Untersuchungen vor, daß er jener Norm nicht treu genug gewesen wäre und darüber die idealen Gegebenheiten verkannt hätte: »Man bringt es nicht über sich, die Denkakte als das zu nehmen, als was sie sich rein phänomenologisch darstellen, sie somit als völlig neuartige Aktcharaktere gelten zu lassen, als neue ›Bewußtseinsweisen‹ gegenüber der direkten Anschauung. Man sieht nicht, was für den, der die Sachlage unbeirrt durch die überlieferten Vorurteile betrachtet, das Offenkundigste ist, nämlich daß diese Aktcharaktere Weisen des Meinens, Bedeutens von dem und dem Bedeutungsgehalt sind, hinter denen man schlechterdings nichts suchen darf, was anderes wäre und anderes sein könnte als eben Meinen, Bedeuten.«[3] Und: »Was ›Bedeutung‹ ist, das kann uns so unmittelbar gegeben sein, wie uns gegeben ist, was Farbe und

Ton ist. Es läßt sich nicht weiter definieren, es ist ein deskriptiv Letztes.«[4] Aber alles Gemeinte ist durch Meinen vermittelt. Daß Erkenntnistheorie hinter Bewußtseinsstrukturen wie die »symbolische Funktion«[5] nicht zurückgreifen kann, begründet nicht das, worauf diese sich bezieht, als Urphänomen. Überdies verändert durch seine Ausweitung der Begriff der Gegebenheit sich qualitativ. Er büßt ein, weswegen er konzipiert war und was auch von Husserl festgehalten wird, das Moment, auf das der englische Ausdruck »stubborn facts« anspielt, das Opake, nicht Wegzuräumende, schlechterdings Anzuerkennende, das dem Denken seine unverrückbare Grenze vorschreibt. Husserls Auffassung von der mittelbaren Gegebenheit krankt daran, daß er ihr weiterhin gutschreibt, was durch jene Modifikationen zerging, die Unmittelbarkeit des Gemeinten. Viel von ihren Versprechungen verdankt Phänomenologie diesem Defekt.

Der Begriff des Datums ist zunächst bei Husserl wie in der positivistischen und empiristischen Erkenntnistheorie, und auch bei Kant, sinnlicher Stoff, »Material«, ὕλη: in der dritten Logischen Untersuchung des zweiten Bandes wird »real« geradezu definiert als ›perzipierbar in möglicher Sinnlichkeit‹[6]. Ohne Rekurs auf ein Unmittelbares, Stofflich-Vorkategoriales ist mit den Mitteln der traditionellen, subjektiv gerichteten Erkenntnistheorie kaum ein Begriff von Realität zu gewinnen. Zugleich jedoch kann die erkenntnistheoretische Analyse des Unmittelbaren dessen eigenes Vermitteltsein nicht wegerklären. Das motiviert die dialektische Logik, welche solchen Widerspruch zur Bestimmung der Sache selbst erhebt, also den Begriff des Unmittelbaren festhält sowohl wie negiert. Diese Konsequenz aber ist Husserl durch den von ihm selbst emphatisch verkündeten Absolutismus der formalen Logik, der reinen Widerspruchslosigkeit versperrt. Zum Ersatz bildet seine Theorie alles vermittelte Wissen dem Modell der Unmittelbarkeit nach; für die dynamische Entfaltung des Widerspruchs tritt die statische Hilfskonstruktion einer sich selbst genügenden Erkenntnisleistung ein, die Vermitteltes primär geben soll. Die Paradoxie des Beginnens aber ist unvereinbar mit Husserls eigenem Kriterium der Widerspruchslosigkeit. Der Modellcharakter der Gegebenheit für alle Erkenntnis ist seit den Logischen Untersuchungen aufgerichtet. Die Terminologie schwankt dabei zwischen sinnlicher Anschauung und dem Inbegriff aller Erlebnisse als unmittelbarer Tatsachen des Bewußtseins. Dem liegt das seit Bergsons frühen Schriften allbekannte Wahre zugrunde, daß die strikte Zerlegung des Bewußtseins in »Tatsachen« und deren Klassifizierung an einem Moment von Willkür krankt, das aus dem Bedürfnis der Nachkonstruktion der Dingwelt sich erklärt[7], während im aktuellen Bewußtseinsleben nicht nur die einzelnen Akte, sondern auch deren Charakteristiken weit mehr ineinander fließen. Aber Husserl kritisiert gar nicht die erkenntnistheoretischen Klassen, sondern behält sie bei, um sie zu konfundieren und die Unschärfe ihrer Unterscheidung der Gültigkeit des Gegebenheitsbegriffs für Vermitteltes zugute kommen zu lassen: gerade Bergson hat Wahrnehmung und Erinnerung viel schärfer gesondert. Weil, grob nach den überlieferten Begriffen gesprochen, die Denkakte als solche ebenso unmittelbare Tatsachen des Bewußtseins seien wie die sinnlichen Eindrücke, wird bei Husserl das jeweils in den Denkakten Gedachte, durch sie Vermittelte seinerseits zur Unmittelbarkeit. In der sechsten Logischen Untersuchung ist aktuelles Gegebensein dem Bewußtsein gleichgesetzt[8]. Danach wäre schließlich Intentionalität in der prägnanten Fassung, die Husserl dem Terminus verliehen hat, mit Gegebenheit identisch. Indem das Vermittelte, durch die Intention bereits Gedachte, bloß hingenommen werden soll, wird der Begriff der unmittelbaren Gegebenheit total: Wahrnehmung Wissen von etwas, dies Wissen zum primären, irreduktibeln Tatbestand des Bewußtseins und die wahrgenommene Dingwelt gleichsam zum radikal Ersten. Die Zweideutigkeit erbt sich fort an die Grundbestimmungen der »Ideen«, wo der Begriff der ursprünglichen, originären Gegebenheit geradenwegs Gegenständlichem zugeordnet und damit durch terminologische Festsetzung der Stein des Anstoßes eskamotiert ist: »Jeder Wissenschaft entspricht ein Gegenstandsgebiet als Domäne ihrer Forschungen, und allen ihren Kenntnissen, d. h. hier richtigen Aussagen, entsprechen als Urquellen der rechtausweisenden Begründung gewisse Anschauungen, in denen Gegenstände des Gebietes zur Selbstgegebenheit und, mindestens partiell, zu originärer Gegebenheit kommen. Die gebende Anschauung der ersten, ›natürlichen‹ Erkenntnissphäre und aller ihrer Wissenschaften ist die natürliche Erfahrung, und die originär gebende Erfahrung ist die Wahrnehmung, das Wort in dem gewöhnlichen Sinne verstanden. Ein Reales originär gegeben haben, es schlicht anschauend ›gewahren‹ und ›wahrnehmen‹ ist einerlei.«[9] Dies vorkritische Verhältnis der Wissenschaften zu den von ihnen bearbeiteten Gegenständen wird im Verlauf der »Ideen«, wie zuvor bei der Logik, so nun auch für die erkenntnistheoretischen Konstitutionsfragen ganz unbefangen supponiert; auch in »phänomenologischer Einstellung« sollen »Gegenstände zur Selbstgegebenheit kommen«, ohne daß die vielberufene »Reduktion« etwas daran änderte. Vernunftkritik bescheidet sich zur bloßen Urteilsenthaltung; Vornehmheit gegen die krude Faktizität hindert nicht daran, die Dingwelt als das zu akzeptieren, »als was sie sich gibt«. Dazu verhilft, daß die Analyse als bei ihrem letzten bei der Wahrnehmung stehen bleibt. Denn Wahrnehmung im deutschen Sinne des Wortes und ganz gewiß bei Husserl ist immer bereits ein Von etwas; das fertige Ding, um dessen Konstitution sonst die Erkenntnistheorie sich müht, gibt Husserl zunächst sich vor, und seine Analyse endet beim Bewußthaben eines Gegenständlichen, wie wenn es vorfindlich, schlicht da wäre. So benutzen die »Ideen«, als Gegensatz zur Reflexion, ausdrücklich die Termini »vorgegebenes Erlebnis« und »Erlebnisdatum«[10], die das letztere als an sich Seiendes fixieren.

Die Rede von der Reflexion auf Erlebnisse, die Gedanken bezeichnet, die sich auf ein eindeutig Umrissenes richten, setzt nicht weniger voraus, als daß der Gegebenheitsbegriff selber vergegenständlicht ist: daß das Bezugssubjekt ein Erlebnis an sich »habe«, auf das es dann reflektieren kann. Vermieden wird die simple, aber für die Methode der Bewußtseinsanalyse stringente Konsequenz, daß alle Rede von Gegebenem solche Reflexion erheischt, und daß daher der Begriff des Gegebenen selbst durch den Reflexionsbegriff vermittelt ist. In der Urcharakteristik des Gegebenen als eines bereits Bestimmten, auf der die ganze Phänomenologie basiert, steckt aber Verdinglichung: im Glauben, geistiger Sachverhalte ohne denkende Zutat habhaft werden zu können. Husserl haftet jedoch so zäh am Gegebenheitsbegriff, daß er lieber die erkenntnistheoretische Konsequenz als ihn opfert und noch in der »Formalen und transzendentalen Logik« von Wahrnehmung als »Urmodus der Selbstgebung«[11] und ähnlichem redet. An der Doktrin vom Fundiertsein aller Erkenntnis läßt er nicht rütteln. Eine Intention soll in der anderen ruhen. Dann aber wäre der allein sichere Grund ein absolut Primäres. Diese Doktrin indessen ist mit der Ansicht vom Erkenntnisprozeß als einem funktionalen Zusammenhang, der der Transzendentallogiker Husserl sich zuneigte, unvereinbar. Funktionszusammenhang der Erkenntnis kann nichts anderes heißen, als daß nicht bloß das Höhere, kategorial Geformte vom Niedrigeren abhängt, sondern ebenso dieses von jenem. Das hat Husserl nicht gesehen oder nicht zugestanden. Paradox genug inaugurierte die Konzeption säuberlich getrennter, wie Steine aufeinander geschichteter Akte und Bedeutungen, Erbschaft der unersättlichen positivistischen Frage nach der Evidenz jeglicher Aussage, alle statisch-ontologischen Lehren, die an Husserl anschlossen, alle restaurative Seinsordnung, die man aus ihm herauslas. Nebenher entwickelte sich eine funktionale Erkenntnistheorie. Einzig daß er den Konflikt nicht austrug, erweckte den Schein, Phänomenologie könne gewissermaßen die Aristotelische Metaphysik auf dem Boden von Wissenschaftlichkeit und Kritizismus wieder herstellen. Am Ende mußte er versuchen, beides wirklich zusammenzubringen. Seine Auskunft war, das ursprüngliche Fundierende, die Gegebenheit selber, das Refugium des Seienden, in reines Sein, in seine eigene Möglichkeit umzudeuten als in die von etwas, was dabei nicht selbst bereits vorausgesetzt sein soll.

Diese ingeniöse Konstruktion, welche das Gegebene vom Fluch erlösen möchte, gegeben zu sein, hält das System zusammen, aber gereicht ihm nicht zum Guten. Gegebenheit selber wird bei Husserl, gar nicht so unähnlich dem Kantischen Theorem von der reinen Anschauung, in der Möglichkeit vom Gegebensein, also das Faktische in der ontologisch reinen Wesensbestimmung Faktischsein aufgehoben. Nur folgt aus der reinen Möglichkeit des Faktischen keinerlei faktische Existenz, auch nicht die jener »Tatsachen des Bewußtseins«, an denen sie selbst gewonnen war. Husserls frühere Lehre, daß »reine Wesenswahrheiten nicht die mindeste Behauptung über Tatsachen« enthalten, daß somit »auch aus ihnen allein nicht die geringfügigste Tatsachenwahrheit zu erschließen«[12] ist, wird in den Wind geschlagen. Sie wird pervertiert zur These von der Wesensgesetzlichkeit des Daseins als des Daseienden. In ihr verschwindet der Unterschied zwischen der Unabdingbarkeit des Tatsächlichen als einer allgemeinen Bestimmung – wenn man durchaus will, als eines »Wesensgesetzes« – und der Behauptung, daß Dasein selbst wesenhaft sei, welche die ontologische Differenz verleugnet. So durchschneidet die Methode die letzte Beziehung auf Erfahrung, die ihren spezifischen Anspruch stützt, und unaufhaltsam ist der Rückfall in vorkritischen Rationalismus. Dabei impliziert der Begriff wesensgesetzlich vorgezeichneten Daseins selbst jene ontologische Differenz, die zum Ruhm der höheren Reinheit der Phänomenologie beseitigt werden soll. Husserl wagt die Fehlkonstruktion, um die Gegebenheit zu entmächtigen und doch um jeden Preis zu retten. Das Gegebene ist der innerste Schauplatz von Verdinglichung in der Erkenntnislehre: bei unwandelbarer Starrheit, unbewegtem bloßen Dasein läßt es als immanent, subjekteigen sich fassen. Dennoch bleibt dies Subjekteigene zugleich dem Subjekt ganz entfremdet. Das erkennende Ich, das es als seine »Bewußtseinstatsache« umklammert, muß es blind akzeptieren, als ein schlechthin Anderes, von der eigenen Arbeit Unabhängiges anerkennen, ja noch in seiner Spontaneität nach ihm sich richten, gar nicht so sehr anders, wie das rational wirtschaftende Subjekt als bloßer Funktionsträger seines Eigentums agiert. Dieser Antagonismus meldet sich in der Husserlschen Identifikation der »Sachen selbst« mit subjektiv Gegebenem an. In Gestalt der Gegebenheit wird das Versprechen von Sekurität, das der naive Realismus bietet, auf die Sphäre des Ich übertragen; hier meint es in sich selber jenes absolut Feste, Unveränderliche zu besitzen, das sonst allerorten durch die Rückfrage aufs Subjekt problematisch geworden ist, und wird sich damit gewissermaßen selber zum Ding. Der späte Husserl hat, wohl unter Bergsons Einfluß, dergleichen kritische Erwägungen angestellt: »Der allherrschende Daten-Sensualismus in Psychologie wie Erkenntnistheorie, in dem auch meist die befangen sind, die in Worten gegen ihn, bzw. das was sie sich unter diesem Worte denken, polemisieren, besteht darin, daß er das Bewußtseinsleben aus Daten aufbaut als sozusagen fertigen Gegenständen. Es ist dabei wirklich ganz gleichgültig, ob man diese Daten als getrennte ›psychische Atome‹ denkt nach unverständlichen Tatsachengesetzen in Art der mechanischen zu mehr oder minder zusammenhaltenden Haufen zusammengeweht, oder ob man von Ganzheiten spricht und von Gestaltqualitäten, die Ganzheiten als den in ihnen unterscheidbaren Elementen vorangehend ansieht, und ob man innerhalb dieser Sphäre im voraus schon seiender Gegenstände zwischen sinnlichen Daten und intentionalen Erlebnissen als andersartigen Daten unterscheidet.«[13] Das ist kaum weniger als ein Widerruf des fundamentalen Anspruchs der Phänomenologie, zu beschreiben, was im »Bewußtseinsstrom« gegeben sei, die Phänomene. Analog wird in den Cartesianischen Meditationen die Auffassung der Bewußtseinstatsachen als Relationen letzter Elemente bestritten: sie seien a priori nicht als solche konstituiert[14]. Selbst die Einsicht, daß die »objektiv gerichteten«, auf je bereits konstituierte Dinge abzielenden Wissenschaften das Vorbild der erkenntnistheoretischen Elementaranalyse liefern; daß der Begriff des Datums selber nächstverwandt ist dem dogmatischen Ding-an-sich-Begriff, dem der Rekurs auf das Datum gerade opponiert, wird von Husserl erreicht. Sie träfe mit dem ontologischen Aspekt der Phänomenologie auch die Seinsmetaphysik, zu der jene gesteigert ward und die mit dem Anspruch des unmittelbaren Wissens nach dem Äußersten greift. Der Schein des Abgeschlossenseins, Definitivseins, der vom »bleibenden« Ding an sich auf die Gegebenheit als das immanenzphilosophische Substrat der Erkenntnis überging und das ontologische Pathos eines Ideenhimmels zeitigt, der diskursivem Denken entrückt sei, weicht einer dynamischen Bestimmung von Erkenntnis: »Wir haben es vorhin schon berührt, daß die Selbstgebung, wie jedes einzelne intentionale Erlebnis, Funktion ist im universalen Bewußtseinszusammenhang. Ihre Leistung ist also nicht in der Einzelheit abgeschlossen, auch nicht die als Selbstgebung, als Evidenz, sofern sie in ihrer eigenen Intentionalität implizite weitere Selbstgebungen ›fordern‹, auf sie ›verweisen‹ kann, ihre objektivierende Leistung zu vervollständigen.«[15] So wird in Husserls transzendentaler Revision tatsächlich die Lehre von der originär gebenden Anschauung durch einen Funktionsbegriff nach Art der Marburger Schule substituiert. Aber der Konflikt zwischen solcher Kritik und dem Dogma von der »Urgegebenheit« ward von Husserls Reflexion nicht mehr ausgetragen. An es klammert sich selbst der letzte Husserl, weil er sonst das phänomenologische Verfahren sprengte. Das Gegebene, als absoluter Besitz des Subjekts, bleibt der Fetisch auch des transzendentalen. Nur was dem Subjekt als Teilmoment seines Bewußtseins»lebens«, und zwar als das fundierende, »gehört«, braucht, so dünkt es seiner Befangenheit, vom Denken nicht mehr gedacht, sondern bloß noch ohne Anstrengung und ohne Gefahr des Irrtums hingenommen zu werden. Theorie erscheint als Risiko: daher jene Sehnsucht nach einer theoriefreien. Theorie bleibt die Phänomenologie, weil sie notwendig auf Erkenntnis reflektiert, nicht »geradehin«, etwa empirisch, urteilt; theoriefrei möchte sie sein, weil sie am liebsten jede Aussage in Gegebenheit verwandelte und so der Möglichkeit des Fehlschlusses wie der Kritik auswiche. Beides ist unvereinbar. Wenn Philosophie überhaupt einmal ohne Reservat jener Dialektik sich überantwortet, welche mit der Reflexion der Gegebenheit anhebt, müßte ihre erkenntnistheoretische Begründung samt der Methode der »Reduktionen«, die Husserl bis zum Schluß lehrte, ins Schwanken geraten. Soll es zum Wesen der »Selbstgebung« als in diesem Selbst vorgezeichnete Möglichkeit gehören, andere Selbstgebungen zu verlangen, so ist ihr Fundamentalcharakter gebrochen. Erkenntnis wird in einen Prozeß geworfen, in dem, wie Hegel wohl wußte, der Begriff eines absolut Ersten seinen Sinn verliert[16]. Sobald das Gegebene als »forderndes« über sich hinausweist, wird es damit nicht nur zum bloßen Teilmoment des übergreifenden Erkenntnisprozesses herabgesetzt, sondern erweist sich als prozessual in sich selber. Der deskriptive Sachverhalt hat, nach den Worten des späten Husserl, seine ›genetischen Sinnesimplikate‹[17]. Das aber rührt an die seit den Prolegomena unterstellte Dichotomie von Genesis und Geltung: dieser ist ihre Entstehung nicht mehr äußerlich, nicht mehr unabhängig also von ihrem eigenen Wahrheitsgehalt, sondern Genesis fällt in jenen Wahrheitsgehalt selber, der »fordert«. Nicht ist, wie der Relativismus es will, Wahrheit in der Geschichte, sondern Geschichte in der Wahrheit. »Entschiedne Abkehr vom Begriffe der ›zeitlosen Wahrheit‹ ist am Platz. Doch Wahrheit ist nicht – wie der Marxismus es behauptet – eine zeitliche Funktion des Erkennens sondern an einen Zeitkern, welcher im Erkannten und Erkennenden zugleich steckt, gebunden.«[18] An der Schwelle zu solchen Einsichten kam Husserls Reflexionsphilosophie jener Selbstbewegung der Sache, des Begriffs überaus nahe, die er sonst der spekulativen als unvollziehbare Verstiegenheit würde angekreidet haben. Mehr als daß der Sachverhalt eine Bewegung des Bewußtseins »fordere«, hat auch Hegel nicht verlangt. Wird dem einmal gehorcht, so ist die traditionelle Cartesianische Idee der Wahrheit als der Angemessenheit des Begriffs an die Sache erschüttert. Indem die Sache gedacht wird, ist sie nicht länger eine, der man sich anmessen könnte. Ort der Wahrheit wird die wechselfältige Abhängigkeit, das sich durcheinander Produzieren von Subjekt und Objekt, und sie darf als kein statisches Übereinstimmen – ja als keine »Intention« mehr gedacht werden. Wenn der frühere, eigentlich phänomenologische Husserl triftig gegen die Bilder- und Zeichentheorie der Erkenntnis polemisiert[19], so wäre solche Polemik auch gegen die sublimierte Idee zu wenden, Erkenntnis sei Bild ihres Gegenstandes kraft der Ähnlichkeit, der adaequatio. Erst mit der Idee der bilderlosen Wahrheit würde Philosophie das Bilderverbot einholen.

Die Forderung des Hinnehmens im Rahmen der Intention setzt gerade das Vermittelte und damit dem Akte vollziehenden Subjekt wiederum auch Entgegengesetzte mit dem Subjekt selbst unmittelbar in eins; den »Ideen« zufolge soll das Noema, als das vom Subjekt selbst Gemeinte, »evident gegeben« sein[20]. Das Staunen über das »wunderbare Bewußthaben« eines evident Gegebenen, das doch »dem Bewußtsein selbst ein Gegenüber, ein prinzipiell Anderes, Irreelles, Transzendentes ist«[21], wie Husserl es unmittelbar nach der These von der Selbstevidenz des Intendierten bekundet, verrät die Unstimmigkeit zwischen dem zugleich Subjekteigenen und Subjektfremden, an der nicht erst Husserls Lehre vom Noema, sondern eine jegliche vom absolut Gegebenen leidet. Bloß Hinnehmen ist doppeldeutig:

Gedächtnis an den Wall, auf den der Geist dort aufprallt, wo etwas nicht seinesgleichen ist, und ein Stück Unterwerfung und Ideologie. Mit der Frage nach dem absoluten Ursprung wird die nach der »Arbeit«, der gesellschaftlichen Produktion als der Bedingung von Erkenntnis abgeschoben. An sie wird bereits vor allen phänomenologischen Einzelanalysen vergessen: in der Methode, dem »Prinzip aller Prinzipien«, »daß jede originäre gebende Anschauung eine Rechtsquelle der Erkenntnis sei, daß alles, was sich uns in der ›Intuition‹ originär, (sozusagen in seiner leibhaftigen Wirklichkeit) darbietet, einfach hinzunehmen sei, als was es sich gibt, aber auch nur in den Schranken, in denen es sich da gibt.«* Diese für Husserls gesamte Philosophie verbindliche Norm basiert eben darauf, daß was immer in einer Anschauung sich darbietet, sei es bloße Empfindung oder strukturierte oder kategorial geformte Erscheinung, vom Bewußtsein gelassen betrachtet werden könne, ohne daß das Betrachtete durch den Akt der Betrachtung sich änderte, und ohne Rücksicht auf die innere Zusammensetzung dessen, was da »erscheint«. Die naiv-realistische Erfahrung, daß das Ding identisch bleibt, auch wenn das Subjekt davon wegsieht, wird auf den erst der kritischen Reflexion sich verdankenden Begriff der Gegebenheit übertragen. Diese tritt die Erbschaft des vorkritischen Substrats an, ohne daß erhellt würde, was durch die Wendung auf Bewußtseinsimmanenz sich modifizierte: daß der Gegebenheit in ihr nicht länger jene »Objektivität« zukommt, mit der die unreflektierte Erfahrung rechnet. Das ist der Preis, den das Subjekt für die Cartesianische Zweifellosigkeit der Bewußtseinstatsachen entrichten muß. Gleichwohl ist es genötigt, den Charakter undisputabler Objektivität wiederum auf seine eigenen Gegebenheiten zu übertragen, um die immanenzphilosophischen Bestimmungen überhaupt an einem irgend Seienden anheften zu können. Die Verdinglichung der Gegebenheit ist so notwendig wie unhaltbar. Nur indem das Bewußtsein, auf das reduziert wird, in einem seiner Momente sich selbst verkennt und dies Moment sowohl als bewußtseinseigenes festhält wie als schlecht-

* Husserl, Ideen, o. c., S. 43 f.; cf. l. c. S. 187, wo dem hinzunehmenden Gegebenen ein Wie seiner Gegebenheit zugeschrieben wird, an welches der Phänomenologe sich zu halten habe.

hin Daseiendes sich gegenüberstellt, läßt sich so etwas wie Gegenständlichkeit aus bloßem Bewußtsein überhaupt hervorspinnen. Der idealistische Versuch, das kritisch zerfällte Ding aus dem Zusammenspiel von sinnlichem Material und kategorialer Form wieder zusammenzuaddieren, macht sich einer petitio principii schuldig; was als Ding konstruiert werden soll, wird unbemerkt bereits in die Konzeption dessen hineingetragen, woran dem Ansatz zufolge die Mechanismen der kategorialen Konstitution des Gegenstandes erst sich zu betätigen hätten. Was der Kantischen Vernunftkritik noch chaotische Mannigfaltigkeit heißt, wird von Husserl vollends nach dem Muster des schon Konstituierten interpretiert, um die Objektivität der subjektiven Konstitution desto plausibler dartun zu können. In seiner Supposition dessen, »als was« ein Gegenstand sich dem Subjekt gibt, spiegelt das Subjekt sich selbst zurück, denn eben diese quidditas wäre das, wodurch nach den Spielregeln von Bewußtseinsanalyse Denken das Unqualifizierte überhaupt erst bestimmt. Durch solchen Widerspruch wird eingeräumt, daß es die Bestimmung des »Was« als wahres Urteil gar nicht zu vollziehen vermöchte, wenn ihr nicht in dem letzten Substrat etwas entspräche. So wohnt dem Dogmatismus, welcher das Gegebene gar nicht so radikal reduziert, wie das Programm es will, sondern ihm das »Als was« als sein »An sich« beläßt, zugleich ein Wahres inne; Ausdruck der Undurchführbarkeit der idealistischen Konstruktion, sobald sie die volle Konsequenz erreichte. Phantasmagorisch, als Spiegelung erscheint in der transzendentalen Phänomenologie das nicht Subjekteigene, während sie doch gerade in der Spiegelung des »als solches sich Gebenden« aus der Phantasmagorie auszubrechen wähnt, treu der Benjaminschen Definition des Jugendstils als des Traums, in dem der Träumende zu erwachen träumt[22]. Darin sind Husserls Wesenslehre und die erkenntnistheoretische Parole »Zu den Sachen« eines Sinnes. Was nicht in der Bewußtseinsanalyse sich erschöpft, wird von dieser angesaugt und dann in deren eigenem Herrschaftsbereich so präsentiert, als wäre es Sein schlechthin. Das Subjekt erhöht sich selber, indem es seinem Produkt absolute Autorität zuspricht. Was als Überwindung des Idealismus sich gebärdet, treibt, wie im Hohn auf die Versöhnung von Subjekt und Objekt, einzig die Verfügungsgewalt herrschaftlichen Denkens bis in die Irrationalität: Denken verliert das kritische Recht übers Gedachte.

Der immanente Nachweis der Vermitteltheit des unmittelbar Gegebenen in sich selber überführt dessen Begriff eines Widerspruchs. Der aber erklärt sich eben damit, daß jener Begriff, der dingliches Dasein als Zusammenhang von Gegebenem fundieren soll, selber Produkt von Verdinglichung ist. Die Komposition des Objekts aus »Elementen« der Erkenntnis und ihrer Einheit supponiert das Abzuleitende. Termini wie Stoff, Materie, bei Husserl »ὕλη« der Erkenntnis, wie sie in aller Immanenzphilosophie das Gegebene benennen, erinnern nicht zufällig an jenen vom transzendenten Ding abgezogenen Charakter des Festen, an sich Seienden. Das Gegebene als ein von der Spontaneität des Bewußtseins Unabhängiges läßt einzig durch Redeweisen aus der Dingwelt sich charakterisieren. Die Nötigung dazu ist mehr als bloß verbal. Kommt doch gerade, was das Ich als sein Sicherstes und gleichwohl von ihm Getrenntes haben soll, dem Besitzbaren, zugleich Starren und Disponibeln am nächsten; die Umgrenztheit des Gegebenen, die von der Elementaranalyse unterstellt wird, ist die der Dinge als Eigentum, letztlich wohl deriviert von Besitztiteln. Dem entspricht, daß die Immanenzphilosophie sich von Anbeginn nicht etwa zur Aufgabe setzte, die Dingwelt im Ernst aufzulösen, ihre Existenz zu bestreiten, sondern sie »kritisch«, also durch die Evidenz der Selbstgewißheit hindurch, zu rekonstruieren. Damit ist sie vorweg aufs Ding als terminus ad quem vereidigt. Sie muß durch Reflexion die vorkritische Erfahrungswelt als eine von Dingen rechtfertigen. Die formalen Konstituentien aber, die Grundsätze der reinen Vernunft reichen dazu nicht aus. Sie bleiben uneigentlich, selbst bei Kant ein bloßes Begriffsnetz, welches dem Seienden übergeworfen ist und eines Materials der Erfahrung jeweils bedarf. Jene undisputable Sekurität, in der gerade erst die szientifische Rechtfertigung der Dingwelt sich bewähren würde, liefern sie nicht. Deshalb wird die Sekurität, mit zweiter, fetischistischer Dogmatik, in jenes Material verlegt, das durch die Abspaltung von der kategorialen Form zu einem ganz Unbestimmten, Abstrakten gemacht worden war. Seine Abstraktheit ist das Refugium, in dem das vom Ding sich verschanzt, was aus reiner Subjektivität sich nicht erzeugen läßt. Das Allersubjektivste, das dem Subjekt scheinbar ohne jegliche Zwischeninstanz unmittelbar Gegebene, ist zugleich das Residuum des Dinges als das dem Subjekt Allerfremdeste, worüber es keine Gewalt hat. Ohne das Modell des Dinges, das da von subjektiver Willkür unabhängig sein soll, würde das kategorienfreie Ansichsein des Gegebenen überhaupt nicht plausibel. Wie einmal das Ding, ist das Gegebene das, »worauf Denken sich bezieht«. Es soll inhaltlich sein, »da«, und zugleich immanent; seine Inhaltlichkeit, dem Bewußtsein gegenüber zufällig, ist aber seiner Immanenz, seinem bewußtseinseigenen Wesen inkompatibel, während doch Erkenntnistheorie, um nicht gegen ihr Prinzip zu freveln, sich auf die Immanenz des Gegebenen versteifen muß; die Konstruktion der Bewußtseinsimmanenz selber kann eines Begriffs von Gegebenem nicht entraten, um irgend inhaltlicher Aussagen, »synthetischer Urteile«, fähig zu sein. Das gesamte Schema von Form und Inhalt seit Kant läßt sich nur durchhalten, wofern vom Inhalt jenes Ansichsein prädiziert wird, das seinerseits von der Vernunftkritik attackiert war. Eben dieses Ansichsein nun kommt dem Gegebenen nicht zu; Bewußtsein, das es zu haben behauptet, weiß von ihm bloß vermittelt durch Bewußtsein; das haben die nachkantischen Idealisten durchschaut. Und selbst die Substitution des Gegebenen fürs Ansichsein des Dinges hilft der Erkenntnistheorie nicht aus der Not. Jene Abstraktheit des Gegebenen als des reduzierten Rests der vollen Erfahrung, die es dem undurchdringlichen Substrat anähnelt, beraubt es zugleich dessen, was es verbürgen soll, nachdem es einmal durch die Spaltung der Erkenntnis nach Form und Inhalt verlorenging: der Dignität des absolut Seienden. An seiner Abstraktheit wird das Gegebene als Resultat von Abstraktion kenntlich, als selbst erst Produziertes. Vergebens die Jagd nach Gegebenem als phänomenologischem Tatbestand. Selbst unter der Annahme bloßer Vorfindlichkeit sieht die Analyse stets wieder Strukturen sich gegenüber, die solche Gegebenheit transzendieren. Daher Husserls Tendenz, die übliche immanenzphilosophische Hierarchie umzustürzen und auf der Intentionalität anstatt der bloßen Empfindung aufzubauen. Seit den Prolegomena war er irre geworden an der Selbstverständlichkeit des Unverständlichen, der Fakten, und damit am Elementaren auch des Bewußtseins von Gegenständen, dem unmittelbar Gegebenen. Er hat deswegen später schüchtern versucht, den »Bewußtseinsstrom« als unendliches »Kontinuum« zu denken[23], das doch nicht wohl aus Elementarklassen von »Vorstellungen« komponiert sein könnte. Aber selbst in ihm soll »jedes einzelne Erlebnis ... wie anfangen, so enden und damit seine Dauer abschließen«[24]. Die traditionelle Erkenntnistheorie der »Erlebnisse« wird nicht liquidiert, sondern lediglich ihre Ordnung umgestülpt. Lieber als mit Gegebenheit die Illusion des dinghaft Festen zu opfern, die jene bereitet, reklamiert er die Attribute des Tragenden, Ersten für das nach der Sprache der Erkenntnistheorie Produzierte, Höhere. Wohl kennt auch die Hegelsche Phänomenologie Unmittelbarkeit auf immer höheren Stufen des Bewußtseins, der Vermittlung. Aber auf den Prozeß, der sie zeitigt, wird von Husserl nicht reflektiert. Verblendung gegen die Produktion verführt ihn, das Produkt für gegeben zu halten. Noch die Sphäre äußerster Abstraktion wird bewußtlos von der Gesamttendenz einer Gesellschaft beherrscht, die, weil sie von ihrer eigenen Dynamik nichts Gutes mehr erwartet, ihre je existenten verdinglichten Formen als endgültig, als Kategorien hypostasieren muß. Bei Husserl schon kündet, in den innersten Zellen der Erkenntnistheorie, jene Fetischisierung des nun einmal Seienden sich an, die in der Ära der Überproduktion bei gleichzeitiger Fesselung der Produktivkräfte sich übers totale gesellschaftliche Bewußtsein ausbreitet. Auch in diesem Sinn sind Husserls Wesenheiten »zweite Natur«.

Der Begriff der Gegebenheit hat jedoch, als ontisches Residuum inmitten des Idealismus, nicht bloß die Dingwelt zum Modell seiner Struktur, sondern setzt sie, die er zu begründen prätendiert, im striktesten Sinne bereits voraus. Gegebenheit erfordert ihrem eigenen Begriff nach ein Subjekt, auf das sie sich bezieht. Man kann von keinem Gegebenen schlechthin reden, sondern nur von dem, was »einem« gegeben ist oder, wie es der Sprache der Erkenntnistheorie gefällt, »mir«. Die idealistischen und positivistischen Immanenzphilosophen differierten vorab darin, daß jene die Notwendigkeit betonten, das Subjekt zu bestimmen, dem etwas gegeben sein muß, wenn anders der Ausdruck Gegebenheit nicht an Willkür alle Metaphysik überbieten solle, gegen die er ersonnen war. Auch die Suche nach dem Subjekt von Gegebenheit jedoch führt auf eine Antinomie. Offensichtlich darf es nicht das raumzeitliche, empirische, das je bereits konstituierte Subjekt sein; sonst wäre die notwendige Bedingung, unter welcher der Begriff der Gegebenheit steht, eben das, was im Gefolge der gesamten Tradition seit Hume und Kant erst als Zusammenhang von Gegebenem sich auszuweisen hatte. Einem »reinen«, transzendentalen Subjekt dagegen kann nicht wohl etwas gegeben sein. Denn es ist eine Denkbestimmung, ein Abstraktionsprodukt, das mit Unmittelbarem ohne weiteres gar nicht auf einen Nenner zu bringen ist, gar kein konkretes Ich, das einen konkreten Bewußtseinsinhalt hätte. Vom Gegebenen wäre das transzendentale Subjekt selbst durch die ontologische Differenz getrennt, die in seiner Konstruktion verschwinden soll. Sinnliches ist nicht unmittelbar für Unsinnliches da, sondern nur durch den Begriff, der die Sinnlichkeit nicht »ist«, sondern sie meint und damit aufhebt. Darum wohl hat Kant in der transzendentalen Ästhetik eine Schicht der konstitutiven Subjektivität behauptet, die reine Form der Sinnlichkeit sei, frei von aller empirischen Beimischung, aber auch von jeglicher denkenden Zutat des Subjekts. Die Dichotomie von Form und Materie bereitet unüberwindliche Schwierigkeiten in der Konzeption der »reinen Anschauung«, die da zur Form geschlagen wird, ohne daß irgendein Inhalt unabhängig von ihr zu isolieren ist. Auch keiner »reinen« Anschauungen wäre das ganz formale, transzendentale Subjekt, der bloße Inbegriff der Bedingungen möglicher Erfahrung, fähig. Kein von allem Empirischen emanzipiertes Subjekt kann überhaupt Form für Gegebenes, keinem – schon das »ihm« ist problematisch – kann etwas gegeben sein, keines kann woher auch immer einen solchen Inhalt empfangen. Kants abgründige Bemerkung über die Ungleichartigkeit reiner Verstandesbegriffe und sinnlicher Anschauungen* zeigt das Bewußtsein davon, unbestochen durch die

* cf. Kant, Kritik der reinen Vernunft, ed. Valentiner, Leipzig 1913, S. 182. Die Kantische Bemerkung hat ihre lange Vorgeschichte in der antiken Philosophie. Einer Angabe des Theophrast in »De Sensu« zufolge lehrte bereits

Lockung der Konsistenz des eigenen Systems. Erkenntnis vermag ihr mimetisches Moment niemals ohne Rest auszutreiben, die Anähnelung des Subjekts an die Natur, die es beherrschen will und aus der Erkenntnis selber entsprang. Die Ähnlichkeit, »Gleichheit« von Subjekt und Objekt, auf die Kant stieß, ist das Wahrheitsmoment dessen, was die Bilder- und Zeichentheorie in verkehrter Form, der von Verdopplung ausspricht. Daß die Erkenntnis oder die Wahrheit ein Bild ihres Gegenstandes sei, ist der Ersatz und Trost dafür, daß das Ähnliche vom Ähnlichen unwiederbringlich weggerissen ward. Der Bildcharakter der Erkenntnis verdeckt, als falscher Schein, daß Subjekt und Objekt nicht mehr sich ähneln – und das heißt nichts anderes, als daß sie einander entfremdet sind. Nur im Verzicht auf jeden solchen Schein, in der Idee bilderloser Wahrheit, ist die verlorene Mimesis aufgehoben, nicht in der Bewahrung ihrer Rudimente. Jene Idee lebt in Husserls Sehnsucht nach den »Sachen selbst«. Es wäre die »von der Kraft des Namens, . . . bildlos, Zuflucht aller Bilder«[25]. Erkenntnistheorie aber, welche die Vereinung des Entzweiten vom Subjekt her stiften will, ist auf fixierte Begriffe wie Form und Inhalt als auf ihre Elemente angewiesen. Darum muß sie ein tertium comparationis suchen, das jene zusammenzubringen ermöglicht.

der Parmenides die Ähnlichkeit zwischen Wahrnehmendem und Wahrgenommenem, während Heraklit vertreten habe, nur das Unähnliche, Entgegengesetzte könne das Ähnliche erkennen. Platon folgte der eleatischen Tradition. Aristoteles führte selbst die Platonische μέθεξις auf eine Lehre von der Ähnlichkeit zurück: die Pythagoreische, daß die Dinge durch Nachahmung der Zahlen existierten (Metaphysik A, 987b). Unter den Beweisen für die Unsterblichkeit der Seele im Phaidon fehlt nicht das Argument, der Ähnlichkeit des Leibes mit der Erscheinungs- entspreche eine der Seele mit der Ideenwelt (St. 79). Davon ist nicht weit bis zum Schluß auf die Ähnlichkeit von Subjekt und Objekt als Bedingung der Erkenntnis. Ist Rationalität insgesamt die Entmythologisierung mimetischer Verhaltensweisen (cf. Max Horkheimer und Theodor W. Adorno, Dialektik der Aufklärung, Amsterdam 1947, S. 38 ff.), so kann es nicht wundernehmen, daß das mimetische Motiv in der Reflexion auf die Erkenntnis sich am Leben erhält; vielleicht nicht bloß als archaisches Rudiment, sondern weil Erkenntnis selber ohne den wie immer auch sublimierten Zusatz von Mimesis nicht konzipiert werden kann: ohne sie wäre der Bruch von Subjekt und Objekt absolut und Erkenntnis unmöglich.

Sinnlich Gegebenes, die ὕλη, die selbst Husserl zufolge aller Erkenntnis, sei es auch erst durch »Erfüllung«, ihren Inhalt verleiht, verlangt nach ihresgleichen, um überhaupt da sein zu können. Was rein wäre von aller Sinnlichkeit, dem fiele Sinnliches nicht zu, ein wie immer auch abstraktiv dem raumzeitlichen Kontinuum enthobenes Subjekt hätte keine Anschauungen. Der Bannfluch über den »Naturalismus« erspart der Erkenntnistheorie nicht, bei der Analyse des Gegebenen auf den sinnlichen Apparat, die Sinnesorgane zu rekurrieren. Sie aber sind nach den Spielregeln der Erkenntnistheorie ein Stück Dingwelt, und darum verfängt die Erkenntnistheorie sich im ὕστερον πρότερον. Das eingeschliffene Gebot, die Sinnesorgane ebenso wie die individuelle Person, die sie trägt, seien von der Konstitutionsanalyse auszuschließen, ist einzig ein Stück apologetischer Strategie. Phänomenologsich gesprochen, gehörte »mit den Augen« zum Sinn von Sehen und wäre nicht erst kausale Reflexion und theoretisierende Erklärung*. Sehen wäre ohne Auge, Hören ohne Ohr überhaupt nicht zu fassen. Die μετάβασις εἰς ἄλλο γένος,

* Husserl ist dem überraschend nahe gekommen in der »Reduktion der transzendentalen Erfahrung auf die Eigenheitssphäre« (Cartesianische Meditationen und Pariser Vorträge, Haag 1950, § 44). »Unter den eigenheitlich gefaßten Körpern dieser Natur finde ich dann in einziger Auszeichnung meinen Leib, nämlich als den einzigen, der nicht bloßer Körper ist, sondern eben Leib, das einzige Objekt innerhalb meiner abstraktiven Weltgeschichte, dem ich erfahrungsgemäß Empfindungsfelder zurechne, obschon in verschiedenen Zugehörigkeitsweisen (Tastempfindungsfeld, Wärme-Kältefeld usw.), das einzige, in dem ich unmittelbar schalte und walte und in Sonderheit walte in jedem seiner Organe –. Ich nehme, mit den Händen kinästhetisch tastend, mit den Augen ebenso sehend usw. wahr und kann jederzeit so wahrnehmen, wobei diese Kinästhesen der Organe im Ich tue verlaufen und meinem Ich kann unterstehen; ferner kann ich diese Kinästhesen ins Spiel setzend stoßen, schieben usw. und dadurch unmittelbar und dann mittelbar leiblich handeln.« (l. c., S. 128.) Daß dem Leib Empfindungsfelder zugerechnet werden, wäre für den Ansatz der Phänomenologie von unabsehbarer Tragweite, wenn aus der Deskription Folgerungen gezogen würden; Zurechnung ist dabei ein vager Ausdruck für die unauflösliche Einheit von Organ und sinnlicher ὕλη. Das Zugeständnis solcher Einheit liefe aber auf nichts Geringeres hinaus, als daß die Empfindung, nach Husserls Doktrin unmittelbarer irreduktibler Tatbestand des transzendentalen ego, gar nicht isoliert werden kann von den Sinnesorganen. Sie wäre phänomenal verschmolzen mit einem als Tatsache des Bewußtseins nicht Ausdrückbaren:

das Gegebene, den primären Erkenntnisstoff nachträglich aus den Sinnesorganen als dem daraus selbst Konstituierten abzuleiten, ist kein korrigibler Denkfehler: ihre Unvermeidlichkeit überführt den immanenzphilosophischen Ansatz der eigenen Falschheit. Sinnliche Phänomene sind überhaupt nur den »Sinnen« kommensurabel und unabhängig von ihnen nicht aufweisbar, nicht »da«. Die deiktische Methode, die im Gegensatz zur definitorischen das sinnlich Gegebene ergreifen will, muß ausdrücklich oder unausdrücklich an die Sinnesorgane appellieren, um irgend zu »zeigen«, was Sinnliches und was Sinnlichkeit sei. Das »mir«, nach dem die Gegebenheit notwendig verlangt, ist das Subjekt als ein sinnlich Bestimmtes, eines das sehen und hören kann, und eben das ist einem transzendentalen oder reinen Subjekt versagt. Die statische Gegenüberstellung von Constituens und Constitutum langt nicht zu. Hat die Erkenntnistheorie herausgearbeitet, daß das Constitutum des Constituens bedarf, so muß umgekehrt die Analyse, wofern sie sich nicht die eigene Idealität ebenso naiv vorgibt wie der naive Realismus die Realität, die für konstitutiv geltenden Tatsachen des Bewußtseins dem eigenen Gehalt, ja der eigenen Möglichkeit nach auf das beziehen, was der herkömmlichen Erkenntnistheorie zufolge erst konstituiert ist. Die Ahnung davon lebt in Husserls Insistenz auf Noesis und Noema; sie bleibt ohnmächtig, weil er den Tabus der Erkenntnistheorie sich beugt, die sein tiefster Impuls durchbrechen möchte.

Die Kantische transzendentale Ästhetik findet mit dem quid pro quo von Constituens und Constitutum sich ab, indem sie die Sinnlichkeit entsinnlicht. Ihre reine Anschauung ist nicht mehr anschaulich. Die Verwiesenheit des Gegebenen auf ein je schon Konstituiertes schlägt in der Kantischen Terminologie sich nieder, in Redeweisen wie eben jener immer wiederkehrenden, daß »uns« Gegenstände gegeben seien[26]. An ihrem Widerspruch zur Lehre vom Gegenstand als bloßer Erscheinung hat man seit Maimon sich gestoßen, anstatt des impliziten Zugeständnisses der Grenze der Apriorität an jenem Constitutum innezuwerden,

das Constituens wäre so abhängig vom Constitutum wie dieses von jenem. An dieser Stelle muß Husserls Analyse verstummen, wenn sie nicht die gesammte ἐποχή durch einen in dieser gewonnenen Befund sprengen will.

dessen Konstitution der Apriorismus leisten soll. Aber im Zentrum des Kantischen Versöhnungsversuchs wohnt eine Paradoxie, zu welcher der unauflösliche Widerspruch sich zusammengezogen hat. Er wird sprachlich indiziert von der Nomenklatur »reine Anschauung« für Raum und Zeit. Anschauung als unmittelbare sinnliche Gewißheit, als die Gegebenheit unterm Aspekt des Subjekts, benennt einen Typus von Erfahrung, der, als eben ein solcher, überhaupt nicht »rein«, nicht von Erfahrung unabhängig sein kann; reine Anschauung wäre ein hölzernes Eisen, Erfahrung ohne Erfahrung. Wenig hülfe es, wenn man die reine Anschauung als laxe Redeweise für die von allem besonderen Inhalt gereinigten Formen der Anschauung interpretierte. Daß Kant vielmehr in der transzendentalen Ästhetik zwischen den Ausdrücken »Form der Anschauung« und »reine Anschauung« schwankt, bezeugt die Inkonsistenz der Sache. Er will verzweifelt, wie mit einem Schlag, Unmittelbarkeit und Apriorität auf den gemeinsamen Nenner bringen, während der Begriff der Form, als auf einen Inhalt verwiesen, selbst bereits eine Vermittlung, wenn man will ein Kategoriales darstellt. Die reine Anschauung, als unmittelbar und nicht begrifflich, wäre eben selbst sinnlich, »Erfahrung«; die reine, von der Beziehung auf jeglichen Inhalt gelöste Sinnlichkeit keine Anschauung mehr, sondern einzig »Gedanke«. Eine Form der Sinnlichkeit, die das Prädikat der Unmittelbarkeit verdiente, ohne doch selber Gegebenheit zu sein, ist absurd. Die Formen der Sinnlichkeit werden von Kant überhaupt nur darum den Kategorien, unter denen sie ja, wie jener moniert, bei Aristoteles ohne Differenzbestimmung eingeführt waren, so emphatisch gegenübergestellt, weil sonst die in diesen Formen angeblich vorhandene unmittelbare Gegebenheit gefährdet wäre: Kant müßte zugestehen, daß das »Material«, an dem die kategoriale Arbeit sich betätigen soll, selbst bereits vorgeformt sei. Raum und Zeit, so wie die transzendentale Ästhetik sie herauspräpariert, sind allen gegenteiligen Versicherungen zum Trotz Begriffe, nach Kantischer Redeweise Vorstellungen einer Vorstellung. Sie sind nicht anschaulich, sondern die obersten Allgemeinheiten, unter denen »Gegebenes« befaßt wird. Daß aber in der Tat von keinem Gegebenen unabhängig von diesen Begriffen die Rede sein kann, macht Gegebenheit selber zu einem Vermittelten. Soviel ist wahr an der Kantkritik des spekulativen Idealismus, welche den Gegensatz von Form und Inhalt verflüssigte. Keine Materie ist von den Formen abzusondern. Dennoch aber ist die Form einzig als Vermittlung der Materie. In solchem Widerspruch drückt Einsicht in die Nichtidentität, die Unmöglichkeit sich aus, in subjektiven Begriffen ohne Überschuß einzufangen, was nicht des Subjekts ist; schließlich das Scheitern von Erkenntnistheorie selber. Die gesamte Konzeption des Schematismuskapitels ist objektiv dadurch motiviert, daß Kant nachträglich des kategorialen Wesens dessen, was ihm Sinnlichkeit heißt, innewird. Dadurch, daß er, was als Rohmaterial der Erkenntnis am Anfang stand, durch eine »verborgene Kunst in den Tiefen der menschlichen Seele«[27] vorgeformt sein läßt, kann er die Gleichartigkeit von kategorialer Form und sinnlichem Inhalt statuieren, ohne welche die beiden »Stämme« der Erkenntnis schlechterdings nicht zusammenfänden. Die Lehre vom Schematismus widerruft unausdrücklich die transzendentale Ästhetik. Gälte diese in der Tat so, wie die Architektur des Systems es vorschreibt, dann wäre der Übergang zur transzendentalen Logik ein Wunder. Wird aber die reine Sinnlichkeit, in voller Konsequenz des Programms der Ästhetik, ihrer Materie enteignet, so reduziert sie sich auf ein selbst bloß Gedachtes, ein Stück transzendentaler Logik, und es wäre nicht zu verstehen, wieso Denken erst hinzuträte. Kant selbst, der den begrifflichen Charakter von Raum und Zeit bestreitet[28], kommt doch nicht darüber hinweg, daß Raum und Zeit nicht vorgestellt werden können ohne Räumliches und Zeitliches. Insofern sind sie selber nicht anschaulich, nicht »sinnlich«. Diese Aporie erzwingt die kontradiktorischen Aussagen, daß einerseits Raum und Zeit »Anschauungen«[29] seien, andererseits »Formen«.

Bei Husserl wie in der gesamten philosophischen Kunstsprache ist der Begriff der Gegebenheit äquivok. Er umfaßt gleichermaßen die sinnlichen Momente des Bewußtseinslebens wie diejenigen mit symbolischer Funktion, nach Husserlscher Terminologie die »Akte«. Diese Zweideutigkeit entspringt in dem Bedürfnis, das Gegebene wie den naturalistischen Begriffen so der spekulativen Willkür zu kontrastieren. Zugleich schlägt in ihr durch, daß das ens concretissimum der Erkenntnistheorie, die Eindrucksbestandteile oder »Empfindungen«, selber bereits Abstraktionen sind: nirgends kommen sie rein, unabhängig von den kategorialen Momenten vor und können nur gewaltsam, auf Kosten des Sachverhalts, der Gegebenheit als solcher, aus der Komplexion des Bewußtseins herausgerissen werden. Die Bewußtseinsanalyse vermag die Dialektik des Gegebenheitsbegriffs nicht durchaus zu umgehen. Sie klingt an in Husserlschen Formulierungen wie der, daß sich der Bewußtseinsstrom in der »Doppelheit und Einheit sensueller ὕλη und intentionaler μορφή«[30] konstituiere. Der letzteren nun wird der Vorrang erteilt: es gleiche »die Intentionalität, abgesehen von ihren rätselvollen Formen und Stufen, auch einem universellen Medium ..., das schließlich alle Erlebnisse, auch die selbst nicht als intentionale charakterisiert sind, in sich trägt«[31]. Das Verhältnis ist also umgekehrt gegenüber der gesamten nominalistischen Tradition, jenem Typus der Bewußtseinszergliederung, der sich davon leiten ließ, daß die Vorstellungen etwas wie blasse Nachbilder der Empfindungen seien. Husserl hat damit die Erkenntnistheorie dem Platonischen Realismus der Logik und seiner Behauptung der Unabhängigkeit der Allgemeinbegriffe von der Abstraktion angepaßt: das stoffliche Moment ist ihm auch im Prozeß inhaltlicher Erkenntnis nicht eigentlich deren Substrat, sondern bloße Funktion des geistigen Moments, Akzidens. Zugleich aber verbietet ihm die positivistische Komposition des Bewußtseins aus Schichten oder Erlebnisklassen den in seiner eigenen These vom Vorrang der Intentionalität implizierten Gedanken der Vermittlung der Unmittelbarkeit. Statt dessen stellt er lediglich die statische Hierarchie der üblichen erkenntnistheoretischen Klassen auf den Kopf, ohne jene selbst anzutasten. Was dem Herkommen das erste war, die Empfindung, das Kantische »Material«, wird ihm zum letzten, einem vom Fortgang der Erkenntnis herbeizitierten τέλος, der endlichen »Erfüllung« der Intention[32]. Das eigentlich unmittelbare, stoffliche Moment an der komplexen Wahrnehmung erscheint Husserl, dem ja die Wahrnehmung unmittelbares Wissen von ihrem Gegenstand ist, als ein nachträglich erst Hinzutretendes. Das

Verlangen nach der »Verifizierung« eines Wahrnehmungsaktes – der als solcher dem Irrtum unterliegt – durch die Bestätigung der der Wahrnehmung innewohnenden Erwartungen, führt dazu, daß die Probe auf die Erkenntnis mit deren Motivation verwechselt wird. Nachdem der Primat der Intentionalität tendenziell den Empfindungsbegriff weggeräumt hat, soll Erfüllung der Intention den verlorenen Stoff wieder hinzufügen. Das Ungereimte daran ist, daß Wahrnehmung zwar, als Bewußtsein von etwas, zu den intentionalen Akten rechnet, aber dabei eines neuen Moments, eben der Erfüllung, bedarf, die doch nach Husserls Theorie von nichts anderem geleistet werden kann als von Wahrnehmung selber. Diesem paradoxalen Erfüllungsbegriff mißt Husserl Schlüsselcharakter zu: er definiert Evidenz als Erfüllung, und sie gilt ihm als Kriterium der Wahrheit: »Der Begriff Bestätigung bezieht sich ausschließlich auf setzende Akte im Verhältnis zu ihrer setzenden Erfüllung und letztlich zu ihrer Erfüllung durch Wahrnehmungen. Diesem besonders ausgezeichneten Falle widmen wir eine nähere Überlegung. In ihm liefert das Ideal der Adäquation die Evidenz. Im laxeren Sinne sprechen wir von Evidenz, wo immer eine setzende Intention (zumal eine Behauptung) ihre Bestätigung durch eine korrespondierende und vollangepaßte Wahrnehmung, sei es auch eine passende Synthesis zusammenhängender Einzelwahrnehmungen, findet.«* Wahrnehmung, als »setzende Intention«, soll demnach buchstäblich erfüllt, bestätigt, evident werden durch Wahrnehmung, die äquivok in ihre zweite, hyletische Bedeutung hinüberspielt, während Husserl den Empfindungsbegriff ängstlich vermeidet. Aus der Bagatellisierung des hyletischen Moments als bloßer »Bestätigung« der Wahrnehmung zieht die phänomenologische Doktrin entscheidenden Gewinn mit Hinblick auf ihr durchgängiges Bemühen, das heterogene Moment, an dem der eidetische Apriorismus seine Grenze hätte, verschwinden zu lassen. Weil es eine Wesensgesetzlichkeit des Meinens sei, Erfüllung zu erheischen, wird diese selbst ins Reich der Wesen versetzt und die Faktizität, das nicht »Reine«,

* Husserl, Logische Untersuchungen, 2. Bd., II. Teil, Halle 1921, S. 121. – Wahrnehmung selber ist schon vorher ausdrücklich als Erfüllung definiert (cf. l. c. S. 116).

der Vernunft nicht Durchsichtige dort, wo es den hartnäckigsten Widerstand leistet, bei der Begründung gegenständlicher Wirklichkeit, in ein von Vernunft Vorgezeichnetes, schließlich eine bloße Vernunftbestimmung verflüchtigt. Ist aus der ὕλη der Erkenntnis einmal deren bloße »Erfüllung« geworden, so stellt die ὕλη doppelt leicht sich selber dar als Bestandstück kategorialer Apparatur, als Mechanismus fortschreitender Anpassung des Bewußtseins an ein Etwas, das eben durch diese Behandlung weganalysiert ist. Die Erfüllungstheorie erweist sich vollends als zirkelschlüssig dadurch, daß die Erfüllung vom »Gegenstand« erwartet wird, den die Wahrnehmung gäbe oder als ein Gegenwärtiges präsentiere[33]. Ist doch das der Wahrnehmung Gegenwärtige nach Husserls Theorie eben wiederum nicht bloße ὕλη, sondern ein selber bereits »Kategorisiertes«, nämlich nur durch die Intention Gemeintes. Die Erfüllung der Wahrnehmung als einer Intention würde vom Sinn dieser Intention und nicht von der Empfindung vollbracht. Das phänomenologische Bewußtsein stößt auf der Suche nach dem Was, auf das es sich bezieht, immer wieder nur auf sich selbst. Wo Husserl versucht, der Unendlichkeit der ineinander fundierten Intentionen Einhalt zu gebieten, verfängt er sich im Spiegelsystem der Intentionen, und die Sisyphusanstrengung, von der Intention her den Stoff zu bestimmen, wird auch noch zur weiteren Handhabe für die Verleugnung der ontologischen Differenz. Husserls Erkenntnistheorie vereint eine an den »Sachen« – hier dem Fortschritt untriftigen Meinens zur Evidenz – orientierte Bewußtseinsanalyse mit der Verabsolutierung des Geistes. Jenes Nichtidentische, mit dessen Bearbeitung dem älteren Idealismus und Positivismus zufolge Erkenntnis anhebt, wird an deren äußersten Rand verwiesen wie die Wilden in der süffisanten Zivilisation des Imperialismus; damit aber auch das kritische Motiv, die Entscheidung über Dasein, aus der Erkenntnistheorie verscheucht. Sie beruhigt sich dabei, daß der Begriff der Erfüllung selbst von der Wesensstruktur des Bewußtseins, geistig also, erheischt sei, und entzieht sich dem, was sie, über diese Struktur hinaus, als Faktisches, Nichtgeistiges beibringt; dem was sie, Kantisch gesprochen, dem bloßen Begriff hinzufügt. Damit aber der eigentlichen Rechtsfrage von Erkenntnis. Philosophie ersetzt ihren Anspruch, über Richtigkeit und Falschheit inhaltlicher Urteile zu befinden, durch einen Aufriß der apophantischen Formen, in dem auch die »Erfüllung« ihr bescheidenes Plätzchen findet. Der Vorrang der Intentionalität zerstört, bei immerwährender Beteuerung konkreter Fülle, die Beziehung der Philosophie aufs Wirkliche und erlaubt eine risikolose, aber unverbindliche Phänomenologie von allem und jedem, gar nicht so unähnlich dem Relativismus, dem die »Prolegomena« den Garaus machen sollten.

Unterm Primat der Intentionalität verschwimmt deren Differenz vom nicht Intentionalen. Gewiß durchdringen sich beide Momente in Wahrheit. Husserl will dem im zweiten Band der Logischen Untersuchungen gerecht werden durch den Begriff der Beseelung der Empfindungskomplexion: »Die Empfindungen werden offenbar nur in der psychologischen Reflexion zu Vorstellungsobjekten, während sie im naiven anschaulichen Vorstellen zwar Komponenten des Vorstellungserlebnisses sind (Teile seines deskriptiven Inhaltes), keineswegs aber dessen Gegenstände. Die Wahrnehmungsvorstellung kommt dadurch zustande, daß die erlebte Empfindungskomplexion von einem gewissen Aktcharakter, einem gewissen Auffassen, Meinen beseelt ist; und indem sie es ist, erscheint der wahrgenommene Gegenstand, während sie selbst so wenig erscheint wie der Akt, in dem sich der wahrgenommene Gegenstand als solcher konstituiert.«[34] Wenn andererseits jedoch, im Anschluß daran, vom »Inhalt der Empfindung« die Rede ist, so stiftet die phänomenologische Schmiegsamkeit bei gleichzeitiger Konservierung der traditionellen Begriffe folgenreiche Verwirrung. Der Empfindungsbegriff wird nichtig, sobald die Empfindung einen Inhalt haben, also in irgendeinem Sinn etwas »meinen« soll, während sie doch eben als ὕλη, als absoluter Inhalt definiert ist. Husserls Intentionalitätsbegriff ist total, aber die Differenz von Empfindung und Intentionalität wird als solche von ihm nicht kritisiert, und das belastet seine Konzeption des Stoffmoments aufs schwerste. Es resultiert ein quid pro quo von Empfindung und Wahrnehmung, dank dessen die vom sinnlichen Eindruck erborgte unmittelbare Gewißheit sich mit der in Husserls Konzeption von der Intentionalität supponierten Gegenständlichkeit verbindet. Während bei Husserl die Empfindung, den »funktionalen Problemen« eingeordnet und als »Erfüllung« von der Intention abhängig gemacht, in Wahrnehmung, ins »Geben« eines Gegenständlichen übergeht, geht umgekehrt die Wahrnehmung im Namen schlichter sinnlicher Gegenwart in Empfindung über. Um nur ja nicht der Vermögenspsychologie des achtzehnten Jahrhunderts, der »Mythologie der Tätigkeiten« zu verfallen, gehorcht er dem kaum weniger mythischen Gebot, starr auf »Sachverhalte« zu blicken, wo deren Begriff inadäquat ist. Solcher Blick verhext alles Werden in Sein: die Wahrnehmung, die ihm selber doch als Akt gilt, ins gleichsam passive Haben des Objekts als eines fertigen vis à vis des Bewußtseins. »Der Gedanke der Betätigung muß schlechterdings ausgeschlossen bleiben«[35] – auch wenn, wie bei allem Denken, Spontaneität, ein Tun des Subjekts selber zum phänomenologischen »Sachverhalt« gehört. Der Reinigung des phänomenologisch »Beobachteten« von Tätigkeit zuliebe wird die Wahrnehmung in die Passivität absoluter Unmittelbarkeit verschoben, gleichsam in Empfindung zurückübersetzt, während ihr doch zugleich mehr an Erkenntnisleistung zugemutet wird als der Empfindung. Wenn indessen die Intention, wie Husserl es will, etwas »selbst« meint[36], so wird dadurch gleichwohl dies Selbst nicht zu einem Unmittelbaren wie die Empfindung: das hieße Symbolisiertes und Symbol verwechseln. Dessen aber macht Husserls Wahrnehmungstheorie sich schuldig. Er behauptet jenes »Selbst«, das in der Wahrnehmung gemeint ist, als ein schlechthin Letztes, Unmittelbares, während der Ausdruck »selbst« zunächst nur die logische Identität anzeigt; daß also etwa ein Akt, der auf ein »Selbst« geht, damit nicht als seine Bedeutung die Synthesen ausdrückt, die dies Selbst stiften; – ohne daß doch dadurch etwas darüber präjudiziert wäre, ob dies »Selbst« primäre Tatsache des Bewußtseins oder ein erst Gestiftetes sei. »Die Wahrnehmung«, sagt Husserl, »indem sie den Gegenstand ›selbst‹ zu geben prätendiert, prätendiert damit eigentlich, überhaupt keine bloße Intention zu sein, vielmehr ein Akt, der anderen Erfüllung bieten mag, aber selbst keiner Erfüllung mehr bedarf.«[37] Das wäre die Negation ihres Aktcharakters; sie wäre buchstäblich unmittelbares Wissen. Dabei könnte der elementare

Fall der Dingwahrnehmung darüber belehren, daß diese, um Erkenntnis zu sein, ebensogut der »Erfüllung« bedürfte wie andere, »höhere« Akte; nimmt man in deutschen Städten nach dem zweiten Krieg ein Haus in strikt frontaler Perspektive wahr, so muß man oft genug zur Seite treten, um zu wissen, ob man wirklich ein Haus sieht oder bloß die intakte Mauer eines eingestürzten. Eine solche Möglichkeit wird von Husserl nicht berücksichtigt. Noch in den »Ideen« bleibt Dingwahrnehmung, Bewußtsein eines Vermittelten, »originär«, also unvermittelt: »Umgekehrt werden wir von jedem Erlebnis aus, das schon als solche Modifikation charakterisiert, und dann immer in sich selbst als das charakterisiert ist, zurückgeführt auf gewisse Urerlebnisse, auf ›Impressionen‹, die die absolut originären Erlebnisse im phänomenologischen Sinn darstellen. So sind Dingwahrnehmungen originäre Erlebnisse in Relation zu allen Erinnerungen, Phantasievergegenwärtigungen usw. Sie sind so originär, wie konkrete Erlebnisse es überhaupt sein können. Denn genau betrachtet haben sie in ihrer Konkretion nur eine, aber auch immerfort eine kontinuierlich fließende absolut originäre Phase, das Moment des lebendigen Jetzt.«[38] Durch das »So sind« werden hier die Dingwahrnehmungen unter die »Impressionen« eingereiht und damit die Distinktion von Empfindung und Wahrnehmung weggewischt. Die Konsequenz einer scheinbar so geringfügigen Wendung kann kaum überschätzt werden. Denn das Phantasma unmittelbaren Wissens von Vermitteltem, das von ihr erzeugt ward, blieb die wie immer auch unausdrückliche Bedingung aller späteren Restauration einer Seinsmetaphysik, die von Kritik sich dispensiert hält. Kritik heißt nichts anderes als die Konfrontation des Urteils mit den Vermittlungen, die ihm selbst innewohnen.

Nach der Kantischen Terminologie ist Wahrnehmung »das empirische Bewußtsein, d. i. ein solches, in welchem zugleich Empfindung ist«[39]. Dem entsprach noch Husserls Definition aus der ersten Logischen Untersuchung des zweiten Bandes, es bestünde »der wesentliche Charakter der Wahrnehmung in dem anschaulichen Vermeinen, ein Ding oder einen Vorgang als einen selbst gegenwärtigen zu erfassen«[40]. Wie Kant kontrastiert Husserl Wahrnehmung der Empfindung, die doch in gewisser Weise in jener »enthalten« sein soll. Dann aber wird der Gegensatz der Wahrnehmung als intentionalen Akts – also unmittelbaren Wissens – zur Unmittelbarkeit der Empfindung immer mehr vernachlässigt. Der sechsten Logischen Untersuchung zufolge »ist der Erkenntnisakt im Erlebnis auf den Wahrnehmungsakt gegründet«[41], und später: »Die Wahrnehmung, als Präsentation, faßt den darstellenden Inhalt so, daß mit und in ihm der Gegenstand als selbst gegeben erscheint.«[42] Was aber soll »Selbstgegebenheit« besagen, wenn das Selbstgegebene, also Unmittelbare, nur »in und mit« einem Anderen, also mittelbar gegeben ist? So führt Husserls Wahrnehmungslehre auf eine flagrante Antinomie. Trotz der reinen »Selbstdarstellung«, also unmittelbaren Gegebenheit des Gegenstandes soll dieser vom »Akt« verschieden, durch ihn gemeint, vermittelt sein, und das wäre möglich nur, wenn der Gegenstand an sich vor aller kritischen Analyse gesetzt wäre. Je mehr »Intentionalität«, je mehr also dem reinen faktenfreien Denken der Vorrang über allen Stoff und alles Daseiende zuerteilt wird, desto mehr wird der subjektiv intendierte Gegenstand dem entfremdet, das da intendiert, denkt. In der sechsten Logischen Untersuchung macht Phänomenologie die eigene Verblendung zum Programm: Husserl will in der Analyse der Wahrnehmung die »kategorialen Formen ... mit Vorbedacht ignorieren«[43]. Wahrnehmung jedoch – nach dem historischen Sprachgebrauch stets auf Gegenständliches bezogen – läßt sich, ist einmal der naive Realismus verworfen, nur als denkende Leistung, Kantisch als »Apprehension in der Anschauung«, als Kategorisierung deuten; nach Abzug der kategorialen Formen bliebe die bloße ὕλη zurück. Der naive Realismus würde der Wahrnehmung den Charakter der Unmittelbarkeit, des Vorkategorialen retten, aber die Bewußtseinsimmanenz sprengen, auf deren Analyse der Gewißheitsanspruch der Erkenntnistheorie sich gründet. Die Insistenz auf dem kategorialen Anteil an der Wahrnehmung dafür bliebe zwar immanent und »kritisch«, opferte aber die Unmittelbarkeit und damit den Anspruch der Wahrnehmung, transzendentes Sein in reiner Immanenz ursprünglich, absolut zu begründen. Husserl jedoch möchte das eine haben und das andere nicht lassen. Darum trägt er die Antinomie theoretisch nicht aus und fällt ihr so erst recht zum Opfer. Weil er dem Phantom eines schlechthin Ersten nachjagt, ohne daß doch die Analyse des »reinen Bewußtseins« je darauf führte, muß er das dem eigenen Begriff nach Erste zum Zweiten machen und das Zweite zum Ersten. Der Aufbau seiner Erkenntnistheorie aber ist die unablässige Bemühung um die Korrektur jener Widersprüche durch Einführung von Hilfsbegriffen, die, erzeugt aus der Not der Logik, doch immer so auftreten müssen, als wären sie die Deskription von Sachverhalten: das schreibt der Phänomenologie jenes Grundgesetz vor, demzufolge sie stets wieder, vielleicht nach dem Modell der Mathematik, Gegenstände, Regionen, Begriffe erfindet, um sie dann mit dem Gestus des unbeteiligten Zuschauers oder ergriffenen Entdeckers zu beschreiben und zu analysieren.

In die Schwierigkeiten der Wahrnehmungstheorie gerät Husserl, weil er gleich den Nachfolgern Kants der ὕλη als eines bewußtseinsheterogenen Elements sich entschlagen möchte. Damit gewinnt von den Impulsen seiner Philosophie der idealistische die Oberhand. Aber zugleich meldet sich in der These von der Verflochtenheit der Wahrnehmung mit der Empfindung das Wissen an, daß auch die Empfindung nicht jenes absolut Erste beistellt, das seine Erkenntnistheorie sucht. Wohl markiert die Empfindung, unterste Stufe der herkömmlichen Hierarchie des Geistes wie des Husserlschen phänomenologisch reinen Bewußtseins, eine Schwelle. Unausrottbar aus ihr ist das materialistische Element; sie grenzt an physischen Schmerz und an Organlust; ein Stück Natur, das nicht auf Subjektivität sich reduzieren läßt. Aber durchs somatische Moment wird die Empfindung nicht zur reinen Unmittelbarkeit. Die Insistenz auf der Vermitteltheit eines jeglichen Unmittelbaren ist das Modell dialektischen Denkens schlechthin, auch des materialistischen, insofern es die gesellschaftliche Präformiertheit der kontingenten, individuellen Erfahrung bestimmt. An der bloßen Empfindung aber hat die Dialektik darum keinen materialistischen Boden, weil Empfindung trotz ihres somatischen Wesens gegenüber der vollen Realität durch die Reduktion auf subjektive Immanenz ganz verdünnt ist. Wäre es wahr, daß die materielle Realität einzig als Empfindung, »sinnliche Gewißheit« in das sogenannte »Bewußtsein« hineinragt, dann würde erst recht die Objektivität zur kategorialen Leistung des Subjekts, zur »Zutat« gemacht, auf Kosten des Begriffs einer dem einzelnen Subjekt vorgeordneten und es umgreifenden gesellschaftlichen Realität. Die Einsicht in das subjektiv Vermittelte der Empfindung dagegen führt darauf, daß das vermittelnde Ich seinerseits gar nicht als reines sondern nur als raumzeitliches und damit wiederum als Moment von Objektivität gedacht werden kann. Die Vermittlung der Empfindung im Subjekt ist alles eher als rein ontologisch; das Subjekt, ohne welches von Empfindung nicht die Rede sein kann, ist, damit es der Empfindung fähig sei, selber schon mundan. Sein eigener Begriff transzendiert die Sphäre der reinen Immanenz, in der der abstrakte Begriff der Empfindung gefangen bleibt. Es ist aber danach auch nicht umgekehrt die Dialektik ins Objekt aufzulösen: in diesem steckt, als Differenzbestimmung, Subjektivität, und die Frage nach dem Anteil beider ist nicht generell, invariant zu schlichten. Erst die Kritik der abstrakten Empfindung wie des abstrakten Ich denke und des Seins schlechthin schafft Raum für eine Bewegung des Begriffs, die so wenig durch die Thesis der Identität von Subjekt und Objekt wie die ihres starren Dualismus präjudiziert ist; – ohne daß doch darum der Umschlag aus dem Idealismus heraus automatisch, kraft dessen bloßer Konsequenz erfolgte. Weder kann das unmittelbare Moment der Empfindung von der Vermittlung isoliert werden, noch umgekehrt, wie bei den nachkantischen Idealisten, die Vermittlung vom Moment der Unmittelbarkeit. Nicht ist die Empfindung in »Geist« zu verflüchtigen – das wäre Spiritualismus und Ideologie – sondern dem Einhalt zu gebieten, daß Vermittlung und Unmittelbarkeit voneinandergerissen, das eine oder das andere verabsolutiert werde.

Die beiden gleichermaßen problematischen Begriffe Wahrnehmung und Empfindung gelten überhaupt nur innerhalb einer »Elementaranalyse«: wenn man also das Bewußtsein in Bestandteile zerlegt und die klassifikatorischen Schnitte als Unterschied der »Vermögen« Sinnlichkeit und Verstand naiv dem analysierten Bewußtsein an sich zuschreibt. Ist diese Denkgewohnheit einmal kritisiert, so lassen die bündigen Bestimmungen der beiden Begriffe sich nicht mehr verteidigen. Im realen Bewußtseinsleben findet sich keine bloße Empfindung losgelöst von der Wahrnehmung. Sie läßt sich von dieser nur kraft einer Theorie sondern, welche die Empfindung als Platzhalter des Dinges an sich statuiert. Andererseits ist aber auch die Einzelwahrnehmung nicht die Rechtsquelle der Erkenntnis. Der Fundamentalcharakter, den Erkenntnistheorie zu Unrecht der Empfindung zuteilt, wäre nicht nach Belieben auf die nächsthöhere Bewußtseinsstufe zu übertragen. Wahrnehmung, als Bewußtsein von je Gegenständlichem, als rudimentäres Urteil, ist ihrerseits der Enttäuschung ausgesetzt, nicht unwiderleglich da. So wenig Empfindung ohne Wahrnehmung statthat, so wenig diese – soll sie nicht ganz nichtig sein – ohne jene. Richtet man sich im Ernst nach der Erfahrung und nicht nach ihrem immanenzphilosophischen Surrogat, so begegnet man einer »Wahrnehmung als solcher« so wenig wie der Empfindung als solcher. Daß einer »dies Haus wahrnehme« und nichts anderes, ereignet sich nur in erkenntnistheoretischen Kollegien: die Läppischkeit von dergleichen Beispielen besagt etwas über die Unangemessenheit der Erkenntnistheorie an die Erkenntnis. Der Begriff der Wahrnehmung ist wohl insgesamt nur ein Auskunftsmittel, ersonnen, um die Forderung des Originären damit zu versöhnen, daß das Bewußtsein nicht aus den Teilmomenten komponiert ist, in welche die Erkenntnistheorie es zerfällen muß, wenn sie plausibel aus der Geschlossenheit des Immanenzzusammenhangs die Welt reproduzieren will. Das gelänge ihr nur, wenn sie im Bewußtsein alles das wie in einem Korb beisammen hätte, woraus die Welt sich bildet. Keine Immanenzphilosophie kann des Cartesianischen Vollständigkeitsaxioms aus dem Discours de la méthode[44] entraten, und darum muß für alles in den Bewußtseinsformen vorgesorgt sein – schließlich sogar für das, was nicht selber Form ist. Vollständig aber ist nur Zählbares, der Inbegriff einzelner Teile. Erst Denken, das nicht mehr die Erkenntnis in Identität setzte mit ihrem Subjekt, könnte ohne die Vollständigkeit der subjektiven Bewußtseinsformen als des Kanons der Erkenntnis auskommen und müßte nicht mehr aus Teilen des Erkenntnisvorgangs die Erfahrung zusammenaddieren. Vorher ist alle Rede von der Ganzheit Phrase.

Die Not der Phänomenologie, daß die erkenntnistheoretische Klassifizierung der Bewußtseinstatsachen deskriptiv in der »Erfahrung des Bewußtseins« sich nicht bestätigt, hat Autoren wie Scheler bewogen, die Gestalttheorie aus der Wahrnehmungspsychologie in die Philosophie zu transponieren[45], und die Gestalttheoretiker selbst, vor allem Köhler, haben ihn darin bestärkt. Die universale Priorität des Ganzen über seine Teile soll die Antinomien der klassifizierenden Bewußtseinsanalyse schlichten. Was immer jedoch die psychologischen Verdienste der Gestalttheorie sein mögen, erkenntnistheoretisch ist auch der Begriff der Gestalt aporetisch. Die Abstraktion, welche die Einteilung in sensations und reflections zeitigt, wird samt dem falschen Bewußtsein, das sie mit sich führt, diktiert von der Reduktion auf subjektive Immanenz. Ist einmal durch die theoretische Trennung von Subjekt und Objekt die gesellschaftliche Entfremdung durch den Geist ratifiziert, und muß das erkennende Subjekt verzweifelt sich abmühen, den zersprungenen Kosmos, nach Hamlets Wort, »wieder einzurenken«, so hat es zum »Material« kein Ganzes sondern bloß die Trümmer, welche die Spaltung hinterließ. An der Gestalt nun blitzt die Erinnerung auf, daß der Phänomenalismus trügt – daß die Welt nicht vom Subjekt aus Chaotischem geschaffen ward. Die Aufgabe indessen, aus »Tatsachen des Bewußtseins«, unter welche die Gestalten dann doch subsumiert werden, die Welt zusammenzuleimen, involviert selber bereits das Teilungsprinzip: alle Arbeit des Geistes betätigt sich an Elementen. Das ist die Wahrheit jener Aussage des späten Husserl, es sei, wenn man schon einmal »das Bewußtseinsleben aus Daten aufbaut, aus sozusagen fertigen Gegenständen«, gleichgültig, ob man diese Daten als »psychische Atome« denkt oder als »Akte«. Nichts anderes erhofft sich die Philosophie vom Sukkurs des Gestaltbegriffs, als die bereits vorweg abstrahierte Gegebenheit aus ihrer Isolierung zu erlösen und zu konkretisieren. Wenn aber die Gestalttheorie gegen Hume und die Assoziationspsychologie mit Recht einwendet, daß es voneinander isolierte, unstrukturierte, mehr oder minder chaotische »impressions« überhaupt nicht »gibt«, so dürfte dabei die Erkenntnistheorie nicht stehen bleiben. Denn es gibt ja insgesamt nicht die Daten, zu deren angemessener Beschreibung Erkenntnistheorie die Gestalttheorie zitiert. Lebendige Erfahrung kennt so wenig wie die ominöse Rotwahrnehmung die einer roten »Gestalt«: beides ist Produkt des Laboratoriums. Mit Grund hat man der Gestalttheorie vorgeworfen, daß sie im Datum der positivistischen Versuchsanordnung unmittelbar metaphysischen Sinn aufdecken wollte. Sie tritt als Wissenschaft auf, ohne den Preis der Entzauberung zu zahlen. Darum taugt sie zur ideologischen Vernebelung der gespaltenen Realität, die sie als ungespaltene, »heile« zu kennen behauptet, anstatt die Bedingungen der Spaltung zu nennen. Innerhalb der Erkenntnistheorie aber wird der Gestaltbegriff zur Fehlerquelle: er bewirkt, daß jene im Namen der Herrschaft des Ganzen über den Teil die Einsicht in die Wechselwirkung beider Momente, ihre Abhängigkeit voneinander versäumt. Sie muß das Gegebene als Elementares dem Ganzen unmittelbar gleichsetzen und gewährt darum der Vermittlung so wenig Raum wie die Phänomenologie. Der Begriff des Elementaren selber basiert bereits auf Teilung: das ist das Moment der Unwahrheit an der Gestalttheorie. Husserls eigene Stellung zu ihr schwankt denn auch. Atomistische Vorstellungen von der Komposition des Bewußtseins[46] laufen neben gestalttheoretischen wie der Lehre von den »Hintergrundsanschauungen«[47] oder von der relativen Unselbständigkeit aller Erlebnisse[48] her. Der Vernunfttheoretiker Husserl begehrt gegen die irrationalistischen Implikate der Gestalttheorie auf, die ihm die Rezeption seiner eigenen Lehre zu kompromittieren schienen, während die Insistenz des Bewußtseinsanalytikers doch bei den übernommenen Erlebnisklassen der Mosaikpsychologie sich nicht bescheiden konnte.

Der notwendige Widerspruch zwischen einem positivistischen Begriff der Gegebenheit und einem idealistisch zum äußersten getriebenen des »reinen«, von aller empirischen Beimischung freien Seins erreicht seine Höhe in der Lehre von Noesis und Noema, und in deren Antinomien. Indem die Korrelation von Akt und Aktsinn zum Kanon der Analyse des Bewußtseins gemacht wird, findet der logisch-bedeutungstheoretisch konzipierte Begriff der Intentionalität seine Anwendung auf die traditionellen Konstitutionsfragen. Die noetisch-noematische Struktur soll, als Apriori des Bewußtseinszusammenhangs schlechthin, erklären, was früher der transzendentalen Synthesis, der ursprünglichen Tätigkeit des Geistes zugemessen wurde. Das Modell der Lehre ist im logischen Absolutismus aufzusuchen, demzufolge Denken als bloß erfassendes einem an sich seienden Sachverhalt, den logischen Grundsätzen gleichsam passiv »meinend« gegenübersteht. In all ihren Schichten legt Phänomenologie, um selber als Wissenschaft möglich zu sein, positive Wissenschaft und wissenschaftliche Methode als geltend zugrunde und will doch dies Fundamentale ihrerseits wieder begründen. Aus der Schlinge zieht sie sich, indem sie die ausdrückliche Entscheidung über den idealistischen oder nichtidealistischen Ansatz umgeht und hier die »Sachen«, dort die »Akte« als gleichberechtigte Momente aufeinander bezieht. Bei ihrer Korrelation, der Beschreibung ihrer statischen Zuordnung hält sie inne: den Idealismus ihres Verfahrens verschweigt sie. Wie aber die Spezies gegenüber dem Abstraktionsvorgang, so ist auch das Noema gegenüber der Noesis Verdinglichung, die sich selbst als ein An sich verkennt. Der »Einstrahligkeit«, in der, den Logischen Untersuchungen zufolge, der Akt der Spezies gewahr wird[49], entspricht der »Blickstrahl«, mit dem in den »Ideen« das Konstitutum, der Kantische Gegenstand, als Gegenspieler der Intention eingeführt wird. Das Noema ist ein Zwitter subjektiver Immanenz und transzendenter Objektivität. Das indiziert am krassesten die Urteilstheorie der »Ideen«, in der die kritische Funktion, an der ein jegliches Bewußtsein von Realität haftet, das Existentialurteil, ausdrücklich zu einer »Gegebenheitsweise«, einem Aktkorrelat wird, das als solches hinzunehmen sei. Das aus den beurteilten Gegenständen »geformte Ganze, das gesamte geurteilte Was und zudem genauso genommen, mit der Charakterisierung, in der Gegebenheitsweise, in der es im Erlebnis ›Bewußtes‹ ist, bildet das volle noematische Korrelat, den (weitest verstandenen) ›Sinn‹ des Urteilserlebnisses. Prägnanter gesprochen, ist es der ›Sinn im Wie seiner Gegebenheitsweise‹, soweit diese an ihm als Charakter vorfindlich ist.«[50] Wie in der Lehre von der idealen Einheit der Spezies die Abstraktion, so ist hier der Vollzug des Existentialurteils, der motivierende Prozeß gegenständlichen Bewußtseins zu einem bloßen Resultat eingeschrumpft und stillgelegt.

Das Desinteressement der extrem objektivistischen Prolegomena an der Erkenntnistheorie affiziert bei Husserl diese selbst; es wird in ihr eigentlich nicht die Möglichkeit von Erkenntnis behandelt, sondern was in der schon vollzogenen als Charakteristikum sich darbietet; eine Verschiebung der Frage übrigens, die ihren Schatten schon bei Kant vorauswirft, der nach dem Programm der Vernunftkritik das Wie der Möglichkeit synthetischer Urteile a priori anstatt jene Möglichkeit selbst untersuchen will. Die Neutralisierung des vernunftkritischen Anspruchs zum bloßen Betrachten dessen, was an Akten der Erkenntnis zu bemerken sei, trug wesentlich dazu bei, daß Husserls Philosophie, die sich transzendental nannte, schließlich ohne allzuviel Mühe zur Denunziation der Vernunft aufgeboten werden konnte.

Ohne daß der Terminus eingeführt wäre, ist der Sache nach der Begriff des Noema als eines gegenständlichen Gemeinten diesseits der Frage seiner Legitimation bereits in dem Kapitel über die Idee der reinen Logik in den Prolegomena erreicht[51]. Die fünfte Logische Untersuchung des zweiten Bandes trägt dann schon die volle Lehre von Noesis und Noema vor: »Beispielsweise ist also im Falle der äußeren Wahrnehmung das Empfindungsmoment Farbe, das ein reelles Bestandstück eines konkreten Sehens (in dem phänomenologischen Sinn der visuellen Wahrnehmungserscheinung) ausmacht, ebensogut ein ›erlebter‹ oder ›bewußter Inhalt‹, wie der Charakter des Wahrnehmens und wie die volle Wahrnehmungserscheinung des farbigen Gegenstands. Dagegen ist dieser Gegenstand selbst, obgleich er wahrgenommen ist, nicht erlebt oder bewußt; und desgleichen auch nicht die an ihm wahrgenommene Färbung. Wenn der Gegenstand nicht existiert, wenn also die Wahrnehmung kritisch als Trug, als Halluzination, Illusion u. dgl. zu bewerten ist, so existiert auch die wahrgenommene, gesehene Farbe, die des Gegenstandes, nicht. Diese Unterschiede zwischen normaler und anormaler, richtiger und trügerischer Wahrnehmung gehen den inneren, rein deskriptiven, bzw. phänomenologischen Charakter der Wahrnehmung nicht an.«[52] Der Ausdruck Noema für das als solches nicht »reelle« intentionale Korrelat selbst jedoch wird erst in den »Ideen« gebraucht. Noesis und Noema sollen nach deren These »zwar in ihrem Wesen aufeinander bezogen, aber in prinzipieller Notwendigkeit nicht reell und dem Wesen nach eins und verbunden« sein[53]. Dunkel bleibt vorweg der Unterschied von Bezogenheit und Verbundenheit; was notwendig aufeinander bezogen ist, ist eben damit verbunden, und es wäre sinnwidrig, gleichzeitig Bezogenheit als eine Art Urstruktur zu behaupten, als innere Abhängigkeit aber, als funktionalen Zusammenhang zu verleugnen. Die terminologische Willkür verrät eine sachliche. Der »Blickstrahl des Ich«, ein im Kantischen Sinn Funktionales, die »Einheit der Handlung«[54], ein Werden also, wird, um beschrieben und als absolute Gegebenheit ergriffen werden zu können, als Sachverhalt – als Sein dargestellt. Das geschieht in der These von der »Entsprechung«: »Überall entspricht den mannigfaltigen Daten des reellen, noetischen Gehaltes eine Mannigfaltigkeit in wirklich reiner Intuition aufweisbarer Daten in einem korrelativen ›noematischen Gehalt‹, oder kurzweg im ›Noema‹ – Termini, die wir von nun ab beständig gebrauchen werden.«[55] Daß alle »Akte« solche Erlebnisse seien, mit denen etwas gemeint ist, demnach eigentlich nichts anderes als die einfache Festsetzung des Terminus Noesis, verführt dazu, jenes Etwas, das Gemeinte, mit dem Meinen zu »parallelisieren«. Gerade weil Noesis und Noema unabdingbar aufeinander bezogen seien, wird ihre Beziehung vernachlässigt, das Etwas hypostasiert, und schließlich – wie das Wesen – als ein Irreales und gleichwohl Gegenständliches konstruiert.

Der Phänomenologe vergißt krampfhaft die Synthesis und starrt mit manischer Obsession auf die zur Ewigkeit reduzierte und damit phantasmagorische Welt selbstgemachter Dinge. Noch wenn er sich selbst in ihnen begegnet, erkennt er sich nicht. Gerade wo Husserl, mit einer die Sprache der dialektischen Theologie überraschend vorwegnehmenden Wendung, vom »prinzipiell Anderen« redet, als wäre er dem Immanenzzusammenhang entflohen, ist dessen Bann am größten. Das »absolut Andere«, das inmitten der phänomenologischen ἐποχή aufgehen soll, ist unter deren Diktat nichts als die vergegenständlichte, dem eigenen Ursprung radikal entfremdete Leistung des Subjekts. Der Gedanke an es ist – um seiner Allmacht willen – in der authentischen Phänomenologie tabu. Ihre sämtlichen methodischen Veranstaltungen laufen auf die Gewinnung einer vorgeblich »reinen« subjektiven Region hinaus, aber das Subjekt selber wird nicht genannt, sondern jene Region erscheint, wie der Name suggeriert, als ein gewissermaßen Sachliches und Objektives. Die phänomenologische Reduktion auf Subjektivität glaubt zunächst jedenfalls ohne einen Begriff von Subjekt haushalten zu können. Nur rudimentär darf die Vorstellung von ihm und seiner Tätigkeit passieren, etwa in jener Wendung vom »Blickstrahl des reinen Ich«, und selbst hier übersetzt der Terminus »Strahl« vorweg ein Funktionales, eine Tätigkeit in ein Fixiertes, Linienhaftes. Wenn aber Husserl an einer späteren Stelle der »Ideen«, deren Ende bereits den Rückzug zur Transzendentalphilosophie vorbereitet, von »Synthesen« handelt[56], so ist der Begriff subjektiver »Spontaneität und Aktivität«[57], den er dabei anzieht, von der ursprünglichen Synthesis ganz verschieden. Ihm wird »Freiheit« als willkürliches Verfügen über die bereits konstituierten Noemata zugeschrieben[58]. Solche Freiheit ist das Gespenst der von Husserl vergessenen Leistung: das »fiat«, das er zum Privileg des Denkens erhebt, ereignet sich, höchst unkantisch, im bereits konstituierten Gegensatz von vorgegebenem intentionalen Objekt und bloßer denkender Manipulation.

Der nervus probandi seiner Theorie von dem vorgeblich irreduktibeln Ursachverhalt der »Korrelation« ist, daß die »phänomenologische Struktur« der Noesen unabhängig sei davon, ob die in ihnen vermeinten Gegenstände, die Noemata, existierten oder nicht. Phänomenologisch, also solange man nicht vom Gemeinten handelt, seien als Noesen Halluzinationen und Wahrnehmungen äquivalent. Die raumzeitliche Realität ihrer Korrelate sei für die Noesen gleichgültig. Wenngleich es für den Charakter der meinenden Akte keinen Unterschied mache, ob sie auf Unwirkliches oder Wirkliches gehen, blieben immer noch die Akte selber zeitlich bestimmte »psychische Phänomene« und, nach Husserls eigener Lehre, reale Ereignisse. Die Redeweise von »Erlebnissen«, die mit dem Ton der eidetischen Phänomenologie so wenig harmoniert, ist gleichwohl kein Zufall; nur wo überhaupt »Erlebnisse«, als Bestandstücke eines innerzeitlich konstituierten »Bewußtseinsstroms« da sind, läßt nach ihrem phänomenologischen Residuum irgend sich fragen. Darüber hinaus jedoch ist die Behauptung von der Identität des noetischen Bestandes in Halluzination und Wahrnehmung selbst fragwürdig, wofern sie mehr besagen soll als die Tautologie, daß beide Noesen seien. Husserl zufolge gehen ja »diese Unterschiede ... den ... phänomenologischen Charakter der Wahrnehmung nicht an«[59]. Das Gemeinsame von Wahrnehmung und Halluzination jedoch ist ein äußerst Abstraktes, Isoliertes; nur wenn der singuläre Akt ohne Rücksicht auf jeglichen Zusammenhang von Urteil und Erfahrung betrachtet wird, hat sein Charakter nichts zu schaffen mit dem, was er meint. Da aber selbst Husserl zufolge die »objektivierenden« Akte miteinander und mit ihren Korrelaten verflochten sind, ist ihre Independenz nicht zu vertreten. Einzig im pathischen Fall, eben dem der Halluzination, mag sie sich beobachten lassen, und diese disqualifiziert sich damit als Erkenntnis. Daß der halluzinatorische Akt sich gegen die eigene Konstitution abdichtet, färbt ihn als »phänomenologischen Tatbestand«; er reklamiert vom Subjekt die Anerkennung einer Absolutheit, die sonst den kognitiven Akten nicht eignet; ihn charakterisiert ein der Psychiatrie nur allzu bekanntes Moment des Zwangshaften, Unansprechbaren, und, wofern er in ein noch nicht vollends psychotisches Kontinuum eingesprengt ist, zugleich wieder Ichfremdes, Uneigentliches. Die Halluzination wird als unwiderstehlich und doch als scheinhaft erlebt; das verzweifelt um seine »Restitution« kämpfende Individuum sucht vergebens, die antagonistischen Momente jenes »Akts« miteinander zu versöhnen; er ist wohl niemals einstimmig und einsinnig. Nur eine trotz aller guten Vorsätze deskriptiver Treue gegen die Qualitäten der Bewußtseinsweisen indifferente Analyse begnügt sich mit der rohen Feststellung, hier wie dort werde subjektiv wahrgenommen, ohne Rücksicht auf die Realität des Objekts. Tangiert aber dessen Realität oder Irrealität die Akte ihrem eigenen phänomenologischen Bestand nach, so bricht die prinzipielle Behauptung der Unabhängigkeit der Noesen von ihren Korrelaten zusammen. Schließlich weist die phänomenologische Differenz wahrnehmender und halluzinatorischer Akte auf den Bestand oder Nichtbestand des von

Husserl so genannten »hyletischen Kerns« der Wahrnehmung, also auf nicht Geistiges zurück, und dies Stoffliche wäre auch von Husserl als eine konstitutive Weise des Bewußtseins aus dem phänomenologischen Kontinuum nicht »auszuklammern«. Weil unter dem Namen Akt die Noesen gewissermaßen horizontal, nämlich allein durch das allen gemeinsame, höchst abstrakte Merkmal Intentionalität, zusammengefaßt, anstatt wie bei Kant vertikal, aus ihrer Funktion in der Bewußtseinseinheit abgeleitet werden, verlegt Husserl nun aber ihre Einheit in die bloße Form des Etwas, auf das alle Akte sich richteten. Die klassifikatorische Operation verschafft dem Gemeinten schließlich die Würde des An sich. Die Eigentümlichkeit aller Noesen, etwas zu meinen, hält dazu her, dies Etwas, das ein für allemal in Noesen gegeben sei, als Letztes, als Apriori auszugeben. Absolute, »ontologische« Objektivität soll aus dem Wesen jener Subjektivität gerechtfertigt werden, die doch wiederum vermöge solcher Rechtfertigung das Objekt in Identität mit sich selber setzt und die Absolutheit des Objekts revoziert. Daher ist das Noema ein An sich und ein bloß Geistiges in eins. Schema aller späteren Ontologie bleibt die Behauptung solchen Ansichseins, das doch nicht Dasein, in der Sprache Husserls nicht »reell« sei. Die im formalen Bereich entsprungene Vorstellung vom logisch Absoluten wird aufs Inhaltliche, auf die transzendentale Logik im Kantischen Sinn übertragen. Nach dem Muster der Sätze an sich konstruiert Husserl nun Dinge an sich, die doch keine Dinge sein sollen, und in beiden Bereichen verläuft die Polemik gegen den Psychologismus parallel[60]. Beide Male ist das Interesse das einer Rettung der Objektivität von Wahrheit gegen den aller Aufklärung mit dem Regreß aufs Subjekt drohenden Relativismus; beide Male wird, in Übereinstimmung mit der Tradition seit Kant, die Möglichkeit solcher Rettung von der Versenkung in Subjektivität selbst erhofft. Aber die positivistische Entwicklung nach Kant hat eben jene Versenkung als »spekulativ« abgewertet, und auf tatsachengerechte, quasi-naturwissenschaftliche Forschung gedrängt. Darum muß Husserl den immanenten Gegenstand, der bei Kant das Resultat des Zusammenspiels der transzendentalen Apparatur mit dem sinnlichen Inhalt war, seinerseits als Vorfindlichkeit hypostasieren und den Prozeß der transzendentalen Synthesis in beschreibender Kontemplation sistieren, ohne den der Begriff eines »immanenten« und in gewissem Sinn »idealen« Gegenstandes nicht zu gewinnen war. Umgekehrt aber radikalisiert zugleich der Fortschritt kritischer Besinnung die Idee von Apriorität: diese wird, weit über Kant hinaus, allergisch gegen jede Spur des Faktischen. So erzwingt die selbstkritische Bewegung der kritischen Philosophie deren eigenen Rückfall in vorkritische: die Supposition dogmatischer Transzendenz ebenso wie die des Denkens gegenüber der Erfahrung. Beide Tendenzen konvergieren im Noema. In der Erkenntnistheorie wie in der Logik fetischisiert Husserl das seiner selbst vergessene Denken im wörtlichsten Verstande: im Gedachten. Er betet es an als reines Sein. Der noematische »Kern« aber, das eigentliche An sich der Husserlschen Erkenntnistheorie, ist einzig die abstrakte Identität des Etwas, die nicht mehr besagt, nicht mehr Inhalt hat als jenes Kantische Ich denke, aus dem das Noema »realistisch« auszubrechen wähnt, während es gerade damit in Wahrheit zusammenfällt. Was immer an »Qualitäten« ihm zugesprochen wird, wäre nach der idealistischen Voraussetzung der Husserlschen Reduktionen bloße Projektion der unterschlagenen Leistungen der Synthesis auf das isolierte und als statisch unterschobene »Als solche«. Das ist zu greifen etwa an der »Umgrenzung des Wesens ›noematischer Sinn‹« der »Ideen«: »Ausgeschlossen sind hingegen für die Beschreibung dieses vermeinten Gegenständlichen als solchen Ausdrücke wie ›wahrnehmungsmäßig‹, ›erinnerungsmäßig‹, ›klaranschaulich‹, ›denkmäßig‹, ›gegeben‹ – sie gehören zu einer anderen Dimension von Beschreibungen, nicht zu dem Gegenständlichen, das bewußt, sondern zu der Weise, wie es bewußt ist. Hingegen würde es bei einem erscheinenden Dingobjekt wieder in den Rahmen der fraglichen Beschreibung fallen zu sagen: seine ›Vorderseite‹ sei so und so bestimmt nach Farbe, Gestalt usw., seine ›Rückseite‹ habe ›eine‹ Farbe, aber eine ›nicht näher bestimmte‹, es sei überhaupt in den und jenen Hinsichten ›unbestimmt‹, ob es so oder so sei.«[61] Unter dem Tabu über alle subjektiven Ausdrücke werden abermals die objektiven einem je schon unterstellten, »naturalistischen« Ding entlehnt, wie es doch die Reduktionen gerade ausschlossen. Die

Erfahrungen, welche das Noema überhaupt erst bestimmen, werden zum Akzidens bagatellisiert, das in den Inhalt als dessen bloße »Qualität« hineinspielt, gewissermaßen kontingent wiederkehrt, während wie in der Scholastik die Washeit des Gegenstandes – die bloße Form der Prädikation – verselbständigt ist. Husserl faßt die Qualitäten als dem Gegenstand äußerlich und von ihm ablösbar, um ihn aus der Zufälligkeit der Erfahrung herauszuheben; dafür aber wird er selber zu einem ganz Leeren und Unbestimmten. So mißlingt der Versuch, im Noema eines zugleich bewußtseinseigenen und dennoch transzendenten Seins habhaft zu werden. Der Husserlsche Gegenstand komponiert sich als ein Concoct aus Qualitäten, logischen Bestimmungen und einem abstrakt-nichtigen Substrat. Vielleicht ist der innerste erkenntnistheoretische Zwang zur Verdinglichung, und zugleich das Einheitsmoment von Subjektivismus und verdinglichendem Denken, im Prinzip der abstrakten Identität selber aufzusuchen. Sobald von einem völlig Unbestimmten etwas prädiziert werden soll; sobald Erfahrung vorweg abgespalten ist von dem, worauf sie sich bezieht, wird dem Worauf ein An sich zugebilligt, das ihm nicht gebührt. Gereinigt von jeglicher Prädikation wäre es jenes Nichts, in welches Hegel das abstrakte Sein umschlagen läßt, während zugleich diese völlige Unbestimmtheit das Ansichsein des abstrakten Bezugpunktes vor jeder Kritik sicherstellt, über das ja so wenig etwas ausgemacht werden kann wie über das Kantische Ding an sich als die Ursache der Erscheinungen. Insofern das reine Identitätsmoment, als welches Husserl den noematischen Kern faßt, nichts anderes ist als das Resultat der Abstraktion von allen Prädikaten, schließlich die pure Form des Gedankens, gehorcht die Konstruktion des Noemas demselben Mechanismus, der alles Ansichsein bei Husserl liefert. Das Resultat der Abstraktion wird von ihr losgerissen, der Gedanke will von sich selber nichts wissen. Der gegenständliche Kern wohnt genau in den Prädikaten, die Husserl, in argloser Anlehnung an den Sprachgebrauch und die syntaktischen Vorurteile, von ihm trennt – nicht neben oder unter den Prädikaten als reines »Sein«. In Husserls formal-erkenntnistheoretischen Theoremen ist bereits das πρῶτον ψεῦδος der an ihn anschließenden materialen Metaphysiken und

Existentialontologien gesetzt. Aus Objektivität, im weitesten Sinn, läßt sich nicht durch Destruktion dessen, was sie vermeintlich bloß überlagert, Sein als ihr Innerstes herausschälen. Was als Ursprung gefeiert wird, ist ein Absud, das Erste ein verstocktes Letztes. Objektivität wird einzig voller konkreter Erfahrung mit all ihren Verflechtungen zuteil. Die Frage nach dem absolut primären Sein, dem prädikatsfreien noematischen Kern, führt auf nichts anderes als auf die bloße Denkfunktion. Das vereitelt den Husserlschen Ausbruchsversuch wie die nach ihm unternommenen. Von ihnen allen wird der Idealismus sei's terminologisch verpönt, sei's pathetisch als Sündenfall des abendländischen Geistes verbucht, weil der Name sie an die eigene Gefangenschaft mahnt.

Die Verabsolutierung des noematischen Kerns gegenüber seinen vorgeblich bloßen Prädikaten, in denen doch steckt, wodurch er erst Gegenstand wird, begründet letztlich Husserls Lehre vom Vorrang der Intentionalität: den Primat des »objektivierenden Aktes«. Weil er das Etwas hypostasiert, wird ihm zum Fundament aller Erkenntnis der Akt, der »etwas« meint. In einem Denken, dessen Struktur grundsätzlich sich dem Primat dinglicher Gegenständlichkeit als einem Vorgegebenen anmißt, muß auch ein Primat gegenständlichen Bewußtseins herrschen derart, daß jedes andere in Gegenständlichem fundiert sei. Daraus resultiert die sonderbare Unterordnung alles Menschlichen, das nicht in Erkenntnis aufgeht, unter die Intentionen, die es grundsätzlich tragen sollen. Gefühl und selbst praktisches Verhalten soll gegenständliches Bewußtsein prinzipiell voraussetzen, als hätte nicht gegenständliches Bewußtsein den psychologischen Reaktionsweisen und der blinden Aktion mühselig und unstabil sich entrungen. Der Antipsychologe Husserl frönt rationalistischer Psychologie: »Jeder Akt, bzw. jedes Aktkorrelat birgt in sich ein ›Logisches‹, explizite oder implizite ... Nach all dem ergibt es sich, daß alle Akte überhaupt – auch die Gemüts- und Willensakte – ›objektivierende‹ sind, Gegenstände ursprünglich ›konstituierend‹, notwendige Quellen verschiedener Seinsregionen und damit auch zugehöriger Ontologien. Zum Beispiel: Das wertende Bewußtsein konstituiert die gegenüber der bloßen Sachenwelt neuartige ›axiologische‹ Gegenständlichkeit, ein

›Seiendes‹ neuer Region, sofern eben durch das Wesen des wertenden Bewußtseins überhaupt, aktuelle doxische Thesen als ideale Möglichkeiten vorgezeichnet sind, welche Gegenständlichkeiten eines neuartigen Gehaltes – Werte – als im wertenden Bewußtsein ›vermeinte‹ zur Heraushebung bringen. Im Gemütsakte sind sie gemütsmäßig vermeint, sie kommen durch Aktualisierung des doxischen Gehaltes dieser Akte zu doxischem und weiter zu logisch-ausdrücklichem Gemeintsein.«[62] Das enthält gewiß soviel Wahres, wie in der Tat die vom Kantischen System sanktionierte Trennung von Praxis, Gefühl und Erkenntnis, selber bloß arbeitsteilig, gesellschaftlich produziert, »falsches Bewußtsein« ist. Kein Gefühl ist substantiell, dem nicht Erkenntnis innewohnt, und keine Praxis, die nicht an Theorie sich legitimiert. Scheidet Husserl seinerseits die Sphären und erklärt er die rationale zum Fundament aller, so könnte er auf den Zustand heute und hier, die vollendete Etablierung von Rationalität deuten. Sein Theorem dürfte beanspruchen, was freilich Phänomenologie als philosophia perennis am letzten beanspruchen möchte, die Angemessenheit an den geschichtlichen Augenblick. Dadurch jedoch wird jenes Theorem dem eigenen Sinn nach keineswegs gerechtfertigt. Was an Psychischem nicht selber, wie die von Husserl glorifizierte Wahrnehmung, vorweg auf ein Gegenständliches geht, untersteht auch nicht dem Primat des Dinges, der erst in Jahrtausenden von Aufklärung sich befestigte. Gefühle und Verhaltensweisen erheischen nicht wesentlich Dingbewußtsein und sind nicht dessen bloße Spielart. Husserls Erkenntnistheorie gerät überall dort ins Gedränge, wo sie sich mit »Intentionen« beschäftigt, deren Akzent nicht auf der Abhängigkeit von supponierten Gegenständen liegt. Die Nivellierung der Praxis zu einem bloßen Spezialfall von Intentionalität ist die krasseste Konsequenz seines verdinglichenden Ansatzes. Ward aber einmal durch das szientifische Postulat der Reinheit von Erkenntnis deren Beziehung auf Praxis durchschnitten, so gerinnt zugleich auch das »reine«, allem Tun entfremdete Denken selber zu einem Statischen, gleichsam zum Ding.

Die von Husserl bis zur revisionistischen Spätphase behauptete Priorität und Sonderstellung der objektivierenden Akte erlaubt es, das konstituierte Ding als »Leitfaden«[63] der Konstitutionsanalyse zu verwenden, die »transzendentale Struktur« vom Dingbewußtsein abzulesen. Methodisch setzt damit die Erkenntnistheorie voraus, was zu deduzieren ihre einzige raison d'être wäre. Das Noema soll ja weder reeller Bestandteil des Bewußtseinskontinuums noch »unreduziertes«, naivrealistisches Objekt sein. Indem aber die Korrelation von Noesis und Noema, bei bloß formaler Beteuerung ihrer phänomenologischen Reduziertheit, genau das »naive« Verhältnis von Denken und Ding wiederholt und dem Ding als dem »Einheitsmoment« den Vorrang zuspricht, unterwirft sich die konstitutive Erkenntnistheorie dinghaftem Denken. Das Noema wird zum Deckbild dessen, worin Vernunftkritik überhaupt sich erst bewegt. Es ist der Statthalter des konkreten Dinges in der reinen Phänomenologie, und zwar sowohl des alten Dinges an sich wie des Gegenstands im Kantischen Sinn. Die Verheißung neuen Beginnens in der Phänomenologie, samt ihrer geschichtlichen Wirkung haftet an dem Schein, daß Bewußtseinsanalyse im Stil des Kritizismus liefere, was schlechthin jenseits des Bewußtseins sei, und dem Immanenzzusammenhang des Bewußtseins sich entwinde. Während das Noema, als bloß in den Akten Vermeintes, an den Immanenzzusammenhang gefesselt bleibt und in »ἐποχή« ohne das Risiko naturalistischer Setzung, erscheinen soll, erlaubt es die Deutung des Gemeinten als Sein schlechthin, Meinen und Gemeintes jeweils einander statisch, in ontologischer Polarität, entsprechen zu lassen. Sobald einmal alle Charakteristika jenes Als solchen, die »Qualitäten« der reinen Gegenstandstheorie, in denen doch Subjektivität steckt, ausschließend ins Als solche verlegt werden und das Bewußtsein des Subjekts, als bloßes Wissen von der schon konstituierten Gegenständlichkeit, dieser kontrastiert ist, ohne Erinnerung an die Einheit und Vermittlung von beiden, verwandelt sich das »volle« Noema ins Ding als zweite Natur. Das Denken des Dinges, in dem Denken sich vergessen hat, wird zu dessen Gegebenheit. Aber diese wird durch die einfachste Überlegung dementiert. Alle Meinung unterliegt dem Irrtum, aller Anspruch der Selbstgegebenheit ist es, jenen auszuschließen. Von Selbstgegebenheit ließe streng nur dort sich reden, wo der Akt und sein Gegenstand zusammenfielen. Sonst jedoch ist der im Akt gegebene Gegenstand – nach Husserls eigener Terminologie wie der Hegelschen, die er ignoriert – »vermittelt«: er wird »gedacht« und trägt in sich selbst, auch wo er als Objektives gedacht ist, kategoriale Momente, die keine Operation von seinem »Selbst« abheben kann. Der Ausdruck Selbstgegebenheit ist eine contradictio in adjecto und diese die Pointe von Husserls These.

Aber während das Noema, zumindest in den die Phänomenologie eigentlich bezeichnenden und folgenreichsten Schriften aus Husserls mittlerer Periode, nicht als konstituiertes erkannt, sondern einzig an der isolierten Intention aufgespießt wird, die es »trifft«, unterscheidet er es doch wiederum emphatisch von dem Ding. Ein höchst paradoxer Sachverhalt stellt sich her. Gerade die verdinglichende Tendenz der reinen Phänomenologie, die das je Gemeinte, und insofern schon Fertige, dem Meinen korreliert, bewirkt die Differenz von dem vollen Ding der Erfahrung, auch dem Kantischen. Das einzelne Gemeinte, jedes Noema und keineswegs nur der Allgemeinbegriff, die »ideale Einheit der Spezies«, entzieht sich nicht bloß der bestätigenden oder widerlegenden Erfahrung, sondern schlechthin aller Bestimmung in Raum und Zeit. Die »Abstraktheit« des Noemas im Hegelschen Sinne, seine isolierende Zuordnung zum isolierten Akt, wird ontologisch auf der Credit-, ontisch auf der Debetseite verbucht. Weil das jetzt und hier Vermeinte, das nur vom gegenwärtigen Akt her visiert ist, sich nicht verändert, empfängt dies Momentane die Prädikate des Ewigen und transzendiert zum Wesen. Dafür aber klafft zwischen dem noematischen Objekt und dem vollen Ding der Erfahrung der gleiche χωρισμός, den sonst Phänomenologie so angestrengt zudeckt. Dies Schema der Verewigung des Bedeuteten, unter Vernachlässigung der Frage nach der Existenz des Gegenstandes, gegen welche der Umkreis der ἐποχή die Grenze zieht, beherrscht die gesamte nachhusserlsche Entwicklung der Schule. Noch die Existentialontologie ist ein lucus a non lucendo: indem sie vorsichtig mit den bloßen Bedeutungen und dem Schein ihrer Zeitlosigkeit haushält, eliminiert sie die Frage nach der Existenz des Bedeuteten. Husserl zufolge ist das »Ding in der Natur« – also das, was allem Kantianismus der immanente, kategorial konstituierte Gegenstand war, grundverschieden vom reduzierten, vom Noema[64]. »Der Baum schlechthin, das Ding in der Natur, ist nichts weniger als dieses Baumwahrgenommene als solches« – das Noema – »das als Wahrnehmungssinn zur Wahrnehmung unabtrennbar gehört. Der Baum schlechthin kann abbrennen, sich in seine chemischen Elemente auflösen usw. Der Sinn aber – Sinn dieser Wahrnehmung, ein notwendig zu ihrem Wesen Gehöriges – kann nicht abbrennen, er hat keine chemischen Elemente, keine Kräfte, keine realen Eigenschaften«[65], die ja eben nicht der einzelnen Intention, sondern erst deren Beziehung auf die Kontinuität der Erfahrung zufielen. Husserls Argumentation wird motiviert von den Schwierigkeiten einer Duplizität des Dingbewußtseins. Die idealistische Ansicht vom immanenten Ding habe mit zwei Realitäten zu rechnen, »während doch nur eine vorfindlich und möglich« sei. »Das Ding, das Naturobjekt nehme ich wahr, den Baum dort im Garten; das und nichts anderes ist das wirkliche Objekt der wahrnehmenden ›Intention‹. Ein zweiter, immanenter Baum oder auch ein ›inneres Bild‹ des wirklichen, dort draußen vor mir stehenden Baumes ist doch in keiner Weise gegeben, und dergleichen hypothetisch zu supponieren, führt nur auf Widersinn.«[66] Aber daraus, daß das Ding des transzendentalen Idealismus immanent konstituiert ist, folgt ja keineswegs, daß er selber »inneres Bild« oder sonst ein Erlebnis, daß es reeller Bestandteil des Bewußtseinszusammenhanges sei. Schon bei Kant war es als Gesetz[67], und seit Ernst Mach ausdrücklich als Funktionsgleichung von Gegebenem, keineswegs selber als ein Stück Gegebenes konzipiert. Husserl, der eine Welt der Noemata lehrt und eine ihr parallele und doch durch die ontologische Differenz radikal von ihr verschiedene der »natürlichen Dinge«, hat das Gespenst der Verdopplung nicht weniger zu fürchten als der orthodoxe Idealismus, der es erlaubt, dies nie adäquat zu gebende, nie in den Bewußtseinsdaten ohne Rest aufgehende Constitutum zu meinen und auch zu »apprehendieren«. Das Skandalon des Idealismus: daß das subjektiv Erzeugte doch zugleich objectum, das dem Subjekt Entgegengesetzte bleiben soll, wird auch von Husserl nicht weggeräumt. Kant selber sprach von einem Paradoxon der eigenen Philosophie, das er hoffte, durch die transzendentale Deduktion der reinen Verstandesbegriffe »verständlich zu machen«[68]. In der Kritik der reinen Vernunft konstituiert das Ich die Dinge dadurch, daß es die Kategorien auf Sinnliches anwendet. In Geltung aber bleibt der traditionelle Wahrheitsbegriff, der der Angemessenheit der Erkenntnis an ihren Gegenstand. Danach wären die Erkenntnisse des Subjekts wahr, wenn sie mit dem übereinstimmen, was das Subjekt selbst konstituiert hat. Das Wissen des Subjekts von Objektivem führt, angesichts der radikalen Unbestimmtheit des »Materials«, wiederum nur auf das Subjekt zurück und ist insofern in gewissem Sinn tautologisch. Daß das Denken unter der Autorität Kants und all der Idealisten und Positivisten, die ihm folgten, sich daran gewöhnte, ändert nichts daran, daß der Wahrheitsbegriff als der der adaequatio rei atque cogitationis unsinnig wird, sobald die Sphäre der res in der der cogitationes aufgeht. Husserl nun wollte sich nicht von der zur schlechten Selbstverständlichkeit eingeschliffenen These terrorisieren lassen, daß der Geist der Natur die Gesetze vorschreibe, die den Begriff von Objektivität zersetzt, indem sie ihn begründet. Aber er verstrickt sich im Widerstand dagegen. Auf der einen Seite fügt er sich dem idealistischen Desiderat im Namen der »phänomenologischen Reduktion«, auf der anderen möchte er mit Hilfe des »einfach hinnehmenden« und insofern »vorkritischen« Bewußtseins von Gegenständlichem die Immanenzphilosophie sprengen. Die Scheidung zwischen unreduziertem und reduziertem Ding, zwischen »Baum schlechthin« und »Wahrgenommenem als solchem« supponiert dingliche Transzendenz inmitten der Immanenzphilosophie. Die Erfindung des Noemas soll zwischen einem dogmatischen Ding-an-sich-Begriff und den Kriterien idealistischer Bewußtseinsphilosophie vermitteln[69]. Die Rede vom »Baum schlechthin« ist äquivok. Gälte sie der »unbekannten Ursache der Erscheinungen« Kants, so wäre deren Annahme weder mit dem Husserlschen Postulat einer »Philosophie als strenger Wissenschaft« vereinbar, noch wäre dies transzendente X mit dem durchaus Bestimmten, intentional Gemeinten gleichzusetzen. Wäre dagegen der Baum das Objekt der Erfahrung, der Kantische Gegenstand, so wäre er auch durch seine Apotheose als Aktsinn nicht vor der Möglichkeit der Vernichtung geschützt. Denn auch das »Baumwahrgenommene als solches« wäre als ein Identisches, als »dieser Baum« und kein anderer bewußt, und dies Bewußtsein schließt, mit der Raum-Zeitlichkeit, die zu den Bestimmungen seines Gegenstandes rechnet, die Möglichkeit von dessen Veränderung und Vernichtung ein. Da alle Dinge dem Idealismus »Gedankendinge« sind, wäre nach dessen Spielregeln ihre Vernichtung ebenso ein Kategoriales wie ihre Existenz. Husserl macht in der zentralen Argumentation, auf der die eigentlich phänomenologische Methode beruht, sich, im Sinn immanenter Kritik, des gleichen Fehlers schuldig, gegen den er polemisiert: er verwechselt den »realen« Tatbestand des Bewußtseins, das einzelne intentionale »Erlebnis«, mit dem, worauf es geht. Aus der Binsenwahrheit, daß das Erlebnis nicht abbrennen könne, folgt ihm, daß das in ihm Gemeinte gleich einer Platonischen Idee vor den Wechselfällen der Faktizität gesichert sei. Phänomenologie, entstanden als Reaktion auf die psychologistische Kausalbetrachtung, verharrt bei der bloßen Negation naturalistischer Vorstellungen vom Kausalverhältnis und büßt darüber jeden zulänglichen Begriff von Kausalität überhaupt ein. Dies Abbrechen der erkenntnistheoretischen Analyse diesseits der Kausalität wird umgewertet in ein Jenseits, die Eroberung einer von raumzeitlicher Bedingtheit reinen, absoluten Region. Vom vollen Ding der Erfahrung, das der Kausalität unterworfen ist, wird jene Konkretion und Fülle der Qualitäten entlehnt, die der Phänomenologie ihre Überlegenheit über den erkenntnistheoretischen Formalismus verschaffen soll, während andererseits das schattenhafte double jenes Dings, das akausale Noema, ihr zur Würde von Apriorität verhilft. Dieser Mechanismus präpariert Erfahrungsbefunde als Wesenseinsichten, wie wenn Erfahrung unvermittelt das Wesen gewährte. Die Attraktionskraft der Schule, die Einheit von Konkretion und Wesenhaftigkeit, leitet sich von der Zweideutigkeit der zentralen Begriffskonstruktion her, die von beiden Bedeutungen sich holt, was ihr paßt, und fortläßt, was sie gefährdet.

Die Husserlsche Verdopplung des Objekts als eines Dinges und eines »als solchen« Gemeinten aber wird vom Ansatz der phänomenologischen ἐποχή gefördert, die ja nicht eigentlich, wie

Hume und auch Kant, die sogenannten naturalistischen Begriffe Ding, Ich und Kausalität kritisiert, sondern lediglich neutralisiert. Die »Thesis der natürlichen Einstellung« soll für den Gang der phänomenologischen Forschung außer Kraft sein, aber damit soll »nichts sich ändern«: trotz der Reduktion aufs reine Bewußtsein soll die Analyse all das als ihr Forschungsobjekt sich vorgeben dürfen, was für die »natürliche Einstellung« gilt, einzig mit dem Unterschied, daß sie auf das Urteil über die raumzeitliche Existenz dessen verzichtet, was der natürlichen Einstellung »erscheint«[70]. Dank der zwielichtigen Fassung der ἐποχή kann die Methode sich vorbehalten, je nach Bedarf, vermöge der Bedeutungsanalyse, auf die naturalistischen Begriffe zu rekurrieren, ohne zunächst jedenfalls um deren Konstitution und Rechtsausweis sich zu kümmern. Daraus zieht Husserl die Freiheit, jenen Baum, der da im Gegensatz zum Noema abbrennen könne, nach Belieben herbeizuzitieren. Die Restauration vorkritischer Doktrinen durch die phänomenologische Schule läßt im Innersten ihrer erkenntnistheoretischen Texte buchstäblich auf den Mangel an Kritik sich zurückführen, den von außen her die geschichtliche Stunde zu verhängen scheint. Husserl bereits kapituliert vor der Übergewalt dessen, was ist, und die Verewigung des Seins in Wesen wie Noema ist Resultat und Verdeckung dieser Kapitulation in eins. Bei Kant sollte die Vernunftkritik verhindern, daß das erschütterte Dogma hinter den Anspruch sich verschanzt, Erkenntnis zu sein. Bei Husserl ist in der vollends aufgeklärten Welt mit der Notwendigkeit zu solcher Kritik auch die Kraft dazu zergangen. Vom Idealismus ist übrig nur noch das apologetische Moment, der Wille, des je Eigenen als eines Absoluten sich zu versichern, während das negative, der Widerspruch gegen die Prätention, von Menschen Gemachtes sei absolut, sich verkehrt in bloße Vorsichtsmaßnahmen, um den selbstgesteckten Umkreis des Geistes rein zu erhalten, unbefleckt von aller Faktizität und ihrer beängstigenden Gewalt. Die ἐποχή »nimmt hin«, meldet Besitztitel an, ohne sich zu engagieren, so als ahnte sie, daß, was dem Subjekt gehört, ihm schon nicht mehr gehört. In dieser Vorsicht aber ereilt sie das Verhängnis. Die Urteilsenthaltung um der absoluten Gewißheit willen öffnet dem Dogma die Tür, das mit jener Gewißheit unvereinbar ist. Der Gegenstand, als einer der bloßen subjektiven Intention, ohne Rücksicht auf seinen Rechtsgrund, verschwimmt gerade in solcher Subjektivierung mit der unbefragt unterstellten Objektivität. Husserls Deklaration, die ἐποχή sei nicht zu »verwechseln mit derjenigen, die der Positivismus fordert«[71], ist gleich allen ähnlichen der Schule leere Beteuerung, die sich anklagt, indem sie sich entschuldigt; für sie gilt Freuds Charakteristik der Negation[72]. Auch bei Husserl handelt es sich um den »Rückgang aller Begründung auf die unmittelbaren Vorfindlichkeiten«[73], nur einen, der aus eitel Respekt vorm Tatbestand nicht mehr prüfen mag, was vorfindlich ist und was nicht. Für die dadurch gewonnene Chance, die Hand auch aufs nicht Vorfindliche zu legen, als wäre das Bewußtsein seiner sicher, muß er bezahlen mit dem Verzicht auf jene Rechtsprechung der Vernunft, um die er sich seit dem Schlußabschnitt der Ideen abmüht und die doch Schritt um Schritt die differentia specifica der Phänomenologie von jenem Idealismus zerstört, dem mit idealistischen Mitteln sich zu entwinden die Phänomenologie verhieß. Der Auflösung ihrer Antinomien blieb keine Wahl, als die Phänomenologie transzendental zu revozieren oder ihren latent dogmatischen Aspekt offen hervorzukehren und in der Konsequenz der Wissenschaft reiner Vernunftwahrheiten, als welche die neue Ontologie inauguriert ward, die Vernunft zu verleumden.

Ihren obersten Ausdruck finden jene Antinomien in dem obersten Begriff, zu dem die reine Phänomenologie, ein wenig contre cœur, sich aufschwang, dem des Systems. Den Ausdruck zwar hat Husserl, abgesehen von der späten Bestimmung der formalen Logik als eines deduktiven Systems[74], meist vermieden. Die Sache jedoch war, seit der Rückbeziehung der Konstitutionsprobleme aufs transzendentale Subjekt, so unvermeidlich wie bei Kant die synthetische Einheit der Apperzeption unablösbar ist vom System der reinen Vernunft. Die terminologische Scheu teilt Husserl mit anderen Schulphilosophen seiner Epoche, etwa dem »offenen System« Rickerts. Wohl haben die akademischen Denker gegen den Hohn Nietzsches über die Unredlichkeit des Systems sich hinter ihrer amtlichen Würde verschanzt. Selbst sie aber konnten die seit Hegels Tod unwiderstehliche Erfahrung nicht ignorieren, daß die Totalität der Inhalte des gegenwärtigen Bewußtseins, in sich so brüchig und antagonistisch wie disparat in ihrer Anordnung auf dem Feld der Wissenschaften, nicht länger aus einem einheitlichen Prinzip zu entwickeln ist, wenn man sie nicht zur Trivialität verdünnt oder in purer Verblendung das, was einmal ist, als Produkt des in sich stimmigen, mit sich identischen Geistes rechtfertigt. Andererseits aber führen die erkenntnistheoretischen Erwägungen, mit denen die Wissenschaft ihr Monopol auf Erkenntnis zu untermauern trachtet, selbst notwendig auf den Begriff des Systems: sonst bleibt der szientifische Anspruch, mit Kant zu reden, »rhapsodistisch«[75]. Dieser Widerspruch kristallisiert sich in Husserls Philosophie, ohne geistesgeschichtliches Raisonnement, immanent, aus der Unversöhnlichkeit seiner Denkmotive. Denn auch wo er, der »Rechtsprechung der Vernunft« zuliebe, über die bloße Deskription von Bewußtseinsstrukturen hinausgeht und, etwa zur Frage der Konstitution des Dings oder später des fremden Ichs, Erkenntnistheorie als eine Art Vernunftkritik praktiziert, bindet er sich ans Postulat des gleichsam passiven nach »Sachen« sich Richtens. Noch die Einheit des Ich denke soll bei ihm mit einer letzten Vorfindlichkeit des Bewußtseins zusammenfallen. Obwohl in den späteren Schriften der Infinitesimalbegriff seine Rolle spielt, hat Husserl auf Funktionalität, sei's Kantisch als »Handlung« oder neukantisch als ursprüngliches Erzeugen, nie sich eingelassen. Hätte er darin seinen positivistischen Ursprung revidiert, so wäre es um die Plausibilität seines Versuchs geschehen gewesen, die einst spekulativ gewonnene Absolutheit des Geistes zu restaurieren auf dem Boden der Wissenschaft, als ein selber »szientifisches« Resultat, und den spekulativen Begriff Hegels, von dem er freilich wenig wußte, im Medium der bloßen Reflexionsphilosophie zu ergreifen. Aber einzig das System garantierte die geschlossene transzendentale Einheit, in die er alle Wirklichkeit hineinnehmen muß, um vor der Kontingenz sie zu behüten. Daher kann das System nicht selber aus der Faktizität kommen, keine bloße Gegebenheit sein, und er muß doch trachten, als solche es auszulegen. Das geschieht im »Übergang zur Phänomenologie der Vernunft« der »Ideen«, im Namen des »Vorgezeichnetseins«, das, als »Idee«, die Totalität der »Welt« umgreife, während der »Wesensbau« als solcher, der ihre Unendlichkeit in sich fasse, positiv gegeben sei. In diesem Zusammenhang vermag Husserl den Begriff des Systems nicht länger zu umgehen: »Denn die Beschränkung auf das erfahrende Bewußtsein war nur exemplarisch gemeint, ebenso wie diejenige auf die ›Dinge‹ der ›Welt‹. Alles und jedes ist, so weit wir den Rahmen auch spannen, und in welcher Allgemeinheits- und Besonderheitsstufe wir uns auch bewegen – bis herab zu den niedersten Konkretionen – wesensmäßig vorgezeichnet. So streng gesetzlich ist die Erlebnissphäre nach ihrem transzendentalen Wesensbau, so fest ist jede mögliche Wesensgestaltung nach Noesis und Noema in ihr bestimmt, wie irgend durch das Wesen des Raumes bestimmt ist jede mögliche in ihn einzuzeichnende Figur – nach unbedingt gültigen Gesetzlichkeiten. Was hier beiderseits Möglichkeit (eidetische Existenz) heißt, ist also absolut notwendige Möglichkeit, absolut festes Glied in einem absolut festen Gefüge eines eidetischen Systems. Seine wissenschaftliche Erkenntnis ist das Ziel, d. i. seine theoretische Ausprägung und Beherrschung in einem System aus reiner Wesensintuition entquellender Begriffe und Gesetzesaussagen. Alle fundamentalen Scheidungen, welche die formale Ontologie und die sich ihr anschließende Kategorienlehre macht – die Lehre von der Austeilung der Seinsregionen und ihren Seinskategorien, sowie von der Konstitution ihnen angemessener sachhaltiger Ontologien – sind, wie wir im weiteren Fortschreiten bis ins einzelne verstehen werden, Haupttitel für phänomenologische Untersuchungen. Ihnen entsprechen notwendig noetisch-noematische Wesenszusammenhänge, die sich systematisch beschreiben, nach Möglichkeiten und Notwendigkeiten bestimmen lassen müssen.«[76] Die Widersprüchlichkeit eines Begriffs von eidetischer Existenz prägt die phänomenologische Antinomie taciteisch aus: dem Wesen, das da über aller Hinfälligkeit der Existenz schweben soll, wird zugleich jenes vom Denken unabhängige Sein attestiert, das nirgendwo anders kann hergenommen werden als von einer Existenz, mit der Husserls Essenzen um keinen Preis kontaminiert werden wollen. Er bestimmt ein und dasselbe als ontologisch und ontisch – eine Vorform der späteren Lehre vom Dasein als dem Ontischen, das den Vorrang habe, ontologisch zu sein[77], in der übrigens nicht weniger als bei Husserl der konstitutive Primat von Subjektivität, der alte Idealismus sich versteckt. Wie aber solche »Existenz« dem »absolut festen Gefüge eines eidetischen Systems« zuzurechnen sei, bleibt unerfindlich, Zufall zweiten Grades. Denn bei keinem Vorfindlichen, wie immer auch spiritualisiert es sei, läßt sich antizipieren, was weiter vorgefunden wird, wenn nicht das »Gefüge«, Kantisch gesprochen, selbst schon an einen höchsten Punkt geheftet ist[78], und das muß Husserl sich versagen, solange ihm die Rechtsquelle der Begriffe »reine Wesensintuition« ist, deren Unfehlbarkeit sich auf den Charakter des Gegebenseins stützt. Schon jedoch überwiegt der Systemzwang, und die diskret gegeneinander abgesetzten Ontologien werden zu Anweisungen einer Art von phänomenologischer Arbeitsteilung reduziert. Die Cartesianischen Meditationen schließlich reden unverblümt von der Vorläufigkeit der Ontologien gegenüber der Einheit des Systems. Nur soll das System selber als deskriptiver Gegenstand, als Tatsache höchster Ordnung dem Subjekt gegenüberstehen; sein Anspruch auf Vollständigkeit aber, auf absolute Immanenz, Unabhängigkeit von jeglichem außer ihm Liegenden, jene Idee, daß es nulla re indiget ad existendum, postuliert das transzendentale Subjekt. Das nach mathematischer Sitte »vorgezeichnete« System fungiert also bei Husserl, der nicht umsonst auf Raum und Geometrie sich bezieht, als Indifferenzbegriff: objektiv sei es die Einheit aller vorfindlichen formalen und materialen Regionen und zugleich subjektiv, insofern diese Einheit aufgesucht wird in der von Subjektivität selber. Im schillernden Begriff der prima philosophia als transzendentaler Phänomenologie aus der Spätzeit hat diese unausdrückliche Konzeption einer Indifferenz von Subjekt und Objekt sich sedimentiert. Phänomenologisch ist die auf Mannigfaltiges der »Phänomene« des Bewußtseins gerichtete Untersuchung, transzendental die Notwendigkeit ihrer Begründung in einer jeglicher Erfahrung vorgeordneten Struktur des Subjekts. Daß beides konvergiere, wird als selbstverständlich auf gut Glück unterstellt. Der Schein solcher Selbstverständlichkeit ist möglich, weil das subjektive Moment, das phänomenologisch reine Ich, und das objektive, der eidetisch reduzierte Begriff, beide gleichermaßen gegen die Faktizität abgedichtet sind und sich selbst genügen: beiden kann von außen nichts zukommen und zustoßen. Diese Reinheit aber wird verbürgt einzig von der transzendentalen. Die Selbstzurücknahme der Phänomenologie ist kein Akt bedächtiger Revision, der es vor den Folgen, etwa den ephemeren Ewigkeiten Schelers, graute. Je mehr Objektivität das Noema, das subjektiv Gemeinte besitzen soll, um so mehr muß das Subjekt von sich aus hinzutun, um dem Objekt seine Einheit zu verleihen. Sie aber erheischt als ihren Inbegriff die des Bewußtseins und damit das System.

Historisch war dessen Konzeption bei Husserl gar nicht erst von der Rechtfertigung des noematischen Sinnes als einer identisch sich durchhaltenden Gegenständlichkeit bedingt. Schon zu Beginn der Prolegomena wird »Einheit des Begründungszusammenhanges« verlangt: »Das Reich der Wahrheit ist kein ungeordnetes Chaos, es herrscht in ihm Einheit der Gesetzlichkeit; und so muß auch die Erforschung und Darlegung der Wahrheiten systematisch sein, sie muß deren systematische Zusammenhänge widerspiegeln.«[79] Das System wird freilich zunächst, als eine von der Wissenschaft vorgefundene Objektivität, einigermaßen heuristisch, ohne »Leitfaden« gedacht, etwa in Formulierungen vom Typus: »Damit dürften die wesentlichen Formen allgemeiner normativer Sätze erschöpft sein.«[80] Aber in der Einheit der logischen Vernunft, welche der der Logik entsprechen soll, ist virtuell bereits das System enthalten, gar nicht so unähnlich dem Verhältnis zwischen der Vollständigkeit der Urteilsformen und der der Kategorien bei Kant. Vollends die entfaltete Lehre von der Korrelation drängt zum System. Ihr Dualismus, das wechselseitige Aufeinanderverwiesensein von Sein und Bewußtsein ist Trug. Schreitet Philosophie überhaupt einmal dazu, nach Rechtstiteln für Sein und Seiendes im Bewußtsein zu fahnden, so ist damit der Prinzipat des Bewußtseins gestiftet, selbst wenn man dem Bewußtsein das Sein als »Gegenpol« zuordnet. Als systematisch ist daher der Satz des zweiten Bandes der Logischen Untersuchungen zu interpretieren: »Was wir nicht denken können, kann nicht sein, was nicht sein kann, können wir nicht denken.«[81] Unüberhörbar die Reminiszenz an Hegels Formel. Sie ist das Geständnis einer latenten Ähnlichkeit. Husserl trachtet den Subjekt-Objekt-Dualismus zu versöhnen, nicht, indem er einfach Objektivität auf Subjektivität reduziert, sondern indem er den Gegensatz selbst in ein Umfassenderes – bei Hegel heißt es »Geist« – tendenziell hineinnimmt; und bei beiden konstituiert dies Umfassendere sich doch wieder schließlich subjektiv; beide sind, in aller Anstrengung um die Andersheit, Idealisten. Aber Hegel gegenüber ist Husserls Versuch so schüchtern und schwächlich, daß ihm die ersehnte Versöhnung entgleitet. Die Idee des Systems schrumpft zum Formalen zusammen. Bei Hegel war das System, nach der Formulierung der Enzyklopädie[82], die konkrete Totalität, bei Husserl gibt es sich mit den im εἶδος ego verbundenen reinen Bewußtseinsstrukturen zufrieden. Nur soviel bleibt vom System übrig, daß kein Sein sei, das nicht gedacht werden könne, so daß alles Sein, umfassend und vollständig, an der Einheit des Denkens sich zu messen habe. Die bloß noch registrierte Korrelation von Sein und Denken erweist sich als ohnmächtig: sie erprobt sich an keinem bestimmten Inhalt mehr. Wie nach einer Niederlage zieht Philosophie sich hinter die Gräben ihrer Festung zurück, der Doktrin von den Kategorien des Denkens. Über Husserls idealistischen Charakter entscheidet nicht die Behauptung einer durchgängigen konstitutiven Priorität des Bewußtseins – die findet sich explizit erst in der transzendentalen Spätphase – sondern ihr permanenter Identitätsanspruch. Wann immer solche Identität behauptet wird, ein monistisches Prinzip von Welterklärung, das der bloßen Form nach den Primat des Geistes aufrichtet, der jenes Prinzip diktiert, ist Philosophie idealistisch. Selbst wo als solches Prinzip Sein gegen Bewußtsein ausgespielt wird, meldet sich im Anspruch der Totalität des Prinzips, das alles einschließe, der Vorrang des Geistes an; was in ihm nicht aufgeht, ist unabschließbar und entschlüpft noch dem Prinzip seiner selbst. Idealismus herrscht, auch wenn das ὑποκείμενον Sein oder Materie oder wie immer genannt wird, vermöge der Idee des ὑποκείμενον. Totales Begreifen aus einem Prinzip etabliert das totale Recht von Denken. Die theoretische

Grenze gegen den Idealismus liegt nicht im Inhalt der Bestimmung ontologischer Substrate oder Urworte, sondern zunächst im Bewußtsein der Irreduktibilität dessen was ist auf einen wie immer auch gearteten Pol der unaufhebbaren Differenz. Dies Bewußtsein muß sich in der konkreten Erfahrung entfalten; bleibt es bei der abstrakten Beteuerung von Polarität stehen, so ist es immer noch dem Idealismus verhaftet. Kein »Entwurf« kann heute mit der dialektischen Methode gemeint sein. Gerade die Husserlsche Wendung zu einem »korrelativen« Seinsbegriff, die dessen spätere Theologisierung vorbereitete, war extrem idealistischen Sinnes, und ihn hat jener Begriff niemals verloren. Denkbestimmungen, zu denen auch das Bewußtsein der Differenz, der »Andersheit« selbst geschlagen wird, sollen durch ein äußerstes Maß an Abstraktion der Faktizität entwunden werden und damit die Andersheit exstirpiert. Husserls ontologischer Zug ist, wie der Hegels, der wahrhaft idealistische. Indem die allerallgemeinsten Bewußtseinsstrukturen ihrer Beziehung auf jeglichen Stoff entäußert werden und diese Beziehung selber einzig noch als formale Charakteristik der Bewußtseinsstruktur wiederkehrt, wird das rein Geistige als An sich installiert und schließlich zum Sein. Gewiß handelt Husserl an einer früheren Stelle der »Ideen« – und zwar ehe es zur ἐποχή kommt – vom »Fremden«, vom »Anderssein« und davon, wie damit und »mit der ganzen bewußtseinsfremden Welt«[83] das Bewußtsein sich verflechten könne. Unmittelbar danach aber unterstellt er ohne weiteres die »reale Einheit der ganzen Welt«. Damit ist das System errichtet und die Vormacht des eben erst ontologisch vom Seienden getrennten Bewußtseins über das Seiende entschieden. Nur wenn der Inbegriff des Seienden ohne Rest in den Denkbestimmungen aufgeht, ist die Rede von einer solchen »realen Einheit der Welt« irgend motiviert. Dem gegenüber bleibt die Rede vom Anderssein bloße methodologische Präambel. Als solche erweist sie sich dann in der phänomenologischen Methode der Reduktion auf das »absolute Bewußtsein«[84]. Denn absolut ist das Bewußtsein erst, sobald es keine Andersheit mehr duldet, die nicht selbst bewußtseinseigen – also keine Andersheit wäre.

Aber das System, das nicht spekulativ, sondern wissenschaftliche Feststellung von Tatbeständen sein will, schleppt den Widerspruch weiter. Die Legitimation der systematischen Ansprüche der »Ideen« scheitert. An der Einheit des Dingbewußtseins, und nur an ihr, hat Husserl seinen Kanon systematisch gesetzmäßiger Erkenntnis: »In Wesensnotwendigkeit gehört zu einem ›allseitigen‹, kontinuierlich einheitlich sich in sich selbst bestätigenden Erfahrungsbewußtsein vom selben Ding ein vielfältiges System von kontinuierlichen Erscheinungs- und Abschattungsmannigfaltigkeiten, in denen alle in die Wahrnehmung mit dem Charakter der leibhaften Selbstgegebenheit fallenden gegenständlichen Momente sich in bestimmten Kontinuitäten darstellen bzw. abschatten. Jede Bestimmtheit hat ihr Abschattungssystem, und für jede gilt, wie für das ganze Ding, daß sie für das erfassende, Erinnerung und neue Wahrnehmung synthetisch vereinende Bewußtsein als dieselbe dasteht trotz einer Unterbrechung im Ablauf der Kontinuität aktueller Wahrnehmung.«[85] Das entspricht, abgesehen von dem unverkennbar psychologischen Abschattungsbegriff, durchaus der Kantischen Ableitung der Dinglichkeit. Aber es fehlt die – als solche nie »gegebene« – Einheit des Bewußtseins, die bei Kant die des Dings ermöglicht und über die, als über ein nicht selber deskriptiv Faßliches, Husserl hinweggleitet. Ohne sie jedoch wäre die Behauptung, die »Abschattungen«, also Erscheinungen des Dings seien durch dessen Identität »kontinuierlich geregelt«[86] dogmatisch. Von Dingen an sich darf nach der phänomenologischen Reduktion Husserl diese Identität nicht entlehnen; als unmittelbar Gegebenes kommt solche »Regel«, wie Kant dem Empirismus stringent entgegenhielt, nicht vor; auf ihre Ableitung aber muß Husserl verzichten, solange er nicht das »Prinzip aller Prinzipien« verletzen will. Der bloßen Deskription könnte das »System« ebensogut anders sein; seine Einheit und damit der systematische Anspruch ist zufällig; das aber wäre unvereinbar mit der Idee des Systems selbst. Husserl hat dem in den »Ideen« Rechnung getragen, indem er die Unbestimmtheit des Dingbewußtseins, also dessen unabgeschlossenen, dem Zufall der Erfahrung exponierten Charakter[87] in die »Bestimmbarkeit eines fest vorgeschriebenen Stils«[88] umdeutete und neukantisch das Ding als System seiner möglichen

Erscheinungen zur unendlichen Aufgabe machte. »In dieser Weise in infinitum unvollkommen zu sein, gehört zum unaufhebbaren Wesen der Korrelation ›Ding‹ und Dingwahrnehmung.«[89] Genau wo der neukantische Gesetzesbegriff fällig wäre, findet der Terminus »Stil« sich ein, so wie später die relativistische Wissenssoziologie mit Denkstilen hantiert. Es wird in gleichsam ästhetische Kategorien ausgebogen, welche die Einheit des Gegenstandes dem Kriterium ihrer objektiven Verbindlichkeit entziehen und ihr doch die Würde des übergreifend Vorgezeichneten zuerkennen. Sprachliche Narben zeugen von der Inkompatibilität des Systems mit bloßer Vorfindlichkeit.

IV. Das Wesen und das reine Ich

> Die Phantasie in meinem Sinn
> Ist diesmal gar zu herrisch.
> Fürwahr, wenn ich das alles bin,
> So bin ich heute närrisch.
>
> Goethe, Walpurgisnachtstraum

Der akademisch offiziellen Diskussion in Deutschland galt Husserl für überholt und unwichtig bereits vor Hitler. Mochte man ihm Verdienste um die Methode jener neuen ontologischen Konkretheit zubilligen, mit welcher man den in Verruf geratenen Idealismus überwunden meinte – der herablassenden Würdigung schienen diese Verdienste so zufällig wie nur die Beiträge eines Fachwissenschaftlers zu einem metaphysischen Entwurf. Umgekehrt dünkte den Repräsentanten des philosophischen Szientivismus – etwa Schlick in der »Allgemeinen Erkenntnislehre« – Husserl ein Metaphysiker selber, ein Künder jener »Schau«, die man sich weniger nach seinen Texten als nach Georgeschen Versen ausmalte: er hatte mit anderen Vernunfttheoretikern, Hegel nicht ausgenommen, das wohlfeile Prädikat des »Mystikers« zu teilen. Dort schalt man ihn den formalistischen Epistemologen, bar der Sorge um die menschliche Existenz, wie jene sie auslegen, nämlich ums Wesen des Menschen als existierenden; hier brachte man die Lehre von der Ideation mit Vitalismus und Irrationalismus zusammen, so hartnäckig auch Husserl seit dem Erscheinen der sechsten Logischen Untersuchung gegen solche Zuordnung sich sträubte. Dabei hat er zu seinem Teil nichts dazu beigetragen, das Schicksal sich zu verdienen, das neue Sachlichkeit und neue Unsachlichkeit gleichermaßen ihm bereiteten. Das Spiel der »Diskussion« mit den Kollegen hat er so treulich mitgespielt, daß nach Natorps Kritik der »Ideen« der Unterschied vom scheinbar polar entgegengesetzten Marburger Neukantianismus zur Nuance schrumpfte; er hat jeden einzelnen als »Forscher« berücksichtigt und Bedenken wohl wegen der »prinzipiellen Verwurzelung der Wissenschaften«[1], doch nicht wegen des Betriebs und der Funktion der auch nach seiner Ansicht »radikal« bedrohten angemeldet. Ebensowenig sind die ontologischen, anthropologischen und existentiellen Erben berechtigt, die Herkunft ihres Gedankenguts zu verleugnen. Es verdankt sich der Husserlschen Methode, und nicht der Methode allein; nur ist diese Methode an bürgerlicher Besonnenheit und kritischer Verantwortung den Adepten so weit überlegen, daß diese bloß ungern an Husserl erinnert werden. Das gilt wie für Scheler so für Heidegger. Wohl schien in »Sein und Zeit« der Kierkegaardsche Existenzbegriff jene Haltung des »Zuschauers« gesprengt zu haben, in welcher der Phänomenologe sich glaubte bewähren zu sollen. Aber es rechnet zu den überraschenden Resultaten des neuerlichen Studiums von Husserl, daß Hauptmotive jenes Werkes, ob auch akademisch instrumentiert, im Werke des Lehrers bereits versammelt sind. Beiden gemeinsam ist vorab die Unverbindlichkeit aller Aussagen »zu den Sachen«. Wenn die Konfrontation jedes Husserlschen Begriffs mit seinem Gegenstand kann niedergeschlagen werden durch den Hinweis darauf, daß der Begriff bloß in ἐποχή gelte und nicht »naiv« in der Welt der Fakten, dann ward schon vor der »Kehre« jeder drastischeren Interpretation Heideggerscher Thesen über Angst oder Sorge, Neugier und Tod vorgebeugt, weil es sich um reine Seinsweisen des Daseins handeln soll: so schlagkräftig und erfahrungsnah die Parolen, so wenig legen sie sich auf die Wirklichkeit der Gesellschaft fest. Beide lassen den Bruch von Notwendigkeit und Zufälligkeit verschwinden im Ausgang von jenem Prinzip des Ich, das bei Husserl transzendentales Ego heißt und bei Heidegger Dasein. In beiden Philosophien spielen Idee und Faktum ineinander. Heideggers Tendenz, unlösbare Widersprüche wie den zwischen zeitloser Ontologie und Geschichte zu verdecken, indem die Geschichte selber zur Geschichtlichkeit ontologisiert, der Widerspruch als solcher zur »Seinsstruktur« gemacht wird, ist in der Erkenntnistheorie Husserls vorgebildet. Auch dieser sucht Unauflöslichkeit als Lösung des Problems zu hypostasieren. Über den Bruch von Wesen und Dasein hat er im Alter mit dem gleichen Gewaltstreich hinwegzukommen getrachtet wie Heidegger, der Dasein als eine Struktur von Sein bestimmt. In der »Logik« heißt es: »Ein Bewußtseinsleben ist nicht denkbar denn als solches, das in einer wesensnotwendigen Form der Faktizität, in der Form der universalen Zeitlichkeit, ursprünglich gegeben ist.«[2] Das Faktum soll ins Wesen aufgehoben werden, indem »Faktizität«, nämlich der Befund, daß Tatsachen mit bestimmter Zeitstelle den Inhalt des »reinen Ich« ausmachen, als Wesensgesetz, als durch und durch formale Bestimmung eben dieses Ich sich gibt. Die Substruktion der Form »Faktizität« soll genügen, des Faktums selber vermöge der transzendentalen Wesensgesetzlichkeit Herr zu werden, ohne daß die Theorie zugestände, daß die Differenz zwischen der formalen »Faktizität« und dem inhaltlichen, besonderen Faktum identisch ist mit der alten von Wesen und Tatsache. Der Name Faktizität, der die Fakten als Fakten unter sich befassende Allgemeinbegriff, wird in ein Wesen verzaubert, dem die obstinaten Fakten nichts mehr anhaben sollen, obwohl doch der Inhalt des »Wesens« Faktizität gerade nicht aus reinen Wesensnotwendigkeiten deriviert. Die ertrinkende Phänomenologie sucht mit ihrem eigenen Wesenszopf sich aus dem Sumpf des verachteten bloßen Daseins herauszuziehen. In solchem Trug liegt der sachliche Grund der sprachlichen Übereinstimmung mit Heidegger. Immer wieder werden bei beiden Begriffe, die aus der Erfahrung gezogen sind, durch ihre Transplantation ins eidetische Bereich mit einer altertümlichen Würde verkleidet, die sie vorm Zugriff des gleichen rauhen Lebens sichern soll, dem sie doch andererseits eben die Handgreiflichkeit verdanken, welche die der Abstraktion Müden besticht; immer wieder erscheinen bei beiden, umgekehrt, ganz formale Bestimmungen in einer Weise, die deren drastische Anschaulichkeit vortäuscht. »Entwurf«, »Echtheit«, »Selbstauslegung« sind nicht umsonst hier wie dort Lieblingsworte; die Bildung einer Theorie heißt bei Husserl gelegentlich »erledigende Arbeit«[3], als ob das gesegnete Tagwerk der Hände in Rede stünde; die transzendentale Synthesis wird nicht mit ihrem ehrlichen Fremdwort bedacht, sondern in die kunstgewerbliche »Innerlichkeit des Leistens« übersetzt; ebenso erscheinen dann wieder formale Konstatierungen wie die beliebiger Wiederholbarkeit oder kritisch unreflektierten Erkennens ausgedrückt in sinnlichen Partikeln wie »je« oder »geradehin«. In Husserls Lieblingserwägungen über die universale Pest, bei der die Menschheit aussterbe, ohne daß dem phänomenologischen Residuum, dem reinen Ich, die mindeste Gefahr drohe, darf man vielleicht selbst Vorformen jenes zugleich menschenfeindlichen und konsequenzlosen Nihilismus des früheren Heidegger vermuten, der sich über das Sein zum Tode und das nichtende Nichts erging.

Die paradoxale Komplexion von Gedanken wie Sprache beim späten Husserl ist Ausdruck eines Mißlingens. Dies Mißlingen jedoch ist das Maß von Husserls philosophischem Rang, einer Intransigenz des Denkens, welche den eigenen Versuch, den Idealismus der Epoche von dessen Voraussetzungen her aus den Angeln zu heben, ohne die Voraussetzungen anzutasten, zum Absurden treibt. In Phänomenologie trachtet der bürgerliche Geist mit hartnäckiger Anstrengung, aus der Gefangenschaft der Bewußtseinsimmanenz, der Sphäre der konstitutiven Subjektivität, auszubrechen mit Hilfe der gleichen Kategorien, die die idealistische Analyse der Bewußtseinsimmanenz beistellt. Die Erkenntnistheorie möchte die Zellen durchschlagen, in denen die Welt der selbstgemachten Objekte als Trugbild von »Natur« sich absolut setzt gerade vermöge ihres auf subjektives »Leisten« – auf Arbeit – reduzibeln Charakters. An Versuch und Mißlingen ist gleich viel zu entnehmen. Der Versuch indiziert, daß das fortgeschrittene bürgerliche Selbstbewußtsein bei dem Fetischismus der abgezogenen Begriffe nicht länger sich bescheiden kann, in dem die Warenwelt für ihren Betrachter sich reflektiert. Es müßte die Sache selbst ergreifen. Die aber ist keine »Tatsache«. Daß Husserl die Kategorie des Wesens urgiert, entspringt nicht bloß der Tendenz zur romantischen Wiederherstellung der scholastischen Tradition: im Wesen will nicht bloß das Denken vorm Faktum in Sicherheit sich bringen, sondern das Wesen opponiert dem Faktum als bloßer Erscheinung, deren Geltung bezweifelt, in ἐποχή gesetzt wird, um die unterliegende Gesetzlichkeit bewußt zu machen. Das Mißlingen aber bezeugt objektiv, was kein bürgerlicher Denker nach Hegel von sich aus mehr bezeugt hätte: die Notwendigkeit des Scheins selber.

Gegen alle ursprüngliche Intention und aus Eigenem produziert Husserls Philosophie sämtliche Kategorien des subjektiven Scheins, gegen welche sie mobilisiert war. An ihrem Ende steht die Einsicht, daß, nimmt man einmal den idealistischen Zentralbegriff – den der transzendentalen Subjektivität – an, nichts mehr denkbar ist, was dieser Subjektivität nicht untertan und im strengsten Sinne ihr Besitz wäre. Damit kompromittiert Husserl die neue, selber scheinhafte Wirklichkeitsphilosophie seiner Nachfolger so gründlich wie einen Idealismus, dessen ratio ihm zur ultima ratio wird. Das Werk des Platonischen Realisten enthüllt sich als destruktiv.

Wohl hat in Husserl die ratio den relativistischen Anfechtungen getrotzt, die zu seiner Zeit schon zum Opfer der Vernunft lockten und unter der totalitären Herrschaft bald dem Zynismus zum philosophisch guten Gewissen verhalfen. Aber er hat auch mit rationalistischem Hochmut die Gewalt des Daseienden übers selbstherrliche Denken verleugnet, welche der Relativismus, wie immer verzerrt und dem hingenommenen »Dasein« gegenüber naiv, registriert. Der Motor der Husserlschen Denkbewegung nun ist der Wille, das von der ratio fortgewiesene Dasein im Umkreis der autonomen ratio selber aufzurichten. Dieser Wille bestimmt seinen Ausbruchsversuch und dessen Grenze. Seine Antithetik wird auf die Formel gebracht in den beiden methodischen Grundforderungen der »Ideen«: »Prinzipiell stehen in der logischen Sphäre, in derjenigen der Aussage, ›wahrhaft-‹ oder ›wirklich-sein‹ und ›vernünftig ausweisbar-sein‹ in Korrelation.«[4] Dazu kontrastiert jenes »Prinzip aller Prinzipien: daß jede originär gebende Anschauung eine Rechtsquelle der Erkenntnis sei, daß alles, was sich uns in der ›Intuition‹ originär (sozusagen in seiner leibhaften Wirklichkeit) darbietet, einfach hinzunehmen sei, als was es sich gibt, aber auch nur in den Schranken, in denen es sich da gibt«[5]. Der Phänomenologe will sich einmal nach jeder »originär gebenden Anschauung« richten, ohne vorweg zu wissen, wie weit ihr Inhalt, »vernünftig ausweisbar«, allgemein und notwendig sei. Zugleich aber macht er zum Maße jeglicher »Wirklichkeit«, auch der originär gebenden Anschauung und schließlich der Gegebenheit selber eben den Vernunftcharakter, der in letzter Instanz koinzidiert mit der Einheit des Selbstbewußtseins. Nach den Clichés der Philosophiegeschichte wäre darum Phänomenologie, nicht anders als die Kantische Vernunftkritik, die Synthese von Rationalismus und Empirismus. Die oft konstatierte Überschneidung des logischen und psychologischen Zuges in Husserl ist ihr sinnfälliger Ausdruck. Nichts macht das Verständnis der Husserlschen Grundbegriffe und ihres Zusammenhangs schwieriger als die Kreuzung rationalistischer und empiristischer Tendenzen. Sie enträtselt sich erst der Einsicht ins Motiv. Durchweg will Husserl mit vernunftkritischen Mitteln bloß »gemachte« Begriffe, die ihre »Sachen« verdecken, zerschlagen, »Theoretisierungen« abbauen, Wirkliches, unabhängig von der überwuchernden terminologischen Apparatur, enthüllen. In den »Ideen« findet sich gelegentlich der Apologie des apriorischen Wesenbegriffes der erstaunliche Satz: »Sagt ›Positivismus‹ soviel wie absolut vorurteilsfreie Gründung aller Wissenschaften auf das ›Positive‹, d. i. originär zu Erfassende, dann sind wir die echten Positivisten.«[6] Gewiß schlägt damit der Begriff Positivismus ins Gegenteil seiner ursprünglichen Bedeutung um. Aber dieser Umschlag ereignet sich selber im Drange der Enthüllung von »Sachen«. So inauguriert er den Husserlschen Rationalismus. Die Beweisführung der »Prolegomena«, die die logischen Grundprinzipien als strikt apriorische Sätze an sich dartun wollen, hält sich durchaus im Rahmen positivistischer Vorfindlichkeit. Im Denkakt ist das Kausalgesetz, nach dem jener abläuft, nicht identisch mit der logischen Norm, nach der er sich richtet; im jeweils gegebenen Denkakt als Phänomen, so wie es dem reflektierenden Blick sich darbietet, fallen beide nicht zusammen: »Kausalgesetze, nach welchen das Denken so ablaufen muß, wie es nach den idealen Normen der Logik gerechtfertigt werden könnte, und diese Normen selbst – das ist doch keineswegs dasselbe. Ein Wesen ist so konstituiert, daß es in keinem einheitlichen Gedankenzuge widersprechende Urteile fällen, oder daß es keinen Schluß vollziehen kann, der gegen die syllogistischen Modi verstieße – darin liegt durchaus nicht, daß der Satz vom Widerspruch, der modus Barbara u. dgl. Naturgesetze seien, die solche Konstitution zu erklären vermöchten.«[7] Für Husserl ist der logische Absolutismus und

Antipositivismus nichts als das Resultat einer lediglich insistenteren positivistischen Forschung: unter den Charakteren der Evidenz einer logischen Aussage kommt, seiner Lehre zufolge, in originär gebender Anschauung kein Kausalgesetz psychologischer Gedankenverknüpfung vor. Der gleiche Drang wirkt in allen kritischen Exkursionen der Husserlschen Phänomenologie. Die erfundenen »Evidenzgefühle«; die Äquivokationen der selbstherrlichen Terminologie, gegen welche die »Bedeutungslehre« konzipiert ist, insbesondere die Unterscheidung von Empfindung und Empfindungsinhalt; endlich die Bilder- und Zeichentheorie in der Interpretation des Dingbewußtseins sind bevorzugte Angriffspunkte. An ihnen allen setzt der Husserlsche Rationalismus sich durch aufs Geheiß des Husserlschen Empirismus. Seine Sätze, reine Bedeutungen, in der späten Phase dann ein reines Ich treten nichtigen Verdopplungen entgegen; Begriffen, die ihrem Anspruch auf empirisch-psychologische Legitimation nicht genügen können, weil sie nicht »da« sind. Husserl möchte die Spiegelwände von Denkprodukten wegräumen, die sich sogleich vors Denken schieben, wenn es einmal unfähig wird, in ihnen sich selber wieder zu erkennen. Das Ziel der logischen und erkenntnistheoretischen Enthüllung wird vorgezeichnet von dem, was »als solches« sei: den Sätzen an sich an Stelle der psychologischen Regeln, unter welchen sie von Menschen einzig nachgedacht werden; der reinen Bedeutung, so wie sie vom »Blickstrahl der Intention« getroffen und festgehalten wird; der Evidenz der »Sache selbst«, die sich darstellt, und nicht dem subjektiven Reflex, dem »Gefühl« von ihr; dem wahrgenommenen oder wie immer gemeinten Gegenstand und nicht dessen bloß bewußtseinsmäßigem Substitut. In diesem Sinn trachtet Phänomenologie aus dem Begriffsfetischismus auszubrechen. Sie rüttelt an den Ornamenten, die den maskenhaftverderblichen Ausdruck des Scheins im Bereich des abstrakten Begriffs annehmen nicht anders als die sinnlichen von Architektur und Musik der gleichen Periode. Mit Husserl schickt der objektive Geist des Bürgertums sich an zu fragen, wie Idealismus ohne Ideologie noch möglich sei. Die Frage aber wird objektiv, durch die »Sachen« verneint. Das diktiert Husserl den dialektischen Gang seiner Denkbewegung. Die empiristische

Analyse von Vorfindlichkeit führt allemal auf rationalistische Konsequenzen wie die vom absoluten Sein der logischen Sätze als idealer Einheiten. Deren Ansichsein aber wird vermittelt allein durch das nach Husserls Doktrin allem Seienden vorgeordnete »reine Bewußtsein«. Damit mündet Phänomenologie in die Grundposition der transzendentalen Subjektivität oder, wie sie beim letzten Husserl heißt, des εἶδος ego. Sie ist aber der Ursprung und Rechtstitel eben der Begriffsfetische, die der unbefangen hinnehmende Blick auf die »Sachen selbst« auflösen möchte, und definiert den gleichen Idealismus, gegen welchen die historische Tendenz des Ausbruchsversuchs sich kehrte. Hegels Definition der dialektischen Denkbewegung als eines Kreises bewährt sich ironisch an Husserl. Phänomenologie nimmt sich selbst zurück.

Sie ähnelt dem Kreise, weil sie dem Idealismus entspringt und auf jeder ihrer Stufen den Idealismus als wie immer aufgehobenes Moment in sich reproduziert. Sind alle Untersuchungen Husserls um »Transzendenzen«, um das nicht Bewußtseinseigene bemüht, so hat doch ihrer keine die Ebene der herkömmlich-immanenten Bewußtseinsanalyse verlassen können. Der Name Phänomenologie schreibt sich daher, daß sie mit »Phänomenen« zu tun hat: den transsubjektiven »Sachen selbst« als subjektiv bloß erscheinenden. Das involviert den bestimmten Widerspruch von Husserls Denken. Im Kampf gegen die Begriffsfetische ist es fetischistisch ganz und gar, weil die »Sachen selbst«, auf die es stößt, immer wieder bloße Deckbilder von Bewußtseinsfunktionen, »geronnene Arbeit« sind. Das transsubjektive Sein der logischen Sätze, zu dessen Apologetik die Phänomenologie zunächst ausgebildet ward, impliziert die Verdinglichung der Denkleistung, das Vergessen der Synthesis oder, wie der letzte Husserl ganz marburgisch es nennt, des »Erzeugens«. Im Angesicht der verdinglichten Denkprodukte entäußert sich Husserls Denken des Rechts auf Denken, bescheidet sich zur »Deskription« und bringt den Schein des scheinlosen An sich hervor: seit Descartes machen Verdinglichung und Subjektivismus in Philosophie keine absoluten Gegensätze aus, sondern bedingen sich wechselfältig. Der transsubjektive Realitätsgehalt des Husserlschen Gegenstandsbegriffs ist lediglich einem höheren

Maß an Dissektion, an Verdinglichung zu danken. Der Phänomenologe vermag zwar die Gegenstände anders denn als subjektiv konstituierte gar nicht zu denken, aber diese wiederum sind ihm so gründlich entfremdet und erstarrt, daß er sie als »zweite Natur« anschaut und beschreibt, während sie, einmal erweckt, in bloß subjektiven Bestimmungen sogleich sich auflösten. Sobald er auf der Deskription der »Bewußtseinstatbestände« insistiert, stellt sich denn auch der Dualismus von Ding und Erscheinung in der pseudokonkreten Terminologie von Abgeschattetem und Abschattung wieder her. Ja, Husserls Dinge als intentionale Objekte haben trotz ihrer behaupteten Leibhaftigkeit viel von der Substantialität eingebüßt, die sie noch als Kantische Gegenstände hatten. Indem sie atomistisch zu bloßen »Sinnen« der singulären Akte gemacht, aus Raum, Zeit und Kausalität herausgebrochen werden, finden sie sich in eine schattenhafte Ewigkeit transplantiert, in der nichts Arges mehr ihnen widerfahren kann, in der es aber auch nicht mehr möglich ist, aus ihnen das Substrat der Naturwissenschaften zu rekonstruieren, welches als Ergebnis der Kantischen transzendentalen Analytik noch hervortrat.

Damit aber wird die phänomenologische Haltung selber zweideutig. Fängt sich der Ausbruchsversuch im Bereich der bloßen δόξα, so kommt umgekehrt die ἐποχή, die den Ausbruch verwehrt, mit der empirischen Realität allzu bequem überein. Sie wird von Husserl als eine »Einstellung« charakterisiert, die sich von der »natürlichen« des unreflektiert die »Generalthesis der Welt« in ihrer Raumzeitlichkeit Hinnehmenden prinzipiell unterscheiden soll. Hinter der Cartesianischen dubitatio jedoch, mit der Husserl die phänomenologische Einstellung gern vergleicht, bleibt diese zurück durch die Schwäche der Beliebigkeit. Unternimmt Descartes den universalen Zweifelsversuch, um des absolut Gewissen sich zu versichern, so ist die Husserlsche dem gegenüber bloß eine methodische Veranstaltung, die empfohlen doch keineswegs selber als notwendig abgeleitet wird. Sie enträt der eingreifenden Verbindlichkeit, weil sich mit ihr, Husserl zufolge, gar nicht so viel ändert: sie ist weniger als verpflichtende Vernunftkritik denn als Neutralisierung einer Dingwelt konzipiert, an deren Macht und Recht kein ernsthafter Zweifel mehr laut wird. »Ebenso ist es klar, daß der Versuch, irgendein als vorhanden Bewußtes zu bezweifeln, eine gewisse Aufhebung der Thesis« – der »natürlichen Einstellung« – »notwendig bedingt; und gerade das interessiert uns. Es ist nicht eine Umwandlung der Thesis in die Antithesis, der Position in die Negation; es ist auch nicht eine Umwandlung in Vermutung, Anmutung, in Unentschiedenheit, in einen Zweifel (in welchem Sinne des Wortes immer): dergleichen gehört ja auch nicht in das Reich unserer freien Willkür. Es ist vielmehr etwas ganz Eigenes. Die Thesis, die wir vollzogen haben, geben wir nicht preis, wir ändern nichts an unserer Überzeugung, die in sich selbst bleibt, wie sie ist, solange wir nicht neue Urteilsmotive einführen: was wir eben nicht tun. Und doch erfährt sie eine Modifikation – während sie in sich verbleibt, was sie ist, setzen wir sie gleichsam ›außer Aktion‹, wir ›schalten sie aus‹, wir ›klammern sie ein‹. Sie ist weiter noch da, wie das Eingeklammerte in der Klammer, wie das Ausgeschaltete außerhalb des Zusammenhanges der Schaltung.«[8] Nicht umsonst ist der Ausdruck »Einstellung« Husserl mit dem bürgerlich-privaten Allerweltsrelativismus gemeinsam, der Verhaltensweisen und Meinungen weniger von verpflichtender Erkenntnis als vom zufälligen Sosein der urteilenden Person abhängig macht. Beide mögen das Wort von der Sprache der Photographie geborgt haben. Man ist versucht, diese als Modell zu vermuten, das der Husserlschen Erkenntnistheorie im objektiven Geist zugrunde liegt. Sie prätendiert, der ungeschmälerten Wirklichkeit sich zu bemächtigen, wenn sie isolierend ihre Objekte mit jähem »Blickstrahl« festbannt, wie sie im Atelier vor der aufnehmenden Linse hergerichtet und ausgestellt sind. Gleich dem Photographen älteren Stils verhüllt sich der Phänomenologe mit dem schwarzen Tuch seiner ἐποχή, beschwört die Objekte, sie möchten unverändert innehalten, und bringt schließlich passiv, ohne Spontaneität des erkennenden Subjekts Familienbilder zustande von der Art jener Mutter, »die liebend auf ihre Kinderschar blickt«[9]. Wie in der Photographie Camera obscura und registriertes Bildobjekt zueinander gehören, so in der Phänomenologie Bewußtseinsimmanenz und naiver Realismus. Die Immanenzphilosophie geht so weit, daß ihr »das absolute Bewußtsein als

Residuum der Weltvernichtung«[10] übrigbleibt: »Das immanente Sein ist ... zweifellos in dem Sinne absolutes Sein, daß es prinzipiell nulla ›re‹ indiget ad existendum. Andererseits ist die Welt der transzendenten ›res‹ durchaus auf Bewußtsein, und zwar nicht auf logisch erdachtes, sondern aktuelles angewiesen.«[11] Aber gerade der Totalitätsanspruch der sinngebenden Subjektivität löscht sich selbst aus. Wenn das Subjekt »alles« in sich einschließt, allem seine Bedeutung verleiht, so vermag es als essentielles Moment der Erkenntnis ebensogut fortzubleiben; es ist ein bloßer Rahmen, zu dem keinerlei Differenzen gesetzt sind, durch welche doch Subjektivität allein zu bestimmen wäre. Das Husserlsche Zuviel an Subjektivität bedeutet zugleich ein Zuwenig an Subjektivität. Indem das ego als konstituierende oder sinnverleihende Bedingung in allem Objektiven sich als vorgegeben bereits annimmt und hinnimmt, verzichtet es auf jeglichen Eingriff der Erkenntnis und vollends der Praxis. Unkritisch, in kontemplativer Passivität legt es ein Inventar der Dingwelt an, so wie sie ihm in der bestehenden Ordnung präsentiert wird. Mit Recht sagt der Phänomenologe von der ἐποχή: »wir haben eigentlich nichts verloren«[12] – es sei denn das Recht, über Schein und Wirklichkeit zu befinden. Er gibt sich dafür mit einem formalen Besitztitel über die akzeptierte »Welt« zufrieden. Die ohnmächtige Äußerlichkeit der Reduktion, welche alles beim alten beläßt, indiziert sich darin, daß den reduzierten Gegenständen keine eigenen Namen zuteil werden, sondern daß sie bloß ein Ritual der Schreibweise, die Anführungszeichen, als reduziert sichtbar macht. In deren Gebrauch, der die phänomenologische Reinheit avisieren soll, begegnet der strenge Forscher sich mit dem fatalen Humor des Journalisten, der »Dame« schreibt, wenn er eine Prostituierte meint. Die Welt in Anführungszeichen ist eine Tautologie der existierenden; die phänomenologische ἐποχή ist fiktiv.

Sie unterschiebt absolute Einsamkeit und bezieht sich doch eingestandenermaßen in all ihren Akten, als auf deren »Sinn«, auf die Welt, die sie versinken heißt. Es reflektiert sich darin ein Grundwiderspruch des gesellschaftlichen Zustandes, dessen Landkarte Phänomenologie so treu wie bewußtlos aufnimmt. In ihm ist das Individuum zum ohnmächtig Hinnehmenden, von der vorgegebenen Wirklichkeit total Abhängigen, einzig noch um Adaptation Bemühten geworden; durch den gleichen Mechanismus aber so beziehungslos, so sehr zum Ding unter Dingen, daß es in der Gesellschaft, von der es bis in sein bloßes Dasein hinab determiniert wird, unvernommen, unverstanden und selbstgenügsam sich dünkt. Den Widerspruch beider Erfahrungen verklärt Phänomenologie. Sie gibt die bloß hingenommene, angeschaute Welt als Besitz des absoluten Individuums, als den Inbegriff aller Korrelate der »einsamen Rede« aus. Eben damit aber spricht sie dem bloß Daseienden Weihe und Rechtfertigung des Wesenhaften und Notwendigen zu kraft jenes reinen Bewußtseins, das keines Dinges zur Existenz soll bedürfen. Am Fiktionscharakter der Lösung hat Husserl keinen Zweifel gelassen. Er bekennt sich zur Fiktion als dem Kernstück der Methode: »So kann man denn wirklich, wenn man paradoxe Reden liebt, sagen und, wenn man den vieldeutigen Sinn wohl versteht, in strikter Wahrheit sagen, daß die ›Fiktion‹ das Lebenselement der Phänomenologie, wie aller eidetischen Wissenschaft, ausmacht, daß Fiktion die Quelle ist, aus der die Erkenntnis der ›ewigen Wahrheiten‹ ihre Nahrung zieht.«[13] Wohl sucht er der polemischen Fixierung des Satzes vorzubeugen, der »sich als Zitat besonders eignen dürfte, die eidetische Erkenntnisweise naturalistisch zu verhöhnen«[14]. Aber es bedürfte keiner solchen Vorsicht. Nicht die paradoxe Kühnheit des Eidetikers provoziert Kritik. In ihr drückt das beste Agens der Phänomenologie sich aus; der utopische Überschuß über die akzeptierte Dingwelt; der latente Drang, in Philosophie das Mögliche im Wirklichen und das Wirkliche aus dem Möglichen selber hervortreten zu lassen, anstatt sich mit dem Surrogat einer von den bloßen Fakten abgezogenen Wahrheit, ihrem begrifflichen »Umfang«, zufriedenzugeben. Einmal konnten avantgardistische Tendenzen des Expressionismus mit Grund sich auf Husserl beziehen. Jedoch die Husserlsche Fiktion selber verrät rasch das Mögliche an das Wirkliche. Unterschlägt er die in jeder Fiktion gelegene Anweisung auf einlösende Erfahrung, indem er sie als »reine Möglichkeit« definiert, so überträgt er dafür bereits auf die gegenwärtige Fiktion die Anschaulichkeit, die erst zukünftiger Erfahrung zufiele. Anstatt das Mögliche als ein übers Daseiende strikt Hinausgehendes und erst zu Verwirklichendes zu denken, verzaubert er es zu einem Wirklichen sui generis, das passiv soll wahrgenommen werden können wie die akzeptierte Wirklichkeit. Seinem Apriorismus gerade sind Elemente des Naturalismus beigesellt. Er demonstriert seine Phantasiesetzungen nicht an expressionistischen Figuren, sondern an Böcklinschen: an der Toteninsel, dem Flöte spielenden Faun, an Wassergeistern. Allen jenen Wesen eignet ein Naturalistisches: sie treten als unwirklich auf und dennoch als anschauliche Abbilder eines gleichsam Wirklichen, als fügsame Nachahmungen vorgegebener Faune oder Elementarwesen, nicht als Ausdruck des Gedankens, der das Mögliche von sich aus als Neues, vom je Daseienden Verschiedenes bestimmt. Sie sind nicht »frei«. Analog ist das Mögliche bei Husserl Fiktion in dem negativen Sinn, daß es sich präsentiert, als ob es ein bereits Wirkliches wäre. Es herrscht in der Husserlschen Phantasiesetzung ein quid pro quo: naturalistisch angeschaute Objekte werden zu »symbolischen«, wesenhaft verpflichtenden erhöht, Gedachtes dafür behandelt, als sei es vorweg in einer wie immer modifizierten Erfahrung anschaulich. Das Einheitsmoment dieses quid pro quo ist der Begriff des Leibhaften: in Böcklins gemalten Phantasien und in Husserls gedachten »Sachen selbst«. »Those Boecklins! All the extraordinary pictures one had only seen on postcards or hanging, in coloured reproduction, on the walls of pensions in Dresden. Mermaids and tritons caught as though by a camera; centaurs in the stiff ungainly positions of race-horses in a pressman's photograph.«[15] Setzt der Leib dem idealistischen Schein seine Grenze, so herrscht er in Husserls Umkreis als Schein. Das Nackte ist das Symbol des Unsymbolischen. Es wohnt im Innern des neuromantischen Tempels der Wesen. Die Reinheit des gleichsam begierdelos-passiven phänomenologischen Blicks gilt ihm so gut wie die noch in der »Logik« proklamierte »Widernatur« der phänomenologischen Askese. Vorm Leib faßt sich Phänomenologie als »Wesensstil«[16], zu ihm schreitet sie auf »Klarheitsstufen«[17]. Wird er endlich ergriffen, so ist er nichts anderes als das schauende Bewußtsein selber, das in ihm verschwindet wie im Spiegel. Die bloß seiende Welt erstrahlt als eine des subjektiven Sinns, die reine Subjektivität als das wahre Sein – in solchem Trug terminiert der phänomenologische Ausbruchsversuch.

Die These von der Wahrnehmbarkeit des rein Möglichen als Lehre von der Wesensschau oder, wie sie von Husserl ursprünglich genannt wird, von der kategorialen Anschauung, ist zur Devise aller philosophischen Richtungen geworden, die auf Phänomenologie sich berufen. Daß man idealer Sachverhalte durch die neue Methode in der gleichen Unmittelbarkeit und Untrüglichkeit sich sollte versichern können wie nach herkömmlicher Auffassung der sinnlichen Data, erklärt den Anreiz, den Husserl ausübte zumal auf solche, die sich in den neukantischen Systemen nicht mehr bescheiden konnten und dennoch nicht willens waren, blindlings dem Irrationalismus sich zu überantworten. Ihnen erschien die Fichtesche und Schellingsche intellektuelle Anschauung, auf die Husserl allerdings niemals sich bezogen hat, durch die phänomenologischen Veranstaltungen auf den Standpunkt der »strengen Wissenschaft« erhoben, deren Programm Husserl in dem berühmten Logosaufsatz für seine Philosophie in Anspruch nahm. Die Affinität vieler seiner Schüler zu restaurativen Tendenzen legt den bereits von Troeltsch[18] geäußerten Verdacht nahe, es sei die Methode der Wesensschau von Anbeginn zu ideologischen Machinationen geschickt gewesen und habe den Vorwand geboten, inhaltliche Behauptungen jeglicher Art unbewiesen als ewige Wahrheiten zu drapieren, wofern sie nur auf »Sein«, nämlich das Dasein institutioneller Mächte sich berufen können. Aber die sich zunächst zu Husserl hingezogen fühlten, waren keineswegs bloß Dunkelmänner. Sie wurden gelockt vielmehr von der Chance, philosophisch nicht länger einzig mit abstrakten Leerformen befaßt zu werden, die nachträglich und zufällig mit einem »Material« sich auffüllen, dem die Formen bloß äußerlich sind; sie hofften auf ein Verfahren, das Material selber aufzuschließen und ihm seine eigentümlichen konkreten Formen abzuzwingen. Die Parole der Konkretheit ist längst zur Phrase und selber ganz abstrakt geworden. Sie stellte sich anders dar in der Frühzeit der Phänomenologie, als Scheler die rigoristische Ethik und den »Verrat an der Freude« angriff und das Muffige der offiziellen Systeme demaskierte. Wesen schauen: das hieß auch mit Wesentlichem sich befassen. Heute treiben die phänomenologischen Wassergeister bloß noch ihr Wesen.

Husserl selber hat kaum teilgenommen an den inhaltlichen Bemühungen, deren Instrumentarium er beistellte. Nicht bloß daß er von den meisten seiner Schüler sich distanzierte und materiale Analysen nur sehr gelegentlich publizierte: der Theorie der Wesensschau kommt in seinem œuvre ganz beschränkter Raum zu und keineswegs der entscheidende Akzent, den man nach der Wirkung des Begriffs erwarten müßte. Außer in dem einigermaßen sibyllinischen Einleitungskapitel der »Ideen« findet er sich ausführlicher abgehandelt bloß in der sechsten Logischen Untersuchung. Aber auch diese exponiert ihn nur kurz und läßt es sich sogleich angelegen sein, ihn gegen mögliche Mißdeutungen so weit zu schützen und zu revidieren, daß von der These mehr kaum erhalten bleibt als der Name. Die späten Schriften haben dann den Begriff Wesensschau stillschweigend eliminiert und durch eine neukantisch-funktionale Interpretation der Evidenz ersetzt. Dafür ist aber nicht das zögernde Schwanken des Denkers verantwortlich zu machen. Sondern kategoriale Anschauung ist die paradoxe Spitze seines Denkens: die Indifferenz, in welcher das positivistische Motiv der Anschaulichkeit und das rationalistische des Ansichseins idealer Sachverhalte aufgehoben werden soll. Auf dieser Spitze hat die Bewegung des Husserlschen Denkens sich nicht halten können. Die kategoriale Anschauung ist kein neu entdecktes Prinzip des Philosophierens. Sie erweist sich als bloßes dialektisches Durchgangsmoment: als imaginäre Größe.

In gewisser Weise wird sie produziert von der Doktrin der Sätze an sich in den Prolegomena. Sollen diese wahrhaft mehr als Denkgebilde sein, so können sie nicht eigentlich erzeugend gedacht, sondern bloß denkend vorgefunden werden. Die paradoxe Forderung eines bloß vorfindenden Denkens ergibt sich aus dem Geltungsanspruch des logischen Absolutismus. Die Lehre von der kategorialen Anschauung ist dessen Konsequenz auf der Subjektseite: »Mag sich, wer in der Sphäre allgemeiner Erwägung stecken bleibt, durch die psychologistischen Argumente täuschen lassen. Der bloße Hinblick auf irgend eines der logischen Gesetze, auf seine eigentliche Meinung und die Einsichtigkeit, mit der es als Wahrheit an sich erfaßt wird, müßte der Täuschung ein Ende machen.«[19] Daß »Wahrheiten an sich«, objektiv vorgegebene doch ideale Tatbestände, einsichtig werden im »bloßen Hinblick«, lehrt dann später die sechste Untersuchung. Dort heißen die Wahrheiten an sich »Sachverhalte«. Vom Sachverhalt wird behauptet: »Wie der sinnliche Gegenstand zur sinnlichen Wahrnehmung, so verhält sich der Sachverhalt zu dem ihn (mehr oder minder angemessen) ›gebenden‹ Akt der Gewahrwerdung (wir fühlen uns gedrängt, schlechtweg zu sagen: so verhält sich der Sachverhalt zur Sachverhaltwahrnehmung).«[20] Der Rationalist Husserl will den vérités de raison der Prolegomena durch kategoriale Anschauung jenen Charakter unmittelbarer Gegebenheit zuwägen, der dem Positivisten Husserl für die einzige Rechtsquelle der Erkenntnis gilt. Hier nimmt er die Sätze an sich, die reinen Geltungseinheiten an; dort die rechtsausweisende Bewußtseinsimmanenz, das Bereich der Gegebenheiten, der Erlebnisse. Beide sind durch die phänomenologische Demarkationslinie getrennt: jene sind »Wesen«, diese »Tatsachen«. Zwischen ihnen waltet keine andere Beziehung als Intentionalität. Die vérités de raison werden in faktischen Erlebnissen »gemeint«. Die Intention soll auf die vérités als solche führen, ohne sie im mindesten zu subjektivieren und zu relativieren. Das An sich der vérités soll erscheinen; sie sollen nicht in subjektiver Reflexion erzeugt, sondern selbstgegeben und anschaulich sein, aber auch nicht den Tribut des bloß Faktischen und Zufälligen entrichten, den die »schlichte« sinnliche Anschauung schuldet. Als deus ex machina muß kategoriale Anschauung die widerstreitenden Motive Husserls versöhnen. In ihrer Paradoxie verstellt sich dem Philosophen jene Dialektik, die sich über seinen Kopf hinweg vollzieht.

Zur paradoxalen Leistung langt Intentionalität, »Denken« allein nicht zu. Das Meinen einer Sache und auch idealer Sachverhalte von der Art etwa arithmetischer Sätze ist noch nicht identisch mit deren Evidenz. Auch Falsches kann gemeint werden. Das gibt für Husserl den Rechtsgrund dafür ab, bei der Konstruktion der kategorialen Anschauung über den Begriff der bloßen Intentionalität hinauszugehen. Er ergänzt ihn durch den ihrer anschaulichen »Erfüllung«: »dem vorerst bloß symbolisch fungierenden Ausdruck geselle sich nachher die (mehr oder minder) entsprechende Anschauung bei. Wird dies Ereignis, so erleben wir ein deskriptiv eigentümliches Erfüllungsbewußtsein: der Akt des puren Bedeutens findet in der Weise einer abzielenden Intention seine Erfüllung in dem veranschaulichenden Akte.«[21] Über diesen Anschauungsbegriff behauptet Intentionalität den Primat. Die Anschauung bestimmt nicht von sich aus die Intention. Sie richtet sich nach ihr, sie »mißt sich ihn an«. Die Abhängigkeit der Anschauung von der Intention, welche alle der Subjektivität heterogenen Momente des Anschauungsmaterials vorweg von der Sphäre des Bedeutens ausschließt, führt Husserl zur Annahme einer durchgehenden Parallelität zwischen der Intention und ihrer Erfüllung. Die Erfüllung entspricht der Intention in den Momenten, in denen sie sich ihr anmißt. Diese Annahme verleitet aber zur These, daß nicht nur die auf Faktisches gerichteten, sondern daß auch die »kategorialen«, unsinnlichen Momente der Bedeutungen eigene Erfüllungen finden sollen. Als kategoriale Anschauungen definiert Husserl diese Erfüllungen der kategorialen Momente der Intention. In der Erfüllungstheorie konzentriert sich die Paradoxie der Wesensschau. Denn es kann Husserl nicht entgehen, daß man die spezifischen Momente von Denken in Urteilen und Sätzen nicht als Abbilder eines unsinnlichen, transsubjektiven Seins aufzufassen vermag, da die unsinnlichen Momente selber ja nicht anders zu bestimmen sind, denn eben als Momente von Denken. Husserl hat die Bilder- und Zeichentheorie nicht bekämpft, um sie in der »Phänomenologie der Erkenntnis« unbekümmert zu restituieren: so hat er denn in der sechsten Untersuchung die Abbildtheorie sogleich wieder abgewehrt, und es ist diese Abwehr, welche die Revision der kategorialen Anschauung einleitet: »Wir gingen davon aus, daß die Idee eines gewissermaßen bildartigen Ausdrückens ganz unbrauchbar ist, um das Verhältnis zu beschreiben, das zwischen den ausdrückenden Bedeutungen und den ausgedrückten Anschauungen im Falle geformter Ausdrücke statthat. Dies ist zweifellos richtig und soll jetzt nur noch eine nähere Bestimmung erfahren. Wir brauchen uns bloß ernstlich zu überlegen, was möglicherweise Sache der

Wahrnehmung und was Sache des Bedeutens ist, und wir müssen aufmerksam werden, daß jeweils nur gewissen, in der bloßen Urteilsform im voraus angebbaren Aussageteilen in der Anschauung etwas entspricht, während den anderen Aussageteilen in ihr überhaupt nichts entsprechen kann.«[22] Aber der Begriff der kategorialen Anschauung kann der Bildertheorie nicht entraten: nur wenn die kategorialen Momente der Bedeutungen ein objektiv-ideales Sein abbilden, ihnen »entsprechen«, anstatt es erst zu produzieren, kann dies objektiv-ideale Sein in einem wie immer gearteten Sinn zur Anschauung gelangen. So wird Husserl gezwungen, der eigenen kritischen Einsicht zum Trotz, die »gegenständlichen Korrelate« der kategorialen Formen, also eine sie erfüllende und prinzipiell unsinnliche Anschauung, positiv zu vertreten, damit nicht die Grundthese der Sätze an sich zusammenbricht: »Das Ein und das Das, das Und und das Oder, das Wenn und das So, das Alle und das Kein, das Etwas und Nichts, die Quantitätsformen und die Anzahlbestimmungen usw. – all das sind bedeutende Satzelemente, aber ihre gegenständlichen Korrelate (falls wir ihnen solche überhaupt zuschreiben dürfen) suchen wir vergeblich in der Sphäre der realen Gegenstände, was ja nichts anderes heißt, als der Gegenstände möglicher sinnlicher Wahrnehmung.«[23] In offenem Widerspruch zu den Einschränkungen der Erfüllungstheorie findet der Begriff der kategorialen Anschauung die extreme Fassung: »Wird nun die Frage gestellt: Worin finden die kategorialen Formen der Bedeutungen ihre Erfüllung, wenn nicht durch Wahrnehmung oder Anschauung in jenem engeren Verstande, den wir in der Rede von der ›Sinnlichkeit‹ vorläufig anzudeuten versucht haben – so ist uns die Antwort schon durch die eben vollzogenen Erwägungen klar vorgezeichnet. Zunächst, daß wirklich auch die Formen Erfüllung finden, wie wir es ohne weiteres vorausgesetzt haben, bzw. daß die ganzen, so und so geformten Bedeutungen und nicht etwa bloß die ›stofflichen‹ Bedeutungsmomente Erfüllung finden, macht die Vergegenwärtigung jedes Beispiels einer getreuen Wahrnehmungsaussage zweifellos ... Wenn aber die neben den stofflichen Momenten vorhandenen ›kategorialen Formen‹ des Ausdrucks nicht in der Wahrnehmung, sofern sie als bloße sinnliche Wahrnehmung verstanden wird, terminieren, so muß der Rede vom Ausdruck der Wahrnehmung hier ein anderer Sinn zugrunde liegen, es muß jedenfalls ein Akt da sein, welcher den kategorialen Bedeutungselementen dieselben Dienste leistet, wie die bloße sinnliche Wahrnehmung den stofflichen.«[24]

Husserl konstruiert die kategoriale Anschauung als eine Gegebenheitsweise nach Analogie der sinnlichen Wahrnehmung. Diese Analogie aber ist von genau begrenzter Geltung. Das tertium comparationis liegt allein in einem Negativen: darin, daß die sinnliche Anschauung so gut wie die Bewußtseinsweise, die Husserl kategoriale Anschauung nennt, und die in der Tat einfach begründetes Urteil heißen müßte, nicht absolute »Selbstgebungen« sind, sondern Teilmomente des totalen Prozesses der Erkenntnis, oder daß sie, wie der späte Husserl es ausgedrückt hat, der »Möglichkeit der Enttäuschung« unterworfen bleiben, die eben die Doktrin von der kategorialen Anschauung abschneidet. Der Terminus »Gewahrwerdung«, der jener den Boden ebnet, ist, wie bereits Husserls sinnlicher Wahrnehmungsbegriff, zweideutig. Der Charakter der Unmittelbarkeit, den er dem »Gewahrwerden des Sachverhaltes« unterschiebt, ist kein anderer als die Unmittelbarkeit des Urteilsvollzugs. Die traditionelle Erkenntnistheorie würde das aussprechen in der Form, daß das Urteil seiner subjektiven Konstitution nach ein Akt, und daß der Urteilsakt unmittelbar gegeben sei. Urteilen und eines geurteilten Sachverhalts gewahrwerden sind äquivalente Ausdrücke, oder vielmehr der zweite verkleidet metaphorisch den ersten. Zum Akt des Urteilens tritt kein weiterer, kein »Wahrnehmen des Geurteilten« hinzu, es sei denn, es werde auf das vollzogene Urteil reflektiert. Diese Reflexion ginge dann aber prinzipiell über die »Unmittelbarkeit« des aktuellen Urteilsvollzugs hinaus, indem sie diesen zu ihrem Gegenstand machte. Jene Unmittelbarkeit des Urteilsvollzugs indessen liegt in Husserls Begriff des »Gewahrwerdens«. Gewahrwerden heißt ihm das ursprüngliche Meinen eines Geurteilten, der Urteilsvollzug als Akt, die Synthesis, die den geurteilten Sachverhalt trifft und schafft in eins. Zugleich jedoch wird dem »Gewahrwerden« die kritische Leistung, der Rechtsausweis des Urteils zugemutet und damit die pure Unmittelbarkeit überschritten, die allein die Analogie mit der sinnlichen Anschauung legitimiert. Des Sachverhalts gewahrwerden heißt für Husserl auch: der Wahrheit des Urteils sich versichern. Die Äquivokation im Ausdruck »gebender Akt der Gewahrwerdung« ist strikt diese: eines Sachverhaltes gewahrwerden, nämlich die Synthesis des Urteils vollziehen, und: die Wahrheit dieses Urteils zu absoluter Evidenz bringen. Beides aber darf nicht als kategoriale Anschauung ausgelegt werden. Die Synthesis des Urteilsvollzugs ist keine solche, sondern jener Denkakt, der Husserl zufolge durch kategoriale Anschauung gerade erst »erfüllt« werden soll. Reflexion aber, welche die sachlich notwendige Bedingung des Evidenzcharakters ausmacht, ist anschaulich so wenig wie unmittelbar. Sie setzt den geurteilten Sachverhalt zu anderen Sachverhalten in Beziehung: ihr eigenes Resultat ist eine neue Kategorisierung. Selbst wenn die Reflexion endlich auf sinnlich anschauliche Momente rekurrierte, enthielt sie unanschauliche, begriffliche Formen in sich. Husserl überträgt die erste Bedeutung des Terminus »Gewahrwerdung«, derzufolge dieser das Urteilen selbst bezeichnet – also, wenn man durchaus will, die »Erfüllung« eines vorher leer vermeinten Urteils durch dessen aktuellen Vollzug – auf die zweite, die Reflexion auf fundierende Sachverhalte, welche die Evidenz herstellt; »Erfüllung« in einem total verschiedenen Sinn. Er nennt das Mittelbare unmittelbar im Glauben ans »Datum«: um die Möglichkeit der Enttäuschung von ihm fernzuhalten. Er mißt dem Unmittelbaren die Allgemeinheit und Notwendigkeit zu, die allein das Mittelbare, der Fortgang in der Reflexion verleiht. Wenn die totale ἐποχή der Erkenntnistheorie umschlägt in naiven Realismus, dann ist danach die Konsequenz der kategorialen Anschauung, wie schon in den Prolegomena, naiver Realismus der Logik. Als Ausbruch aus der Immanenz des Denkens bleibt die paradoxe Konstruktion ohnmächtig. Auch sie bildet die Kantische Spontaneität des Denkens in dessen bloße Rezeptivität zurück. Beim letzten Husserl kommt der freilich keineswegs untriftige Begriff der spontanen Rezeptivität ausdrücklich vor.

Durch die Kritik der kategorialen Anschauung entfallen deren Konsequenzen insgesamt. Die selbständigen, vom Menschen, von seiner Aktivität, von seiner Geschichte unabhängigen und dennoch in ihrer »Reinheit« von ihm zu erfassenden Wesenheiten; ihre Entfaltung in einer sogenannten materialen Wertlehre, die ihre Konkretheit eben der fiktiven Anschaulichkeit verdankt; der Glaube, es lasse aus einem singulären Phänomen dessen statisches, von Raum und Zeit emanzipiertes Wesen unvermittelt sich herausschauen – all dies ward ins Leben gerufen bloß von einer methodischen Formel, die nicht sowohl ein neues Verfahren der Erkenntnis angibt, als daß sie die Unvereinbarkeit positivistischer Gewißheit und rationalistischer Wahrheit ausdrückt. Die kategoriale Anschauung ist kein »Sehen« von Wesenheiten, sondern ein blinder Fleck im Prozeß der Erkenntnis. Wenn der wissenschaftliche Anspruch von Husserls Philosophie der Hegelschen Spekulation sich überlegen fühlt, dann ist selbst an wissenschaftlicher Besonnenheit die Lehre von der Ideation weit hinter den Hegelschen Standpunkt zurückgefallen. Nirgends wird das deutlicher als am Begriff des Seins, der für die existentialphilosophische Husserlnachfolge ins Zentrum trat. Hegel hat die Unmittelbarkeit des Seinsbegriffs, mit dem er die Dialektik anfangen läßt, eingeschränkt und als bloßes Teilmoment seiner immanenten Bewegung gefaßt. Er lehrt, »daß es Nichts giebt, nichts im Himmel oder in der Natur oder im Geiste oder wo es sey, was nicht ebenso die Unmittelbarkeit enthält, als die Vermittelung, so daß sich diese beiden Bestimmungen als ungetrennt und untrennbar und jener Gegensatz sich als ein Nichtiges zeigt«[25]. Darum ist: »das Seyn das Anfangende, als durch Vermittelung und zwar durch sie, welche zugleich Aufheben ihrer selbst ist, entstanden, dargestellt«[26]. Für Husserl aber ist Sein in kategorialer Anschauung unmittelbar gegenwärtig: »Es ist ja von vornherein selbstverständlich: wie ein sonstiger Begriff (eine Idee, eine spezifische Einheit) nur ›entspringen‹, das ist, uns selbst gegeben werden kann auf Grund eines Aktes, welcher irgendeine ihm entsprechende Einzelheit mindestens imaginativ vor unser Auge stellt, so kann der Begriff des Seins nur entspringen, wenn uns irgendein Sein, wirklich oder imaginativ, vor Augen gestellt wird. Gilt uns Sein als prädikatives Sein, so muß uns also irgendein Sachverhalt gegeben werden und dies natürlich durch einen ihn gebenden Akt – das Analogon der gemeinen sinnlichen Anschauung.«[27] Der Gegensatz der im Begriff des Seins Hegelisch aufgehobenen Momente der Unmittelbarkeit und Mittelbarkeit, der die dialektische Bewegung des Begriffs selber bereits in sich enthält, wird bei Husserl durch die Zauberformel der kategorialen Anschaulichkeit des Seins fortgebannt. An Stelle der immanenten Bewegung des Begriffs tritt dessen äquivoker Gebrauch. In Husserls Vordersatz wird Sein im allgemeinsten, abstrakten, vermittelten Sinn verwandt; im Nachsatz dafür Seiendes unterschoben als das wie immer geartete unmittelbar anschauliche Moment, das zur Kategorisierung gelangt. Von dieser Kontamination zehrte die gesamte Existentialphilosophie. Ihr Sein ist nicht jenes, von dem als einem tragenden realen Moment des Bewußtseins keine Abstraktion absehen kann, sondern eines, das für ideal gleich dem Husserlschen reinen Bewußtsein ausgegeben wird, aber als unmittelbar anschaulich von Bewußtsein – zunächst: von erkenntniskritischer Besinnung – dispensieren soll; diese Anschaulichkeit hat es eben dem bloß Daseienden, Faktischen entlehnt, vor dem Idealität und Apriorität des Seinsbegriffs behüten wollte. So bereitet sich schon in Husserl die trugvolle Seinsmetaphysik der Eleaten von heutzutage vor: reines Sein, identisch mit reinem Denken. Hegel hat diesen Seinsbegriff durchschaut. Das Hegelsche Sein ist keine trübe Identifikation von Mittelbarkeit und Unmittelbarkeit. Es läßt sich nicht hypostasieren und nur gewalttätig dazu mißbrauchen, Seiendes und Sein zu kontaminieren. Es artikuliert sich nach seinen Gegensätzen und wendet sich als Umschlagendes gegen sich selber. Es ist ein im eminenten Sinn kritischer Begriff. Identisch ist es mit dem Nichts, das die Eleaten verleugnen.

Über die schlechte Identität von Denken und Sein wies der ursprüngliche Impuls der kategorialen Anschauung als der des Ausbruchs hinaus. Hinter der Lehre, man könne einen »Sachverhalt« wie die arithmetischen Sätze unmittelbar »einsehen«, stand die Ahnung eines jedem einzelnen intellektuellen Vollzug prinzipiell übergeordneten Zusammenhangs objektiver Gesetzlichkeit, welche der Willkür des Meinens entrückt sein soll, das doch für Husserl die Basis der erkenntnistheoretischen Analyse abgibt. Husserl wird dessen inne, daß der »einsichtige« Sachverhalt mehr ist als bloß subjektives Denkprodukt. Das arithmetische Urteil besteht nicht bloß im subjektiven Vollzug der Akte des Kolligierens, deren Synthesis es darstellt. Es spricht aus, daß ein subjektiv nicht Reduktibles sein muß, das diese und keine andere Kolligierung fordert. Der Sachverhalt wird nicht rein hergestellt, sondern zugleich auch »vorgefunden«. Gerade das nicht-Aufgehen des logischen Sachverhalts in seiner Konstitution durch Denken, die Nichtidentität von Subjektivität und Wahrheit trieb Husserl zur Konstruktion der kategorialen Anschauung. Der »angeschaute« ideale Sachverhalt soll kein bloßes Denkprodukt sein. Wenn er aber, wie in manchen Formulierungen des Wesenskapitels der »Ideen«, die übergeordnete Gesetzmäßigkeit als reines quale des singulären Gegenstandes ohne Rekurs auf die Vielheit glaubt aufdecken zu können, dann mag ihn unversehens eine Wirklichkeit rechtfertigen, die als »System« alle vermeintlich individuellen Gegenstände so gänzlich determiniert, daß in der Tat an jedem singulären Zug des Systems sein »Wesen« sich ablesen läßt, während die Merkmaleinheit des numerischen Begriffsumfangs von diesem Wesen bloß den schwachen Widerschein bietet. Hier darf vielleicht eine der Ursachen von Husserls Wirkung vermutet werden. Seine Philosophie kodifiziert eine objektiv historische Erfahrung, ohne sie je zu dechiffrieren: das Absterben des Arguments. Das Bewußtsein findet sich an einem Kreuzweg. Wenn die Berufung auf die Schau und die Verachtung des diskursiven Denkens den Vorwand zur kommandierten Weltanschauung und zur blinden Unterordnung abgibt, dann zeigt sie zugleich den Augenblick an, in dem das Recht von Argument und Gegenargument entwichen ist, und in dem die Leistung von Denken allein noch darin besteht, beim Namen zu nennen was ist; was alle schon wissen, so daß es keines Arguments mehr bedarf, und was keiner Wort haben will, so daß kein Gegenargument mehr gehört zu werden braucht. Man hat das bürgerliche Zeitalter das der ewig diskutierenden Klasse genannt. Phänomenologie notiert, vorläufig und unzulänglich, das Ende der Diskussion. Unzulänglich bleibt sie dabei, indem sie selber in Kategorien des Meinens, der bloßen Subjektivität verharrt: der nichtidentische Sachverhalt wird ihr zur unmittelbaren Gegebenheit des

Bewußtseins, einem bloß Mentalen, sein faktisches Dasein aber zum idealen Sein, zum Denken.
Daran hat Schuld der statische Ansatz der Subjekt-Objekt-Beziehung. Husserl konzipiert Form und Inhalt »in dieser Rangordnung gegen einander, daß das Objekt ein für sich Vollendetes, Fertiges sey, das des Denkens zu seiner Wirklichkeit vollkommen entbehren könne, da hingegen das Denken etwas Mangelhaftes sey, das sich erst an einem Stoffe zu vervollständigen, und zwar als eine weiche unbestimmte Form sich seiner Materie angemessen zu machen habe«[28]. Die Husserlschen Analysen, selbst die paradoxe Konstruktion der kategorialen Anschauung, bleiben, Hegelisch gesprochen, sämtlich in bloßer Reflexion stecken. Er hat geglaubt, jedes einzelnen Begriffs »theoriefrei« und darum widerspruchsfrei in der Deskription des Bewußtseinslebens habhaft werden zu können, ohne zunächst nur die Interdependenz der erkenntnistheoretischen Grundbegriffe zu visieren. In diesem Reflexionsdenken, als einem dem Hegelschen völlig konträren, und gegen es, hat aber Dialektik triumphiert, indem die partiellen Beschreibungen, die es liefert, stetig auf Widersprüche führen. Satz an sich, Erfüllung, kategoriale Anschauung sollen diese Widersprüche auflösen. Jedoch sie sind Erfindungen weit mehr als der spekulative Begriff, dessen das szientifische Denken sich begeben hat, und der sie als seine endlichen und beschränkten Momente allesamt bereits in sich aufhob. Die wider Willen restituierte Dialektik verschlingt die Erfindungen des apologetisch gewordenen schlichten Menschenverstandes. Während die Deskriptionen idealer Tatbestände von den widerspenstigen Fakten desavouiert werden, zerstört das Postulat der Vorfindlichkeit den Mechanismus der idealistischen Begriffsbildung. Der traditionelle Idealismus hat die Frage nach dem aktuellen Vollzug der subjektiven Synthesen nobel verleugnet, indem er sie transzendentale Funktionen nannte, die allem psychologischen »Tun« der Individuen prinzipiell vor- und übergeordnet seien, obwohl sie doch zugestandenermaßen eben aus Abstraktionen von faktischen Erkenntnisleistungen, nämlich den in der vorliegenden Wissenschaft enthaltenen, gewonnen waren. Husserl hat sich dabei nicht beschieden. Er hat den subjektiven Synthesen als »Akten«

ihre Legitimation abverlangt und es unternommen, ihren Bedeutungen ein zweites Dasein zu retten, nachdem diese Bedeutungen ihm so wenig psychisch vorfindliche Tatsachen erschienen, wie er metaphysisch sie zu begründen wagte. Sein Versuch ist nochmals einer der »Vermittlung«, aber nicht länger im spekulativen sondern im Reflexionsbegriff. Dieser Versuch ist mißlungen. Sein Mißlingen jedoch trifft den Idealismus selber.

Denn die Widersprüche der Husserlschen Logik sind keine zufälligen und korrigibeln Irrtümer. Sie sind dem Idealismus ursprünglich und inhärent: keine Korrektur eines Fehlers der idealistischen Erkenntnistheorie ist möglich gewesen, die nicht einen neuen Fehler notwendig produziert hätte. In strenger Folge wird zur Korrektur der Widersprüche ein Begriff aus dem andern entwickelt, während doch keiner der »Sache« näherkommt als der erste, ja während jeder tiefer ins Dickicht der Invention gerät. Die tiefsten und eindringlichsten idealistischen Theoreme, etwa die Kantischen des Schematismus der reinen Vernunft und der synthetischen Einheit der Apperzeption, liegen von den aktuell vollzogenen und aufweislichen Erkenntnisleistungen der Menschen am fernsten ab, während sie die theoretischen Widersprüche am dichtesten zusammenbiegen. Simple und in einstimmiger Begründung unhaltbare Begriffe wie Lockes sensation und reflexion mögen die denkende Verhaltensweise genauer beschreiben als das Ich denke, das in Wahrheit bereits gar nicht mehr reale Denkakte, sondern eine dem individuellen Leisten entrückte, historische Konstellation von Subjekt und Objekt ausdrückt. Die Geschlossenheit des idealistischen Systems besteht in der Fortbewegung seiner Widersprüche. Sie erbt den Schuldzusammenhang der prima philosophia fort. Husserl hat seine objektive Liquidation gefördert, wie sehr er auch selber um prima philosophia bemüht bleibt. Nur so kann seine Beziehung zu Descartes verstanden werden. Bei diesem trachtet das bürgerliche Denken, noch nicht voll autonom, aus sich heraus den christlichen Kosmos zu reproduzieren: zu seinem Beginn bewohnt der bürgerliche Geist die Ruinen des feudalen. Mit Phänomenologie schlägt das bürgerliche Denken zu seinem Ende in dissoziierte, fragmentarisch nebeneinander gesetzte Bestimmungen um und resigniert zur bloßen Reproduktion dessen, was ist. Husserls Ideenlehre ist das System im Zerfall, so wie die ersten Systeme klobig aus den Trümmern des ordo von einst zusammengeschichtet waren. Versucht Phänomenologie endlich, Totalität wiederherzustellen und aus den Trümmern, den disparaten »Substanzen«, zu »erwecken«: dann zeigt sich bald ihr Raum zum Punkt des εἶδος ego zusammengeschrumpft, und an Stelle der von autonomer Vernunft gesetzten Einheit in der Mannigfaltigkeit tritt die passive Genesis durch Assoziation[29]. Die formale Einheit der Welt als eine von transzendentaler Subjektivität konstituierte: das ist alles, was vom System des transzendentalen Idealismus übrigbleibt.

Es lassen danach die avancierten und regressiven Elemente der Philosophie Husserls in einiger Drastik sich scheiden. Avanciert sind diejenigen, in welchen das Denken unterm Zwang seiner Widersprüche über sich selbst »hinausmeint«[30]; sei es, daß Phänomenologie, wie sehr auch vergeblich, auf eine nicht bewußtseinsimmanente Realität sich richte, sei es, daß sie im Verfolg der eigenen Widersprüche aufs idealistische Urgestein stößt, in Aporien gerät, die nicht länger sich umgehen lassen, und aus denen bloß die Preisgabe des idealistischen Ansatzes selber heraushilft. Regressive Züge nimmt Husserl an, sobald er die Aporien für positive Bestimmungen ausgibt und die subjektive Instanz, als Bewußtseinsimmanenz sowohl wie als Wesenhaftigkeit des faktenfreien Begriffs, hypostasiert. – Fortschrittlich fungieren prinzipiell die demontierenden Motive der Phänomenologie, wie sie zumal die Auseinandersetzungen des früheren Husserl mit Brentano und dessen engerer Schule ausbilden. In den begrifflichen Hilfsapparaturen, gegen die er angeht, wie dem Evidenzgefühl, dem »Gegenstand« der Empfindung, der angeblichen psychologischen Unmöglichkeit der Koexistenz kontradiktorischer Urteile im gleichen Bewußtsein zur gleichen Zeit, oder in den verschiedenen Bilder- und Zeichentheorien hat Husserl theoretische Inventionen zerstört durch ihre Konfrontation mit den Erkenntnisleistungen, denen begriffsfetischistisches Denken die erfundenen Funktionen zumutete. Die Sprengkraft seiner Analysen reicht aber aus, Husserls eigene Fetische zu erschüttern. Sie hat der Phänomenologie zunächst den Weg zu einer extremen Ansicht des Idealismus, zur transzendentalen, freigemacht. Sie hält aber auch vor dessen Grundbegriff, der reinen Subjektivität, nicht inne. Indem der kritische Fortgang an diese alle rechtssetzende Gewalt transferiert, muß sie endlich alle Schuld der idealistischen Bewegung des Begriffs heimzahlen. Der Impetus solcher Bewegung bewährte sich längst schon vorher, in der eigentlich phänomenologischen Phase, als Husserl vom Positivismus sich schied: in der Polemik gegen den Psychologismus. Fraglos hat auch diese ihre fragwürdige Komponente. Die Erinnerung an den realen Menschen und seinen Trieb, der den reinen Denkbestimmungen nicht gehorchen will, soll durch die phänomenologischen Exerzitien bannend ferngehalten werden. Unterschlägt jedoch Phänomenologie den Anteil des Menschen an den Sätzen der reinen Logik; vergottet sie wiederum die Macht seines Denkens, indem sie die logischen Gesetze über den Kreis seines Urteils hinaus, und wäre es das jener überirdischen Figuren, gelten läßt, denen ihre Vorliebe gehört – so richtet sich doch die Polemik der Prolegomena gegen die vordringlichste Illusion vom Menschen: gegen die vom Individuum. Der gelungene Nachweis der Differenz von logischem und psychologischem Gesetz hat soviel jedenfalls ergeben, daß die Normen, nach denen Individuen denken, nicht zusammenfallen mit den Normen, nach denen ihr eigenes Bewußtseins- und Unbewußtseinsleben verläuft. Das Individuum gehört in eben jener Aktivität, in welcher es sich am festesten zu besitzen wähnt, der »freien« des Denkens, nicht sich selber. Autonomie und Isoliertheit des Individuums als eines denkenden sind so gut Schein, der von der bürgerlichen Gesellschaft notwendig hervorgebrachte Schein, wie umgekehrt auch jener Relativismus, der durch den Rekurs auf das scheinhafte Individuum der bindenden Verpflichtung zur Erkenntnis zu entrinnen hofft. Nur haben die Prolegomena die Instanz verabsolutiert, von der der Vollzug der logischen Operationen abhängt. Dieser ihrer Unvollkommenheit sollten die späteren »monadologischen« Theorien Husserls abhelfen, wie sie besonders die Cartesianischen Meditationen enthalten. Aber wenn irgendwo, dann hat hier Husserls Selbstkorrektur eine große Grundeinsicht bloß verdorben. Ähnlich ist es freilich einem anderen Motiv ergangen, das an desillusionierender Kraft dem antipsychologischen nichts nachgibt und zugleich als dessen Korrektiv fungiert: dem antisystematischen. Als einziger deutscher Schulphilosoph der Epoche hat Husserl das kritische Recht der Vernunft verteidigt, ohne aus ihm den Anspruch zu folgern, die Welt aus dem Begriff zu deduzieren, total zu »erfassen«. Gerade die Emphase, mit der er die reine Vernunft und ihre Objektivationen vom »mundanen« Sein abhebt, hat die preisgegebene Empirie auch offen und unverklärt gehalten. Empirische Befunde werden nicht von der Höhe der Idee verdammt, soweit sie nur empirische Befunde bleiben. Zwar registriert Husserls Denken passiv Brüche und Widersprüche seines Gegenstandes, aber dafür hat es ihn auch selten geglättet. Ja in ihrem eigenen Bereiche bewahrt Phänomenologie einen Hang zum Fragment, den sie mit Gelehrten vom Typus Diltheys und Max Webers teilt. Sie stellt »Untersuchungen«, ausgeführte Analysen nebeneinander, ohne sie billig zu vereinheitlichen, ja ohne auch nur Inkonsistenzen auszugleichen, die sich aus den singulären Studien ergeben. Erst nachdem Husserl an der phänomenologischen Methode irre ward, fand er sich behutsam und widerwillig zum System bereit. Seine antisystematische Haltung ward dadurch belohnt, daß sie in der gleichsam blinden, durch keinen Oberbegriff »von oben her« gelenkten Analyse entdeckte, was die Konstruktion der systematischen Idealisten deduktiv setzt, und was dafür das nachkonstruierende Denken der Positivisten vergißt: das dynamische Moment der Erkenntnis, die Synthesis. Sie ist für Husserl ein Tatbestand der Deskription. Der Begriff des Urteils, als der für die formale Logik konstitutive, wird bezeichnet durch »identische Gegenständlichkeit«[31], und die Analyse des Sinnes dieser Gegenständlichkeit, ohne die alle Entscheidung von Wahrheit und Unwahrheit, auch von formal-logischer, unmöglich wäre, kulminiert in der Frage, »was uns dieser Identität versichert«[32]. Die Antwort Husserls aber geht dahin, daß ohne subjektive Synthesis die Objektivität des Urteils nicht möglich sei. »Wenn der Denkprozeß fortschreitet und wir synthetisch verknüpfend zu dem vordem als Eines gegebenen zurückkehren, ist dieses selbst ja nicht mehr ursprünglich evident, es ist im Medium der Wiedererinnerung und einer keineswegs anschaulichen wieder bewußt. Wiedererinnerung, gelingend als wirkliche und eigentliche Anschauung, würde ja die Restitution aller einzelnen Momente oder Schritte des ursprünglichen Prozesses besagen; und selbst wenn das statthätte, also eine neue Evidenz hergestellt wäre, ist es sicher, daß es Restitution der früheren Evidenz ist? Und nun denken wir daran, daß die Urteile, die in lebendiger Evidenz ursprünglich als intentionale Einheiten im Modus der Selbsthabe konstituiert waren, eine Fortgeltung haben sollen als jederzeit für uns seiende, für uns jederzeit verfügbare Gegenstände, als nach der ersten Konstitution hinfort für uns bestehende Überzeugungen. Die Logik bezieht sich nicht auf die Gegebenheiten in bloß aktueller Evidenz, sondern auf die bleibenden, in ihr zur Urstiftung gekommenen Gebilde, auf die immer wieder zu reaktivierenden und zu identifizierenden, als auf Gegenständlichkeiten, die hinfort vorhanden sind, mit denen man, sie wieder ergreifend, denkend operieren, die man als dieselben kategorial fortbilden kann zu neuen Gebilden und immer wieder neuen.«[33] Indem vermöge des Begriffs der Gegenständlichkeit die naive Verdinglichung der Logik ins theoretisch-kritische Bewußtsein tritt, ist ihr subjektiv-synthetisches Moment zugleich benannt: »Die Enthüllung der Sinnesgenesis der Urteile besagt genauer gesprochen, so viel wie Aufwickelung der im offensichtlich zutage getretenen Sinn implizierten und ihm wesensmäßig zugehörigen Sinnesmomente. Die Urteile als fertige Produkte einer ›Konstitution‹ oder ›Genesis‹ können und müssen nach dieser befragt werden. Es ist eben die Wesenseigenheit solcher Produkte, daß sie Sinne sind, die als Sinnesimplikat ihrer Genesis eine Art Historizität in sich tragen; daß in ihnen stufenweise Sinn auf ursprünglichen Sinn und die zugehörige noematische Intentionalität zurückweist; daß man also jedes Sinngebilde nach seiner ihm wesensmäßigen Sinnesgeschichte befragen kann.«[34] Kaum je ist Husserl weiter gelangt als in diesen Sätzen. Ihr Gehalt an Neuem mag bescheiden dünken. Die Begründung der dinglichen Identität aus subjektiver Synthesis stammt von Kant, der Nachweis der »inneren Historizität« der Logik von Hegel. Aber die Tragweite von Husserls Einsicht ist darin zu suchen, daß er Synthesis und Geschichte dem erstarrten Ding und gar der abstrakten Urteilsform abzwang, während sie bei den klassischen Idealisten einer vorgedachten – eben »systematischen« – Auffassung vom Geiste zugehört, welche die Dingwelt einbegreift, ohne anders denn im dialektischen Durchgang den Stand der eigenen Welt als einen von Verdinglichung zu erkennen und dieser Erkenntnis durch die Methode Ausdruck zu geben. Husserl jedoch, der Detailforscher und umgeschlagene Positivist, insistiert solange vorm starren, fremden Gegenstand der Erkenntnis, bis dieser unter dem medusenhaften Blick nachgibt. Das Ding, als identischer Gegenstand des Urteils, öffnet sich und präsentiert für einen Augenblick, was seine Starrheit verbergen soll: den geschichtlichen Vollzug. Gerade die Hinnahme und Analyse der Verdinglichung durch eine der Absicht nach bloß deskriptive und spekulationsfeindliche Philosophie führt dazu, daß als ihr zentraler »Befund« Geschichte manifest wird – womit freilich der Begriff des deskriptiven Befundes sich selber aufhebt. Husserl müßte nur das geöffnete Tor durchschreiten, um zu finden, daß die »innere Historizität«, die er gewahrte, keine bloß innere sei.

Darauf hat Phänomenologie verzichtet: »es werden hier keine Geschichten erzählt«[35]. Mit der Entdeckung der Genesis als »Sinnesimplikat« erreicht sie einmalig ihr Extrem. Sonst bleibt die statische Auffassung der Beziehung von Subjekt und Objekt beherrschend. Erst »Logik« und »Cartesianische Meditationen« ergänzen die statische Phänomenologie ausdrücklich durch die genetische als die konstituierende. Von der statischen heißt es: »Ihre Deskriptionen sind analog den naturhistorischen, die den einzelnen Typen nachgehen und sie allenfalls ordnend systematisieren«[36]. Dabei tritt der Begriff der Naturgeschichte nicht umsonst auf. Husserl glaubt eine Phänomenologie des Geistes zu geben, indem er dessen Naturalienkabinett anlegt und katalogisiert. Wie im Naturalienkabinett Relikte entwichenen Lebens als Besitz gesammelt und zur Schau gestellt werden, deren »Natur« einzig noch vergangene Geschichte allegorisch bedeutet, und deren Geschichte nichts ist als bloß natürliche Vergängnis – so hat es auch phänomenologische Schau, auf ihren »Wanderungen«[37], mit Petrefakten zu tun, versteinerten Synthesen, deren »intentionales Leben« lediglich aus vergangen-realem bleich widerscheint. Die Modellräume der Husserlschen Demonstrationen sind allemal der Praxis der gegenwärtigen Gesellschaft entrückt. Ihr Inventar kommt als trübsinniges Erinnerungsmal billig zur Aura des Bedeutsamen, die Husserl als wesenhaft interpretiert. Der obsolete Ausdruck des Inventars gehört zum sezessionistischen von Schau, Erlebnisstrom und Erfüllung wie zur Toteninsel das Pianino. Blendwerk und Versatzstück haben sich in Husserls Texten zusammengefunden: »Nehmen wir ein Beispiel mit sehr verwickelten und doch leicht verständlichen Vorstellungsbildungen aus Vorstellungen höherer Stufe. Ein Name erinnert uns nennend an die Dresdner Galerie und an unseren letzten Besuch derselben: wir wandeln durch die Säle, stehen vor einem Teniersschen Bilde, das eine Bildergalerie darstellt. Nehmen wir etwa hinzu, Bilder der letzteren würden wieder Bilder darstellen, die ihrerseits lesbare Inschriften darstellten usw., so ermessen wir, welches Ineinander von Vorstellungen und welche Mittelbarkeiten hinsichtlich der erfaßbaren Gegenständlichkeiten wirklich herstellbar sind.«[38] Das Beispiel zielt nicht auf die Enthüllung der schlechten Unendlichkeit ab, die es beschreibt. Die absurde Fluchtlinie der Bilder, auf welcher Phänomenologie selbst von Intention zu Intention ihren Objekten vergebens nachjagt, wird für Husserl zum Kanon einer Welt, die darum das Beschauen lohnt, weil sie dem Phänomenologen als eine Sammlung spiegelnd fundierter noematischer »Sinne« stillsteht, abseits und kurios wie die Bilder der Bilder in der Galerie. Es ist die Welt als Guckkastenbühne. Husserl ist dem Bewußtsein dessen sehr nahe gekommen in jenem Satz, mit dem er es abwehrt: »Erfahrung ist kein Loch in einem Bewußtseinsraume, in das eine vor aller Erfahrung seiende Welt hineinscheint.«[39] Er negiert die Auffassung vom Guckloch bloß, weil nichts gänzlich Subjektfremdes könne erfahren werden; wie einer bestreiten würde, einem Guckkastentheater sich gegenüber zu finden, der den Raum nie verlassen kann, in dem es spielt. Der Phänomenologe ist befangen. So erweist er sich im Wachsfigurenkabinett, das ihm wiederum für ein »konkretes Beispiel« gilt: »Im Panoptikum lustwandelnd, begegnen wir auf der Treppe einer liebenswürdig winkenden, fremden Dame – der bekannte Panoptikumsscherz. Es ist eine Puppe, die uns einen Augenblick täuscht.«[40] Der lustwandelnde

Geist beruhigt sich erst mit der Weisheit: »Haben wir den Trug erkannt, so verhält es sich umgekehrt, nun sehen wir eine Puppe, die eine Dame vorstellt.«[41] Er findet seinen Frieden in der Dingwelt, im Umgang nicht mit Damen, sondern mit Puppen. Die Befangenheit ist aber die Eines, der nicht weiß, ob er das Innere für auswendig, das Äußere für inwendig nehmen soll, und der den ursprünglichen Wunsch auszubrechen nicht anders mehr sich konzediert als in der verzerrten Figur der Angst.

Angst prägt das Ideal der Husserlschen Philosophie als das der absoluten Sekurität nach dem Modell privaten Eigentums. Ihre Reduktionen sind solche auf das Sichere: auf die Bewußtseinsimmanenz der Erlebnisse, deren Rechtstitel keine Macht dem philosophischen Selbstbewußtsein soll entreißen können, dem sie »gehören«; auf die Wesen, die frei von allem faktischen Dasein auch aller Anfechtung des faktischen Daseins Trotz bieten. Beide Postulate widersprechen einander; die Erlebniswelt ist, Husserl zufolge, wandelbar und nichts als »Strom«; die Transzendenz der Wesen aber kann selber nie Erlebnis werden. Man mag die Entwicklung Husserls aus der Tendenz verstehen, die zwei Postulate der Sicherheit in einer letzten zu vereinen, die Wesen und Bewußtseinsstrom identifiziert. Sein Drang nach Sekurität ist so groß, daß er mit der verblendeten Naivität allen Besitzglaubens verkennt, wie zwangvoll das Ideal absoluter Sicherheit zu deren eigener Vernichtung treibt; wie die Reduktion der Wesen auf die Bewußtseinswelt sie von Faktischem, Vergänglichem abhängig macht; wie umgekehrt die Wesenhaftigkeit des Bewußtseins dieses allen besonderen Inhalts beraubt und alles, was gesichert werden sollte, dem Zufall preisgibt. Sicherheit bleibt als letzter und einsamer Fetisch zurück gleich der Millionenzahl auf einer längst abgewerteten Banknote. Offener als irgendwo sonst tritt daran der spätbürgerlich-resignierte Charakter der Phänomenologie zutage. In ihr kehrt die Idee der wissenschaftlichen Kritik ihre reaktionäre Seite vor: ohne das Sicherheitsideal als solches zu analysieren, möchte sie jeden Gedanken verbieten, der vor diesem nicht bestehen kann, am liebsten das Denken selber. Auch davon ist in der Transformation des Denkens in »Schau«, dem Haß gegen das Theoretisieren, die Spur zu finden.

Die Tendenz, Vorfindlichkeiten oder »Gegebenheiten« des Bewußtseins als dem Philosophen fraglos zugehörende, zugleich als wesenhafte zu verewigen, hilft zur Rechtfertigung des Besitzes. Mit der Verewigung des vom momentanen Akt Gemeinten und damit schließlich des bloß Zeitlichen selber haben die phänomenologischen Begriffe für den Schein ihrer konstruktionsfreien Sachnähe und Konkretheit zu zahlen. So bereiten sie die Ideologien der Nachfolger unmittelbar vor. Je konkreter Phänomenologie wird, um so willfähriger, Bedingtes als unbedingt zu proklamieren. Husserl hat etwa von dem Pragmatisten William James die empirische These von den »fringes« übernommen und in den »Ideen« als eidetische ausgesprochen, wie er denn durchweg eine strikte Parallelität zwischen Psychologie als reiner Gesetzeswissenschaft und eidetischer Phänomenologie vertritt, die ihn gegen deren Autarkie bedenklich stimmen sollte. Die Auffassung vom »Hof« des aktuellen Bewußtseins nimmt bei ihm die Form an: »der Erlebnisstrom kann nie aus lauter Aktualitäten bestehen«[42]. Ein an Husserl orientierter Soziologe hat sich beeilt, daraus die Notwendigkeit von Klassen zu deduzieren. Sie seien Ausdruck jener psychologischen Verfestigungen, die den Bewußtseinsinaktualitäten entsprächen. Eine klassenlose Gesellschaft setze die allseitige Aktualität des Bewußtseinslebens ihrer sämtlichen Mitglieder voraus, und eben die werde durch Husserls Wesenseinsicht ausgeschlossen. Für Philosopheme dieser Art hat Husserls Theorie die Verantwortung zu tragen. So harmlos und formal sie klingt, nirgends kann sie den Anspruch einer invarianten »Struktur des reinen Bewußtseins« durchhalten. Wie sie aus psychologischen Beobachtungen an bestimmten Personen in bestimmten Situationen stammt, so weist sie auf solche zurück. Die »Inaktualität« von Menschen hängt ab von der Verdinglichung der Welt, in der sie leben. Sie erstarren in der erstarrten, und war die erstarrte ihr eigenes Produkt, so werden sie längst von dieser reproduziert. Wohl ist alle Verdinglichung ein Vergessen; aber kein Phänomenologe vermöchte vorweg und für ewig die Schranken aufzurichten, die der Gegenwart einer Welt gesetzt wären, in der nichts mehr zum Vergessen zwingt. Der eigentlich reaktionäre Gehalt der Phänomenologie ist ihr Haß gegen die »Aktualität«. Sucht sie im Menschen die »Sphäre absoluter Ursprünge« auf, so möchte sie ihn doch wieder am liebsten aus der einmal in ihm entsprungenen Welt verjagen, ähnlich wie die Deisten mit ihrem Gott verfuhren, den Husserl bloß »einzuklammern« sich bescheidet. Das Menschliche wird ihr wert erst in seiner Unmenschlichkeit: als dem Menschen vollendet Fremdes, in dem er sich selber nicht wiederzuerkennen vermag. Es wird ihr ewig als Totes. Sie schneidet Meinen und Meinung unbarmherzig los von dem, der meint, Gegebenes von dem, der gibt, und fühlt ihrer Objektivität sich um so gründlicher versichert, je mehr sie vom Dasein vergessen hat: wie erst an den Sätzen an sich und »Sachverhalten« die Synthesis, so in der endlichen »genetischen« Analyse der Erkenntnis deren realen Träger und deren reales Objekt, die Gesellschaft. Die gesellschaftlichen Differenzen begegnen Husserl in der Analyse des »Kulturmilieus«. Sie werden von ihm registriert als verschiedene Stufen der Zugänglichkeit der objektiven Kultur für verschiedene menschliche Individuen und Gemeinschaften. Mit Rücksicht darauf fährt die französische Fassung der Cartesianischen Meditationen fort: »Mais cette accessibilité justement n'est pas absolue, et cela pour des raisons essentielles de sa constitution, qu'une explicitation plus précise de son sens met facilement en lumière.«[43] Wenn in der Tat die objektive Kultur dem individuellen Bewußtsein nicht gleich allgemein offen liegt wie, nach Husserls Aussage, Leib und psychophysisches Sein, so sind dafür nicht etwa transzendentale Bedingungen verantwortlich, sondern die historischen der Klassengesellschaft. Husserls transzendentale Deutung jedoch transplantiert die Zeit in den Raum, ganz so wie später das totalitäre Denken ohne transzendentale Umstände verfuhr. Die Unterschiede des Anteils der Menschen am menschenwürdigen Leben werden damit begründet, daß sie in voneinander räumlich weit abliegenden »Kulturen« lebten, die primär »ihre« seien und von denen aus sie nur schrittweise Zugang gewinnen könnten zur »Menschheitskultur«. Egologie aber und phänomenologische ἐποχή schlagen um in eine Art von transzendentalem Fremdenhaß: »C'est moi et ma culture qui formons ici la sphère primordiale par rapport à toute culture ›étrangère‹.«[44] Die Erlebniswirklichkeit des »gereinigten« individuellen Bewußtseins, und

schlichtweg auch seiner Nation, wird in all ihrer Zufälligkeit und Beschränktheit zum Fundament von Gesellschaftstheorie und Gesellschaft gemacht; als wesenhafte soll sie zugleich überzeitlich gelten. Es ist dieser Geist, der Husserl dazu vermochte, in der sechsten Untersuchung die drei Beispiele für »nichtobjektivierende Akte als scheinbare Bedeutungserfüllungen« nebeneinander zu stellen: »Gott möge den Kaiser schützen. Franz sollte sich schonen. Der Kutscher soll anspannen.«[45]
Die letzte Sekurität, auf welche die begriffliche Bewegung der Phänomenologie abzielt, ist die des εἶδος ego: wesenhafte Subjektivität soll unvermittelt gewiß sein und absolut gültig in ihrer Reinheit. Der Appell an sie macht die voraufgehenden widerspruchsvollen Begriffe verschwinden. Der späte Husserl kann der kategorialen Anschauung entraten. Mag selbst die Evidenz in einen Prozeß sich auflösen[46] und von aller dinglichstatischen Gegebenheit sich lossagen[47]: von ihrer Sekurität ist nichts geopfert, wenn wirklich »absolute Erkenntnisbegründung ... nur in der universalen Wissenschaft von der transzendentalen Subjektivität als dem einzigen absolut Seienden möglich«[48] ist; wenn auch Evidenz als eine Struktur der transzendentalen Subjektivität kann dargetan werden. Um der Frage nach dem εἶδος ego willen ist Phänomenologie belangvoller als eine bloße Nuance im Idealismus. Die fachwissenschaftliche Arbeit an der Begründung der reinen Logik, die Husserls gesamtes œuvre erfüllt, hat ihn befähigt, das Faktische, bloß Seiende, aus der Idee Unableitbare dort noch aufzuspüren, wo der herkömmliche Idealismus vor allen Zufällen der Welt sich geborgen meint: im denkenden Ich. Seine Descartes-Kritik wendet sich gegen den Naturalismus des cogito: »Schon bei Descartes wird durch eine absolute Evidenz das Ego als ein erstes, zweifellos seiendes Endchen der Welt ... festgelegt und es kommt dann nur darauf an, durch ein logisch bündiges Schlußverfahren die übrige Welt ... dazu zu erschließen.«[49] »Ein Realismus, der wie bei Descartes in dem Ego, auf das die transzendentale Selbstbesinnung zunächst zurückführt, schon die reale Seele des Menschen gefaßt zu haben meint und von diesem ersten Realen Hypothesen und Wahrscheinlichkeitsschlüsse in ein Reich transzendenter Realitäten entwirft ..., verfehlt widersinnig das wirkliche Problem,

da er überall als Möglichkeit voraussetzt, was als Möglichkeit selbst überall in Frage ist.«[50] Aus Angst um die absolute Sekurität, eben das Cartesianische Urpostulat des unbezweifelbar Gewissen, überbietet Husserl alle idealistische Tradition. Er weist die Abhängigkeit vom kontingenten Faktum im Cartesianischen Ego nach und statuiert als wahre und allein zureichende Voraussetzung das Ideal des faktenfreien transzendentalen. Damit aber hat er den Hebelpunkt des Idealismus getroffen. Geht die kritische Analyse des Sinnes von transzendentaler Subjektivität über die seine noch hinaus; vermag sie des Momentes von Faktizität, von raumzeitlicher »Welt«, im εἶδος ego habhaft zu werden, dann ist der Idealismus nicht zu retten. Er hat dessen Geltungsanspruch am Ende in der Tat auf die Form des Alles oder Nichts gebracht.

Die volle Konsequenz der Auffassung vom Bewußtsein als einem reinen Wesen wird erst in den beiden letzten zu Husserls Lebzeiten publizierten Schriften gezogen. Die »Logik« behauptet die »Notwendigkeit des Ausgangs von der je-eigenen Subjektivität«: Korrekt und ausdrücklich muß ich aber zunächst sagen: diese Subjektivität bin ich selbst, der ich mich über das, was für mich ist und gilt, besinne und jetzt als ich, der ich mich als Logiker hinsichtlich der vorausgesetzten seienden Welt besinne und der auf sie bezogenen logischen Prinzipien. Zunächst also immerzu ich und wieder ich, rein als Ich desjenigen Bewußtseinslebens, durch das alles für mich Seinssinn erhält.«[51] Aber: »Wenn ich in der Universalität meines ego cogito mich als psychophysisches Wesen, als eine darin konstituierte Einheit, finde und darauf bezogen in der Form ›Andere‹ psychophysische Wesen mir gegenüber, als solche nicht minder in Mannigfaltigkeiten meines intentionalen Lebens konstituiert, so werden hier zunächst schon in Beziehung auf mich selbst große Schwierigkeiten empfindlich. Ich, das ›transzendentale Ego‹, bin das allem Weltlichen ›vorausgehende‹, als das Ich nämlich, in dessen Bewußtseinsleben sich die Welt als intentionale Einheit allererst konstituiert. Also Ich, das konstituierende Ich, bin nicht identisch mit dem schon weltlichen Ich, mit mir als psychophysischem Realen; und mein seelisches, das psychophysisch-weltliche Bewußtseinsleben ist nicht identisch mit meinem transzendentalen Ego, worin die Welt mit all ihrem Physischen und Psychischen sich für mich konstituiert.«[52] Entscheidend, wie die beiden Ichbegriffe sich zueinander verhalten: die Subjektivität »Ich selbst«, die von Husserl ohne weiteres der psychophysischen Person gleichgesetzt ist, und das »transzendentale Ego«; denn nur wenn dieses von jenem seinem Sinn nach völlig unabhängig, durch keine Faktizität getrübt ist, kommt seiner Struktur die Absolutheit zu, die ihm den Vorrang vorm Subjekt des Cartesianischen cogito sichern soll. Husserl unterstellt als »schon durch transzendentale Klärung verständlich, daß meine Seele« – das empirische »Ich selbst« – »eine Selbstobjektivierung meines transzendentalen Ego ist«[53]; daß also das transzendentale dem empirischen dem Sinn nach und als konstitutive Bedingung voraufgeht. Hier liegt der nervus probandi. Der falsche Übergang, die »Erschleichung«, von der Husserl einmal[54] selbst redet, wird nennbar an der Konsequenz dieser Behauptung: »Und finde ich . . . nicht mein transzendentales Leben und mein seelisches, mein weltliches Leben nach allem und jeden gleichen Inhalts?«[55] Die Identität der Sprachform »Ich« in den Fällen der beiden Ichbegriffe besagt zunächst nicht mehr, als daß der Begriff des transzendentalen Ich aus dem empirischen durch Abstraktion abgeleitet ward, ohne daß einsichtig wäre, es läge beiden ein einiges apriorisches Prinzip zugrunde. Wäre aber der »Inhalt« beider in der Tat voll identisch – warum dann die von Husserl so sehr betonte Differenz zwischen beiden? Warum wird ihnen verschiedene Wertigkeit oder transzendentale Ursprünglichkeit zugeschrieben? Husserl gibt kein Kriterium der Differenz. Um so mehr beharrt er auf der Identität des Inhalts[56]. Trotzdem ist es ihm eine »verfälschende Verschiebung«, »wenn man diese psychologische innere Erfahrung mit derjenigen zusammenwirft, die als evidente Erfahrung vom Ego cogito transzendental in Anspruch genommen wird«[57]. Die Behauptung einer prinzipiellen Differenz der beiden, bei vollkommener Identität ihres »Inhalts«, läßt keinen Weg als, Kantischtraditionell genug, auf die »Form« zu rekurrieren und das transzendentale Ego zur abstrakten Bedingung der »Möglichkeit überhaupt« des empirischen zu machen, ohne irgendeinen Inhalt, es sei denn den hinzutretenden des empirischen Ich. Aber zu den

»transzendentalen« Bedingungen des reinen Bewußtseins gehört gerade im Sinne der »genetischen« Phänomenologie des späten Husserl dessen zunächst zeitliche und damit inhaltliche Erfahrung dem Sinne nach voraussetzende Konstitution in sich selber. Von einem sei's objektiv, sei's subjektiv zeitlosen Bewußtsein reden, hätte keinen Sinn, weil ein konkreter Bewußtseinszusammenhang, wie ihn die Husserlschen Reduktionen herauspräparieren wollen, anders denn als zeitlich bestimmter überhaupt nicht gedacht werden kann. Die Struktur von Intentionalität als Retentionalität und Protentionalität, die, Husserl zufolge, Bewußtseinsleben allein ermöglicht, ist die zeitliche. Die Befunde aller Psychologie jedoch sind für ihn »Fakten«[58]. Sie werden es eben durch ihre zeitliche Bestimmtheit. Diese aber wäre auch einem »reinen« Bewußtseinsleben nicht zu nehmen, wenn anders es noch als Bewußtseinsleben identifizierbar und mehr sein soll als das abstrakte Kantische Ich denke, von welchem Husserl so angelegentlich es unterscheiden möchte.

Wäre das transzendentale oder, wie Husserl mehrdeutig sagt, »mein« transzendentales Ego die bloße Form der Mannigfaltigkeit der empirischen Erlebnisse, dann könnte es sich nicht »selbst« objektivieren. Es würde objektiv bloß durch die Erlebnisse als seinen faktischen Inhalt. Dann wäre die »Seele« keine Selbstobjektivation des Transzendentalen. Die transzendentale Einheit bleibt, um nur einen »Sinn« zu haben, um nur als Einheit bestimmbar zu sein, auf Faktisches verwiesen. Faktisches gehört zum »Sinn« des Transzendentalen, das nicht verselbständigt und als absolutes Fundament behandelt werden darf. – Oder aber das transzendentale Ego wäre wirklich »mein« Ego im mehr als formalen Sinn: das Ich mit der Fülle seiner Erlebnisse. Dann wäre es vorweg jene »Seele« selbst und müßte sich nicht erst in einer gleichsam zweiten Schicht »objektivieren«. Auf dem Standpunkt der Bewußtseinsanalyse sind die Begriffe der Seele und des in seinen Relationsformen gesetzlich objektivierten Erlebniszusammenhangs äquivalent. Mag Husserl die Begriffe wenden, wie immer er wolle; mag der Idealist die ausabstrahierten Bedingungen der Möglichkeit von Bewußtseinsleben transzendental heißen – sie bleiben auf bestimmtes, irgend »tatsächliches« Bewußtseinsleben angewiesen. Sie gelten nicht »an sich«. Sie lassen sich determinieren, sie nehmen Bedeutung an lediglich in Relation zu faktischem Ich. Als hypostasierte wären sie unverständlich. Der strengste Begriff des Transzendentalen vermöchte aus der Interdependenz mit dem Faktum sich nicht zu lösen. Insofern aber bliebe er, was Husserl dem Cartesianischen Ego vorwirft: ein Stück Welt. Husserl hat richtig erkannt, daß die Weltlichkeit des Substrats der Psychologie vor der Weltlichkeit der psychophysischen Natur keinen ontologischen Primat besitzt. Ist Transzendentalphilosophie auf jene verwiesen, so kann sie auch nicht länger hoffen, diese zu begründen. Sie zerfällt als prima philosophia.

Die Cartesianischen Meditationen suchen die generellen Erwägungen der »Logik« zum εἶδος ego auszuführen. Das transzendentale Ich sei nicht »der sich in der natürlichen Selbsterfahrung als Mensch vorfindende und in der abstraktiven Einschränkung auf die puren Bestände der inneren, der rein psychologischen Selbsterfahrung, der seinen eigenen reinen mens sive animus sive intellectus vorfindende Mensch«[59]. Diesen Gedanken hat Hegel bereits an Fichte kritisiert: »Die Bestimmung des reinen Wissens als Ich, führt die fortdauernde Rückerinnerung an das subjektive Ich mit sich, dessen Schranken vergessen werden sollen, und erhält die Vorstellung gegenwärtig, als ob die Sätze und Verhältnisse, die sich in der weitern Entwickelung vom Ich ergeben, im gewöhnlichen Bewußtseyn, da es ja das sey, von dem sie behauptet werden, vorkommen und darin vorgefunden werden können.«[60] Danach eben darf die Identität der Sprachform nicht ontologisch hypostasiert werden. »Mein« transzendentales Leben ist nicht in »meinem« psychologischen als dessen Substrat enthalten. Ebensowenig aber ist das Einheitsmoment zu vernachlässigen, das in der Identität der Sprachform sich ausdrückt. Wird das transzendentale Ich gänzlich vom animus oder intellectus getrennt, so wird problematisch das Recht, es überhaupt »Ich« zu nennen. Kritik kann das bis in die Syntax von Husserls französischer Darstellung der ἐποχή verfolgen: »On peut dire aussi que l'ἐποχή est la méthode universelle et radicale par laquelle je me saisis comme moi pur, avec la vie de conscience pure qui m'est propre, vie dans et par laquelle le monde objectif tout entier existe pour moi, tel justement qu'il existe pour moi.«[61] Durch das reflexive »me« vermag das psychologisch erlebende, urteilende Ich »je« auf das reine, das moi pur, überhaupt nur bezogen zu werden, indem das auf sich selbst reflektierende Individuum als grammatisches Subjekt des Urteils sich mit dem moi pur als grammatischem Objekt gleichsetzt. Die Gleichheit mit dem Subjekt kommt in der reflexiven Form zu Ausdruck, die mit dem Objekt in der prädikativen Bestimmung »comme moi pur«. Gerade die von Hegel bei dem gesamten Ansatz als unvermeidlich charakterisierte Einheitsbeziehung wird von Husserl bestritten, während sie sich gegen seinen Willen durchsetzt.

Von dieser Doppelbedeutung des »Ich« hängt aber endlich die These der Cartesianischen Meditationen über den eidetischen Charakter des transzendentalen Subjekts als reiner Möglichkeit ab. Sie lautet: »Jede Konstitution einer wirklich reinen Möglichkeit unter reinen Möglichkeiten führt implicite mit sich als ihren Außenhorizont ein im reinen Sinne mögliches ego, eine reine Möglichkeitsabwandlung meines faktischen.«[62] Soll die Variante »reines Ich« stets noch Variante von »mein Ich« bleiben und ihre Evidenz aus der Selbsterfahrung ziehen, so ist sie notwendig an ein bestimmtes Bewußtseinsleben, nämlich desjenigen, der sich »Ich« nennt, gebunden, also mundan oder unabdingbar auf Mundanes zurückbezogen. Andernfalls ist der von Husserl stets wieder gebrauchte und belastete Terminus »mein« strikt unverständlich. Gleichwohl behauptet er, das transzendentale Ego sei durch freie Phantasievariation als reine Möglichkeit auch »meinem« Ich im logischen Sinn voraufgehend. In diesem Übergang verschwindet der Bezug des angeblich absoluten »transzendentalen« Seins aufs Faktum. Durch die Variation ist das Ich nicht mehr »mein« – will sagen, nicht mehr ich. Gerade der auf Bedeutungsanalyse eingeschworenen Phänomenologie dürfte das Spezifische des Ausdrucks Ich nicht entgehen: er wäre in einem Satz, dessen Subjekt »Ich« heißt, keineswegs ersetzbar durch einen, der etwa den Namen der redenden Person angibt, da die Unmittelbarkeit der Rückbeziehung des Satzes auf den Redenden, im Gegensatz zu einem bloß vermittelten, selber ein Moment des Satzsinnes ausmacht. Danach aber läßt sich das ὕστερον πρότερον mit Händen greifen. Denn nur »mein« Ich soll ja als unmittelbar gegenwärtiges das zweifelsfrei gewisse sein; soweit bleibt Husserl Cartesianer. Wenn der Erkenntnistheoretiker variierend von »seinem« zum eidetischen Ich gelangt, so ist doch für ihn die Absolutheit »seines« Ich der Rechtsgrund, dem von diesem abstrahierten εἶδος ego apodiktische Gewißheit zuzusprechen. Daher der Begriff der »transzendentalen Erfahrung«, die nur am »eigenen« Bewußtseinsstand könne gemacht werden. Das hypostasierte εἶδος ego aber dient Husserl rückläufig dann wieder dazu, »sein« und jedes andere ego durch die Apriorität des faktenfrei Wesenhaften zu begründen, die doch, seiner Lehre zufolge, selber in der unmittelbaren Gewißheit des faktischen persönlichen Bewußtseins fundiert wäre. Husserl wird der Schwierigkeit gewahr. »Es ist wohl darauf zu achten, daß im Übergang von meinem ego zu einem ego überhaupt weder die Wirklichkeit noch Möglichkeit eines Umfanges von Anderen vorausgesetzt ist. Hier ist der Umfang des Eidos ego durch Selbstvariation meines ego bestimmt. Mich fingiere ich nur, als wäre ich anders, nicht fingiere ich Andere.«[63] Das phänomenologische Residuum wird im Sinn des Solipsismus interpretiert, und, um über diesen hinauszugelangen, die Konstruktion der Wesensschau noch einmal bemüht. Wie diese, zumindest auf dem Standpunkt der »Ideen«, in einem singulären individuellen Gegenstand seines »Wesens« habhaft werden will, so möchte die Variation der absoluten Singularität »meines« Bewußtseinslebens ohne alle Rücksicht auf andere, von denen das Wesen könnte abstrahiert werden, das reine εἶδος ego zum Vorschein bringen. Aber die Konstruktion stürzt zusammen. Wäre dem Erkenntnistheoretiker in der Tat bloß »sein« Ich als Ausgangspunkt gegeben, ohne irgend mehr Wissen als das von »seinem«, aber mit dem vollen Wissen, das jedes seiner Erlebnisse als Moment eines einheitlichen »Bewußtseins« qualifiziert, so könnte auch die Variation immer nur im Rahmen »sein Ich« spielen, wofern sie »sein« Ich festhält. Alle wie immer anzugebenden »reinen« Möglichkeiten blieben solche von »ihm«, jedes variierte Ich das des Redenden. Die Variation führte allenfalls auf wechselnden Inhalt, nicht aber auf transzendentales Bewußtsein. Wer das reine Ich vorstellt, wie Husserl es postuliert, nämlich ohne dabei im mindesten und selbst nicht als bloße Möglichkeit »einen anderen« vorzustellen, ist immer bloß selber dies reine Ich. Die Phantasievariation durch reine Möglichkeit vermag die Immanenz der Monade nicht zu brechen, weil der dieser Immanenz zugrundeliegende Einheitsbegriff, der bei Husserl das überindividuelle Wesen ego begründen soll, selber monadologisch ist. »Mein« Ich ist in Wahrheit bereits eine Abstraktion und nichts weniger als die Urerfahrung, als welche Husserl es reklamiert. Durch das Possessivverhältnis bestimmt es sich als höchst vermitteltes. In ihm ist »Intersubjektivität« mitgesetzt, nur nicht als beliebige reine Möglichkeit, sondern als die reale Bedingung von Ichsein, ohne welche die Einschränkung auf »mein« Ich nicht kann verstanden werden. Indem Husserls Logik das Ich als sich gehörendes limitiert, drückt sie aus, daß es gerade nicht sich selber gehört. Die Unmöglichkeit aber, von der absoluten Monade her das »Wesen« zu gewinnen, indiziert die Stellung der Individuen in der monadologischen Gesellschaft.

Das Wesen kann der Relation auf Dasein nicht entbehren; die monadologische Erfahrung kann nicht wesenhaft werden. Erfahrung erscheint bei Husserl im Innern der transzendentalen Konzeption selber und wird mit dem paradoxen Namen der »transzendentalen Erfahrung«[64] benannt. Der positivistische Impuls setzt noch im εἶδος ego sich durch: die Transposition des reinen Ich in ein »Wesen«, seine Emanzipation von allem »Weltlichen« befriedigt Husserl bloß als durch den Gang von »Forschung« vorgezeichnete; nicht als Setzung im Sinne des Fichteschen Idealismus. Das transzendentale Ego soll als erfahrbares Gebiet erschließbar sein: »In der Tat, anstatt das ego cogito als apodiktisch evidente Prämisse für vermeintlich zu führende Schlüsse auf eine transzendentale« (in Husserls Text: transzendente; em. TWA) »Subjektivität verwerten zu wollen, lenken wir unser Augenmerk darauf, daß die phänomenologische ἐποχή (mir, dem meditierenden Philosophen) eine neuartige unendliche Seinssphäre freilegt als Sphäre einer neuartigen, der transzendentalen Erfahrung.«[65] Die »Existenz« des transzendentalen Subjekts als Erfahrungsgebiet und dessen Auffassung als reine Möglichkeit der Phantasievariation sind aber unvereinbar. So gut wie gegen das abstrakte Ich denke hat

Husserl die transzendentale Subjektivität nach der anderen Seite gegen den Stammbegriff der Erfahrung, den des Gegebenen, abgegrenzt: »Aber die radikal anfangende deskriptive Bewußtseinslehre hat nicht solche Daten und Ganze vor sich, es sei denn als Vorurteile.«[66] Wie soll die »Struktur« des transzendentalen Bewußtseins danach überhaupt verstanden werden? Sie soll nicht gesetzt, auch nicht deduziert sein. Sie gilt für mehr denn der bloße Bewußtseinsgehalt. Ihre unmittelbare Anschaulichkeit wird nicht länger vertreten. Dann aber könnte sie bloß durch Abstraktion gewonnen sein. Kein Motiv indessen ist aufgeführt, warum die Abstraktion bei Kategorien wie »mein« Ich abbricht, die nur in ihrer Beziehung auf Faktisches zu verstehen sind; warum nicht bis zum Kantischen Ich denke, als zum einzig »Reinen«, weiter abstrahiert wird. Nach der Spitze und nach der Basis hin findet sich die transzendentale »Struktur« gleich gefährdet: dort, weil sie so lange noch in Relation zum Faktum steht, bis sie auf die bloße Identität sich reduziert; hier, weil sie bar der Beziehung auf »Inhalte« zu einer wie immer gearteten transzendentalen »Erfahrung« nicht gebracht werden kann. Sobald Husserls Theorie diese Inhalte endlich selber visiert, gesteht sie deren Kontingenz unumwunden zu. Aber damit erreicht sie die Stelle, an welcher sie die Aporie endgültig hypostasieren, die Tatsache in Ontologie sublimieren, ihr Münchhausenkunststück mit systematischer Notwendigkeit vollziehen muß – wo der Idealismus, will er nicht endlich abdanken, in die Metaphysik der Tautologie umschlägt und sein sachliches Mißlingen auf den Seinsgrund projiziert. Husserl hat für bestimmte sachhaltige Sätze von der Form »alle Tonphänomene haben zeitliche Ausdehnung« den Begriff des »kontingenten Apriori« eingeführt. Diesen Begriff wendet er auf die transzendentale Subjektivität selber an und prägt ihr damit das Siegel der Paradoxie auf: »Um uns den Begriff des kontingenten Apriori näherzubringen, wird es im Rahmen unserer jetzigen bloß vordeutenden Betrachtungen genügen, folgendes auszuführen: eine Subjektivität überhaupt (einzelne oder kommunikative) ist nur denkbar in einer Wesensform, die wir in ihren sehr vielfältigen Gehalten in fortschreitender Evidenz gewinnen, indem wir unsere eigene konkrete Subjektivität anschaulich enthüllen, und durch freie Abwandlung ihrer Wirklichkeit in Möglichkeiten einer konkreten Subjektivität überhaupt, unseren Blick auf das dabei erschaubare Invariable, also das Wesensnotwendige richten. Halten wir bei dieser freien Abwandlung von vornherein fest, daß die Subjektivität immerzu ›vernünftige‹, insbesondere immerzu urteilend-erkennende soll sein und bleiben können, so stoßen wir auf bindende Wesensstrukturen, die unter dem Titel reiner Vernunft stehen und im besonderen reiner urteilender Vernunft. Zu ihr gehört als Voraussetzung auch eine beständige und wesensnotwendige Bezogenheit auf irgendwelche hyletischen Bestände, nämlich als apperzeptive Grundlagen der für das Urteilen notwendig vorauszusetzenden möglichen Erfahrungen. Bestimmen wir also den Begriff der prinzipiellen Form durch die wesensnotwendigen Bestände einer vernünftigen Subjektivität überhaupt, so ist der Begriff Hyle (durch jedes ›Empfindungsdatum‹ exemplifiziert) ein Formbegriff, und nicht, was sein Kontrast sein soll, ein kontingenter Begriff. Anderseits ist es für eine urteilend-erkennende Subjektivität (und so ähnlich für eine vernünftige überhaupt) keine Wesensforderung, daß sie gerade Farben oder Töne, daß sie sinnliche Gefühle gerade der und der Differenz und dgl. muß empfinden können – obschon auch solche Begriffe als apriorische (von allem Empirisch-faktischen befreite) zu bilden sind.«[67] Die Scheidung von Notwendig und Zufällig in diesen Sätzen ist ohnmächtig. So wenig es eine »Wesensforderung« ist, daß Subjektivität gerade »Farben oder Töne« wahrnehme, so wenig kann aus reinem Denken erschlossen werden, daß sie überhaupt Erfahrungen macht. Die »Existenz« von Subjektivität ist als notwendig, als »formales Apriori« nicht zu deduzieren. Und mehr. Hat der Satz »alle Tonphänomene haben zeitliche Ausdehnung« einen »sachhaltigen Kern«, so hat ihn auch das in Husserls Sinn reinste formale Apriori, der Satz vom Widerspruch, sofern man ihn nur in seiner Bezogenheit aufs Ganze der Erkenntnis und ihren Inhalt versteht und ihn nicht isolierend vergegenständlicht. In dem Satz aus der Akustik steckt, Husserl zufolge, das Moment von Zufälligkeit insofern, als seine Geltung davon abhängt, ob es so etwas wie »Ton überhaupt« gibt: ob psychologisch-faktisches Bewußtsein faktische Erlebnisse macht. Was Husserl fürs kontingente Apriori konzediert, gilt aber auch für sein formales. Dem Begriff des kontingenten Apriori käme danach folgerecht in Husserls eigener Theorie universelle Geltung zu. Sein absolutes Apriori schlösse ein Moment des Nichtapriorischen ein. Es sollte nicht schwer fallen, die Sinnleere der These zu errechnen, das nichtapriorische Faktum habe sein Apriori daran, daß es nicht apriori sei. Damit wäre freilich nicht gar zu viel gewonnen. Husserls Kontingenzbegriff ist gleich dem der Zufälligkeit im bürgerlichen Denken insgesamt Ausdruck der Unmöglichkeit, das Wirkliche auf seinen Begriff, die Tatsache auf ihr Wesen, in letzter Instanz: Objekt auf Subjekt zu reduzieren. Die Rede von Kontingenz wie die vom Apriori indiziert einen undurchsichtig-planlosen gesellschaftlichen Prozeß, dem das Individuum ausgeliefert ist: »notwendig« von jenem, »zufällig« vom Individuum und nicht bloß vom Individuum aus, sondern auch nach dem Maße dessen, was möglich wäre.

Die Aufhebung des Idealismus, die am Ende von Husserls Philosophie sich anzeigt, kann nicht als deren Errungenschaft gelten. Hat die phänomenologische Methode die Existentialontologie und philosophische Anthropologie heraufbeschworen, so läßt ihr »Scheitern« – Lieblingswort aller Diadochen – diesen gewiß allen Raum. Daß reines Denken nicht das absolut Erste in der Welt sei, sondern im Menschen und im leibhaftigen Dasein seinen Ursprung habe, ist zum Gemeinplatz all derer geworden, deren »Anticartesianismus« weniger das Verhältnis von Bewußtsein und Sein konkret analysieren als Bewußtsein selber diffamieren möchte durch Berufung auf die Härte des bloß Daseienden. Ihnen voraus hat Husserl die Treue, die er trotz allem der kritischen – »rechtsprechenden« – Vernunft hält. Wenn aber diese Vernunft mit ihrem Unterfangen, sich selbst als absoluten und totalen Grund von Sein zu beweisen, bei ihm in unauflösliche Antinomien sich verstrickt, so wird mit deren Aufweis nicht sowohl ihr kritisches Recht ihr entwunden als vielmehr offenbar, daß es keine absolute Bedingung für Sein gibt. Es ist ein anderes, irrational die Unreduzierbarkeit von Sein als dessen ontologischen Primat zu statuieren oder die fundamentale Bewußtseinsanalyse so weit zu treiben, bis sie ins nicht Bewußtseinseigene umschlägt. Denn dies ihr Gegenteil ist nicht bloß ihr Gegenteil, weder das Unbewußte noch das jeglicher Aussage entrückte Sein. Die Forderung des Primats von Bewußtsein über Sein geht zu Protest. Jedoch darum wird nicht der Primat ans Dasein zediert. Der Prozeß, der bei Husserl ums absolut Erste endlos anhängig gemacht ist, widerlegt den Begriff des absolut Ersten selber. Darin ist die überholte Bewußtseinsphilosophie ihrer objektiven Funktion nach fortgeschrittener als die arrivierten Seinsphilosophen. Diese fallen ins Identitätsdenken zurück, während jene schließlich die Auflösung des philosophischen Identitätszwangs nicht erreicht zwar, doch erzwingt. Der Idealismus ist nicht einfach die Unwahrheit. Er ist die Wahrheit in ihrer Unwahrheit. Der idealistische Schein ist in seinem Ursprung so notwendig wie in seiner Vergängnis. Daß Bewußtsein monadologische Gestalt annimmt; daß dem einzelnen das Wissen von sich selber unmittelbarer scheint und gewisser als das gleiche Wissen aller anderen, ist die richtige Erscheinung einer falschen Welt, in der die Menschen einander fremd und ungewiß sind und in der unmittelbar jeder bloß zu seinen partikularen Interessen sich verhält, in denen doch wieder allgemeine, »wesenhafte« Gesetze sich realisieren: wie Husserls transzendentales εἶδος in der Monade. Die Verschränkung von Schein und Notwendigkeit des Idealismus ist in dessen Geschichte selten durchsichtiger geworden als in Husserl. Feind gleichermaßen der notwendigen Scheinhaftigkeit der Induktion und der scheinhaften Notwendigkeit der Deduktion, hat er getrachtet, den Idealismus im paradoxen Einstand festzubannen. Der Grund der Paradoxie, die monadologische Verfassung der Menschen, könnte zur Aufhebung gebracht werden erst, wenn einmal endlich Bewußtsein über das Sein geböte, von dem es stets nur mit Unwahrheit behauptete, daß es im Bewußtsein gründe.

Nachweise

Für die zitierten Schriften Edmund Husserls gelten die Abkürzungen:
Logische Untersuchungen. Erster Band: Prolegomena zur reinen Logik, 3. Aufl., Halle 1922: LU I.
Logische Untersuchungen. Zweiter Band, I. Teil: Untersuchungen zur Phänomenologie und Theorie der Erkenntnis, 3. Aufl., Halle 1922: Lu II, 1.
Logische Untersuchungen. Zweiter Band, II. Teil: Elemente einer phänomenologischen Aufklärung der Erkenntnis, 2. Aufl., Halle 1921: LU II, 2.
Ideen zu einer reinen Phänomenologie und phänomenologischen Philosophie, 2. Aufl., Halle 1922: Ideen.
Formale und transzendentale Logik. Versuch einer Kritik der logischen Vernunft, Halle 1929: Logik.
Méditations Cartésiennes. Introduction à la Phénoménologie, Paris 1931: M. C.
Cartesianische Meditationen und Pariser Vorträge. Hg. von S. Strasser, Haag 1950: C. M.

Einleitung

1 Ideen, S. 107.
2 cf. Eckermann, Gespräche mit Goethe, Leipzig 1925, S. 531 f.
3 cf. Ideen, passim, bes. S. 59 und S. 94 f.
4 Hegel, WW V, ed. Glockner, Stuttgart 1928, Wissenschaft der Logik, 2. Teil, S. 11.
5 Nietzsche, WW VIII, Leipzig 1906, Götzendämmerung, S. 81.
6 l. c. S. 80.
7 C. M., S. 70.
8 l. c. S. 71.
9 Platon, Phaidon, St. 99; cf. bes. auch l. c., St. 100.
10 cf. Platon, Menon, passim, bes. St. 86/87.
11 l. c. St. 73.
12 cf. Platon, Phaidros, St. 265/66.
13 cf. Ideen, S. 56.
14 cf. etwa Montaigne, Essais, ed. Rat, Paris o. J. II, Chap. XII (Apologie de Raimond Sebond), S. 113 ff.
15 Logik, S. 221; cf. auch S. 225 f.

16 C. M., S. 68.
17 l. c. S. 79.
18 Martin Heidegger, Einführung in die Metaphysik, Tübingen 1953, S. 60.
19 cf. Platon, Phaidon, passim, bes. St. 82.
20 cf. Heidegger, Sein und Zeit, Halle 1927, S. 19 ff.
21 cf. C. M., etwa § 58, S. 159 ff.
22 cf. Ideen, S. 91 f.
23 cf. Vilfredo Pareto, Traité de la Sociologie Générale, Paris 1932, S. 56, 459 ff.
24 cf. Max Horkheimer, Traditionelle und kritische Theorie, in: Zeitschrift für Sozialforschung 6 (1937), S. 245 ff.
25 M. C., S. 78.
26 cf. Hegel, WW XVII, ed. Glockner, Stuttgart 1928, Vorlesungen über die Geschichte der Philosophie I, S. 344 ff.; cf. Nietzsche, l. c., S. 77.
27 Platon, Symposion, St. 210 e ff.
28 Nietzsche, l. c., S. 78 f.
29 l. c. S. 79.
30 l. c. S. 76.
31 l. c. S. 79.
32 l. c. S. 64.
33 cf. Helmut Coing, Geschichte und Bedeutung des Systemgedankens in der Rechtswissenschaft, in: Frankfurter Universitätsreden, Heft 17, 1956, S. 36.
34 cf. Kant, Kritik der reinen Vernunft, ed. Valentiner, Leipzig 1913, S. 160 (Schluß des § 21).
35 cf. LU I, S. 84.
36 cf. Herbert Marcuse, Begriff des Wesens, in: Zeitschrift für Sozialforschung 5 (1936), S. 12 ff.
37 Logik, S. 57.
38 l. c. S. 114.
39 l. c. S. 186.

I. Kritik des logischen Absolutismus

1 cf. J. De Maistre, WW, Lyon 1891, Tome IV, p. 151 (Les Soirées de Saint-Petersbourg).
2 cf. Max Horkheimer, Zu Bergsons Metaphysik der Zeit, in: Zeitschrift für Sozialforschung 3 (1934), S. 321 ff.
3 Henri Bergson, Das Lachen, Meisenheim am Glan 1948, S. 82.
4 l. c. S. 75.
5 ibd.
6 Edmund Husserl, Philosophie als strenge Wissenschaft, in: Logos 1 (1910/11), S. 316 ff.
7 Ideen, S. 108.
8 ibd.
9 l. c. S. 111.

10 l. c. S. 107.
11 LU I, S. 141.
12 Logik, S. 178.
13 C. M., S. 118 f.
14 Logik, S. 240.
15 Wilhelm Wundt, Logik, 5. Aufl., Stuttgart 1924, 1. Band, S. 7.
16 LU I, Vorwort, S. V.
17 l. c. S. 26.
18 l. c. S. 252.
19 l. c. S. 253.
20 ibd.
21 Ideen, S. 111.
22 cf. C. M., S. 52 und 53.
23 Kant, Kritik der reinen Vernunft, S. 270 (Von dem Grunde der Unterscheidung aller Gegenstände überhaupt in Phaenomena und Noumena).
24 cf. Ideen, S. 133 ff., besonders § 74 (S. 138 f.).
25 cf. LU I, S. 45.
26 Logik, S. 124.
27 ibd.
28 Ideen, S. 306.
29 LU I, S. 110.
30 l. c. S. 110 f.
31 l. c. S. 111.
32 Georg Lukács, Geschichte und Klassenbewußtsein, Berlin 1923, S. 131.
33 LU I, S. 252.
34 l. c. S. 253.
35 l. c. S. 97.
36 l. c. S. 10.
37 cf. l. c. S. 21 f.
38 l. c. S. 64.
39 cf. l. c. S. 68 f.
40 l. c. S. 68.
41 l. c. S. 198.
42 ibd.; ähnlich auch noch LU II, 1, S. 403.
43 l. c. S. 199.
44 cf. LU II, 1, S. 73.
45 Hegel, Wissenschaft der Logik, 1. Teil, S. 87.
46 Franz Brentano, Psychologie vom empirischen Standpunkt, Leipzig 1924, Einleitung von Oskar Kraus, S. XIX f.
47 LU I, S. 139.
48 l. c. S. 31, Anmerkung.
49 l. c. S. 131.
50 l. c. S. 131 f.
51 l. c. S. 86.
52 cf. l. c. S. 145 f.
53 l. c. S. 151.

54 l. c. S. 205 f.
55 l. c. S. 71.
56 l. c. S. 88.
57 Max Horkheimer und Theodor W. Adorno, Dialektik der Aufklärung, Amsterdam 1947, S. 25.
58 cf. l. c. passim.
59 LU I, S. 99 ff.
60 Hans Cornelius, Transzendentale Systematik, München 1916, S. 159 f.
61 LU I, S. 123.
62 l. c. S. 18.
63 l. c. S. 111.
64 l. c. S. 112.
65 ibd.
66 l. c. S. 205.
67 l. c. S. 121.
68 ibd.
69 Logik, S. 105.

II. Spezies und Intention

1 LU I, S. 231.
2 LU II, 1, S. 144.
3 cf. l. c. S. 186.
4 cf. l. c. S. 197 ff.
5 LU I, S. XV.
6 LU II, 1, S. 107.
7 l. c. S. 106 f.
8 l. c. S. 223.
9 cf. l. c. S. 217.
10 cf. Ideen, S. 187.
11 cf. LU II, 1, S. 110.
12 ibd.
13 ibd.
14 ibd.
15 Ideen, S. 265 f.
16 cf. l. c. S. 181.
17 ibd.
18 ibd.
19 cf. l. c. S. 182.
20 cf. l. c. S. 182 f.
21 l. c. S. 183.
22 ibd.
23 l. c. S. 185.
24 LU II, 1, S. 4.

25 Logik, S. 218 f.
26 l. c. S. 219.
27 cf. ibd.
28 C. M., S. 103.
29 l. c. S. 104.
30 ibd.

III. Zur Dialektik der erkenntnistheoretischen Begriffe

1 Logik, S. 232.
2 cf. etwa l. c. S. 105.
3 LU II, 1, S. 182.
4 l. c. S. 183.
5 cf. Hans Cornelius, l. c. S. 90.
6 cf. LU II, 1, S. 280.
7 cf. etwa Henri Bergson, Les données immédiates de la conscience, Paris 1948, p. 92 ff.
8 cf. LU II, 2, S. 162.
9 Ideen, S. 7 f.
10 l. c. S. 148.
11 Logik, S. 141 und passim.
12 Ideen, S. 13.
13 Logik, S. 252.
14 cf. C. M., S. 86.
15 Logik, S. 142 f.
16 cf. etwa Hegel, WW VIII, ed. Glockner, Stuttgart 1929, System der Philosophie, Einleitung, S. 63.
17 cf. Logik, S. 183 f.
18 Walter Benjamin, Paris, die Hauptstadt des XIX. Jahrhunderts (Passagenarbeit), unveröffentlichtes Manuskript, Konvolut N, Bl. 3.
19 cf. LU II, 1, insbes. S. 421 ff. und Ideen, passim, insbes. S. 79 und 99.
20 cf. Ideen, S. 204.
21 ibd.
22 cf. Walter Benjamin, l. c., Konvolut K, Bl. 2.
23 cf. Ideen, S. 163.
24 ibd.
25 Walter Benjamin, Schriften II, Frankfurt 1955, S. 15 (Kurze Schatten).
26 cf. etwa Kant, Kritik der reinen Vernunft, S. 106.
27 Kant, l. c., S. 185.
28 cf. etwa Kant, l. c., S. 80 und 87.
29 cf. etwa Kant, l. c., S. 81.
30 Ideen, S. 172.
31 l. c. S. 171.
32 cf. l. c. S. 300 und passim, insbes. in dem Kapitel »Phänomenologie der Vernunft«.

33 cf. LU II, 2, S. 116.
34 LU II, 1, S. 75.
35 l. c. S. 379.
36 cf. etwa l. c. S. 20.
37 LU II, 2, S. 56.
38 Ideen, S. 149f.
39 Kant, Kritik der reinen Vernunft, S. 206 (Anticipationen der Wahrnehmung).
40 LU II, 1, S 34.
41 LU II, 2, S. 25.
42 l. c. S. 83.
43 l. c. S. 15, Fußnote.
44 cf. René Descartes, Philosophische Werke, ed. Meiner, Leipzig 1922, I. Band, S. 15 (§ 17).
45 cf. etwa: Max Scheler, Die deutsche Philosophie der Gegenwart, in: Deutsches Leben der Gegenwart, Berlin 1922, S. 191 f. (unter Bezugnahme auf Bühler, Wertheimer, Koffka, Gelb, Köhler u. a.); Vom Ewigen im Menschen, 4. Aufl., Bern 1954 (Ges. Werke, Band 5), S. 250; Wesen und Formen der Sympathie, 5. Aufl., Frankfurt 1948, S. 29 und 284; Wissensformen und die Gesellschaft, Leipzig 1926, passim, insbes. S. 375 ff.
46 cf. Ideen, S. 149 f. und S. 245; cf. auch Theodor W. Adorno, Die Transzendenz des Dinglichen und Noematischen in Husserls Phänomenologie, Frankfurter Dissertation 1924, S. 31.
47 Ideen, S. 62.
48 cf. l. c. S. 167.
49 cf. Text, II. Kapitel passim.
50 Ideen, S. 194.
51 cf. LU I, S. 228 f.
52 LU II, 1, S. 348.
53 Ideen, S. 73.
54 Kant, Kritik der reinen Vernunft, S. 120.
55 Ideen, S. 181 f.
56 cf. l. c. S. 253 ff.
57 l. c. S. 253.
58 ibd.
59 LU II, 1, S. 348.
60 cf. Ideen, S. 265 f.
61 l. c. S. 269 f.
62 l. c. S. 244.
63 cf. l. c. S. 313 ff.
64 cf. Theodor W. Adorno, Dissertation, S. 43 ff.
65 Ideen, S. 184.
66 l. c. S. 186.
67 cf. Kant, Kritik der reinen Vernunft, S. 173 f. (Schluß des § 26).
68 l. c. S. 165 (§ 34).
69 cf. Theodor W. Adorno, Dissertation, S. 51 ff.

70 cf. Ideen, S. 53 ff.
71 l. c. S. 57.
72 cf. Sigmund Freud, Gesammelte Werke XIV, London 1948, Die Verneinung, S. 11 ff.
73 Ideen, S. 57.
74 cf. Logik, S. 78 ff.
75 cf. Kant, Kritik der reinen Vernunft, S. 130.
76 Ideen, S. 279 f.
77 cf. Martin Heidegger, Sein und Zeit, S. 16.
78 cf. Kant, Kritik der reinen Vernunft, S. 152 (Fußnote).
79 LU I, S. 15.
80 l. c. S. 43.
81 LU II, 1, S. 239.
82 cf. Hegel, WW VIII, System der Philosophie, S. 60.
83 Ideen, S. 70.
84 cf. l. c. S. 91 ff.
85 l. c. S. 74 f.
86 l. c. S. 75.
87 cf. l. c. S. 80.
88 ibd.
89 ibd.

IV. Das Wesen und das reine Ich

1 Logik, S. 3.
2 l. c. S. 279.
3 Ideen, S. 314.
4 l. c. S. 282.
5 l. c. S. 43 f.
6 l. c. S. 38.
7 LU I, S. 68.
8 Ideen, S. 54.
9 l. c. S. 251.
10 l. c. S. 91.
11 l. c. S. 92.
12 l. c. S. 94.
13 l. c. S. 132.
14 ibd., Fußnote.
15 Aldous Huxley, Eyeless in Gaza, p. 457.
16 Logik, S. 217.
17 Ideen, S. 127.
18 cf. Ernst Troeltsch, Der Historismus und seine Probleme, Tübingen 1922, S. 597 ff.
19 LU I, S. 64.
20 LU II, 2, S. 140.
21 l. c. S. 32.

22 l. c. S. 134 f.
23 l. c. S. 139.
24 l. c. S. 142.
25 Hegel, WW IV, Wissenschaft der Logik, 1. Teil, S. 70 f.
26 l. c. S. 73.
27 LU II, 2, S. 141.
28 Hegel, Logik, l. c. S. 38.
29 cf. C. M., S. 113 f.
30 cf. LU II, 2, S. 41 und 236.
31 Logik, S. 163.
32 ibd.
33 l. c. S. 163 f.
34 l. c. S. 184.
35 Ideen, S. 7, Fußnote.
36 C. M., S. 110.
37 Ideen, S. 265.
38 l. c. S. 211.
39 Logik, S. 206.
40 LU II, 1, S. 442 f.
41 l. c. S. 443.
42 Ideen, S. 63.
43 M. C., p. 112.
44 l. c. p. 114.
45 LU II, 2, S. 215.
46 cf. Logik, S. 245 ff.
47 cf. l. c. S. 251 f.
48 l. c. S. 240.
49 l. c. S. 202.
50 l. c. S. 203.
51 l. c. S. 208 f.
52 l. c. S. 210 f.
53 l. c. S. 212
54 l. c. S. 226.
55 l. c. S. 211.
56 cf. l. c. S. 224 f.
57 l. c. S. 224.
58 cf. l. c. S. 221 f.
59 C. M., S. 64.
60 Hegel, Wissenschaft der Logik, 1. Teil, S. 82.
61 M. C., p. 18.
62 C. M., S. 105.
63 l. c. S. 106.
64 l. c. S. 62.
65 l. c. S. 66.
66 l. c. S. 77.
67 Logik, S. 26 f.

Übersicht

Drei Studien zu Hegel

Aspekte
Erfahrungsgehalt
Skoteinos oder Wie zu lesen sei

Karl Heinz Haag gewidmet

Als eine neue Auflage der ›Aspekte der Hegelschen Philosophie‹ fällig wurde, wollte der Autor die Schrift durch die Abhandlung über den Hegelschen Erfahrungsgehalt ergänzen, die er mittlerweile publiziert hatte. Darüber hinauszugehen bewog ihn die Analogie zum Spruch Tres homines faciunt collegium: drei Abhandlungen machen ein sei's auch kurzes Buch. Er hat also, einem längst gehegten Plan gemäß, Erwägungen über Fragen des Hegelverständnisses niedergelegt. Sie gehen auf die Arbeit im Frankfurter Philosophischen Seminar der Universität zurück. Seit langen Jahren beschäftigen sich dort Max Horkheimer und der Autor vielfach mit Hegel; anzuknüpfen war an das im Unterricht Beobachtete. Angesichts der Einheit des philosophischen Denkens der beiden für die einschlägigen Interpretationen Verantwortlichen konnte auf einzelne Hinweise verzichtet werden.

Um Enttäuschungen vorzubeugen, sei betont, daß ›Skoteinos‹ nicht etwa beansprucht, die ausstehende Aufhellung der Hegelschen Haupttexte selbst zu leisten. Formuliert sind lediglich prinzipielle Überlegungen zu der Aufgabe; allenfalls wird geraten, wie zum Verständnis zu gelangen sei, ohne daß irgendeiner von der Anstrengung dispensiert wäre, jene Überlegungen an den Texten zu konkretisieren. Nicht um Erleichterung der Lektüre geht es, sondern darum, zu verhindern, daß die außerordentliche Mühe vertan werde, die Hegel nach wie vor zumutet. Auf Anweisungen, wie er zu lesen sei, wäre zu übertragen, woran er die Erkenntnistheorie erinnert: sie könnten nur im Vollzug der durchgeführten Einzelinterpretation glücken. Die Grenzen einer Propädeutik, die der Autor sich setzen mußte, wären dadurch überschritten worden. Daß er dort aufhörte, wo erst zu beginnen wäre, mag manche der offenbaren Unzulänglichkeiten entschuldigen, die ihn verdrießen.

Absicht des Ganzen ist die Vorbereitung eines veränderten Begriffs von Dialektik.

Frankfurt, Sommer 1963

Aspekte

Ein chronologischer Anlaß wie der hundertfünfundzwanzigste Todestag Hegels hätte zu dem verführen können, was man Würdigung nennt. Aber deren Begriff, wenn er überhaupt je etwas taugte, ist unerträglich geworden. Er meldet den unverschämten Anspruch an, daß, wer das fragwürdige Glück besitzt, später zu leben, und wer von Berufs wegen mit dem befaßt ist, über den er zu reden hat, darum auch souverän dem Toten seine Stelle zuweisen und damit gewissermaßen über ihn sich stellen dürfe. In den abscheulichen Fragen, was an Kant und nun auch an Hegel der Gegenwart etwas bedeute – und schon die sogenannte Hegel-Renaissance hob vor einem halben Jahrhundert mit einem Buch Benedetto Croces an, das Lebendiges und Totes in Hegel auseinanderzuklauben sich anheischig machte –, klingt diese Anmaßung mit. Nicht wird die umgekehrte Frage auch nur aufgeworfen, was die Gegenwart vor Hegel bedeutet; ob nicht etwa die Vernunft, zu der man seit seiner absoluten gekommen zu sein sich einbildet, in Wahrheit längst hinter jene zurückfiel und dem bloß Seienden sich anbequemte, dessen Last die Hegelsche Vernunft vermöge der im Seienden selbst waltenden in Bewegung setzen wollte. Alle Würdigungen fallen unter das Urteil aus der Vorrede der Phänomenologie des Geistes, das über jene ergeht, die nur darum über den Sachen sind, weil sie nicht in den Sachen sind. Sie verfehlen vorweg den Ernst und das Verpflichtende von Hegels Philosophie, indem sie ihm gegenüber betreiben, was er mit allem Recht geringschätzig Standpunktphilosophie nannte. Will man nicht mit dem ersten Wort von ihm abprallen, so muß man, wie unzulänglich auch immer, dem Wahrheitsanspruch seiner Philosophie sich stellen, anstatt sie bloß von oben und darum von unten her zu bereden.

Gleich anderen geschlossenen Denksystemen nimmt sie den dubiosen Vorteil wahr, keinerlei Kritik zulassen zu müssen. Eine jede an Details bleibe partiell, verfehle das Ganze, das ohnehin dieser Kritik Rechnung trage. Umgekehrt aber sei das Ganze als Ganzes zu kritisieren abstrakt, »unvermittelt« und sehe am Grundmotiv der Hegelschen Philosophie vorbei: daß sie auf keinen »Spruch«, kein Allgemeinprinzip sich abdestillieren lasse und nur als Totalität, im konkreten Zusammenhang all ihrer Momente sich ausweise. Danach wird Hegel ehren einzig der, welcher sich von der Angst vor jener gleichsam mythologischen Verstricktheit eines kritischen Verfahrens, das es auf jeden Fall falsch zu machen scheint, nicht einschüchtern läßt und, anstatt ihm gnädig oder ungnädig Verdienste zu- oder abzusprechen, dem Ganzen nachgeht, auf das er selber ging.

Kaum ein theoretischer Gedanke von einiger Tragweite heute wird wohl der Erfahrung des Bewußtseins, und wahrhaft nicht des Bewußtseins allein, sondern der leibhaften der Menschen gerecht, der nicht Hegelsche Philosophie in sich aufgespeichert hätte. Das ist aber nicht mit dem armseligen Aperçu zu erklären, der absolute Idealist wäre ein ebenso großer Realist, zumal ein Mann mit scharfem historischem Blick gewesen. Die inhaltlichen Einsichten Hegels, die bis zur Unversöhnlichkeit der Widersprüche in der bürgerlichen Gesellschaft sich vorwagten, sind nicht von der Spekulation, deren vulgärer Begriff mit dem Hegelschen nichts zu tun hat, wie von einer lästigen Zutat zu sondern. Vielmehr sind sie von der Spekulation gezeitigt und verlieren ihre Substanz, sobald man sie als bloß empirisch auffaßt. Die bei Fichte programmatische, von Hegel erst durchgeführte Lehre, das Apriori sei auch das Aposteriori, ist keine verwegene Floskel, sondern Hegels Lebensnerv: sie inspiriert die Kritik der sturen Empirie wie die des statischen Apriorismus. Wo Hegel das Material zum Sprechen verhält, ist der Gedanke der ursprünglichen, sich entzweienden und wiedervereinigenden Identität von Subjekt und Objekt im »Geist« am Werk. Sonst bliebe der unerschöpflich reiche Inhalt des Systems entweder bloße Faktenanhäufung und vorphilosophisch, oder bloß dogmatisch und ohne Stringenz. Mit Recht hat Richard Kroner sich dagegen gewandt, die Geschichte des deutschen Idealismus als einen geradlinigen Fortschritt von Schelling zu Hegel zu beschreiben. Vielmehr erwehrte sich Hegel des dogmatischen Moments der

Schellingschen Naturphilosophie durch Rückgriff auf den Fichteschen und selbst Kantischen erkenntnistheoretischen Impuls. Die Dynamik der Phänomenologie des Geistes hebt erkenntnistheoretisch an, um dann freilich, wie es bereits die Einleitung skizziert, die Position einer isolierten oder, nach Hegelscher Sprache, abstrakten Erkenntnistheorie zu sprengen. Die Fülle des Gegenständlichen, die bei Hegel vom Gedanken gedeutet wird und ihrerseits ihn nährt, fällt demnach nicht sowohl seiner realistischen Sinnesart zu als seiner Weise von Anamnesis, der Versenkung des Geistes in sich selber, oder, in Hegels Worten, dem in sich Hineingehen, sich Zusammenziehen des Seins. Wollte man, um den materialen Gehalt der Hegelschen Philosophie gegenüber der angeblich veralteten und willkürlichen Spekulation zu retten, ihren Idealismus ausmerzen, man behielte nichts als Positivismus hier, schale Geistesgeschichte dort in der Hand. Was er dachte, ist aber auch von ganz anderem Rang als dem der Einbettung in Zusammenhänge, vor denen die Einzelwissenschaften die Augen verschlossen. Sein System ist so wenig eine wissenschaftliche Dachorganisation wie ein Konglomerat genialer Beobachtungen. Beim Studium seines Werkes will es einen zuweilen bedünken, als wäre der Fortschritt, den der Geist durch klare Methodologie wie durch hieb- und stichfeste Empirie seit Hegels Tod und gegen ihn gemacht zu haben wähnt, eine einzige Regression, während den Philosophen, die glauben, etwas von seinem Erbe festzuhalten, meist jener konkrete Inhalt entgleitet, an dem Hegels Gedanke sich erst erprobt.

Erinnert sei etwa an die vor allem von Köhler zu einer Art Philosophie ausgeweitete Gestalttheorie. Hegel hat den Vorrang des Ganzen vor seinen endlichen, unzulänglichen und in ihrer Konfrontation mit dem Ganzen widerspruchsvollen Teilen erkannt. Aber er hat weder aus dem abstrakten Prinzip der Ganzheit eine Metaphysik abgeleitet noch das Ganze als solches im Namen der »guten Gestalt« glorifiziert. So wenig die Teile von ihm gegen das Ganze als dessen Elemente verselbständigt werden, so sehr weiß der Kritiker der Romantik, daß das Ganze nur durch die Teile hindurch, nur durch den Riß, die Entfremdung, die Reflexion, kurz all das, was der Gestalttheorie anathema ist, sich realisiert. Sein Ganzes *ist* überhaupt nur als Inbegriff der je über sich hinausweisenden und sich auseinander hervorbringenden Teilmomente; nichts jenseits von ihnen. Darauf zielt seine Kategorie der Totalität. Sie ist unvereinbar mit jeglicher harmonistischen Neigung, mag immer auch der späte Hegel subjektiv solche Neigungen gehegt haben. Die Konstatierung von Unverbundenem wie das Prinzip der Kontinuität werden beide gleichermaßen von seinem kritischen Gedanken ereilt; der Zusammenhang ist keiner des stetigen Übergangs sondern einer des Umschlags, der Prozeß geschieht nicht in der Annäherung der Momente sondern selber durch den Bruch. Begehrt aber in ihrer Deutung durch Max Scheler die moderne Gestalttheorie auf gegen den herkömmlichen erkenntnistheoretischen Subjektivismus; interpretiert sie das für die gesamte Kantische Tradition entqualifizierte, chaotische Sinnesmaterial, die Gegebenheit des Phänomens, als ein bereits Bestimmtes und Strukturiertes, so hat Hegel eben diese Bestimmtheit des Objekts mit allem Nachdruck hervorgehoben, ohne doch darüber die sinnliche Gewißheit, mit deren Kritik die Phänomenologie des Geistes beginnt, oder gar eine intellektuelle Anschauung zu vergötzen. Gerade durch den absoluten Idealismus, der nichts mehr außerhalb des zum Unendlichen erweiterten Subjekts stehen läßt, sondern alles in den Stromkreis der Immanenz hineinreißt, wird der Gegensatz zwischen form- und sinnverleihendem Bewußtsein und bloßem Stoff ausgelöscht. Alle spätere Kritik am sogenannten Formalismus der Erkenntnistheorie wie der Ethik findet sich explizit in Hegel, während er doch darum nicht, wie Schelling vor ihm und heute die Existentialontologie, mit einem Satz ins angeblich Konkrete springt. Die schrankenlose Expansion des Subjekts zum absoluten Geist bei ihm hat zur Konsequenz, daß, als diesem Geist innewohnendes Moment, nicht bloß das Subjekt, sondern auch das Objekt sachhaltig und mit allem Anspruch seines eigenen Seins auftritt. So ist die viel bewunderte materiale Fülle Hegels selber Funktion des spekulativen Gedankens. Er erst hat ihm dazu verholfen, nicht länger bloß über die Instrumente des Erkennens, sondern dessen wesentliche Gegenstände Wesentliches auszusagen, und gleichwohl die kritische Selbstreflexion des Bewußtseins niemals suspendiert. So weit von einem Realismus bei Hegel die Rede sein kann, liegt er im Zug seines

Idealismus, ist nicht diesem heterogen. Tendenziell greift bei Hegel der Idealismus über sich selber hinaus.

Gerade die äußerste idealistische Spitze seines Denkens, die Konstruktion des Subjekt-Objekts, ist keineswegs als Übermut des losgelassenen Begriffs abzutun. Bereits bei Kant bildet die geheime Kraftquelle die Idee, daß die in Subjekt und Objekt entzweite Welt, in der wir gleichsam als Gefangene unserer eigenen Konstitution nur mit Phänomena zu tun haben, nicht das Letzte sei. Dem fügt Hegel ein Unkantisches hinzu: daß wir, indem wir den Block, die Grenze begrifflich fassen, die der Subjektivität gesetzt ist; indem wir diese als »bloße« Subjektivität durchschauen, bereits über die Grenze hinaus seien. Hegel, in sehr vielem Betracht ein zu sich selbst gekommener Kant, wird davon getrieben, daß Erkenntnis, wenn es das irgend gibt, der eigenen Idee nach die ganze sei; daß jedes einseitige Urteil durch seine bloße Form das Absolute meine und nicht ruhe, bis es im Absoluten aufgehoben ist. Der spekulative Idealismus verachtet nicht tollkühn die Grenze der Möglichkeit von Erkenntnis, sondern sucht nach Worten dafür, daß eigentlich jeder Erkenntnis, die eine ist, die Anweisung auf Wahrheit schlechthin innewohnt; daß Erkenntnis, um überhaupt eine und keine bloße Verdoppelung des Subjekts zu sein, mehr sei als bloß subjektiv, Objektivität gleich der objektiven Vernunft des Platon, deren Erbschaft mit der subjektiven Transzendentalphilosophie bei Hegel chemisch sich durchdringt. Gut Hegelisch dürfte man sagen – und gleichzeitig durch eine Interpretation, die ihn nochmals reflektiert, ihn zentral verändern –, es werde gerade die Konstruktion des absoluten Subjekts bei ihm einer in Subjektivität unauflöslichen Objektivität gerecht. Erst der absolute Idealismus gibt, paradox genug, historisch die Methode frei, welche in der Einleitung der Phänomenologie das »bloße Zusehen« heißt. Nur darum vermag Hegel von der Sache aus zu denken, ihrem eigenen Gehalt gleichsam passiv sich zu überantworten, weil sie kraft des Systems bezogen wird auf ihre Identität mit dem absoluten Subjekt. Die Sachen reden selber in einer Philosophie, die sich stark macht zu beweisen, daß sie selber eins sei mit den Sachen. So sehr der Fichteaner Hegel den Gedanken der »Setzung«, der Erzeugung durch den Geist betont, so durch und durch aktiv, praktisch sein Entwicklungsbegriff gedacht ist, so passiv ist er doch gleichzeitig in der Ehrfurcht vorm Bestimmten, das zu begreifen nichts anderes bedeutet, als seinem eigenen Begriff zu gehorchen. In der Husserlschen Phänomenologie spielt die Lehre von der spontanen Rezeptivität ihre Rolle. Auch sie ist Hegelisch durch und durch, nur eben bei ihm nicht beschränkt auf einen bestimmten Typus von Akten des Bewußtseins, sondern entfaltet auf allen Stufen der Subjektivität wie der Objektivität. Überall beugt Hegel sich dem eigenen Wesen des Objekts, überall wird es ihm erneut unmittelbar, aber eben solche Unterordnung unter die Disziplin der Sache verlangt die äußerste Anstrengung des Begriffs. Sie triumphiert in dem Augenblick, da die Intentionen des Subjekts erlöschen in dem Gegenstand. Die statische Zerlegung der Erkenntnis in Subjekt und Objekt, die der heute akzeptierten Wissenschaftslogik selbstverständlich dünkt; jene Residualtheorie der Wahrheit, derzufolge objektiv ist, was nach Durchstreichung der sogenannten subjektiven Faktoren übrigbleibt, wird von der Hegelschen Kritik ins leere Zentrum getroffen; darum so tödlich, weil er ihr keine irrationale Einheit von Subjekt und Objekt entgegensetzt, sondern die je voneinander sich unterscheidenden Momente des Subjektiven und Objektiven festhält und doch wiederum als durcheinander vermittelte begreift. Daß im Bereich der sogenannten Gesellschaftswissenschaften, überall dort, wo das Objekt selber durch »Geist« vermittelt ist, die Fruchtbarkeit der Erkenntnis nicht durch die Ausschaltung des Subjekts sondern vielmehr kraft dessen höchster Anstrengung, durch all seine Innervationen und Erfahrungen hindurch gerät – diese Einsicht, die heute erst den widerstrebenden Sozialwissenschaften durch die Selbstbesinnung abgezwungen wird, stammt aus dem Systemzusammenhang Hegels. Sie verleiht ihm die wissenschaftliche Überlegenheit über den Wissenschaftsbetrieb, der, während er gegen das Subjekt wütet, aufs vorwissenschaftliche Registrieren bloßer unverbundener Fakten, Gegebenheiten, Meinungen, des hinfälligsten, zufälligsten Subjektiven, regrediert. So rückhaltlos Hegel der Bestimmtheit seines Gegenstandes, eigentlich der objektiven Dynamik der Gesellschaft sich anvertraut, so gründlich ist er doch vermöge seiner in jede sachhaltige Erkenntnis hinreichenden Konzeption des Verhältnisses von Subjekt und Objekt gefeit gegen die Versuchung des unkritischen Akzeptierens der Fassade: die Dialektik von Wesen und Erscheinung ist nicht umsonst in die Mitte der Logik gerückt. Daran ist zu erinnern in einer Situation, in der die Verwalter der Dialektik in deren materialistischer Version, die offizielle Denkerei des Ostblocks, die Dialektik zur unreflektierten Abbildtheorie erniedrigten. Einmal des kritischen Fermentes bar, schickt sie sich so gut zum Dogmatismus wie einst die Unmittelbarkeit von Schellings intellektueller Anschauung, gegen welche die Spitze der Hegelschen Polemik sich richtete. Hegel hat den Kantischen Kritizismus zu seinem Recht gebracht, indem er den Kantischen Dualismus von Form und Inhalt selber kritisierte, die starren Differenzbestimmungen von Kant und, Hegels Interpretation zufolge, auch noch von Fichte in die Dynamik hineinzog, ohne doch die Unauflöslichkeit der Momente einer unmittelbaren planen Identität zu opfern. Seinem Idealismus wird die Vernunft zur kritischen in einem Kant nochmals kritisierenden Sinn, als negative, die Statik der gleichwohl festgehaltenen Momente bewegende. Die von Kant einander entgegengesetzten Pole, Form und Inhalt, Natur und Geist, Theorie und Praxis, Freiheit und Notwendigkeit, Ding an sich und Phänomen, werden allesamt von Reflexion durchdrungen, derart, daß keine dieser Bestimmungen als ein Letztes stehen bleibt. Eine jede bedarf, um gedacht werden und sein zu können, von sich aus genau jenes anderen Moments, das bei Kant ihr entgegengesetzt wird. Vermittlung heißt daher bei Hegel niemals, wie das verhängnisvollste Mißverständnis seit Kierkegaard es sich ausmalt, ein Mittleres zwischen den Extremen, sondern die Vermittlung ereignet sich durch die Extreme hindurch in ihnen selber; das ist der radikale, mit allem Moderantismus unvereinbare Aspekt Hegels. Was die traditionelle Philosophie als ontologische Grundbestände auszukristallisieren hofft, sind, so erweist er, nicht diskret gegeneinander abgesetzte Ideen, sondern eine jegliche verlangt ihr Gegenteil, und das Verhältnis aller zueinander ist der Prozeß. Dadurch aber verändert der Sinn von Ontologie sich so eingreifend, daß es müßig dünkt, ihn, wie heute manche Hegelinterpreten es möchten, auf eine sogenannte Grundstruktur länger anzuwenden, deren Wesen es eben ist, nicht Grundstruktur, nicht ὑποκείμενον zu sein. Wie im Sinne Kants keine Welt, kein Konstitutum ohne die subjektiven Bedingungen der Vernunft, des Konstituens möglich ist, so, fügt Hegels Selbstreflexion des Idealismus hinzu, ist auch kein Konstituens, so sind keine erzeugenden Bedingungen des Geistes möglich, die nicht von tatsächlichen Subjekten und damit schließlich selber von einem nicht bloß Subjektiven, von »Welt« abstrahiert wären. An dem verhängnisvollen Erbe der traditionellen Metaphysik, der Frage nach einem letzten Prinzip, auf das alles sich müsse zurückführen lassen, ist Hegel kraft der insistenten Antwort irre geworden.

Daher ist die Dialektik, der Inbegriff der Hegelschen Philosophie, keinem methodischen oder ontologischen Prinzip zu vergleichen, das sie ähnlich charakterisierte wie die Ideenlehre den mittleren Platon oder die Monadologie Leibniz. Dialektik heißt weder ein bloßes Verfahren des Geistes, durch das er sich der Verbindlichkeit seines Objekts entzöge – bei ihm leistet sie buchstäblich das Gegenteil, die permanente Konfrontation des Objekts mit seinem eigenen Begriff – noch eine Weltanschauung, in deren Schema man die Realität zu pressen hätte. So wenig die Dialektik der Einzeldefinition hold ist, so wenig fügt sie selber sich irgendeiner. Sie ist das unbeirrte Bemühen, kritisches Bewußtsein der Vernunft von sich selbst mit der kritischen Erfahrung der Gegenstände zusammenzuzwingen. – Der szientifische Begriff der Verifizierung ist beheimatet in jenem Reich getrennter starrer Begriffe, wie Theorie und Erfahrung, dem Hegel den Krieg ansagte. Wollte man aber justament seiner eigenen Verifizierung nachfragen, so hat genau jene Lehre von der Dialektik, welche die Ignoranz als Zwangsjacke der Begriffe abzutun pflegt, in der jüngsten geschichtlichen Phase sich verifiziert in einem Maße, das über den Versuch, sich ohne die vermeintliche Willkür solcher Konstruktion nach dem zu richten, was der Fall sei, das Urteil spricht: Hitler war der eigenen Ideologie nach und als tolerierter Büttel stärkerer Interessen darauf aus, den Bolschewismus zu vertilgen, während sein Krieg den Riesenschatten der slawischen Welt über Europa brachte, jener slawischen Welt, von der Hegel bereits ahnungsvoll sagte, daß sie noch nicht in die Geschichte eingetreten sei. Befähigt aber wurde Hegel dazu nicht durch einen historischen Prophetenblick, für den er nichts gefühlt hätte als Verachtung, sondern durch eben jene konstruktive Kraft, die ganz eingeht in das, was ist, ohne daß sie doch auf sich selbst, als Vernunft, Kritik und Bewußtsein der Möglichkeit, verzichtete.

Bei alldem jedoch; obwohl Dialektik die Unmöglichkeit der Reduktion der Welt auf einen fixierten subjektiven Pol dartut und methodisch die wechselfältige Negation und Produktion der subjektiven und objektiven Momente verfolgt, hat Hegels Philosophie als eine des Geistes den Idealismus festgehalten. Nur die diesem innewohnende Lehre von der Identität von Subjekt und Objekt – die ihrer bloßen Form nach allemal bereits auf den Vorrang des Subjekts hinausläuft – schenkt ihm jene Kraft des Totalen, welche die negative Arbeit, die Verflüssigung der einzelnen Begriffe, die Reflexion des Unmittelbaren und dann wieder die Aufhebung der Reflexion leistet. Die drastischesten Formulierungen dazu finden sich in Hegels Geschichte der Philosophie. Nicht nur ist ihr zufolge die Fichtesche Philosophie die Vollendung der Kantischen, wie Fichte selber immer wieder versicherte, sondern Hegel geht so weit zu sagen, es seien »außer diesen und Schelling keine Philosophien«[1]. Er hat, gleich Fichte, durch Auflösung des nicht bewußtseinseigenen, des gegebenen Moments der Realität in eine Setzung des unendlichen Subjekts Kant an Idealismus zu überbieten getrachtet. Gegenüber der abgründigen Brüchigkeit des Kantischen Systems hat Hegel die größere Konsequenz von dessen Nachfolgern gerühmt und noch gesteigert. Ihm stieß nicht auf, daß die Kantischen Brüche eben jenes Moment der Nichtidentität verzeichnen, das zu Hegels eigener Fassung der Identitätsphilosophie unabdingbar hinzugehört. Vielmehr urteilt er über Fichte: »Diesen Mangel, die kantische gedankenlose Inkonsequenz, durch die es dem ganzen System an spekulativer Einheit fehlt, hat Fichte aufgehoben ... Seine Philosophie ist Ausbildung der Form in sich (die Vernunft synthesirt sich in sich selbst, ist Synthese des Begriffs und der Wirklichkeit), und besonders eine konsequentere Darstellung der kantischen Philosophie.«[2] Das Einverständnis mit Fichte reicht darüber noch hinaus: »Die fichtesche Philosophie hat den großen Vorzug und das Wichtige, aufgestellt zu haben, daß Philosophie Wissenschaft aus höchstem Grundsatz seyn muß, woraus alle Bestimmungen nothwendig abgeleitet sind. Das Große ist die Einheit des Princips und der Versuch, wissenschaftlich konsequent den ganzen Inhalt des Bewußtseyns daraus zu entwickeln oder, wie man es nannte, die ganze Welt zu konstruiren.«[3] Weniges könnte das in sich widerspruchsvolle Verhältnis Hegels zum Idealismus, dessen höchste Erhebung und dessen Umschlagspunkt er erreicht hat, prägnanter bekunden als diese Sätze. Denn daß die Wahrheit, bei Hegel: das System, nicht als ein solcher Grundsatz, als ein Urprinzip sich aussprechen lasse, sondern die dynamische Totalität aller sich auseinander vermöge ihres Widerspruchs erzeugenden Sätze sei, hat die Hegelsche Philosophie zum Inhalt. Das ist aber das genaue Gegenteil des Fichteschen Versuchs, die Welt aus der reinen Identität, dem absoluten Subjekt, der einen ursprünglichen Setzung herzuleiten. Trotzdem jedoch gilt für Hegel emphatisch das Fichtesche Postulat des deduktiven Systems. Nur hat er dessen zweitem Grundsatz unendlich viel mehr Gewicht zugeteilt als die Wissenschaftslehre selber. Nicht bleibt es, nach Hegels Sprache, bei der »absoluten Form«, die Fichte ergriffen hat und die die Wirklichkeit in sich einschließen soll, sondern die konkrete Wirklichkeit selber wird konstruiert, indem der Gegensatz des Inhalts zur Form vom Gedanken erfaßt und der entgegengesetzte Inhalt, wenn man so will, aus der Form selber entwickelt wird. Im Entschluß, keine Grenze zu dulden, jeden Erdenrest einer Differenzbestimmung zu tilgen, hat Hegel den Fichteschen Idealismus buchstäblich übertrumpft. Dadurch eben verlieren die einzelnen Fichteschen Grundsätze ihre abschlußhafte Bedeutung. Die Unzulänglichkeit eines abstrakten Grundsatzes jenseits der Dialektik, aus dem alles folgen soll, ist von Hegel erkannt. Was bei Fichte bereits angelegt, aber noch nicht entfaltet war, wird zum Motor des Philosophierens. Die Konsequenz aus dem Grundsatz negiert diesen zugleich und bricht seinen absoluten Vorrang. Daher durfte Hegel, in der Phänomenologie, sowohl von dem Subjekt ausgehen und in der Betrachtung von dessen Selbstbewegung alle konkreten Inhalte ergreifen, wie umgekehrt, in der Logik, die Bewegung des Gedankens mit dem Sein einsetzen lassen.

Recht verstanden, ist die Wahl des Ausgangspunktes, des je Ersten, für die Hegelsche Philosophie gleichgültig; sie erkennt ein solches Erstes als festes und im Fortgang des Denkens unverändert sich selbst gleichbleibendes Prinzip nicht an. Hegel läßt damit alle traditionelle Metaphysik und den vorspekulativen Begriff des Idealismus weit unter sich. Aber der Idealismus wird dennoch nicht verlassen. Die absolute Stringenz und Geschlossenheit des Denkverlaufs, die er mit Fichte gegen Kant anstrebt, statuiert als solche bereits die Priorität des Geistes, auch wenn auf jeder Stufe das Subjekt ebenso als Objekt sich bestimmt wie umgekehrt das Objekt als Subjekt. Indem der betrachtende Geist sich vermißt, alles was ist, als dem Geist selber, dem Logos, den Denkbestimmungen kommensurabel zu erweisen, wirft der Geist sich zum ontologisch Letzten auf, auch wenn er die darin liegende Unwahrheit, die des abstrakten Apriori, noch mitdenkt und diese seine eigene Generalthesis wegzuschaffen sich anstrengt. In der Objektivität der Hegelschen Dialektik, die allen bloßen Subjektivismus niederschlägt, steckt etwas von dem Willen des Subjekts, über den eigenen Schatten zu springen. Das Hegelsche Subjekt-Objekt ist Subjekt. Das erklärt den nach Hegels eigener Forderung allseitiger Konsequenz ungelösten Widerspruch, daß die Subjekt-Objekt-Dialektik, bar jeglichen abstrakten Oberbegriffs, das Ganze ausmache und doch ihrerseits als das Leben des absoluten Geistes sich erfülle. Der Inbegriff des Bedingten sei das Unbedingte. Nicht zuletzt daher rührt das Schwebende, sich selbst in der Luft Erhaltende der Hegelschen Philosophie, ihr permanentes Skandalon: der Name des höchsten spekulativen Begriffs, eben der des Absoluten, des schlechthin Losgelösten ist wörtlich der Name jenes Schwebenden. Keiner Unklarheit oder Verworrenheit ist das Hegelsche Skandalon zuzuschreiben, sondern es ist der Preis, den Hegel für die absolute Konsequenz zahlen muß, die auf die Schranke des Konsequenzdenkens prallt, ohne sie doch wegräumen zu können. Im Ungeschlichteten und Anfälligen der Hegelschen Dialektik findet diese ihre äußerste Wahrheit, die ihrer Unmöglichkeit, wäre es auch, ohne daß sie, die Theodizee des Selbstbewußtseins, das Selbstbewußtsein davon besäße.

Damit aber bietet Hegel der Kritik am Idealismus sich dar:

einer immanenten, so wie er von jeglicher Kritik es erheischte. Ihre Schwelle hat er selbst erreicht. Richard Kroner charakterisiert Hegels Verhältnis zu Fichte mit Worten, die übrigens in gewisser Weise bereits für Fichte zutreffen: »Das Ich ist, insofern es durch die Reflexion allem Anderen entgegengesetzt wird, vor allem Anderen nicht ausgezeichnet; insofern gehört es vielmehr selbst zu dem Entgegengesetzten, zu dem Gesetzten, zu den Denkinhalten, den Momenten seiner Tätigkeit.«[4] Die Antwort des deutschen Idealismus auf diese Einsicht in die Bedingtheit des Ichs, ebenfalls eine von denen, welche die Reflexionsphilosophie in ihrer modernen szientifischen Fortbildung nur mühsam wieder erwarb, ist grob die Fichtesche Unterscheidung von Individuum und Subjekt, letztlich die Kantische zwischen dem Ich als Substrat der empirischen Psychologie und dem transzendentalen Ich denke. Das endliche Subjekt ist, wie Husserl es nannte, ein Stück Welt. Selber mit Relativität behaftet, taugt es nicht zur Begründung des Absoluten. Es setzt das bereits voraus, was als Kantisches »Konstitutum« durch die Transzendentalphilosophie erst erklärt werden soll. Demgegenüber gilt das Ich denke, die reine Identität als rein im emphatischen Kantischen Sinn, unabhängig von aller raumzeitlichen Faktizität. Nur dann läßt alles Daseiende ohne Rest in seinen Begriff sich auflösen. Bei Kant war dieser Schritt noch nicht vollzogen. So wie einerseits die kategorialen Formen des Ich denke eines ihnen zukommenden, nicht aus ihnen selbst entspringenden Inhalts bedürfen, um Wahrheit: Erkenntnis der Natur zu ermöglichen, so werden andererseits das Ich denke selbst und die kategorialen Formen von Kant als eine Art von Gegebenheiten respektiert; insofern ist zumindest die Kritik der reinen Vernunft mehr eine Phänomenologie der Subjektivität als ein spekulatives System. In dem von Kant mit grüblerischer Naivetät stets wieder unreflektiert verwandten »uns« ist die Bezogenheit der kategorialen Formen, nicht nur ihrer Anwendung, sondern ihrem eigenen Ursprung nach, auf eben jenes Existierende, nämlich die Menschen anerkannt, das seinerseits erst aus dem Zusammenspiel der Formen mit dem sinnlichen Material resultiere. Kants Reflexion brach an dieser Stelle ab und hat damit die Irreduktibilität des Faktischen auf den Geist, die Verschränkung der Momente bezeugt. Fichte hat sich dabei nicht beschieden. Er hat die Unterscheidung des transzendentalen und empirischen Subjekts rücksichtslos über Kant hinausgetrieben und um der Unversöhnlichkeit beider willen versucht, das Prinzip des Ichs der Faktizität zu entwinden und dadurch den Idealismus in jener Absolutheit zu rechtfertigen, die dann zum Medium des Hegelschen Systems wird. Fichtes Radikalismus hat dabei freigelegt, was bei Kant im Halbdunkel der transzendentalen Phänomenologie sich barg, aber gegen seinen Willen auch die Fragwürdigkeit seines eigenen absoluten Subjekts ins Helle gerückt. Er nennt es, als was zu benennen alle späteren Idealisten und ganz gewiß die Ontologen unter ihnen am sorgfältigsten sich hüteten, eine Abstraktion[5]. Gleichwohl soll das »reine Ich« das bedingen, wovon es abstrahiert wird und wovon es selber insofern bedingt ist, als sein eigener Begriff ohne solche Abstraktion schlechterdings nicht gedacht werden kann. Das Resultat von Abstraktion ist nie gegen das, wovon es abgezogen ward, absolut zu verselbständigen; weil das Abstraktum auf das unter ihm Befaßte anwendbar bleiben, weil Rückkehr möglich sein soll, ist in ihm immer zugleich auch in gewissem Sinn die Qualität dessen, wovon abstrahiert wird, aufbewahrt, wäre es auch in oberster Allgemeinheit. Setzt daher die Bildung des Begriffs Transzendentalsubjekt oder absoluter Geist sich ganz hinweg über individuelles Bewußtsein schlechthin als raumzeitliches, woran er gewonnen ward, so läßt jener Begriff selber sich nicht mehr einlösen; sonst wird er, der alle Fetische demolierte, selber einer, und das haben die spekulativen Philosophen seit Fichte verkannt. Fichte hat das abstrahierte Ich hypostasiert, und darin ist Hegel ihm verhaftet geblieben. Beide haben übersprungen, daß der Ausdruck Ich, das reine, transzendentale ebenso wie das empirische, unmittelbare, irgend Bewußtsein bezeichnen muß. Schon Kant gegenüber hat Schopenhauer, mit einer anthropologisch-materialistischen Wendung seiner Polemik, darauf bestanden. Kants reine Vernunft werde, zumindest in der Moralphilosophie, »nicht als eine Erkenntnißkraft des Menschen was sie doch allein ist, genommen; sondern als etwas für sich Bestehendes hypostasirt, ohne alle Befugniß und zu perniciosestem Beispiel und Vorgang; welches zu belegen unsere jetzige erbärmliche philosophische Zeitperiode dienen kann. Inzwischen ist diese Aufstellung der Moral nicht für Menschen als Menschen, sondern für alle vernünftige Wesen als solche, Kanten eine so angelegene Hauptsache und Lieblingsvorstellung, daß er nicht müde wird, sie bei jeder Gelegenheit zu wiederholen. Ich sage dagegen, daß man nie zur Aufstellung eines Genus befugt ist, welches uns nur in einer einzigen Species gegeben ist, in dessen Begriff man daher schlechterdings nichts bringen könnte, als was man von dieser einen Species entnommen hätte, daher was man vom Genus aussagte, doch immer nur von der einen Species zu verstehen seyn würde; während, indem man, um das Genus zu bilden, unbefugt weggedacht hätte, was dieser Species zukommt, man vielleicht gerade die Bedingung der Möglichkeit der übrig gelassenen und als Genus hypostasirten Eigenschaften aufgehoben hätte.«[6] Aber auch bei Hegel noch sind, und wahrhaft nicht aus sprachlicher Nachlässigkeit, die emphatischesten Ausdrücke, wie Geist und Selbstbewußtsein, der Erfahrung des endlichen Subjekts von sich selber entlehnt; auch er kann den Faden zwischen dem absoluten Geist und der empirischen Person nicht durchschneiden. Das Fichtesche und Hegelsche absolute Ich, als Abstraktion von dem empirischen, mag noch so gründlich dessen besonderen Inhalt ausmerzen; wäre es überhaupt nicht mehr auch das, wovon abstrahiert wird, nämlich Ich; entäußerte es sich vollends der in dessen Begriff mitgesetzten Faktizität, so wäre es nicht länger jenes bei sich selbst Sein des Geistes, jene Heimat der Erkenntnis, von der andererseits wieder der Vorrang der Subjektivität in den großen idealistischen Systemen einzig abhängt. Ein Ich, das in gar keinem Sinn mehr Ich wäre, also jeden Bezugs auf das individuierte Bewußtsein und damit notwendig auf die raumzeitliche Person entriete, wäre ein Nonsens, nicht nur freischwebend und so unbestimmbar wie Hegel dem Gegenbegriff dazu, dem Sein, es vorwarf, sondern auch als Ich, nämlich als vermittelt zum Bewußtsein, gar nicht mehr zu fassen. Die Analyse des absoluten Subjekts muß die Unauflöslichkeit eines empirischen, nichtidentischen Moments daran anerkennen, das die Lehren vom absoluten Subjekt, die idealistischen Identitätssysteme als unauflöslich nicht anerkennen dürfen. Insofern ist Hegels Philosophie nach dem Richtspruch ihres eigenen Begriffs unwahr. Wieso aber ist sie dann doch wahr?

Zur Antwort wird man entziffern müssen, was, ohne je sich dingfest machen zu lassen, die gesamte Hegelsche Philosophie durchherrscht. Das ist der Geist. Er wird nicht einem Nichtgeistigen, Stofflichen absolut kontrastiert; er ist ursprünglich keine Sphäre besonderer Objekte, die der späteren Geisteswissenschaften. Er sei vielmehr uneingeschränkt und absolut: darum heißt er bei Hegel ausdrücklich, als Erbe der Kantischen praktischen Vernunft, frei. Nach der Bestimmung der Enzyklopädie aber ist er »wesentlich activ, producirend«[7], so wie schon die Kantische praktische Vernunft von der theoretischen sich wesentlich dadurch unterscheidet, daß sie ihren »Gegenstand«, die Tat, schafft. Das Kantische Moment der Spontaneität, das in der synthetischen Einheit der Apperzeption mit der konstitutiven Identität geradezu in eins gesetzt ist – Kants Begriff des Ich denke war die Formel für die Indifferenz erzeugender Spontaneität und logischer Identität –, wird bei Hegel total und in solcher Totalität Prinzip des Seins nicht weniger als des Denkens. Indem aber von Hegel Erzeugen und Tun nicht mehr als bloß subjektive Leistung dem Stoff gegenübergestellt sondern in den bestimmten Objekten, in der gegenständlichen Wirklichkeit aufgesucht sind, rückt Hegel dicht ans Geheimnis, das hinter der synthetischen Apperzeption sich versteckt und sie hinaushebt über die bloße willkürliche Hypostasis des abstrakten Begriffs. Das jedoch ist nichts anderes als die gesellschaftliche Arbeit. In dem erst 1932 entdeckten philosophisch-ökonomischen Manuskript des jungen Marx wurde das erstmals erkannt: »Das Große an der Hegelschen Phänomenologie und ihrem Endresultate – der Dialektik, der Negativität als dem bewegenden und erzeugenden Prinzip – ist, ... daß er ... das Wesen der Arbeit faßt und den gegenständlichen Menschen, wahren, weil wirklichen Menschen, als Resultat seiner eigenen Arbeit begreift.«[8] Das Moment der Allgemeinheit des tätigen transzendentalen Subjekts gegenüber dem bloß empirischen, vereinzelten und kontingenten ist so wenig bloßes Hirngespinst wie die Geltung der logischen Sätze gegenüber dem faktischen Ablauf der einzelnen individuellen Denkakte. Diese Allgemeinheit vielmehr ist der zugleich genaue und, um der idealistischen Generalthesis willen, sich selbst verborgene Ausdruck des gesellschaftlichen Wesens der Arbeit, die zur Arbeit überhaupt erst als ein Für anderes, mit anderen Kommensurables; als ein Hinausgehen über die Zufälligkeit des je einzelnen Subjekts wird. Von der Arbeit anderer hängt, schon der Aristotelischen Politik zufolge, die Selbsterhaltung der Subjekte nicht minder ab als die Gesellschaft vom Tun der Einzelnen. Der Rückverweis des erzeugenden Moments des Geistes auf ein allgemeines Subjekt anstatt auf die individuelle, je arbeitende Einzelperson definiert Arbeit als organisierte, gesellschaftliche; ihre eigene »Rationalität«, die Ordnung der Funktionen, ist ein gesellschaftliches Verhältnis.

Die Übersetzung des Hegelschen Geistesbegriffs in gesellschaftliche Arbeit löst den Vorwurf eines Soziologismus aus, der Genese und Wirkung der Hegelschen Philosophie mit ihrem Gehalt verwechsle. Unstreitig war Hegel transzendentaler Analytiker wie Kant. Bis ins Einzelne wäre nachzuweisen, daß er als dessen Kritiker seine Intentionen über die Kritik der reinen Vernunft hinaus zu ihrem Recht zu bringen suchte, so wie schon Fichtes Wissenschaftslehre den Kantischen Begriff des Reinen forcierte. Die Hegelschen Kategorien, der Geist zumal, fallen in den Bereich der transzendentalen Konstituentien. Gesellschaft jedoch, der Funktionszusammenhang empirischer Personen, wäre bei Hegel, Kantisch gesprochen, Konstitutum, ein Stück jenes Daseienden, das von der Großen Logik – in der Lehre vom absoluten Unbedingten und von der Existenz als Gewordenem[9] – seinerseits aus dem Absoluten entwickelt wird, das Geist sei. Die Deutung von Geist als Gesellschaft erscheint demnach als μετάβασις εἰς ἄλλο γένος, unvereinbar mit dem Sinn der Hegelschen Philosophie allein schon darum, weil sie sich gegen die Maxime immanenter Kritik verfehle, den Wahrheitsgehalt der Hegelschen Philosophie an einem ihr Äußerlichen zu ergreifen suche, das diese in ihrem eigenen Gefüge als Bedingtes oder Gesetztes abgeleitet habe. Die explizite Hegelkritik freilich könnte dartun, daß jene Deduktion ihm nicht gelang. Der sprachliche Ausdruck Existenz, notwendig ein Begriffliches, wird verwechselt mit dem, was er designiert, dem Nichtbegrifflichen, in Identität nicht Einzuschmelzenden[10]. Die Absolutheit des Geistes ist immanent von Hegel nicht durchzuhalten, und wenigstens soweit bezeugt das seine Philosophie selbst, wie sie das Absolute nirgends findet als in der Totalität der Entzweiung, in der Einheit mit seinem Anderen. Umgekehrt aber ist Gesellschaft ihrerseits nicht bloßes Dasein, nicht bloßes Faktum. Nur einem äußerlich antithetischen, im Hegelschen Wortsinn abstrakten Denken wäre das Verhältnis von Geist und Gesellschaft das transzendentallogische von Konstituens und Konstitutum. Der Gesellschaft kommt eben das zu, was Hegel dem Geist gegenüber allen isolierten Einzelmomenten der Empirie reserviert. Diese sind durch Gesellschaft vermittelt, konstituiert wie nur je einem Idealisten die Dinge durch den Geist, und zwar vor jeglichem partikularen Einfluß von Gesellschaft auf die Phänomene: sie erscheint in diesen wie bei Hegel das Wesen. Gesellschaft ist so wesentlich Begriff wie der Geist. Als Einheit der durch ihre Arbeit das Leben der Gattung reproduzierenden Subjekte wird in ihr objektiv, unabhängig von aller Reflexion, abgesehen von den spezifischen Qualitäten der Arbeitsprodukte und der Arbeitenden. Das Prinzip der Äquivalenz gesellschaftlicher Arbeit macht Gesellschaft im neuzeitlichen bürgerlichem Sinn zum Abstrakten und zum Allerwirklichsten, ganz wie Hegel es vom emphatischen Begriff des Begriffs lehrt. Darum stößt jeder Schritt des Gedankens auf Gesellschaft, und keiner vermöchte sie als solche, als Ding unter Dingen, festzunageln. Was es dem Dialektiker Hegel erlaubt, den Geistbegriff vor der Kontamination mit dem factum brutum zu behüten und dadurch die Brutalität des Faktischen in Geist zu sublimieren und zu rechtfertigen, ist selber sekundär. Die ihrer selbst unbewußte Erfahrung der abstrakten gesellschaftlichen Arbeit verzaubert sich dem auf sie reflektierenden Subjekt. Arbeit wird ihm zu ihrer Reflexionsform, zur reinen Tat des Geistes, zu dessen produktiver Einheit. Denn nichts soll außer ihm sein. Das factum brutum aber, das im totalen Geistbegriff verschwindet, kehrt in diesem wieder als logischer Zwang. Ihm kann das einzelne so wenig sich entziehen wie der Einzelne der contrainte sociale. Allein solche Brutalität des Zwangs bewirkt den Schein von Versöhnung in der Lehre von der hergestellten Identität.

Die Ausdrücke, durch welche der Geist in den idealistischen Systemen als ursprüngliches Hervorbringen bestimmt wird, waren ausnahmslos, schon vor Hegel, der Sphäre der Arbeit entlehnt. Andere aber lassen sich darum nicht finden, weil das mit der transzendentalen Synthesis Gemeinte von der Beziehung auf Arbeit dem eigenen Sinn nach nicht sich lösen läßt. Die systematisch geregelte Tätigkeit der Vernunft wendet Arbeit nach innen; Last und Zwang der nach außen gerichteten hat sich fortgeerbt an die reflektierende, modelnde Mühe der Erkenntnis ums »Objekt«, deren es dann wiederum bei der fortschreitenden Beherrschung von Natur bedarf. Bereits der althergebrachte Unterschied von Sinnlichkeit und Verstand indiziert, daß der Verstand, im Gegensatz zu dem von der Sinnlichkeit bloß Gegebenen, gleichsam ohne Gegenleistung Geschenkten etwas tue: sinnlich Gegebenes sei da wie die Früchte auf dem Feld, die Operationen des Verstandes aber ständen bei der Willkür; sie könnten geschehen oder unterbleiben als etwas, womit Menschen ein ihnen Gegenüberstehendes erst formen. Stets war der Primat des Logos ein Stück Arbeitsmoral. Die Verhaltensweise des Denkens als solche, gleichgültig was sie zum Inhalt hat, ist habituell gewordene und verinnerlichte Auseinandersetzung mit der Natur; Eingriff, kein bloßes Empfangen. Daher geht mit der Rede vom Denken überall die von einem Material zusammen, von dem der Gedanke sich geschieden weiß, um es zuzurichten wie die Arbeit ihren Rohstoff. Allem Denken ist denn auch jenes Moment von gewaltsamer Anstrengung – Reflex auf die Lebensnot – gesellt, welches Arbeit charakterisiert; Mühe und Anstrengung des Begriffs sind unmetaphorisch.

Der Hegel der Phänomenologie, dem das Bewußtsein des Geistes als lebendiger Tätigkeit und seiner Identität mit dem realen gesellschaftlichen Subjekt unverkümmerter war als dem späten, hat wenn nicht in der Theorie so doch kraft der Sprache den spontanen Geist als Arbeit erkannt. Der Weg des natürlichen Bewußtseins bis zur Identität des absoluten Wissens ist selber Arbeit. Das Verhältnis des Geistes zur Gegebenheit erscheint nach dem Modell eines gesellschaftlichen Vorgangs, und zwar eines Arbeitsprozesses: »Das Wissen, wie es zuerst ist, oder der unmittelbare Geist ist das Geistlose, das sinnliche Bewußtseyn. Um zum eigentlichen Wissen zu werden, oder das Element der Wissenschaft, das ihr reiner Begriff selbst ist, zu erzeugen, hat es sich durch einen langen Weg hindurch zu arbeiten.«[11] Das ist keineswegs bildlich: soll der Geist wirklich sein, dann erst recht seine Arbeit. Die Hegelsche »Arbeit des Begriffs« umschreibt nicht lax die Tätigkeit des Gelehrten. Diese, als Philosophie, wird nicht umsonst von Hegel immer zugleich auch als passiv, »zusehend« vorgestellt. Was der Philosoph arbeitet, will eigentlich nichts anderes als dem zum Worte verhelfen, was an der Sache selbst tätig ist, was als gesellschaftliche Arbeit den Menschen gegenüber objektive Gestalt hat und doch die Arbeit von Menschen bleibt. »Die Bewegung, worin das unwesentliche Bewußtseyn dieß Einsseyn zu erreichen strebt«, heißt es an einer späteren Stelle der Phänomenologie, »ist selbst die dreifache, nach dem dreifachen Verhältnisse, welches es zu seinem gestalteten Jenseits haben wird; einmal als reines Bewußtseyn; das andere Mal als einzelnes Wesen, welches sich als Begierde und Arbeit gegen die Wirklichkeit verhält; und zum dritten als Bewußtseyn seines Fürsichseyns.«[12]

Die Hegelinterpretation hat mit Recht darauf bestanden, daß die in seiner Philosophie voneinander unterschiedenen Hauptmomente jeweils, jedes einzelne, zugleich auch das Ganze seien. Das gilt aber gewiß auch für den Begriff der Arbeit als eines Verhältnisses zur Wirklichkeit: denn ein solches ist, als Subjekt-Objekt-Dialektik, Dialektik insgesamt. Die zentrale Verbindung der Begriffe Begierde und Arbeit löst die letztere aus der bloßen Analogie zur abstrakten Tätigkeit des abstrakten Geistes. Arbeit im ungeschmälerten Sinn ist in der Tat an Begierde gebunden, die sie wiederum negiert: sie befriedigt die Bedürfnisse der Menschen auf all ihren Stufen, hilft ihrer Not, reproduziert ihr Leben und mutet ihnen dafür Verzichte zu. Noch in ihrer geistigen Gestalt ist Arbeit auch ein verlängerter Arm, Lebensmittel beizustellen, das verselbständigte und freilich dann seinem Wissen von sich selbst entfremdete Prinzip der Naturbeherrschung. Falsch aber wird der Idealismus, sobald er die Totalität der Arbeit in deren Ansichsein verkehrt, ihr Prinzip zum metaphysischen, zum actus purus des Geistes sublimiert und tendenziell das je von Menschen Erzeugte, Hinfällige, Bedingte samt der Arbeit selber, die ihr Leiden ist, zum Ewigen und Rechten verklärt. Wäre es erlaubt, über die Hegelsche Spekulation zu spekulieren, so könnte man in der Ausweitung des Geistes zur Totalität die auf den Kopf gestellte Erkenntnis vermuten, der

Geist sei gerade kein isoliertes Prinzip, keine sich selbst genügende Substanz, sondern ein Moment der gesellschaftlichen Arbeit, das von der körperlichen getrennte. Körperliche Arbeit aber ist notwendig auf das verwiesen, was sie nicht selbst ist, auf Natur. Ohne deren Begriff kann Arbeit, und schließlich auch deren Reflexionsform, der Geist, so wenig vorgestellt werden wie Natur ohne Arbeit: beide sind unterschieden und durcheinander vermittelt in eins. Die Marxische Kritik des Gothaer Programms benennt um so genauer einen in der Hegelschen Philosophie tief verschlossenen Sachverhalt, je weniger sie als Polemik gegen Hegel gemeint war. Es geht um den allbeliebten Spruch: »Die Arbeit ist die Quelle alles Reichtums und aller Kultur.« Dem wird entgegengehalten: »Die Arbeit ist nicht die Quelle alles Reichtums. Die Natur ist ebensosehr die Quelle der Gebrauchswerte (und aus solchen besteht doch wohl der sachliche Reichtum!) als die Arbeit, die selbst nur die Äußerung einer Naturkraft ist, der menschlichen Arbeitskraft. Jene Phrase findet sich in allen Kinderfibeln und ist insofern richtig, als unterstellt wird, daß die Arbeit mit den dazugehörigen Gegenständen und Mitteln vorgeht. Ein sozialistisches Programm darf aber solchen bürgerlichen Redensarten nicht erlauben, die Bedingungen zu verschweigen, die ihnen allein einen Sinn geben. Und soweit der Mensch sich von vornherein zur Natur, der ersten Quelle aller Arbeitsmittel und -gegenstände, als Eigentümer verhält, sie als ihm gehörig behandelt, wird seine Arbeit Quelle von Gebrauchswerten, also auch von Reichtum. Die Bürger haben sehr gute Gründe, der Arbeit übernatürliche Schöpfungskraft anzudichten; denn gerade aus der Naturbedingtheit der Arbeit folgt, daß der Mensch, der kein andres Eigentum besitzt als seine Arbeitskraft, in allen Gesellschafts- und Kulturzuständen der Sklave der andern Menschen sein muß, die sich zu Eigentümern der gegenständlichen Arbeitsbedingungen gemacht haben.«[13] Darum aber darf Hegel um keinen Preis die Trennung von körperlicher und geistiger Arbeit Wort haben und dechiffriert nicht den Geist als isolierten Aspekt der Arbeit, sondern verflüchtigt umgekehrt die Arbeit in ein Moment des Geistes, wählt gewissermaßen die rhetorische Figur pars pro toto zur Maxime. Losgelöst von dem, was nicht identisch ist mit ihr selber, wird Arbeit zur Ideologie. Die über die Arbeit anderer verfügen, schreiben ihr Würde an sich, jene Absolutheit und Ursprünglichkeit zu, gerade weil die Arbeit nur eine für andere ist. Arbeitsmetaphysik und Aneignung fremder Arbeit sind komplementär. Dies gesellschaftliche Verhältnis diktiert die Unwahrheit an Hegel, die Maskierung des Subjekts als Subjekt-Objekt, die Verleugnung des Nichtidentischen in der Totale, wie sehr jenem auch in der Reflexion jeden partikularen Urteils das Seine wird.

Am krassesten tritt, abgesehen vom Kapitel über Herr und Knecht, erstaunlicherweise das Wesen des Hegelschen produktiven Geistes als Arbeit hervor in der Lehre der Phänomenologie des Geistes von der »natürlichen Religion«, auf deren dritter Stufe erstmals Geistiges zum religiösen Inhalt werde als »Produkt der menschlichen Arbeit«[14]: »Der Geist erscheint also hier als der Werkmeister, und sein Thun, wodurch er sich selbst als Gegenstand hervorbringt, aber den Gedanken seiner noch nicht erfaßt hat, ist ein instinktartiges Arbeiten, wie die Bienen ihre Zellen bauen ... Die Krystalle der Pyramiden und Obelisken ... sind die Arbeiten dieses Werkmeisters der strengen Form.«[15] Indem von Hegel die Fetischverehrung nicht einfach der Religion als rohes oder entartetes Stadium gegenübergestellt, sondern selbst als notwendiges Moment der Bildung des religiösen Geistes und damit, im Sinn der Subjekt-Objekt-Dialektik der Phänomenologie, des religiösen Gehalts an sich und schließlich des Absoluten bestimmt wird, ist menschliche Arbeit in ihrer dinghaft materiellen Gestalt in die wesentlichen Bestimmungen des Geistes als des Absoluten hineingenommen. Es bedürfte nur eines Geringen – des Gedächtnisses an das zugleich vermittelte und doch unauflösliche Naturalmoment der Arbeit –, und die Hegelsche Dialektik riefe sich selbst beim Namen.

Hat mit der Trennung körperlicher und geistiger Arbeit sich das Privileg die geistige, trotz aller entgegenlautenden Beteuerungen leichtere reserviert, so kehrt jene doch zugleich im geistigen Vorgang, dem durch Imagination vermittelten Nachbild physischen Handelns, mahnend immer wieder; der Geist kann seinem Verhältnis zu der zu beherrschenden Natur nie ganz sich entwinden. Um sie zu beherrschen, gehorcht er ihr; noch seine stolze Souveränität ist mit Leiden erkauft[16]. Die Metaphysik des Geistes aber, die ihn, als die ihrer selbst unbewußte Arbeit, zum Absoluten macht, ist die Affirmation seiner Verstricktheit, der Versuch des auf sich selbst reflektierenden Geistes, den Fluch, dem er sich beugt, indem er ihn weitergibt, in den Segen umzudeuten und zu rechtfertigen. Darin vorab kann die Hegelsche Philosophie des Ideologischen geziehen werden: der ins Unermeßliche überhöhten Auslegung des bürgerlichen Lobs der Arbeit. Die nüchtern realistischen Züge Hegels finden gerade an dieser erhobensten Stelle des idealistischen Systems, dem am Ende der Phänomenologie rauschhaft verkündeten Absoluten, ihre Zuflucht. Gleichwohl hat selbst diese trügende Identifikation der Arbeit mit dem Absoluten ihren triftigen Grund. Soweit die Welt ein System bildet, wird sie dazu eben durch die geschlossene Universalität von gesellschaftlicher Arbeit; diese ist in der Tat die radikale Vermittlung, wie schon zwischen den Menschen und der Natur, so dann im fürsichseienden Geist, der nichts draußen duldet und die Erinnerung an das ächtet, was draußen wäre. Nichts in der Welt, was nicht dem Menschen einzig durch sie hindurch erschiene. Noch die reine Natur, wofern Arbeit keine Macht hat über sie, bestimmt sich eben durch ihr sei's auch negatives Verhältnis zur Arbeit. Erst das Selbstbewußtsein von all dem könnte die Hegelsche Dialektik über sich hinausführen, und dies eine Selbstbewußtsein ist ihr verwehrt: es spräche jenen Namen aus, auf den sie verzaubert ist. Weil nichts gewußt wird, als was durch Arbeit hindurchging, wird die Arbeit, zu Recht und zu Unrecht, zum Absoluten, Unheil zum Heil; darum besetzt jenes Ganze, das der Teil ist, in der Wissenschaft vom erscheinenden Bewußtsein zwangshaft, unausweichlich die Stelle der Wahrheit. Denn die Verabsolutierung der Arbeit ist die des Klassenverhältnisses: eine der Arbeit ledige Menschheit wäre der Herrschaft ledig. Das weiß der Geist, ohne es wissen zu dürfen; das ist das ganze Elend der Philosophie. Der Schritt jedoch, durch den sich die Arbeit zum metaphysischen Prinzip schlechthin aufwirft, ist kein anderer als die folgerechte Eliminierung jenes »Materials«, an das jede Arbeit gebunden sich fühlt, und das ihr selber ihre Grenze vorzeichnet, sie ans Untere gemahnt und ihre Souveränität relativiert. Darum jongliert Erkenntnistheorie so lange, bis das Gegebene die Illusion des selbst vom Geist Erzeugten bereitet. Verschwinden soll, daß auch der Geist noch unterm Zwang von Arbeit steht und selbst Arbeit ist; buchstäblich unterschiebt die große Philosophie den Inbegriff des Zwangs als Freiheit. Widerlegt wird sie, weil die Reduktion des Daseienden auf den Geist nicht gelingen kann, weil die erkenntnistheoretische Position, wie Hegel selber noch wußte, bei ihrer eigenen Durchführung verlassen werden muß; ihre Wahrheit aber hat sie daran, daß keiner aus der durch Arbeit konstituierten Welt in eine andere, unmittelbare hinauszutreten vermag. Die Kritik der Identifikation des Geistes mit der Arbeit läßt sich nur in der Konfrontation seines philosophischen Begriffs mit dem üben, was er eigentlich leistet, nicht im Rekurs auf ein wie immer auch geartetes positiv Transzendierendes.

Der Geist hat es nicht vollbracht. Man weiß, daß der Begriff des Systems in seiner nachdrücklichen Hegelschen Fassung, die ja nicht dem deduktiven Systembegriff der positiven Wissenschaften entspricht, organisch verstanden werden will, als Ineinanderwachsen und Ineinandergewachsensein aller Teilmomente kraft eines Ganzen, das einem jeglichen von ihnen bereits innewohne. Dieser Systembegriff impliziert die zum Alleinschließenden, Absoluten entfaltete Identität von Subjekt und Objekt, und die Wahrheit des Systems stürzt mit jener Identität. Sie aber, die volle Versöhnung durch den Geist inmitten der real antagonistischen Welt, ist bloße Behauptung. Die philosophische Antezipation der Versöhnung frevelt an der realen; was immer ihr widerspricht, schiebt sie als philosophie-unwürdig der faulen Existenz zu. Aber lückenloses System und vollbrachte Versöhnung sind nicht das Gleiche, sondern selber der Widerspruch: die Einheit des Systems rührt her von unversöhnlicher Gewalt. Die vom Hegelschen System begriffene Welt hat sich buchstäblich als System, nämlich das einer radikal vergesellschafteten Gesellschaft, erst heute, nach hundertfünfundzwanzig Jahren, satanisch bewiesen. Zum Großartigsten der Hegelschen Leistung rechnet, daß er aus dem Begriff jenen Systemcharakter der Gesellschaft herauslas, längst ehe dieser im Umkreis von Hegels eigener Erfahrung, dem in der bürgerlichen Entwicklung weit zurückgebliebenen Deutschland, sich durchsetzen konnte. Die durch »Produktion«, durch gesellschaftliche Arbeit nach dem

Tauschverhältnis zusammengeschlossene Welt hängt in allen ihren Momenten von den gesellschaftlichen Bedingungen ihrer Produktion ab und verwirklicht insofern in der Tat den Vorrang des Ganzen über die Teile; darin verifiziert die verzweifelte Ohnmacht eines jeden Individuums heute den überschwenglichen Hegelschen Systemgedanken. Selbst der Kultus des Erzeugens, der Produktion ist nicht nur Ideologie des naturbeherrschenden, schrankenlos selbsttätigen Menschen. In ihm schlägt sich nieder, daß das universale Tauschverhältnis, in dem alles was ist, nur ein Sein für Anderes ist, unter der Herrschaft der über die gesellschaftliche Produktion Verfügenden steht: diese Herrschaft wird philosophisch angebetet. Gerade das Füranderesein, der offizielle Rechtsgrund für die Existenz aller Waren, wird von der Produktion nur mitgeschleppt. Eben die Welt, in der nichts um seiner selbst willen da ist, ist zugleich die des losgelassenen, seiner menschlichen Bestimmung vergessenden Produzierens. Diese Selbstvergessenheit der Produktion, das unersättliche und destruktive Expansionsprinzip der Tauschgesellschaft, spiegelt sich in der Hegelschen Metaphysik. Sie beschreibt, nicht in historischen Durchblicken, sondern wesentlich, wie die Welt eigentlich ist, ohne sich dabei durch die Frage nach der Eigentlichkeit blauen Dunst vorzumachen.

Die bürgerliche Gesellschaft ist eine antagonistische Totalität. Sie erhält einzig durch ihre Antagonismen hindurch sich am Leben und vermag sie nicht zu schlichten. In dem um seiner restaurativen Tendenz, um der Apologie des Bestehenden, um des Staatskults willen verrufensten Hegelschen Werk, der Rechtsphilosophie, ist das unverblümt formuliert. Gerade die Exzentrizitäten Hegels, die provokanten Stellen, die Schuld daran tragen, daß in der westlichen Welt bedeutende Denker wie Veblen, Dewey und auch Santayana ihn mit dem deutschen Imperialismus und Faschismus zusammenwarfen, wären aus dem Bewußtsein des antagonistischen Charakters der Totalität selber abzuleiten. Deshalb ist die Vergötzung des Staats bei Hegel nicht zu bagatellisieren, nicht als bloß empirische Aberration und unwesentliche Zutat zu behandeln. Aber sie ist selbst erzeugt von der Einsicht in das Unschlichtbare der Widersprüche der bürgerlichen Gesellschaft durch deren Selbstbewegung. Entscheidend sind Stellen wie diese: »Es kommt hierin zum Vorschein, daß bei dem Uebermaaße des Reichthums die bürgerliche Gesellschaft nicht reich genug ist, d. h. an dem ihr eigenthümlichen Vermögen nicht genug besitzt, dem Uebermaaße der Armuth und der Erzeugung des Pöbels zu steuern ... Durch diese ihre Dialektik wird die bürgerliche Gesellschaft über sich hinausgetrieben, zunächst diese bestimmte Gesellschaft, um außer ihr in anderen Völkern, die ihr an den Mitteln, woran sie Ueberfluß hat, oder überhaupt an Kunstfleiß u. s. f. nachstehen, Konsumenten und damit die nöthigen Subsistenzmittel zu suchen.«[17] Daß mit dem gesellschaftlichen Reichtum die Armut, nach Hegels altertümlicher Terminologie der »Pauperismus« anwächst, dafür kennt das freie Kräftespiel der kapitalistischen Gesellschaft, deren liberale ökonomische Theorie Hegel akzeptiert hatte, kein Heilmittel, und noch weniger konnte er eine Steigerung der Produktion sich vorstellen, in der die Behauptung, die Gesellschaft sei nicht reich genug an Gütern, zum Hohn ward. Der Staat wird verzweifelt als eine jenseits dieses Kräftespiels stehende Instanz angerufen. Ausdrücklich bezieht sich der Paragraph 249 auf jene unmittelbar vorhergehende, avancierteste Stelle. Sein Anfang lautet: »Die polizeiliche Vorsorge verwirklicht und erhält zunächst das Allgemeine, welches in der Besonderheit der bürgerlichen Gesellschaft enthalten ist, als eine äußere Ordnung und Veranstaltung zum Schutz und Sicherheit der Massen von besonderen Zwecken und Interessen, als welche in diesem Allgemeinen ihr Bestehen haben, so wie sie als höhere Leitung Vorsorge für die Interessen (§ 246), die über diese Gesellschaft hinausführen, trägt.«[18] Er soll beschwichtigen, was sonst nicht zu beschwichtigen wäre. Hegels Staatsphilosophie ist ein notwendiger Gewaltstreich; Gewaltstreich, weil sie die Dialektik sistiert im Zeichen eines Prinzips, dem Hegels eigene Kritik des Abstrakten gebührte, und das denn auch, wie er zumindest andeutet, keineswegs jenseits des gesellschaftlichen Kräftespiels seinen Ort hat: »Die gemeinschaftlichen *besonderen* Interessen, die in die bürgerliche Gesellschaft fallen, und außer dem an und für sich seyenden Allgemeinen des Staats selbst liegen, haben ihre Verwaltung in den Korporationen der Gemeinden und sonstiger Gewerbe und Stände, und deren Obrigkeiten, Vorsteher, Verwalter und dergleichen. Insofern diese Angelegenheiten, die sie besorgen, einer Seits das Privateigenthum und Interesse dieser besondern Sphären sind, und nach dieser Seite ihre Autorität mit auf dem Zutrauen ihrer Standesgenossen und Bürgerschaften beruht, anderer Seits diese Kreise den höheren Interessen des Staats untergeordnet seyn müssen, wird sich für die Besetzung dieser Stellen im Allgemeinen eine Mischung von gemeiner Wahl dieser Interessenten und von einer höheren Bestätigung und Bestimmung ergeben.«[19] Notwendig aber war der Gewaltstreich, weil sonst das dialektische Prinzip über das Bestehende hinausgegriffen und damit die Thesis der absoluten Identität – und nur als verwirklichte ist sie absolut, das ist der Kern der Hegelschen Philosophie – verneint hätte. Nirgends ist die Hegelsche Philosophie der Wahrheit über ihr eigentliches Substrat, die Gesellschaft, nähergekommen als dort, wo sie ihr gegenüber zum Aberwitz wird. Sie ist in der Tat wesentlich negativ: Kritik. Indem Hegel die Transzendentalphilosophie von der Kritik der reinen Vernunft, eben kraft jener Thesis der Identität der Vernunft mit dem Seienden, zur Kritik des Seienden selber, einer jeglichen Positivität weitertreibt, hat er die Welt, deren Theodizee sein Programm bildet, zugleich auch in ihrer Ganzheit, ihrem Zusammenhang als einen Schuldzusammenhang denunziert, worin alles, was besteht, verdient, daß es zugrunde geht. Noch der falsche Anspruch, sie sei gleichwohl die gute, enthält in sich den legitimen, es solle die tatsächliche Welt nicht bloß in der ihr entgegenstehenden Idee, sondern leibhaftig zur guten und versöhnten werden. Geht schließlich das Hegelsche System durch die eigene Konsequenz in die Unwahrheit über, so wird damit nicht sowohl, wie die Selbstgerechtigkeit der positiven Wissenschaften es möchte, das Urteil über Hegel gesprochen als vielmehr das über die Wirklichkeit. Das höhnische »Desto schlimmer für die Tatsachen« wird nur darum so automatisch gegen Hegel mobilisiert, weil es über die Tatsachen den blutigen Ernst aussagt. Er hat diese im Denken denn doch nicht bloß nachkonstruiert, sondern dadurch, daß er sie denkend erzeugte, begriffen und kritisiert: ihre Negativität macht sie stets zu etwas anderem als dem, was sie bloß sind und was sie zu sein behaupten. Das Prinzip des Werdens der Wirklichkeit, wodurch sie mehr ist als ihre Positivität, also der zentrale idealistische Motor Hegels, ist zugleich antiidealistisch, Kritik des Subjekts an der Wirklichkeit, die der Idealismus dem absoluten Subjekt gleichsetzt, nämlich das Bewußtsein des Widerspruchs in der Sache und damit die Kraft der Theorie, mit der diese sich gegen sich selbst kehrt. Mißlingt Hegels Philosophie nach dem höchsten Kriterion, dem eigenen, so bewährt sie sich zugleich dadurch. Die Nichtidentität des Antagonistischen, auf die sie stößt und die sie mühselig zusammenbiegt, ist die jenes Ganzen, das nicht das Wahre, sondern das Unwahre, der absolute Gegensatz zur Gerechtigkeit ist. Aber gerade diese Nichtidentität hat in der Wirklichkeit die Form der Identität, den alleinschließenden Charakter, über dem kein Drittes und Versöhnendes waltet. Solche verblendete Identität ist das Wesen der Ideologie, des gesellschaftlich notwendigen Scheins. Einzig durchs Absolutwerden des Widerspruchs hindurch, nicht durch dessen Milderung zum Absoluten vermöchte er zu zergehen und vielleicht doch einmal zu jener Versöhnung zu finden, die Hegel vorgaukeln mußte, weil ihre reale Möglichkeit ihm noch verhüllt war. In all ihren partikularen Momenten will Hegels Philosophie negativ sein; wird sie aber, entgegen seiner Absicht, zur negativen auch als ganze, so erkennt sie darin die Negativität ihres Objekts. Indem an ihrem Ende die Nichtidentität von Subjekt und Objekt, von Begriff und Sache, von Idee und Gesellschaft unstillbar hervortritt; indem sie in der absoluten Negativität zergeht, holt sie zugleich ein, was sie versprach, und wird wahrhaft mit ihrem verstrickten Gegenstand identisch. Die Ruhe der Bewegung aber, das Absolute, meint am Ende auch bei ihm nichts anderes als das versöhnte Leben, das des gestillten Triebes, das keinen Mangel mehr kennt und nicht die Arbeit, der allein es doch die Versöhnung dankt. Die Wahrheit Hegels hat danach ihren Ort nicht außerhalb des Systems, sondern sie haftet an diesem ebenso wie die Unwahrheit. Denn diese Unwahrheit ist keine andere als die Unwahrheit des Systems der Gesellschaft, die das Substrat seiner Philosophie ausmacht.

Die objektive Wendung, welche der Idealismus in Hegel genommen hat; die Restitution der durch den Kritizismus zerschmetterten spekulativen Metaphysik, die auch Begriffe wie den des Seins wiederherstellt und selbst den ontologischen Gottesbeweis erretten möchte – all das hat dazu ermutigt, Hegel für die Existentialontologie zu reklamieren. Heideggers Interpretation der Einleitung der Phänomenologie in den ›Holzwegen‹ ist dafür das bekannteste, wenn auch keineswegs das erste Zeugnis. Man mag an diesem Anspruch lernen, was die Existentialontologie heute ungern nur hört, ihre Affinität zum transzendentalen Idealismus, den sie durchs Pathos des Seins überwunden wähnt. Während aber, was heute unter dem Namen der Seinsfrage geht, als Moment im Hegelschen System seine Stelle findet, spricht er dem Sein eben jene Absolutheit ab, eben jenes Vorgeordnetsein vor jeglichem Denken und jeglichem Begriff, dessen die jüngste Auferstehung der Metaphysik sich zu bemächtigen hofft. Durch die Bestimmung von Sein als einem wesentlich negativ reflektierten, kritisierten Moment der Dialektik wird Hegels Theorie des Seins unvereinbar mit dessen gegenwärtiger Theologisierung. Kaum irgendwo ist seine Philosophie aktueller, als wo sie den Begriff Sein demontiert. Bereits die Bestimmung des Seins zu Beginn der Phänomenologie sagt das genaue Gegenteil dessen, was heute das Wort suggerieren will: »Die lebendige Substanz ist ferner das Seyn, welches in Wahrheit Subjekt, oder was dasselbe heißt, welches in Wahrheit wirklich ist, nur insofern sie die Bewegung des Sichselbstsetzens, oder die Vermittlung des Sichanderswerdens mit sich selbst ist.«[20] Der Unterschied zwischen dem Sein als Subjekt und dem mit dem bei Hegel noch orthographischen, heute archaischen Ypsilon geschriebenen ist der ums Ganze. Im Gegensatz zu dem Ausgang vom subjektiven Bewußtsein entwickelt dann die Logik, wie man weiß, die Kategorien des Denkens selbst in ihrer Objektivität auseinander und hebt dabei mit dem Begriff des Seins an. Dieser Anfang jedoch begründet keine prima philosophia. Hegels Sein ist das Gegenteil eines Urwesens. Die Unmittelbarkeit; der Schein, Sein sei aller Reflexion, aller Spaltung von Subjekt und Objekt logisch und genetisch vorgeordnet, wird von Hegel nicht dem Seinsbegriff als urtümliche Würde gutgeschrieben, sondern getilgt. Es ist, heißt es sogleich zu Beginn des Teils der Logik, dem das Wort Sein zum Titel dient, das »unbestimmte Unmittelbare«[21], und eben diese Unmittelbarkeit, an welche die Existentialontologie sich klammert, wird um ihrer Unbestimmtheit willen für Hegel, der die Vermitteltheit eines jeglichen Unmittelbaren durchschaute, zum Einwand gegen die Dignität des Seins, zu dessen Negativität schlechthin, zum Motiv jenes dialektischen Schrittes, welcher das Sein dem Nichts gleichsetzt: »In seiner unbestimmten Unmittelbarkeit ist es nur sich selbst gleich . . . Es ist die reine Unbestimmtheit und Leere. – Es ist nichts in ihm anzuschauen, wenn von Anschauen hier gesprochen werden kann; oder es ist nur dieß reine, leere Anschauen selbst. Es ist ebenso wenig etwas in ihm zu denken, oder es ist ebenso nur dieß leere Denken. Das Seyn, das unbestimmte Unmittelbare ist in der That Nichts, und nicht mehr noch weniger als Nichts.«[22] Diese Leere aber ist weniger eine ontologische Qualität von Sein als ein Mangel des philosophischen Gedankens, der im Sein terminiert. »Wird Seyn als Prädikat des Absoluten ausgesagt«, schreibt der reifste Hegel in der Enzyklopädie, »so giebt dieß die erste Definition desselben: Das Absolute ist das Seyn. Es ist dieß die (im Gedanken) schlechthin anfängliche, abstrakteste und dürftigste.«[23] Letzte Erbschaft der Husserlschen originär gebenden Anschauung, wird heute der Seinsbegriff als aller Verdinglichung entrückt, als absolute Unmittelbarkeit zelebriert. Hegel hat ihn nicht nur um jener Unbestimmtheit und Leere willen als unanschaulich durchschaut, sondern als einen Begriff, der daran vergißt, daß er Begriff ist, und sich selbst als reine Unmittelbarkeit vermummt; gewissermaßen der dinghafteste von allen. »Beym Seyn als jenem Einfachen, Unmittelbaren wird die Erinnerung, daß es Resultat der vollkommenen Abstraktion, also schon von daher abstrakte Negativität, Nichts, ist, . . . zurückgelassen«[24], heißt es an einer etwas späteren Stelle der Logik. Daß aber dabei nicht ein erhabenes Spiel zwischen den Urworten tragiert wird, sondern daß die Kritik am Sein in der Tat Kritik an jeglichem emphatischen Gebrauch dieses Begriffs in der Philosophie meint, läßt sich an Sätzen ablesen, die in der Logik spezifisch gegen Jacobi zugespitzt sind: »Bei dieser ganz abstrakten Reinheit der Kontinuität, d. i. Unbestimmtheit und Leerheit des Vorstellens ist es gleichgültig, diese Abstraktion Raum zu nennen, oder reines Anschauen, reines Denken; – es ist

Alles dasselbe, was der Inder, wenn er äußerlich bewegungslos, und ebenso in Empfindung, Vorstellung, Phantasie, Begierde, u. s. f. regungslos jahrelang nur auf die Spitze seiner Nase sieht, nur Om, Om, Om innerlich in sich, oder gar Nichts spricht, – Brahma nennt. Dieses dumpfe, leere Bewußtseyn ist, als Bewußtseyn aufgefaßt, – das Seyn.«[25] Hegel hat die Anrufung des Seins in ihrer manischen Starrheit als formelhaftes Klappern der Gebetsmühle gehört. Er hat gewußt, was heute trotz allen Geredes vom Konkreten und gerade in der Magie der unbestimmten Konkretion, die keinen Gehalt hat als die eigene Aura, verfälscht und verloren ward: daß Philosophie nicht ihren Gegenstand in den obersten allgemeinen Begriffen um deren vermeintlicher Ewigkeit und Unvergänglichkeit willen suchen darf, die sich dann der eigenen Allgemeinbegrifflichkeit schämen. Er hat, wie nach ihm wohl nur noch der Nietzsche der Götzendämmerung, die Gleichsetzung des philosophischen Gehalts, der Wahrheit mit den höchsten Abstraktionen verworfen und die Wahrheit in eben jene Bestimmungen gesetzt, mit welchen die Hände sich zu beschmutzen die traditionelle Metaphysik zu edel war. Nicht zuletzt in dieser Intention, die am großartigsten in der dichten Beziehung der Stufen des Bewußtseins auf gesellschaftlich-historische Stufen in der Phänomenologie des Geistes waltet, transzendiert bei Hegel der Idealismus sich selber. Was als Anrufung der Urworte, als »Sage« heute über die Dialektik sich zu erheben behauptet, wird erst recht ihre Beute, die Abstraktion, die sich zum an und für sich Seienden aufbläht und die darüber zum schlechthin Inhaltlosen, zur Tautologie herabsinkt, zum Sein, das nichts anderes sagt als immer wieder nur Sein.

Die zeitgenössischen Seinsphilosophien, seit Husserl, sträuben sich gegen den Idealismus. Soviel an ihnen spricht in der Tat den irrevokablen Stand des geschichtlichen Bewußtseins aus: sie registrieren, daß aus der bloßen subjektiven Immanenz, dem Bewußtsein, das was ist nicht entfaltet oder gefolgert werden kann. Aber sie hypostasierten dabei das oberste Resultat subjektiv-begrifflicher Abstraktion, Sein, und sind damit, wie ihrer Stellung zur Gesellschaft, so auch dem theoretischen Ansatz nach, im Idealismus gefangen geblieben, ohne dessen innezuwerden. Nichts überführt sie dessen schlagender als die Spekulationen des Erzidealisten Hegel. Fühlen sich die Restauratoren der Ontologie, wie schon in Heideggers Frühschrift über ein vermeintliches Werk des Duns Skotus, weithin, nämlich mit Hinblick auf die Gesamtkonzeption der abendländischen Metaphysik, der sie später zu entrinnen hoffen, mit Hegel einig, so will in der Tat bei Hegel ein Äußerstes an Idealismus bloße Subjektivität transzendieren, den Verblendungskreis philosophischer Immanenz durchschlagen. Auch bei Hegel meint, einen Ausdruck Emil Lasks auf ein Allgemeineres anzuwenden, der Idealismus über sich hinaus. Hinter der formalen Übereinstimmung mit dem ontologischen Impuls jedoch verstecken sich Differenzen, deren Subtilität eine ums Ganze ist. Die Idee, welche bei Hegel eigentlich gegen den traditionellen Idealismus sich wendet, ist nicht die des Seins, sondern die der Wahrheit. »Daß die Form des Denkens die absolute ist und daß die Wahrheit in ihr erscheint, wie sie an und für sich ist, dieß ist die Behauptung der Philosophie überhaupt.«[26] Die Absolutheit des Geistes, gegenüber jeglichem bloß endlichen, soll die Absolutheit der Wahrheit verbürgen, die dem bloßen Meinen, jeder Intention, jeder subjektiven »Tatsache des Bewußtseins« entrückt sei; das ist die Scheitelhöhe der Hegelschen Philosophie. Wahrheit bleibt ihm kein bloßes Verhältnis von Urteil und Gegenstand, kein Prädikat subjektiven Denkens, sondern soll darüber substantiell sich erheben, eben als ein »An und für sich«. Das Wissen der Wahrheit ist ihm nicht weniger als das Wissen vom Absoluten: darauf will seine Kritik an dem eingrenzenden, Subjektivität und Ansichsein unversöhnlich sondernden Kritizismus hinaus. Dieser habe, heißt es an einer von Kroner angeführten Stelle, dem »Nichtwissen des Ewigen und Göttlichen ein gutes Gewissen gemacht, indem sie [sc. »die sogenannte kritische Philosophie«] versichert, bewiesen zu haben, daß vom Ewigen und Göttlichen nichts gewußt werden könne ... Nichts ist der Seichtigkeit des Wissens sowohl als des Charakters willkommener gewesen, nichts so bereitwillig von ihr ergriffen worden als diese Lehre der Unwissenheit, wodurch eben diese Seichtigkeit und Schaalheit für das Vortreffliche, für das Ziel und Resultat alles intellectuellen Strebens ausgegeben worden ist.«[27] Eine solche emphatische Idee von der Wahrheit straft den Subjektivismus Lügen, dessen emsige Sorge, ob auch die Wahrheit wahr genug sei, in der Abschaffung von Wahrheit selber terminiert. Der zur Wahrheit sich entfaltende Inhalt des Bewußtseins ist Wahrheit nicht bloß für das erkennende, sei's auch transzendentale Subjekt. Die Idee der Objektivität von Wahrheit stärkt die Vernunft des Subjekts: es soll ihm möglich, es soll zulänglich sein, während die heutigen Ausbruchsversuche aus dem Subjektivismus der Diffamierung des Subjekts sich verbinden. Als eine der Vernunft aber unterscheidet Hegels Idee sich von der Restauration des absoluten Seinsbegriffs dadurch, daß sie in sich vermittelt ist. Wahrheit an sich ist bei Hegel nicht das »Sein«: gerade in diesem verbirgt sich Abstraktion, die Verfahrungsweise des nominalistisch seine Begriffe herstellenden Subjekts. In Hegels Idee von der Wahrheit jedoch wird das subjektive Moment, das der Relativität, überstiegen, indem es seiner selbst innewird. In dem Wahren ist der Gedanke enthalten, in dem es doch nicht aufgeht; »es ist daher ein Verkennen der Vernunft, wenn die Reflexion aus dem Wahren ausgeschlossen und nicht als positives Moment des Absoluten erfaßt wird«[28]. Nichts vielleicht sagt mehr vom Wesen dialektischen Denkens, als daß das Selbstbewußtsein des subjektiven Moments in der Wahrheit, die Reflexion auf die Reflexion, versöhnen soll mit dem Unrecht, das die zurichtende Subjektivität der an sich seienden Wahrheit antut, indem sie sie bloß meint und das als wahr setzt, was nie ganz wahr ist. Kehrt sich die idealistische Dialektik wider den Idealismus, so darum, weil ihr eigenes Prinzip, ja gerade die Überspannung ihres idealistischen Anspruchs anti-idealistisch zugleich ist. Unterm Aspekt des Ansichseins der Wahrheit nicht weniger als dem der Aktivität des Bewußtseins ist Dialektik ein Prozeß: Prozeß nämlich ist die Wahrheit selber. In immer neuen Wendungen wird das von Hegel hervorgehoben: »die Wahrheit ist die Bewegung ihrer an ihr selbst, jene Methode« – die mathematische – »aber ist das Erkennen, das dem Stoffe äußerlich ist«[29]. Diese Bewegung wird ausgelöst von dem denkenden Subjekt: »es kommt ... alles darauf an, das Wahre nicht als Substanz, sondern ebenso sehr als Subjekt aufzufassen und auszudrücken«[30]. Indem aber in jedem einzelnen Urteil die Sache, der es gilt, mit ihrem Begriff konfrontiert wird und indem darüber jedes einzelne endliche Urteil als unwahr zergeht, führt die subjektive Tätigkeit der Reflexion Wahrheit über den traditionellen Begriff der Anpassung des Gedankens an den Sachverhalt hinaus: Wahrheit läßt sich nicht länger als Qualität von Urteilen dingfest machen. Wohl heißt Wahrheit bei Hegel, ähnlich der herkömmlichen Definition und doch in geheimem Gegensatz zu ihr, »eben Übereinstimmung des Begriffs mit seiner Wirklichkeit«[31]; sie besteht »in der Übereinstimmung des Gegenstandes mit sich selbst d. h. mit seinem Begriff«[32]. Weil aber kein endliches Urteil jene Übereinstimmung je erreicht, wird der Wahrheitsbegriff der prädikativen Logik entrissen und in die Dialektik als ganze verlegt. Es sei, sagt Hegel, »die Meinung auf die Seite zu legen, als ob die Wahrheit etwas Handgreifliches sein müsse«[33]. Die Kritik an der starren Trennung der Momente des Urteils schmilzt die Wahrheit, soweit sie als bloßes Resultat aufgefaßt wird, ein in den Prozeß. Sie zerstört den Schein, als könne Wahrheit überhaupt ein sich Anmessen des Bewußtseins an ein einzelnes ihm gegenüber Befindliches sein: »Das Wahre und Falsche gehört zu den bestimmten Gedanken, die bewegungslos für eigene Wesen gelten, deren eines drüben, das andere hüben ohne Gemeinschaft mit dem andern isolirt und fest steht. Dagegen muß behauptet werden, daß die Wahrheit nicht eine ausgeprägte Münze ist, die fertig gegeben und so eingestrichen werden kann. Noch giebt es ein Falsches ... Es wird etwas falsch gewußt, heißt, das Wissen ist in Ungleichheit mit seiner Substanz. Allein eben diese Ungleichheit ist das Unterscheiden überhaupt, das wesentliches Moment ist. Es wird aus dieser Unterscheidung wohl ihre Gleichheit, und diese gewordene Gleichheit ist die Wahrheit. Aber sie ist nicht so Wahrheit, als ob die Ungleichheit weggeworfen worden wäre, wie die Schlacke vom reinen Metall, auch nicht einmal so, wie das Werkzeug von dem fertigen Gefäße wegbleibt, sondern die Ungleichheit ist als das Negative, als das Selbst, im Wahren als solchem selbst noch unmittelbar vorhanden.«[34] Gebrochen ist mit der von der gesamten Philosophie vor- und nachgebeteten Lehre von der Wahrheit als einer adaequatio rei atque cogitationis. Durch die Dialektik, das zum Bewußtsein seiner selbst erweckte Verfahren des konsequenten Nominalismus, das einen jeglichen Begriff an seiner Sache überprüft und ihn damit seiner Insuffizienz überführt, leuchtet eine Platonische Idee von der Wahrheit auf. Nicht als unmittelbar anschauliche, evidente ist diese Idee behauptet, sondern wird erwartet von eben jener Insistenz der denkenden Arbeit, welche herkömmlicherweise bei der Kritik des Platonismus stehenbleibt: auch die philosophische Vernunft hat ihre List. Einzig dadurch, daß die Forderung nach Wahrheit den gleichwohl unabdingbaren Wahrheitsanspruch eines jeglichen beschränkten und deshalb unwahren Urteils zu Protest gehen läßt; daß sie die subjektive adaequatio durch Selbstreflexion verneint, geht Wahrheit von sich aus in eine objektive, nicht länger nominalistisch reduktible Idee über. Stets wieder wird denn auch von Hegel die Bewegung, welche die Wahrheit sein soll, als »Eigenbewegung« interpretiert, die von den Urteilssachverhalten her ebenso motiviert ist wie von der denkenden Synthesis. Daß das Subjekt sich nicht bei der bloßen Angemessenheit seiner Urteile an Sachverhalte bescheiden muß, rührt daher, daß das Urteil keine bloß subjektive Tätigkeit, daß Wahrheit selber keine bloße Urteilsqualität ist, sondern daß in ihr immer zugleich auch das sich durchsetzt, was, ohne isolierbar zu sein, aufs Subjekt nicht sich zurückführen läßt und was die traditionellen idealistischen Erkenntnistheorien als bloßes X glauben vernachlässigen zu dürfen. Wahrheit entäußert sich ihrer Subjektivität: weil kein subjektives Urteil wahr sein kann und doch ein jegliches muß wahr sein wollen, transzendiert Wahrheit zum An sich. Als derart übergehende jedoch, so wenig bloß »gesetzte« wie bloß »enthüllte«, ist sie unvereinbar auch mit dem von Ontologie Erfragten. Die Hegelsche Wahrheit ist weder mehr, wie die nominalistische es war, in der Zeit, noch nach ontologischer Manier über der Zeit: Zeit wird für Hegel ein Moment von ihr selber. Wahrheit, als Prozeß, ist ein »Durchlaufen aller Momente« im Gegensatz zum »widerspruchslosen Satz« und hat als solche einen Zeitkern. Das liquidiert jene Hypostasis der Abstraktion und des sich selbst gleichenden Begriffs, welche die traditionelle Philosophie beherrscht. Hat die Hegelsche Bewegung des Begriffs in gewissem Sinne den Platonismus wiederhergestellt, so ist doch dieser Platonismus zugleich von seiner Statik, seinem mythischen Erbe geheilt und hat alle Spontaneität des befreiten Bewußtseins in sich aufgenommen. Wenn aber am Ende Hegel der Thesis von der Identität und damit dem Idealismus trotz allem verhaftet bleibt, so ist, zu einer Stunde des Geistes, da anders als vor hundert Jahren Konformität diesen fesselt, die längst wohlfeil gewordene Kritik des Idealismus, die damals der Übergewalt des Hegelschen erst abzuzwingen war, an ein Wahrheitsmoment noch jener Identitätsthese zu erinnern. Gäbe es, Kantisch gesprochen, kein Ähnliches zwischen Subjekt und Objekt, stünden beide einander, nach dem Wunsch des losgelassenen Positivismus, absolut, unvermittelt entgegen, so gäbe es nicht nur keine Wahrheit, sondern keine Vernunft, keinen Gedanken überhaupt. Das Denken, das seinen mimetischen Impuls völlig exstirpiert hätte; die Art von Aufklärung, welche die Selbstreflexion nicht vollzieht, die den Inhalt des Hegelschen Systems bildet und die Verwandtschaft von Sache und Gedanken nennt, mündete in den Wahnsinn. Das absolut beziehungslose Denken, als vollkommener Gegensatz zur Identitätsphilosophie; jenes, das einen jeglichen Anteil des Subjekts, eine jegliche »Besetzung«, jeglichen Anthropomorphismus von dem Objekt abzieht, ist das Bewußtsein des Schizophrenen. Seine Sachlichkeit triumphiert im pathischen Narzißmus. Der Hegelsche spekulative Begriff errettet die Mimesis durch die Besinnung des Geistes auf sich selbst: Wahrheit ist nicht adaequatio sondern Affinität, und am untergehenden Idealismus wird, durch Hegel, dies Eingedenken der Vernunft an ihr mimetisches Wesen als ihr Menschenrecht offenbar.

Es ließe daraus der Einwand sich ableiten, Hegel, der Platonische Realist und absolute Idealist, habe in der Hypostasis des Geistes dem Begriffsfetischismus nicht weniger gefrönt, als es heute im Namen des Seins geschieht. Das Urteil indessen, das auf diese Ähnlichkeit pocht, bliebe selbst abstrakt. Mag immer das abstrakte Denken und das abstrakte Sein, wie es zu Beginn der abendländischen Philosophie in einem freilich umstrittenen Vers aus dem Gedicht des Parmenides heißt, dasselbe sein, der Stellenwert des ontologischen Begriffs Sein und des Hegelschen der Vernunft ist verschieden. Beide Kategorien haben an der geschichtlichen Dynamik teil. Es ist, auch von Kroner, versucht worden, Hegel, um seiner Kritik am endlichen und beschränkten Reflektieren willen, unter die Irrationalisten einzureihen, und es gibt Äußerungen von Hegel, auf die man sich dabei berufen kann, wie jene, die Spekulation stände gleich dem unmittelbaren Glauben wider die Reflexion. Aber wie Kant in den drei Kritiken hält entscheidend auch er Vernunft fest als Eines, als Vernunft, Ratio, Denken. Noch die Bewegung, die über alle endlichen Denkbestimmungen hinausführen soll, ist eine selbstkritische des Denkens: der spekulative Begriff ist weder Intuition noch »kategoriale Anschauung«. Die Stringenz von Hegels Versuch der Rettung des ontologischen Gottesbeweises gegen Kant mag bezweifelt werden. Aber was ihn dazu bewog, war nicht der Wille zur Verdunkelung der Vernunft, sondern im Gegenteil die utopische Hoffnung, daß der Block, die »Grenzen der Möglichkeit der Erfahrung« nicht das Letzte sei; daß es doch, wie in der Schlußszene des Faust, gelinge: daß in all seiner Schwäche, Bedingtheit und Negativität der Geist der Wahrheit ähnele und darum zur Erkenntnis der Wahrheit tauge. Ward einmal, mit Grund, die Vermessenheit der Hegelschen Lehre vom absoluten Geist hervorgehoben, so kehrt heute, da der Idealismus von allen und am meisten von den geheimen Idealisten diffamiert wird, an der Vorstellung von der Absolutheit des Geistes ein heilsames Korrektiv sich hervor. Es richtet die lähmende Resignation des gegenwärtigen Bewußtseins, das immerzu bereit ist, aus eigener Schwäche nochmals die Erniedrigung zu bekräftigen, die ihm durch die Übergewalt des blinden Daseins angetan wird. »Im sogenannten ontologischen Beweise vom Daseyn Gottes ist es dasselbe Umschlagen des absoluten Begriffes in das Seyn, was die Tiefe der Idee in der neuern Zeit ausgemacht hat, was aber in der neuesten Zeit für das Unbegreifliche ausgegeben worden ist, – wodurch man denn, weil nur die Einheit des Begriffs und des Daseyns die Wahrheit ist, auf das Erkennen der Wahrheit Verzicht geleistet hat.«[35]

Wenn die Hegelsche Vernunft sich dagegen wehrt, bloß subjektiv und negativ zu sein, und immer wieder als Sprecherin des dieser subjektiven Vernunft Entgegengesetzten fungiert, ja mit Gusto am Vernunftwidrigen die Vernunft aufspürt, so will Hegel nicht bloß den Aufbegehrenden dadurch zum Gehorsam verhalten, daß er ihm das Heteronome und Entfremdete schmackhaft macht, wie wenn es seine eigene Sache wäre; auch nicht bloß ihn darüber belehren, daß es nichts nütze, wider den Stachel zu löcken. Sondern Hegel hat bis ins Innerste gespürt, daß nur durch jenes Entfremdete, nur gleichsam durch die Übermacht der Welt über das Subjekt hindurch die Bestimmung des Menschen überhaupt sich realisieren kann. Er soll noch die ihm feindlichen Mächte sich zueignen, gewissermaßen in sie hineinschlüpfen. Hegel hat in der Geschichtsphilosophie die List der Vernunft eingeführt, um plausibel zu machen, wie die objektive Vernunft, die Verwirklichung der Freiheit, vermöge der blinden, unvernünftigen Leidenschaften der historischen Individuen gelingt. Diese Konzeption verrät etwas vom Erfahrungskern des Hegelschen Denkens. Es ist listig insgesamt; es erhofft sich den Sieg über die Übergewalt der Welt, die es ohne Illusion durchschaut, davon, daß es diese Übergewalt gegen sie selber wendet, bis sie ins Andere umschlägt. Hegel definiert in dem von Eckermann überlieferten Gespräch mit Goethe, in dem er Farbe bekannte wie selten sonst, die Dialektik als den organisierten Widerspruchsgeist. Darin ist nicht zuletzt jene Art von List mitbenannt, etwas von grandioser Bauernschlauheit, die so lange gelernt hat, unter den Mächtigen sich zu ducken und ihrem Bedürfnis sich anzuschmiegen, bis sie ihnen die Macht entwinden kann: die Dialektik von Herrschaft und Knechtschaft aus der Phänomenologie plaudert das aus. Bekannt ist, daß Hegel sein Leben lang, auch als angeblich preußischer Staatsphilosoph, vom Schwäbischen nicht abließ, und die Berichte über ihn notieren stets wieder staunend die bei dem ausnehmend schwierigen Schriftsteller überraschende Einfachheit des Wesens. Unbeirrt hielt er der Herkunft die Treue, Bedingung eines starken Ichs und jeglicher Erhebung des Gedankens. Gewiß spielt auch ein unaufgelöstes Moment falscher Positivität herein: er fixiert das je Gegebene, worin er sich nun einmal findet, so wie einer, der glaubt, seine Würde zu bekräftigen, indem er durch Geste oder Wort bekundet, er sei ein geringer Mann. Aber jene Naivetät des Unnaiven, die im System ihre Entsprechung hat an der Wiederherstellung von Unmittelbarkeit auf allen seinen Stufen, bezeugt doch wiederum geniale Verschlagenheit, zumal dem dumm perfiden Vorwurf des Gekünstelten und Überspitzten gegenüber, der seitdem unverdrossen gegen jeden dialektischen Gedanken nachgeplappert wird. In der Naivetät des Gedankens, der seinem Gegenstand so nahe ist, als wäre er auf Du mit ihm, hat der sonst, nach Horkheimers Wort, so erwachsene Hegel ein Stück Kindheit sich gerettet, die Courage zur Schwäche, der ihr Ingenium eingibt, sie überwinde schließlich doch das Härteste.

Freilich ist auch unter diesem Aspekt die Hegelsche Philosophie, dialektischer vielleicht als sie selbst vermeint, auf des Messers Schneide. Denn so wenig sie »auf das Erkennen der Wahrheit Verzicht« leisten will, so unleugbar ist gleichwohl ihr resignativer Zug. Bestehendes möchte sie eben doch als vernünftig rechtfertigen und die Reflexion, die dagegen sich sträubt, mit jener Überlegenheit abfertigen, die darauf pocht, wie schwer die Welt sei, und daraus die Weisheit zieht, sie lasse sich nicht verändern. Wenn irgendwo, war Hegel an dieser Stelle bürgerlich. Selbst darüber zu Gericht zu sitzen indessen wäre subaltern. Die fragwürdigste und darum auch verbreiteteste seiner Lehren, die, das Wirkliche sei vernünftig, war nicht bloß apologetisch. Sondern Vernunft findet sich bei ihm in Konstellation mit Freiheit. Freiheit und Vernunft sind Nonsens ohne einander. Nur soweit das Wirkliche transparent auf die Idee der Freiheit, also die reale Selbstbestimmung der Menschheit ist, kann es für vernünftig gelten. Wer dies Erbe der Aufklärung aus Hegel eskamotiert und eifert, daß seine Logik eigentlich mit der vernünftigen Einrichtung der Welt nichts zu tun habe, verfälscht ihn. Noch wo er in seiner späteren Zeit das Positive, das er in seiner Jugend angriff: das was einmal ist, verteidigt, appelliert er an die Vernunft, die jenes bloß Seiende als mehr denn bloß seiend, unter dem Aspekt des Selbstbewußtseins und der Selbstbefreiung der Menschen, begreift. So wenig der absolute Idealismus von seinem subjektiven Ursprung in der selbsterhaltenden Vernunft des Einzelnen kann losgerissen werden, so wenig auch ihr objektiver Vernunftbegriff; schon in Kants Geschichtsphilosophie schlägt Selbsterhaltung kraft der eigenen Bewegung in Objektivität, in »Menschheit«, in eine richtige Gesellschaft um. Das allein hat Hegel dazu vermocht, die subjektive Vernunft, notwendiges Moment des absoluten Geistes, als das zugleich Allgemeine zu bestimmen. Die Vernunft des je Einzelnen, mit dem die Hegelsche Bewegung des

Begriffs in der Dialektik der sinnlichen Gewißheit anhebt, ist, auch wenn sie es nicht weiß, immer bereits potentiell die Vernunft der Gattung. Soviel ist wahr auch an jener sonst unwahren Lehre der Idealisten, welche das transzendentale Bewußtsein, das die Abstraktion von individuellem ist, trotz seiner genetischen und logischen Verwiesenheit auf dieses als Ansichseiendes und Substantielles installiert. Der Janus-Charakter der Hegelschen Philosophie offenbart sich vorab an der Kategorie des Individuellen. Er durchschaut so gut wie der Antipode Schopenhauer das Moment des Scheins an der Individuation, die Verstocktheit des Beharrens auf dem, was man bloß selber ist, die Enge und Partikularität des Einzelinteresses, aber er hat dennoch die Objektivität oder das Wesen nicht ihrer Beziehung zum Individuum und zum Unmittelbaren enteignet: das Allgemeine ist immer zugleich das Besondere und das Besondere das Allgemeine. Indem die Dialektik dies Verhältnis auseinanderlegt, wird sie dem gesellschaftlichen Kraftfeld gerecht, in dem alles Individuelle vorweg bereits gesellschaftlich präformiert ist und in dem doch nichts anders als durch die Individuen hindurch sich realisiert. So wenig wie Subjekt und Objekt sind die Kategorien von Besonderem und Allgemeinem, von Individuum und Gesellschaft stillzustellen, oder auch nur der Prozeß zwischen beiden als einer zwischen sich selbst gleichbleibenden Polen zu deuten: der Anteil beider Momente, ja was sie überhaupt sind, ist nur in der historischen Konkretion auszumachen. Wird gleichwohl in der Konstruktion der Hegelschen Philosophie das Allgemeine, gegenüber der Hinfälligkeit des Individuums Substantielle, schließlich Institutionelle aufs schwerste akzentuiert, so spricht auch daraus mehr als das Einverständnis mit dem Weltlauf, mehr als der billige Trost über die Hinfälligkeit der Existenz, sie sei eben bloß hinfällig. Während Hegels Philosophie die vollste Konsequenz aus dem bürgerlichen Subjektivismus zieht, also eigentlich die ganze Welt als Produkt von Arbeit – wenn man will als Ware – begreift, vollzieht er zugleich die schärfste Kritik an Subjektivität, weit über die Fichtesche Unterscheidung von Subjekt und Individuum hinaus. Das bei diesem abstrakt gesetzte Nicht-Ich wird von Hegel selbst entwickelt, der Dialektik unterworfen, konkret, und damit nicht nur generell sondern in seiner ganzen inhaltlichen

Bestimmtheit zur Einschränkung des Subjekts. Während Hegels Lehre noch von Heine, sicherlich nicht dem Unverständigsten seiner Hörer, vorwiegend als Geltendmachen der Individualität aufgefaßt werden konnte, findet diese in zahllosen Schichten des Systems sich bis zur Mißachtung traktiert. Das aber spiegelt die Zweideutigkeit der in Hegel wahrhaft zum Selbstbewußtsein gelangten bürgerlichen Gesellschaft der Individualität gegenüber wider. Der Mensch als fessellos Produzierender erscheint der bürgerlichen Gesellschaft autonom, Erbe des göttlichen Gesetzgebers, virtuell allmächtig. Das Einzelindividuum aber, in dieser Gesellschaft in Wahrheit bloßer Agent des gesellschaftlichen Produktionsprozesses, dessen eigene Bedürfnisse von diesem Prozeß gleichsam nur mitgeschleift werden, gilt darum zugleich auch als ganz ohnmächtig und nichtig. Im unaufgelösten Widerspruch zum Pathos des Humanismus befiehlt Hegel ausdrücklich und unausdrücklich den Menschen, als gesellschaftlich notwendige Arbeit Verrichtende einer ihnen fremden Notwendigkeit sich zu unterwerfen. Er verkörpert damit theoretisch die Antinomie des Allgemeinen und Besonderen in der bürgerlichen Gesellschaft. Aber indem er sie rücksichtslos formuliert, macht er sie durchsichtiger als je zuvor und kritisiert sie noch als ihr Verteidiger. Weil Freiheit die der realen einzelnen Individuen wäre, verschmäht er deren Schein, das Individuum, das inmitten der allgemeinen Unfreiheit sich geriert, als wäre es schon frei und allgemein. Dem Hegelschen Vertrauen auf die theoretische Vernunft, es sei ihr doch möglich, kommt das Wissen gleich, daß nur dann die Vernunft Hoffnung hat, sich zu verwirklichen, vernünftige Wirklichkeit zu werden, wenn sie den Hebelpunkt zeigt, von dem aus die uralte Last, der Mythos, aus den Angeln zu heben ist. Die Last ist das bloß Seiende, das schließlich im Individuum sich verschanzt; der Hebelpunkt dessen Vernunft als die des Seienden selber. Die Hegelsche Apologetik und Resignation ist die bürgerliche Charaktermaske, welche die Utopie vorgebunden hat, um nicht sogleich erkannt und ereilt zu werden; um nicht in der Ohnmacht zu verbleiben.

Wie wenig Hegels Philosophie im Begriff der Bürgerlichkeit sich erschöpft, wird am sinnfälligsten vielleicht in seiner Stellung zur Moral. Sie bildet ein Moment der Kritik, welche er an der Kategorie der Individualität überhaupt übt. Er hat als erster wohl, in der Phänomenologie, ausgesprochen, daß der Riß zwischen Ich und Welt durchs Ich selber nochmals hindurchgeht; daß er sich, nach Kroners Worten[36], ins Individuum hinein fortsetzt und es spaltet nach der objektiven und subjektiven Vernünftigkeit seines Wollens und Tuns. Früh hat er gewußt, daß das Individuum selbst sowohl ein gesellschaftlich Funktionierendes, durch die »Sache«, nämlich seine Arbeit Bestimmtes, wie ein Wesen für sich selbst, mit spezifischen Neigungen, Interessen und Anlagen ist, und daß diese beiden Momente auseinanderweisen. Dadurch aber wird das rein moralische Handeln, in dem das Individuum ganz und gar sich selbst zu gehören und sich selbst das Gesetz zu geben wähnt, zweideutig, zum Selbstbetrug. Hat die moderne analytische Psychologie erkannt, daß, was der Einzelmensch über sich denkt, scheinhaft, in weitem Maß bloße »Rationalisierung« ist, so hat sie ein Stück Hegelscher Spekulation nach Hause gebracht. Den Übergang des reinen moralischen Selbstbewußtseins zur Heuchelei, der dann bei Nietzsche schlechterdings der kritische Angriffspunkt der Philosophie wird, leitete Hegel aus dem Moment seiner objektiven Unwahrheit ab. Formulierungen wie die der Phänomenologie vom »harten Herzen«, das da auf die Reinheit des Pflichtgebotes pocht, fallen gewiß historisch noch in den Zusammenhang der nach-Kantischen, etwa Schillerschen Kritik an der rigorosen Kantischen Ethik, präludieren aber zugleich bereits Nietzsches Lehre vom Ressentiment, von der Moral als »Rache«. Der Satz Hegels, daß es kein moralisch Wirkliches gebe, ist kein bloßes Durchgangsmoment zu seiner Lehre von der objektiven Sittlichkeit. In ihm bricht bereits die Erkenntnis durch, daß das Moralische sich keineswegs von selbst versteht, daß das Gewissen richtiges Handeln nicht gewährleistet und daß die reine Selbstversenkung des Ichs in das, was zu tun oder nicht zu tun sei, in Widersinn und Eitelkeit verstrickt. Hegel verfolgt einen Impuls der radikalen Aufklärung weiter. Er setzt das Gute dem empirischen Leben nicht als abstraktes Prinzip, als sich selbst genügende Idee entgegen, sondern bindet es dem eigenen Gehalt nach an die Herstellung eines richtigen Ganzen – an eben das, was in der Kritik der praktischen Vernunft unter dem Namen der Menschheit auftritt. Damit transzendiert Hegel die bürgerliche Trennung des Ethos als einer zwar unbedingt verpflichtenden, aber lediglich fürs Subjekt geltenden Bestimmung von der angeblich nur empirischen Objektivität der Gesellschaft. Das ist eine der großartigsten Perspektiven der Hegelschen Vermittlung des Apriori und des Aposteriori. Ungeahnt die Schärfe der Formulierung: »Die Bezeichnung eines Individuums als eines Unmoralischen fällt, indem die Moralität überhaupt unvollendet ist, an sich hinweg, hat also nur einen willkürlichen Grund. Der Sinn und Inhalt des Urtheils der Erfahrung ist dadurch allein dieser, daß einigen die Glückseligkeit an und für sich nicht zukommen sollte, d. h. er ist Neid, der sich zum Deckmantel die Moralität nimmt. Der Grund aber, warum Andern das so genannte Glück zu Theil werden sollte, ist die gute Freundschaft, die ihnen und sich selbst diese Gnade, d. h. diesen Zufall gönnt und wünscht.«[37] So hätte kein bloßer Bürger geredet. Zur bürgerlichen Verherrlichung des Bestehenden gehört immer auch der Wahn hinzu, daß das Individuum, das rein Fürsichseiende, als welches im Bestehenden das Subjekt sich selbst notwendig erscheint, des Guten mächtig sei. Ihn hat Hegel zerstört. Seine Kritik an der Moral ist unversöhnlich mit jener Apologetik der Gesellschaft, welche, um sich in ihrer eigenen Ungerechtigkeit am Leben zu erhalten, der moralischen Ideologie des Einzelnen, seines Verzichtes auf Glück bedarf.

Ist einmal das Cliché von Hegels Bürgerlichkeit durchschaut, so wird man auch nicht länger mehr der Suggestion von Schopenhauer und dann von Kierkegaard erliegen, welche die Person Hegels als konformistisch, unbeträchtlich abtun und nicht zuletzt daraus ihr Verdikt gegen seine Philosophie herleiten. Zu seiner Ehre war Hegel kein existentieller Denker in dem von Kierkegaard inaugurierten und heute zur selbstgefälligen Phrase verderbten Sinn. Daß die jüngste und mittlerweile schon fadenscheinige Lesart des Persönlichkeitskults nicht auf ihn paßt, degradiert ihn nicht zu dem wohlbestallten, unbekümmert ums Leiden der Menschen dozierenden Professor, als den Kierkegaard und Schopenhauer ihn mit so viel Erfolg bei der Nachwelt angeschwärzt haben, nachdem Schopenhauer persönlich Hegel gegenüber unendlich viel weniger Humanität und Largesse bekundete als der Ältere, der ihn habilitierte, obwohl er im Colloquium in einem törichten Wortstreit sich gegen den Philosophen arrogant als gediegener, naturwissenschaftlich kompetenter Forscher aufspielte. Hegels Kritik hat jene Vorstellung von Existenz, die gegen ihn auftrumpft, überflügelt, längst ehe Existenz, der philosophierende Mensch und seine Eigentlichkeit, sich in die Brust warf und dann auch akademisch etablierte. Wie die bloße empirische Person dessen, der denkt, hinter der Gewalt und Objektivität des Gedankens, den er denkt, zurückbleibt, wann immer der Gedanke einer ist, so ist der Anspruch der Wahrheit eines Gedankens nicht dessen abbildliche Angemessenheit an den Denkenden, nicht die armselige Wiederholung dessen, was er ohnehin ist. Sondern solcher Anspruch bewährt sich an dem, was über die Befangenheit im bloßen Dasein hinausgeht, und worin der einzelne Mensch, damit es endlich gelinge, sich seiner selbst entäußert. Von dieser Entäußerung zeugt Hegels leidvolle Gebärde, das zerdachte Antlitz dessen, der sich buchstäblich zu grauer Asche verbrennt. Hegels bürgerliche Unscheinbarkeit ist der unermeßlichen, mit der eigenen Unmöglichkeit gezeichneten Anstrengung, das Unbedingte zu denken, zum Guten angeschlagen – einer Unmöglichkeit, die Hegels Philosophie als Inbegriff von Negativität selbst in sich reflektiert. Demgegenüber ist der Appell an Echtheit, Wagnis, Grenzsituation bescheiden. Wenn es wahrhaft des denkenden Subjekts in der Philosophie bedarf; wenn ohne jenes Element, das heute unter dem Warenzeichen des Existentiellen gehandelt wird, keine Einsicht in die Objektivität der Sache selbst geraten kann, dann legitimiert jenes Moment sich nicht, wo es sich affichiert, sondern wo es kraft der von der Sache ihm auferlegten Disziplin seine Selbstsetzung zerbricht und in der Sache erlischt. Das ist die Bahn Hegels wie kaum die eines anderen. Im gleichen Augenblick aber, wo das existentielle Moment sich selbst als Grund der Wahrheit behauptet, wird es schon zur Lüge. Auch ihr gilt Hegels Haß gegen die, welche der Unmittelbarkeit ihrer Erfahrung das Recht der ganzen Wahrheit zuwogen.

Unvergleichlich die Fülle von Erfahrung, von der bei ihm der Gedanke zehrt: sie ist in den Gedanken selber geschlagen, nirgends als bloßer Stoff, als »Material« oder gar als Beispiel und Beleg ihm äußerlich. Der abstrakte Gedanke wird durch das Erfahrene, der bloße Stoff durch den Zug des Denkens ins Lebendige zurückverwandelt: an jedem Satz der Phänomenologie des Geistes wäre das zu demonstrieren. Was man an Künstlern meist zu Unrecht rühmt, war ihm in der Tat beschieden: Sublimierung; er wahrhaft hat das Leben am farbigen Abglanz, an der Wiederholung im Geiste. Aber man darf sich die Sublimierung bei Hegel keineswegs als eins mit Verinnerlichung vorstellen. Seine Lehre von der Entäußerung, wie die Kritik der fürsichseienden und verblendeten, »eitlen« Subjektivität, die er einen Sinnes mit Goethe übt, und die über den Idealismus hinausdrängt, ist der Verinnerlichung entgegengesetzt, und auch die Person zeigt von dieser kaum die Spur. Der Mensch Hegel hat, wie das Subjekt seiner Lehre, im Geist beides, Subjekt und Objekt in sich hineingesaugt: das Leben seines Geistes ist in sich das volle Leben noch einmal. Sein Zurücktreten vom Leben ist daher mit der Ideologie der Gelehrten-Entsagung nicht zu verwechseln. Als sublimierter Geist tönt die Person vom Auswendigen, Leibhaftigen so wie nur große Musik: Hegels Philosophie rauscht. Wie bei seinem ihm hörigen Kritiker Kierkegaard könnte man von einem spirituellen Leib reden. Seine Braut, die Baronesse Maria von Tucher, verübelte ihm, daß er einem Brief, den sie an Hegels Schwester geschrieben hatte, die Worte hinzufügte: »Du siehst daraus, wie glücklich ich für mein ganzes übriges Wesen mit ihr sein kann, und wie glücklich mich solcher Gewinn einer Liebe, auf den ich mir kaum noch Hoffnung in der Welt machte, bereits schon macht, insofern Glück in der Bestimmung meines Lebens liegt.«[38] Diese privaten Worte sind der ganze antiprivate Hegel. Ihr Gedanke kleidet sich später im Zarathustra in die poetisierende Form: »Trachte ich denn nach Glück? Ich trachte nach meinem Werke«. Aber die fast geschäftsmännische Trockenheit und Nüchternheit, zu der bei Hegel das Äußerste an Pathos zusammenschrumpft, verleiht dem Gedanken eine Würde, die er einbüßt, sobald er das eigene Pathos mit Trompeten instrumentiert. Die Bestimmung jenes Lebens haftet am Gehalt seiner Philosophie. Keine war abgründiger im Reichtum, keine erhielt sich so unbeirrbar inmitten der Erfahrung, der sie sich ohne Reservat anvertraute; noch die Male ihres Mißlingens sind geschlagen von der Wahrheit selber.

Erfahrungsgehalt

Von einigen Modellen geistiger Erfahrung soll gehandelt werden, wie sie sachlich – nicht etwa biographisch und psychologisch – die Hegelsche Philosophie motiviert und ihren Wahrheitsgehalt ausmacht. Der Begriff Erfahrung bleibt dabei zunächst in der Schwebe: konkretisieren kann ihn allein die Darstellung. Er zielt nicht auf phänomenologische »Urerfahrung«; auch nicht, wie die Hegelinterpretation in Heideggers Holzwegen, auf Ontologisches, aufs »Wort des Seins«, aufs »Sein des Seienden«[1]; nichts dergleichen wäre, nach Hegels eigener Lehre, aus dem Fortgang des Gedankens herauszudestillieren. Nie hätte sein Gedanke Heideggers Anspruch gebilligt, »der jeweils dem Bewußtsein in der Geschichte seiner Bildung entstehende neue Gegenstand« sei »nicht irgend ein Wahres und Seiendes, sondern die Wahrheit des Wahren, das Sein des Seienden, das Erscheinen des Erscheinenden«[2]; nie hätte er das dann Erfahrung getauft: statt dessen ist bei Hegel das Jeweilige, worauf Erfahrung geht, der bewegende Widerspruch solcher absoluten Wahrheit. Nichts werde gewußt, »was nicht in der Erfahrung ist«[3] – also auch nicht jenes Sein, in welches die Existentialontologie den Grund dessen verlagert, was ist und erfahren wird. Sein und Grund sind bei Hegel »Reflexionsbestimmungen«, vom Subjekt unabtrennbare Kategorien wie bei Kant. Mit Hegels Fassung von Erfahrung als »dialektische[r] Bewegung, welche das Bewußtseyn an ihm selbst, sowohl an seinem Wissen, als an seinem Gegenstande ausübt, insofern ihm der neue wahre Gegenstand daraus entspringt«[4], wäre die Supposition von Erfahrung als einer Weise des Seins, als eines vorsubjektiv »Ereigneten« oder »Gelichteten« schlechterdings unvereinbar.

Gemeint sind aber auch nicht empirische Einzelbeobachtungen, die in Hegels Philosophie synthetisch verarbeitet würden. Thematisch sind Erfahrungsgehalte der Hegelschen Philosophie, nicht Erfahrungsgehalte in der Hegelschen Philosophie. Eher trifft das Intendierte, was Hegel in der Einleitung zum System der Philosophie die »Stellung des Gedankens zur Objektivität« nennt – die seines eigenen. Versucht wird, in mögliche gegenwärtige Erfahrung zu übersetzen, was ihm wesentlich aufging, was er an der Welt gesehen hat, noch diesseits der überlieferten Kategorien der Philosophie, auch der Hegelschen, und ihrer Kritik. Die Kontroverse über die geistesgeschichtliche Priorität theologischer oder gesellschaftspolitischer Motive in Hegels Biographie bleibt außer Betracht. Das Interesse gilt nicht dem, wie Hegel, subjektiv, zu dieser oder jener Lehre gelangte, sondern, in Hegelschem Geiste, dem Zwang des objektiv Erscheinenden, das in seiner Philosophie sich reflektierte und niederschlug. Abgesehen wird auch von dem, was als seine historische Leistung kodifiziert ist: von der Konzeption des Entwicklungsbegriffs und dessen Verbindung mit der seit Platon und auch Aristoteles statischen Metaphysik ebenso wie von all dem, was in die Einzelwissenschaften floß. Gefragt wird danach, was seine Philosophie als Philosophie ausdrückt: was seine Substanz nicht zuletzt darin hat, daß es in einzelwissenschaftlichen Befunden nicht sich erschöpft.

Der Rekurs darauf dünkt an der Zeit. Die Tradition zumindest des nach-Kantischen deutschen Idealismus, der in Hegel seine verbindlichste Gestalt fand, ist verblaßt, vielfach die Terminologie weit entrückt. Hegels Ansatz steht insgesamt quer zum Programm unmittelbaren Hinnehmens des sogenannten Gegebenen als unverrückbarer Basis von Erkenntnis. Jenes Programm ward seit Hegels Tagen keineswegs bloß im Positivismus, sondern auch in dessen authentischen Gegnern, wie Bergson und Husserl, fast selbstverständlich. Je weniger die allgegenwärtigen Vermittlungsmechanismen des Tausches an menschlicher Unmittelbarkeit mehr dulden, desto eifriger beteuert willfährige Philosophie, sie besäße im Unmittelbaren den Grund der Dinge. Solcher Geist hat in der dinghaften Wissenschaft wie in deren Opponenten über die Spekulation triumphiert. Nicht haben dabei, wie ästhetisierende und psychologisierende Ansichten von der Philosophiegeschichte es sich ausmalen mögen, Denkstile oder philosophische Moden beliebig gewechselt. Aus Zwang und Notwendigkeit vielmehr ward der Idealismus vergessen, zumindest zum bloßen Bildungsgut; aus Zwang in der kritischen Besinnung, aus Notwendigkeit in der Entwicklungstendenz einer Gesellschaft, die weniger stets die Hegelsche Prognose einlöste, daß sie absoluter Geist: daß sie vernünftig sei. Auch einmal fest geprägte Gedanken haben eine Geschichte ihrer Wahrheit und kein bloßes Nachleben; sie bleiben an sich nicht indifferent gegen das, was ihnen widerfuhr. Die Hegelsche Philosophie nun, und alles dialektische Denken, beugt heute sich der Paradoxie, daß sie vor der Wissenschaft veraltet ist und zugleich gegen die Wissenschaft aktueller als je. Davon, daß diese Paradoxie ausgetragen, nicht durch ein »Zurück zu« oder ein Trennen von Schafen und Böcken innerhalb der Hegelschen Philosophie verdeckt wird, hängt ab, ob es bei einer selber längst veralteten akademischen Renaissance bleibt oder ob das gegenwärtige Bewußtsein an Hegel einen Wahrheitsgehalt ergreift, der fällig ist. Will man nicht mit halbem Herzen konservieren, was als sein Realitätssinn gepriesen wird, seine Philosophie aber verwässern, so hat man keine Wahl, als eben die Momente, die an ihm heute befremden, in Beziehung zu setzen zu jenen Erfahrungen, die seine Philosophie einschließt, mögen diese auch immer darin verschlüsselt, mag selbst ihre Wahrheit verborgen sein.

Damit verrät man Hegel nicht an den Empirismus, sondern hält seiner eigenen Philosophie die Treue: dem Desiderat immanenter Kritik, das zu den zentralen Stücken seiner Methode rechnet. Denn die Hegelsche Philosophie beansprucht, über den Gegensatz von Rationalismus und Empirismus, wie über alle starren Gegensätze der philosophischen Überlieferung hinaus zu sein: also ebenso in ihren Erfahrungen von der Welt deutend des Geistes mächtig zu werden, wie in der Bewegung des Geistes die Erfahrung zu konstruieren. Man nimmt nur seine Philosophie beim Wort, wenn man sie, unbekümmert fast um ihren Platz in der Philosophiegeschichte, auf ihren Erfahrungskern bringt, der eins sein müßte mit ihrem Geist. Er selbst identifiziert, an jener auch von Heidegger zitierten Stelle aus der Einleitung der Phänomenologie, Erfahrung mit Dialektik[5]. Wird aber dagegen protestiert, daß vorab einzelne Kategorien und Lehren ausgewählt werden, nicht sogleich aufs ausgeführte System eingegangen, das doch allein über alles Einzelne bei ihm entscheiden soll, so wird das abermals gedeckt von seiner eigenen Intention. Das System will nicht abstrakt vorgedacht, will kein umfangendes Schema sein, sondern das in den einzelnen Momenten latent wirksame Kraftzentrum. Sie sollen von sich aus, durch ihre Bewegung und Tendenz, zu einem Ganzen zusammenschießen, das nicht ist außerhalb seiner partikularen Bestimmungen. Nicht freilich ist verbürgt, daß die Reduktion auf Erfahrungen jene Identität des Entgegengesetzten im Ganzen bestätigt, wie sie an Ort und Stelle Voraussetzung und Resultat der Hegelschen Methode bildet. Vielleicht geht die Reduktion dem Identitätsanspruch ans Leben.

Die spezifische Schwierigkeit des Beginnens ist nicht zu verschweigen. Der Begriff der Erfahrung hat in den Schulen, die ihn emphatisch gebrauchen, der Tradition Humes, den Charakter von Unmittelbarkeit selbst zum Kriterium, und zwar von Unmittelbarkeit zum Subjekt. Erfahrung soll heißen, was unmittelbar da, unmittelbar gegeben, gleichsam rein von der Zutat des Gedankens und darum untrüglich sei. Diesen Begriff der Unmittelbarkeit aber, und damit den verbreiteten von Erfahrung, fordert die Hegelsche Philosophie heraus. »Das Unmittelbare halten die Menschen oft für das Vorzüglichere, beim Vermittelten stellt man sich das Abhängige vor; der Begriff hat aber beide Seiten, er ist Vermittelung durch Aufhebung, und so Unmittelbarkeit.«[6] Ihm zufolge gibt es zwischen Himmel und Erde nichts, was nicht »vermittelt« wäre, was also nicht in seiner Bestimmung als das, was bloß da ist, die Reflexion seines bloßen Daseins enthielte, ein geistiges Moment: »die Unmittelbarkeit ist wesentlich selbst vermittelt.«[7] Hat die Kantische Philosophie, die Hegel bei aller Polemik voraussetzt, Formen des Geistes als Konstituentien aller gültigen Erkenntnis herauszuschälen versucht, dann hat Hegel, um die Kantische Trennung von Form und Inhalt zu beseitigen, ein jegliches Seiendes als ein immer zugleich auch Geistiges interpretiert. Unter seinen erkenntnistheoretischen Funden ist nicht der geringfügigste der, daß noch jene Momente, an denen die Erkenntnis ihr Letztes, Irreduktibles zu besitzen wähnt, ihrerseits immer auch Produkte von Abstraktion, damit von »Geist« sind. Einfach läßt sich das daran verdeutlichen, daß etwa die sogenannten sinnlichen Eindrücke, auf welche die ältere Erkenntnistheorie alles Wissen zurückführte, selber bloße Konstruktionen waren, rein als solche im lebendigen Bewußtsein gar nicht vorkommen: daß also etwa, außer in den veranstalteten, der lebendigen Erkenntnis entfremdeten Bedingungen des Laboratoriums, kein einzelnes Rotes wahrgenommen wird, aus dem dann die sogenannten höheren Synthesen komponiert würden. Jene vermeintlich elementaren Qualitäten der Unmittelbarkeit treten immer schon als kategorial geformte auf, und dabei lassen sinnliche und kategoriale Momente nicht sich säuberlich als »Schichten« voneinander abheben. »Die Empirie ist nicht bloßes Beobachten, Hören, Fühlen u. s. f., das Einzelne wahrnehmen: sondern geht wesentlich darauf, Gattungen, Allgemeines, Gesetze zu finden. Und indem sie diese hervorbringt, so trifft sie mit dem Boden des Begriffs zusammen.«[8] Diese antipositivistische Einsicht Hegels ist von der modernen Wissenschaft nur insoweit eingeholt worden, als die Gestalttheorie dargetan hat, daß es das isolierte, unqualifizierte sinnliche Da nicht gebe, sondern daß es immer bereits strukturiert sei. Die Gestalttheorie hat aber am Primat der Gegebenheit, am Glauben an ihren Vorrang vor der subjektiven Zutat nicht gerüttelt, und dadurch Erkenntnis harmonisiert; wie dem Positivismus das Gegebene unmittelbar war, so ist ihr seine Einheit mit der Form unmittelbar, eine Art Ding an sich inmitten der Bewußtseinsimmanenz. Daß Form und Gegebenheit, welche die ältere Epistemologie grob unterschied, wiederum auch nicht bruchlos sich decken, wird von der Gestalttheorie erst als akzidentell zugestanden mit Unterscheidungen wie der von guter und schlechter Gestalt, welche in den vorweg sanktionierten Gestaltbegriff selbst fallen. Darüber ist Hegel schon in der Phänomenologie des Geistes weit hinausgegangen. Er hat die These von der bloßen Unmittelbarkeit als der Grundlage der Erkenntnis demoliert und den empiristischen Erfahrungsbegriff gestürzt, ohne doch das Gegebene als sinnhaft zu glorifizieren. Charakteristisch für seine Methode, daß er die Unmittelbarkeit mit ihrem eigenen Maß gemessen, ihr vorgehalten hat, daß sie keine sei. Sie wird prinzipiell, nicht bloß als atomistisch-mechanische kritisiert; sie hat stets in sich selbst bereits ein von ihr Verschiedenes, Subjektivität, ohne die sie überhaupt nicht »gegeben« wäre, und ist nicht schon als solche Objektivität. »Das Princip der Erfahrung enthält die unendlich wichtige Bestimmung, daß für das Annehmen und Fürwahrhalten eines Inhalts der Mensch selbst dabei seyn müsse, bestimmter daß er solchen Inhalt mit der Gewißheit seiner selbst in Einigkeit und vereinigt finde.«[9] Dabei opfert jedoch Hegel nicht einfach den Begriff der Unmittelbarkeit: sonst verlöre seine eigene Idee von Erfahrung ihren vernünftigen Sinn. »Die Unmittelbarkeit des Wissens« schließt »nicht nur die Vermittlung desselben nicht aus, sondern sie sind so verknüpft, daß das unmittelbare Wissen sogar Produkt und Resultat des vermittelten Wissens ist.«[10] Von Vermittlung ist ohne ein Unmittelbares so wenig zu reden wie umgekehrt ein nicht vermitteltes Unmittelbares zu finden. Aber beide Momente werden bei ihm nicht länger starr kontrastiert. Sie produzieren und reproduzieren sich gegenseitig, bilden auf jeder Stufe sich neu und sollen erst in der Einheit des Ganzen versöhnt verschwinden. »Von dem Faktum aber solchen Erkennens, das weder in einseitiger Unmittelbarkeit noch in einseitiger Vermittlung fortgeht, ist die Logik selbst und die ganze Philosophie das Beispiel.«[11] Damit scheint jedoch die Absicht, Hegels Philosophie auf Erfahrungen zu bringen, selbst von dem Verdikt gerichtet, das sie ausspricht, indem sie den Kantischen Kritizismus zum äußersten steigert. Die »Erfahrung«, um die es in Hegel und ihm gegenüber einzig sich handeln kann, verändert eingreifend den üblichen Erfahrungsbegriff.

Am schwersten wird man des Erfahrungsgehalts dort habhaft, wo Hegels Philosophie sich selbst abhebt von denen, die Erfahrung zum Prinzip erküren. Wohl akzentuiert Hegel, wie allbekannt, aufs energischeste das Moment des Nicht-Ichs im Geist. Aber zu bestreiten, daß er Idealist sei, ist doch wohl die Prärogative von Interpretationskünsten, welche die Maxime Reim dich oder ich freß dich befolgen, wo sie die Chance sehen, die Autorität eines großen Namens propagandistisch auszuwerten. Sie müßten jenen Satz, die Wahrheit sei wesentlich Subjekt[12], zu einer Irrelevanz herabsetzen, die schließlich am Hegelschen System keine differentia specifica übrigließe. Eher ist nach dem Erfahrungsgehalt des Hegelschen Idealismus selbst zu suchen. Den teilt er aber mit der Gesamtbewegung der nach-Kantischen Systeme in Deutschland, zumal mit Fichte und Schelling. Stets noch wird die Periode, vielleicht unter der zähen Suggestion Diltheys, zu eng in die Perspektive der einzelnen Denker und ihrer Differenzen gezwängt. In Wahrheit war der Idealismus in den Dezennien von der Wissenschaftslehre bis zu Hegels Tod weniger strikt individuierte denn eine kollektive Bewegung: nach Hegels Terminologie ein Äther der Gedanken. Weder banden sie sich ausschließend ans eine oder andere System, noch waren sie stets vom Einzelnen voll artikuliert. Selbst nach der Entzweiung von Schelling und Hegel finden bei beiden – in den Weltaltern dort, der Phänomenologie hier – sich Formulierungen, ganze Gedankenzüge, deren Autor nicht leichter zu identifizieren wäre als in ihrer Jugend. Das dürfte im übrigen auch manche Schwierigkeiten wegräumen. Jene Schriftsteller operieren nicht mit fixierten Begriffen wie eine spätere Philosophie, die eben jene Wissenschaft zum Muster wählte, der die idealistische Generation widerstand. Das Klima kollektiven Einverständnisses gestattete selbst dort noch kundzutun, was man meinte, wo die einzelne Prägung nicht ganz durchsichtig geriet; es mag geradezu der Sorge um Prägnanz entgegengewirkt haben, als verletzte diese, worin man sich einig wußte, indem sie es eigens herstellte. Keineswegs koïnzidiert ohne weiteres der Erfahrungsgehalt des Idealismus mit dessen erkenntnistheoretisch-metaphysischen Positionen. Das Pathos im Wort »Geist«, das diesen am Ende der Hybris verdächtig machte, wehrte sich gegen die ersten Symptome jenes Typus von Wissenschaft, der seitdem allerorten, auch wo ihr eigener Gegenstand Geist sein soll, die Macht ergriff. Spürbar ist der Impuls noch in Stellen wie der aus der Differenzschrift: »Nur insofern die Reflexion Beziehung aufs Absolute hat, ist sie Vernunft, und ihre That ein Wissen. Durch diese Beziehung vergeht aber ihr Werk, und nur die Beziehung besteht, und ist die einzige Realität der Erkenntniß; es giebt deswegen keine Wahrheit der isolirten Reflexion, des reinen Denkens, als die ihres Vernichtens. Aber das Absolute, weil es im Philosophiren von der Reflexion fürs Bewußtseyn producirt wird, wird hierdurch eine objektive Totalität, ein Ganzes von Wissen, eine Organisation von Erkenntnissen. In dieser Organisation ist jeder Theil zugleich das Ganze; denn er besteht als Beziehung auf das Absolute. Als Theil, der andere außer sich hat, ist er ein Beschränktes und nur durch die andern; isolirt als Beschränkung, ist er mangelhaft, Sinn und Bedeutung hat er nur durch seinen Zusammenhang mit dem Ganzen. Es kann deswegen nicht von einzelnen Begriffen für sich, einzelnen Erkenntnissen, als einem Wissen die Rede seyn. Es kann eine Menge einzelner empirischer Kenntnisse geben. Als Wissen der Erfahrung zeigen sie ihre Rechtfertigung in der Erfahrung auf, d. h. in der Identität des Begriffs und des Seyns, des Subjekts und des Objekts. Sie sind eben darum kein wissenschaftliches Wissen, weil sie nur diese Rechtfertigung in einer beschränkten, relativen Identität haben; und sich weder als nothwendige Theile eines im Bewußtseyn organisirten Ganzen der Erkenntnisse legitimiren, noch die absolute Identität, die Beziehung auf das Absolute in ihnen durch die Spekulation erkannt worden ist.«[13] Als Kritik des heute wie damals vorwaltenden Wissenschaftsbetriebs hat sogar der totale Idealismus Hegels Aktualität: gegen ein Anderes, nicht an sich. Der wie immer auch verblendete Drang, den Geist zu erhöhen, zieht seine Kraft aus dem Widerstand gegen das tote Wissen: gegen das verdinglichte Bewußtsein, das von Hegel zugleich aufgelöst und, in seiner Unausweichlichkeit, wider die Romantik gerettet ward. Die Erfahrung des nach-Kantischen deutschen Idealismus reagiert gegen spießbürgerliche Beschränktheit, arbeitsteilige Zufriedenheit innerhalb der nun einmal vorgezeichneten Sparten des Lebens und der organisierten Erkenntnis. Insofern haben anscheinend periphere, praktische Schriften wie der Fichtesche Deduzierte Plan und die Schellingsche Einleitung ins akademische Studium philosophisches Gewicht. Das Stichwort Unendlichkeit etwa, das ihnen allen, zum Unterschied von Kant, leicht aus der Feder floß, färbt sich erst angesichts dessen, was ihnen die Not des Endlichen war, des verstockten Eigeninteresses und der sturen Einzelheit der Erkenntnis, in der jenes sich spiegelt. Unterdessen ist die Rede von der Ganzheit, ihres polemischen Sinnes entäußert, nur noch anti-intellektualistische Ideologie. In der idealistischen Frühzeit, da in dem unterentwickelten Deutschland die bürgerliche Gesellschaft als Ganzes noch gar nicht recht sich formiert hatte, war Kritik am Partikularen von anderer Dignität. Idealismus bedeutete, im theoretischen Bereich, die Einsicht, das summierte Einzelwissen sei kein Ganzes, durch die Maschen der Arbeitsteilung schlüpfe das Beste der Erkenntnis wie das menschliche Potential hindurch. Goethes »Fehlt nur das geistige Band« zieht sentenziös daraus das Fazit. Einmal ging der Idealismus gegen den Famulus Wagner. Erst als seinesgleichen den Idealismus beerbt hatten, enthüllte dieser sich als die Partikularität, welche Hegel zumindest an Fichte schon durchschaute. Totalität wird zum radikal Bösen in der totalen Gesellschaft. Bei Hegel schwingt im Bedürfnis fortschreitenden Zusammenhangs noch das nach einer Versöhnung mit, die von der Totalität versperrt wird, seitdem sie jene Wirklichkeit erlangte, die Hegel enthusiastisch im Begriff antezipierte.

Das Motiv der Wissenschaftskritik einzusehen: daß das Nächstliegende, dem je einzelnen Subjekt unmittelbar Gewisse nicht Grund der Wahrheit, nicht absolut gewiß, nicht »unmittelbar« sei; dazu bedarf es indessen noch keineswegs des spekulativen Begriffs. Das persönliche Bewußtsein des Individuums, dessen Zusammenhang die traditionelle Erkenntnistheorie analysiert, ist als Schein durchschaubar. Nicht nur verdankt sein Träger Existenz und Reproduktion des Lebens der Gesellschaft. Sondern all das, wodurch es als spezifisch erkennendes sich konstituiert, die logische Allgemeinheit also, die sein Denken durchherrscht, ist, wie zumal die Durkheimschule belegt hat, immer auch gesellschaftlichen Wesens. Das Individuum, das sich selbst, vermöge dessen, was ihm unmittelbar gegeben sein soll, für den Rechtsgrund der Wahrheit hält, gehorcht dem Verblendungszusammenhang einer notwendig sich selbst als individualistisch verkennenden Gesellschaft. Was ihm für das Erste gilt und für das unwiderleglich Absolute, ist bis in jedes sinnliche Einzeldatum hinein abgeleitet und sekundär. »Das Individuum, wie es in dieser Welt des Alltäglichen und der Prosa erscheint, ist ... nicht aus seiner eigenen Totalität thätig, und nicht aus sich selbst sondern aus Anderem verständlich.«[14] Daß der Ausgang von der puren Unmittelbarkeit des Diesda, dem vermeintlich Gewissesten, über die Zufälligkeit der je nun einmal so daseienden Einzelperson, den Solipsismus nicht hinausgelangt – daß man, nach Schopenhauers Wort, den Solipsismus vielleicht kurieren, aber nicht widerlegen kann, ist der Preis des Wahnsinns, den jener Verblendungszusammenhang zu zollen hat. Denken, das ebenso den Einzelmenschen als zoon politikon wie die Kategorien subjektiven

Bewußtseins als implizit gesellschaftliche begreift, wird nicht länger an einen Erfahrungsbegriff sich klammern, der, sei's auch gegen seinen Willen, das Individuum hypostasiert. Der Fortgang der Erfahrung zum Bewußtsein ihrer Interdependenz mit der aller berichtigt rückwirkend ihren Ansatz in bloß individueller. Das hat Hegels Philosophie notiert. Ihre Kritik der Unmittelbarkeit gibt Rechenschaft davon, daß das, worauf das naive Bewußtsein als Unmittelbares, ihm Nächstes vertraut, objektiv so wenig das Unmittelbare und Erste sei wie aller Besitz. Hegel zerstört die Mythologie des Ersten selber: »Den Anfang macht das, was an sich ist, das Unmittelbare, Abstrakte, Allgemeine, was noch nicht fortgeschritten ist. Das Konkretere, Reichere ist das Spätere; das Erste ist das Ärmste an Bestimmungen.«[15] Unterm Aspekt solcher Entmythologisierung wird die Hegelsche Philosophie zur Formel für die umfassende Verpflichtung zur Unnaivetät; frühe Antwort auf eine Verfassung der Welt, die unaufhaltsam an ihrem eigenen Schleier webt. »In der That ist das Denken wesentlich die Negation eines unmittelbar Vorhandenen«[16]. Wie sein Antipode Schopenhauer, so möchte Hegel den Schleier zerreißen: daher seine Polemik gegen Kants Lehre von der Unerkennbarkeit des Dinges an sich[17]. Das wohl ist eines der tiefsten, ob auch ihr selber verborgenen Motive seiner Philosophie.

Die damit berührte Schicht des Denkens unterscheidet sich, wie übrigens schon Fichte, von Kant und dem gesamten achtzehnten Jahrhundert durch ein neues Ausdrucksbedürfnis. Der mündige Gedanke will, was er zuvor bloß bewußtlos tat, Geschichte des Geistes schreiben, Widerhall der Stunde werden, die ihm schlug. Das ist eher die Differenz zwischen dem deutschen Idealismus, Hegel zumal, und der Aufklärung, als was die offizielle Philosophiegeschichte als solche verzeichnet: wichtiger selbst denn die Selbstkritik der Aufklärung, die nachdrückliche Hineinnahme des konkreten Subjekts und der geschichtlichen Welt, die Dynamisierung des Philosophierens. Zumindest theoretische Philosophie hatte bei Kant noch ihren Kanon an den positiven Wissenschaften, der Überprüfung von deren Gültigkeit, also der Frage, wie wissenschaftliche Erkenntnis möglich sei. Nun wendet sie sich mit der ganzen Armatur wissenschaftstheoretischer Selbstbesinnung daran, das, was man an der Wirklichkeit zentral gewahr wird, aber was durchs Netz der Einzelwissenschaften schlüpft, gleichwohl verbindlich auszusprechen. Das, kein größerer Reichtum an Stoff motiviert jene Verinhaltlichung des Philosophierens, das gegenüber Kant und nun auch Fichte moderne Klima Hegels. Aber er hat Philosophie zur gedanklich konsequenten Verarbeitung von Erfahrungen des Wirklichen nicht in ungebrochenem Drauflosdenken, sei's dem naiv-realistischen, sei's der nach vulgärem Sprachgebrauch ungezügelten Spekulation, getrieben. Vielmehr hat er durch kritische Selbstreflexion eben der kritisch-aufklärerischen Philosophie und der Methode der Wissenschaft Philosophie zur Einsicht in wesentliche Inhalte gebracht, anstatt bei der propädeutischen Prüfung epistemologischer Möglichkeiten sich zu bescheiden. Geschult an der Wissenschaft und mit ihren Mitteln hat er die Grenze nur feststellender und ordnender, auf die Zurichtung von Materialien abzielender Wissenschaft überschritten, die vor ihm herrschte und wiederum nach ihm, als das Denken die unmäßige Spannung seiner Selbstreflexion verlor. Seine Philosophie ist eine der Vernunft und antipositivistisch zugleich. Sie setzt sich der bloßen Erkenntnistheorie entgegen, indem sie erweist, daß die Formen, die jener zufolge Erkenntnis konstituieren, ebenso vom Inhalt der Erkenntnis abhängen wie umgekehrt: »Es giebt aber überhaupt keine Materie ohne Form und keine Form ohne Materie. – Die Materie und die Form erzeugen sich wechselseitig.«[18] Das darzutun, bedient er sich jedoch selbst der konsequenteren Erkenntnistheorie. Hatte diese, als Lehre von der Zufälligkeit und Undurchdringlichkeit des Inhalts und der Unabdingbarkeit der Formen, den Graben zwischen beidem gelegt, so steigert er sie bis zur Evidenz dessen, daß ihn zu ziehen ihr nicht zukommt; daß das Grenzen setzende Bewußtsein mit dieser Setzung notwendig das Begrenzte transzendiert. Kanonisch für Hegel ist Goethes Satz, alles in seiner Art Vollkommene weise über seine Art hinaus, wie er denn mit Goethe weit mehr gemein hat, als die Oberflächendifferenz der Lehre vom Urphänomen und der vom sich selbst bewegenden Absoluten ahnen läßt.

Kant hatte die Philosophie an den synthetischen Urteilen a priori »festgemacht«; in sie hatte sich gleichsam zusammengezogen, was von der alten Metaphysik nach der Vernunftkritik übrigblieb.

Die synthetischen Urteile a priori sind aber von einem tiefen Widerspruch durchfurcht. Wären sie im strengen Kantischen Sinn a priori, dann hätten sie keinerlei Inhalt, wären Formen in der Tat, rein logische Sätze, Tautologien, in denen Erkenntnis sich selbst nichts Neues, nichts anderes hinzufügte. Sind sie jedoch synthetisch, also im Ernst Erkenntnisse, nicht bloße Selbstverdoppelungen des Subjekts, dann bedürfen sie jener Inhalte, die Kant als zufällig und bloß empirisch aus ihrer Sphäre verbannen wollte. Wie danach Form und Inhalt überhaupt sich zusammenfinden, zueinander passen; wie es zu jener Erkenntnis kommt, deren Gültigkeit Kant doch rechtfertigen wollte, wird angesichts des radikalen Bruchs zum Rätsel. Hegel antwortet darauf, Form und Inhalt seien wesentlich durcheinander vermittelt. Das besagt aber, daß eine bloße Formenlehre der Erkenntnis, wie die Erkenntnistheorie sie entwirft, sich selbst aufhebt, nicht möglich ist; daß Philosophie, um jene Verbindlichkeit zu erreichen, der die Erkenntnistheorie nachhängt, diese sprengen muß. So wird inhaltliches Philosophieren, das Erfahrungen zu ihrer Notwendigkeit und Stringenz zu bringen trachtet, durch die Selbstbesinnung eben des formalen Philosophierens bewirkt, das inhaltliches Philosophieren als bloß dogmatisch abgewehrt und verboten hatte. Mit diesem Übergang zum Inhalt wird die in der gesamten Platonisch-Aristotelischen Tradition bis Kant durchgehaltene, erstmals von Fichte bezweifelte Trennung des Apriori und der Empirie kassiert: »Das Empirische, in seiner Synthesis aufgefaßt, ist der spekulative Begriff.«[19] Philosophie erlangt das Recht und akzeptiert die Pflicht, auf materiale, dem realen Lebensprozeß der vergesellschafteten Menschen entspringende Momente als wesentliche, nicht bloß zufällige zu rekurrieren. Die falsch auferstandene Metaphysik von heutzutage, die das als Absinken in bloße Faktizität ahndet und das Sein des Seienden vorm Seienden zu beschützen sich anmaßt, fällt im Entscheidenden hinter Hegel zurück, wie sehr sie auch dessen Idealismus gegenüber sich selbst als fortgeschritten verkennen mag. Der seines Idealismus wegen gegenüber der Konkretion der phänomenologischen, anthropologischen und ontologischen Schulen abstrakt gescholtene Hegel hat unendlich viel mehr an Konkretem in den philosophischen Gedanken hineingezogen als jene Richtungen, und zwar nicht, weil Realitätssinn und geschichtlicher Blick seiner spekulativen Phantasie die Waage gehalten hätten, sondern kraft des Ansatzes seiner Philosophie – man könnte sagen, wegen des Erfahrungscharakters der Spekulation selber. Philosophie, verlangt Hegel, müsse darüber verständigt werden, »daß ihr Inhalt die Wirklichkeit ist. Das nächste Bewußtseyn dieses Inhalts nennen wir Erfahrung.«[20] Sie will sich nicht einschüchtern lassen, auf die Hoffnung nicht verzichten, jenes Ganzen der Wirklichkeit und ihres Gehaltes doch noch innezuwerden, das ihr der wissenschaftliche Betrieb im Namen gültiger, hieb- und stichfester Befunde verstellt. Hegel hat das Regressive und Gewalttätige in der Kantischen Demut gespürt, sich aufgelehnt wider den allbekannten Satz, mit dem Kants Aufklärung beim Obskurantismus sich beliebt machte: »Ich mußte also das Wissen aufheben, um zum Glauben Platz zu bekommen, und der Dogmatism der Metaphysik, d. i. das Vorurteil, in ihr ohne Kritik der reinen Vernunft fortzukommen, ist die wahre Quelle alles der Moralität widerstreitenden Unglaubens, der jederzeit gar sehr dogmatisch ist.«[21] Hegels Antithese dazu lautet: »Das verschlossene Wesen des Universums hat keine Kraft in sich, welche dem Muthe des Erkennens Widerstand leisten könnte, es muß sich vor ihm aufthun und seinen Reichthum und seine Tiefen ihm vor Augen legen und zum Genusse bringen.«[22] In solchen Formulierungen erweitert sich das frühbürgerliche, Baconische Pathos zu dem der mündigen Menschheit: daß es doch noch gelinge. Dieser Impuls begründet, gegenüber der Resignation des gegenwärtigen Zeitalters, Hegels wahre Aktualität. Das idealistische Extrem, nach dessen Maß beim früheren Hegel, ähnlich wie bei Hölderlin, der zum »Gebrauch« verpflichtete und damit gegen sich treulose Geist verurteilt wird, hat seine materialistischen Implikationen. Sie schwinden, wo solcher extreme Idealismus mit dem paktiert, was man späterhin Realismus nannte; wo der Geist sich anpaßte, dem freilich mit viel Evidenz zu demonstrieren war, daß er anders als durch Anpassung hindurch nicht sich zu verwirklichen vermöchte. Gesellschaftlichem Materialismus rückt Hegel desto näher, je weiter er den Idealismus auch erkenntnistheoretisch treibt; je mehr er, wider Kant, darauf beharrt, die Gegenstände von innen her zu begreifen. Das Vertrauen des Geistes, die Welt »an sich« sei er selbst, ist nicht nur die beschränkte Illusion seiner Allmacht. Es nährt sich von der Erfahrung, daß nichts schlechthin außerhalb des von Menschen Produzierten, nichts von gesellschaftlicher Arbeit schlechthin Unabhängiges existiert. Noch die von ihr anscheinend unberührte Natur bestimmt sich als solche durch Arbeit und ist insofern durch diese vermittelt; eklatant sind derlei Zusammenhänge etwa am Problem der sogenannten nichtkapitalistischen Räume, die, der Imperialismustheorie zufolge, Funktion der kapitalistischen sind: diese bedürfen ihrer zur Verwertung des Kapitals. Der Leibnizsche Anspruch einer Konstruktion der Welt aus ihrem inneren Prinzip, den noch Kant als dogmatische Metaphysik verwarf, kehrt bei Hegel als deren Gegenteil wieder. Das Seiende nähert sich dem Arbeitsprodukt, ohne daß allerdings das naturale Moment darin unterginge. Fällt schließlich in der Totale, wie bei Hegel, alles ins Subjekt als absoluten Geist, so hebt der Idealismus damit sich auf, daß keine Differenzbestimmung überlebt, an der das Subjekt, als Unterschiedenes, als Subjekt faßbar wäre. Ist einmal, im Absoluten, das Objekt Subjekt, so ist das Objekt nicht länger dem Subjekt gegenüber inferior. Identität wird auf ihrer Spitze Agens des Nichtidentischen. So unüberschreitbar in Hegels Philosophie die Grenzen gezogen waren, welche verboten, diesen Schritt manifest zu tun, so unabweislich ist er doch ihrem eigenen Gehalt. Der Linkshegelianismus war keine geistesgeschichtliche Entwicklung über Hegel hinaus, die ihn mit Mißverstand verbogen hätte, sondern, getreu der Dialektik, ein Stück Selbstbewußtsein seiner Philosophie, das diese sich versagen mußte, um Philosophie zu bleiben.

Darum ist selbst das idealistische Ferment Hegels nicht eilfertig als Vermessenheit abzutun. Es zieht seine Kraft aus dem, was der sogenannte vorwissenschaftliche Menschenverstand an der Wissenschaft wahrnimmt, und worüber jene allzu selbstzufrieden hinweggleitet. Um mit den sauberen und klaren Begriffen operieren zu können, deren sie sich rühmt, legt Wissenschaft diese fest und urteilt dann ohne Rücksicht darauf, daß das Leben der mit dem Begriff gemeinten Sache in dessen Fixierung nicht sich erschöpft. Das Aufbegehren des von der Wissenschaft noch nicht zugerichteten Geistes gegen praktikable Begriffsbestimmungen, bloße Verbaldefinitionen; das Bedürfnis, Begriffe nicht als Spielmarken zu hantieren, sondern in ihnen, wie der Name es will, zu begreifen, was die Sache eigentlich ist und was sie an wesentlichen und untereinander keineswegs einstimmigen Momenten in sich enthält, gibt den Kanon jenes als unbesonnen-souverän gescholtenen Hegelschen Idealismus ab, der die Sache durch ihren Begriff ganz aufschließen will, weil Sache und Begriff am Ende eins seien. Nirgends entfernt die Hegelsche Philosophie an der Oberfläche weiter sich vom vordialektischen Erfahrungsbegriff als hier: was dem Geist zufällt, werde ihm zuteil, anstatt daß er es bloß veranstaltete, weil es selber doch wiederum nichts anderes sei als Geist. Aber noch diese anti-empiristische Spitze der Hegelschen Philosophie zielt nicht ins Leere. Sie meint den Unterschied zwischen der Sache selbst, dem Gegenstand der Erkenntnis, und seinem bloßen szientifischen Abguß, bei dem selbstkritische Wissenschaft nicht sich bescheiden kann. Nur freilich vermag der Begriff über sein abstrahierendes, klassifizierendes, sein abschneidendes und willkürliches Wesen nicht hinwegzuspringen. Die Versuche dazu – damals die Schellings – waren Hegel mit Grund besonders verhaßt. Sie verrieten, worum es ihm am meisten ging, den Traum von der Wahrheit der Sache selbst, an eine intellektuelle Anschauung, die nicht über dem Begriff ist, sondern unter ihm, und die gerade, indem sie dessen Objektivität usurpiert, in die Subjektivität bloßen Meinens zurückschlägt. Kaum gegen etwas ist der philosophische Gedanke empfindlicher als gegen das ihm Nächste, das ihn kompromittiert, indem es die Differenz ums Ganze in der unmerklichen Nuance versteckt. Hegel hat darum gelehrt, daß die Bedeutungen der Begriffe ebenso, damit diese überhaupt Begriffe bleiben, more scientifico festgehalten wie, um nicht zu entstellen, nach dem Gebot des Gegenstandes verändert, »bewegt« werden sollen. Die Entfaltung dieses Postulats, das unentfaltet bloß paradox wäre, wird von der Dialektik erwartet. Dialektik heißt nicht, wozu sie in der Parodie wie in der dogmatischen Versteinerung wurde, die Bereitschaft dazu, die Bedeutung eines Begriffs durch eine erschlichene andere zu substituieren; nicht, man solle, wie man der Hegelschen Logik es zumutet, den Satz vom Widerspruch ausstreichen. Sondern der Widerspruch selber: der zwischen dem festgehaltenen und dem bewegten Begriff, wird zum Agens des Philosophierens. Indem der Begriff festgehalten, also seine Bedeutung mit dem unter ihm Befaßten konfrontiert wird, zeigt sich in seiner Identität mit der Sache, wie die logische Form der Definition sie verlangt, zugleich die Nichtidentität, also daß Begriff und Sache nicht eins sind. Der Begriff, der der eigenen Bedeutung treu bleibt, muß eben darum sich verändern; Philosophie, die den Begriff für höher achtet denn ein bloßes Instrument des Verstandes, muß nach deren eigenem Gebot die Definition verlassen, die sie daran hindern möchte. Die Bewegung des Begriffs ist keine sophistische Manipulation, die ihm von außen her wechselnde Bedeutungen einlegte, sondern das allgegenwärtige, jede genuine Erkenntnis beseelende Bewußtsein der Einheit und der gleichwohl unvermeidlichen Differenz des Begriffs von dem, was er ausdrücken soll. Weil Philosophie von jener Einheit nicht abläßt, muß sie dieser Differenz sich überantworten.

Trotz aller Selbstreflexion jedoch haben bei Hegel die Worte Reflexion und Reflexionsphilosophie und ihre Synonyma oft abschätzigen Ton. Dennoch war seine Kritik an der Reflexion, mit der er auch Fichte nicht verschonte, selbst Reflexion. Das zeigt sich kraß an jener Spaltung des Subjektbegriffs, die ihn und seine spekulativ-idealistischen Vorgänger so drastisch von Kant unterscheidet. Bei diesem hatte Philosophie Kritik der Vernunft betrieben; ein gewissermaßen naives wissenschaftliches Bewußtsein, Feststellung nach Regeln der Logik, in heutigem Sprachgebrauch »Phänomenologie« war auf das Bewußtsein als Bedingung der Erkenntnis angewandt worden. Das von Kant nicht bedachte Verhältnis zwischen beiden, dem philosophischen, kritisierenden Bewußtsein und dem kritisierten, unmittelbar Gegenstände erkennenden nun wird bei Hegel selbst thematisch, reflektiert. Dabei wird das Bewußtsein als Objekt, als philosophisch zu erfassendes, zu jenem Endlichen, Begrenzten und Unzulänglichen, als das es tendenziell schon bei Kant konzipiert war, der dem Bewußtsein um solcher Endlichkeit willen verwehrte, in intelligible Welten auszuschweifen. Die Kantische Begrenzung des Bewußtseins als eines geradehin urteilenden wissenschaftlichen kehrt bei Hegel wieder als dessen Negativität, als ein Schlechtes und selbst zu Kritisierendes. Umgekehrt soll jenes Bewußtsein, das die Endlichkeit des Bewußtseins durchschaut, die betrachtende Subjektivität, die das betrachtete Subjekt überhaupt erst »setzt«, eben dadurch auch sich selbst setzen als unendliches und, nach Hegels Absicht, in der ausgeführten Philosophie in seiner Unendlichkeit, als absoluter Geist sich erweisen, in dem die Differenz von Subjekt und Objekt verschwindet, der nichts außer sich hat. So fragwürdig dieser Anspruch indessen bleibt: auch die Reflexion der Reflexion, die Doppelung des philosophischen Bewußtseins ist kein bloßes Spiel des losgelassenen und gleichsam seiner Materie entäußerten Gedankens sondern triftig. Indem das Bewußtsein durch Selbstreflexion an das sich erinnert, was es an der Realität verfehlt, was es durch seine Ordnungsbegriffe verstümmelt, durch seine Gegebenheiten auf die Zufälligkeit des Nächsten herunterbringt, stößt wissenschaftliches Denken bei Hegel auf das, was die kausal-mechanische Wissenschaft als naturbeherrschende der Natur widerfahren läßt. Darin war Hegel gar nicht so verschieden von Bergson, der gleich ihm mit den Mitteln erkenntnistheoretischer Analyse die Insuffizienz der borniert verdinglichenden Wissenschaft, ihre Unangemessenheit ans Wirkliche aufdeckte, während die unreflektierte Wissenschaft das Bewußtsein solcher Unangemessenheit als bloße Metaphysik zu perhorreszieren liebt. Freilich hat bei Bergson der wissenschaftliche Geist die Kritik des wissenschaftlichen Geistes vollzogen, ohne um den Widerspruch in solcher Selbstkritik viel sich zu bekümmern. Bergson konnte deshalb Erkenntnistheoretiker sein und Irrationalist zugleich: seine Philosophie bewältigt nicht das Verhältnis beider Aspekte. Wohl aber der hundert Jahre ältere Hegel. Er wußte, daß jegliche Kritik an dem verdinglichenden, teilenden, entfremdenden Bewußtsein ohnmächtig ist, die ihm bloß von außen her eine andere Quelle der Erkenntnis kontrastiert; daß eine Konzeption der Ratio, die aus der Ratio herausspringt, deren eigenen Kriterien ohne Rettung wiederum erliegen muß. Darum hat Hegel den Widerspruch von wissenschaftlichem Geist und Wissenschaftskritik, der bei Bergson klafft, selbst zum Motor des Philosophierens gemacht. Reflexionsdenken weist nur durch Reflexion über sich hinaus; der Widerspruch, den die Logik verpönt, wird zum Organ des Denkens: der Wahrheit des Logos.

Hegels Kritik der Wissenschaft, deren Name bei ihm emphatisch stets wiederkehrt, will nicht apologetisch die vor-Kantische Metaphysik gegen das szientifische Denken restaurieren, das ihr mehr stets an Gegenständen und Lehren entriß. Wider die rationale Wissenschaft wendet er ein durchaus Rationales ein: daß sie, die sich die Rechtsquelle von Wahrheit dünkt, um ihrer eigenen Ordnungsbegriffe, um ihrer immanenten Widerspruchslosigkeit und Praktikabilität willen die Gegenstände präpariert, zurechtstutzt, bis sie in die institutionellen, »positiven« Disziplinen hineinpassen. Daß die Wissenschaft sich weniger um das Leben der Sachen bekümmert als um deren Vereinbarkeit mit ihren eigenen Spielregeln, motiviert den Hegelschen Begriff der Verdinglichung: was sich als unantastbare, irreduktible Wahrheit geriert, ist bereits Produkt einer Zurüstung, ein Sekundäres, Abgeleitetes. Philosophisches Bewußtsein hat nicht zuletzt die Aufgabe, das in der Wissenschaft Geronnene durch deren Selbstbesinnung wiederum zu verflüssigen, in das zu retrovertieren, woraus es die Wissenschaft entfernte. Deren eigene Objektivität ist bloß subjektiv: Hegels Einwand gegen die unreflektierte Arbeit des Verstandes ist ebenso vernünftig wie seine Korrektur an ihr. Bei ihm ist die Kritik jenes positivistischen Wissenschaftsbetriebs bereits voll entfaltet, der heute in der ganzen Welt zunehmend als einzig legitime Gestalt von Erkenntnis sich aufspielt. Hegel hat ihn, längst ehe es so weit war, als das agnostiziert, als was er heute in ungezählten leeren und stumpfsinnigen Untersuchungen offenbar wird, als Einheit von Verdinglichung – also falscher, der Sache selbst äußerlicher, nach Hegels Sprache abstrakter Objektivität – und einer Naivetät, die den Abguß der Welt, Tatsachen und Zahlen mit dem Weltgrund verwechselt.

Hegel hat, in der Sprache der Erkenntnistheorie und der aus ihr extrapolierten der spekulativen Metaphysik, ausgesprochen, daß die verdinglichte und rationalisierte Gesellschaft des bürgerlichen Zeitalters, in der die naturbeherrschende Vernunft sich vollendete, zu einer menschenwürdigen werden könnte, nicht, indem sie auf ältere, vorarbeitsteilige, irrationalere Stadien regrediert, sondern indem sie ihre Rationalität auf sich selbst anwendet, mit anderen Worten, der Male von Unvernunft heilend noch an ihrer eigenen Vernunft innewird, aber auch der Spur des Vernünftigen am Unvernünftigen. Unterdessen ist der Aspekt der Unvernunft in den mit universaler Katastrophe drohenden Konsequenzen der modernen Rationalität offenbar geworden. Der Schopenhauerianer Richard Wagner hat im Parsifal jene Erfahrung Hegels auf den antiken Topos gebracht: die Wunde schließt der Speer nur, der sie schlug. Das Bewußtsein Hegels hat an der Entfremdung zwischen Subjekt und Objekt, zwischen dem Bewußtsein und der Realität gelitten wie kein philosophisches zuvor. Aber seine Philosophie hatte die Kraft, aus solchem Leiden nicht in die Schimäre einer Welt und eines Subjekts bloßer Unmittelbarkeit zurückzuflüchten. Sie ließ sich nicht darin beirren, daß nur durch die realisierte Wahrheit des Ganzen die Unvernunft einer bloß partikularen, nämlich dem bloß partikularen Interesse dienenden Vernunft zerginge. Das zählt an seiner Reflexion der Reflexion mehr als die irrationalistischen Gesten, zu denen Hegel, wo er die Wahrheit einer bereits unwahr gewordenen Gesellschaft desperat zu retten sucht, manchmal sich verleiten ließ. Die Hegelsche Selbstreflexion des Subjekts im philosophischen Bewußtsein ist in Wahrheit das dämmernde kritische Bewußtsein der Gesellschaft von sich selber.

Das Motiv des Widerspruchs, und damit das einer dem Subjekt hart, fremd, zwangvoll gegenübertretenden Wirklichkeit, das Hegel vor Bergson, dem Metaphysiker des Fließens, voraus hat, gilt allgemein als das Gesamtprinzip seiner Philosophie. Nach ihm trägt die dialektische Methode ihren Namen. Aber gerade es erheischt die Übersetzung in die geistige Erfahrung, die es ausspricht. Sehr leicht gerinnt es einer bloß philosophiehistorischen Betrachtung, welche die Stufen des Geistes unter bündige Oberbegriffe subsumiert, zur Spitzmarke. Man erniedrigt Dialektik zur wählbaren Weltanschauung, wie sie von der kritischen Philosophie, der Hegel zuzählt, tödlich getroffen wurde. Unausweichlich also die Frage, woher Hegel eigentlich das Recht nahm, was immer dem Gedanken begegnete, und den Gedanken selbst, dem Prinzip des Widerspruchs zu beugen. Man wird zumal an dieser Stelle in Hegel, der der Bewegung der Sache selbst sich überlassen, den Gedanken von seiner Willkür kurieren wollte, ein Moment von Willkür, vom alten Dogmatismus argwöhnen, wie denn in der Tat die spekulative Philosophie seit Salomon Maimon in vielem auf den vor-Kantischen Rationalismus zurückgriff. Daß Hegel gegen das klappernde Schema der Triplizität Thesis, Antithesis, Synthesis als eines der bloßen Methode die schneidendsten Einwände äußerte; daß es in der Vorrede zur Phänomenologie heißt, solange es Schema, also bloß den Gegenständen von außen aufgeprägt bleibe, erlerne der »Pfiff«[23] sich rasch, genügt nicht, jenen Verdacht zu beschwichtigen. Auch damit wird man sich schwerlich zufrieden geben, daß kein isoliertes Prinzip, wäre es nun das der Vermittlung, des Werdens, des Widerspruchs oder der Dialektik selber, als Prinzip, losgelöst und absolut, Schlüssel der Wahrheit sei; daß diese einzig im Zusammenhang der auseinander hervorgehenden Momente bestünde. All das könnte bloße Beteuerung sein. Der Verdacht gegen Dialektik als einen, nach Hegels Wort, selber isoliert, »abstrakt« gesetzten Spruch findet heute sich bestätigt dadurch, daß die aus der Hegelschen derivierte materialistische Version der Dialektik, des dynamischen Denkens κατ' ἐξοχήν, im Ostbereich unter der scheußlichen Abkürzung Diamat zum statisch-buchstäblichen Dogma entstellt ward. Die Berufung auf ihre zu Klassikern degradierten Inauguratoren verhindert nach wie vor jede sachliche Besinnung als objektivistische Abweichung; die Hegelsche Bewegung des Begriffs ist im Diamat zum Glaubensbekenntnis eingefroren. Demgegenüber hat mit der motivierenden Erfahrung der Dialektik immer noch mehr gemein, was lange nach Hegel Nietzsche in dem Satz aussprach: »Es kommt in der Wirklichkeit nichts vor, was der Logik streng entspräche.«[24] Hegel hat das aber nicht einfach proklamiert, sondern aus der immanenten Kritik der Logik und ihrer Formen gewonnen. Er demonstrierte, daß Begriff, Urteil, Schluß, unvermeidliche Instrumente, um mit Bewußtsein eines Seienden überhaupt sich zu versichern, jeweils mit diesem Seienden in Widerspruch geraten; daß alle Einzelurteile, alle Einzelbegriffe, alle Einzelschlüsse, nach einer emphatischen Idee von Wahrheit, falsch sind. So kam in Hegel, dem Kritiker Kants, dieser, der

Todfeind des bloß »rhapsodistischen«, zufällige, isolierte Einzelbestimmungen verabsolutierenden Denkens, zu sich selber. Hegel geht an gegen die Kantische Lehre von den Grenzen der Erkenntnis, und respektiert sie doch. Aus ihr wird die Theorie von der in jeder Einzelbestimmung sich manifestierenden Differenz von Subjekt und Objekt. Diese Differenz bewegt dann zu ihrer eigenen Korrektur sich über sich hinaus zur angemesseneren Erkenntnis. Die Rechtfertigung des Primats der Negation in Hegels Philosophie wäre demnach, daß die Grenze der Erkenntnis, auf welche deren kritische Selbstbesinnung führt, nichts der Erkenntnis Äußerliches ist, nichts, wozu sie bloß heteronom verdammt wäre, sondern daß sie allen Momenten der Erkenntnis innewohnt. Jede Erkenntnis, nicht erst die ins Unendliche sich vorwagende, meint, schon durch die bloße Form der Kopula, die ganze Wahrheit und keine erlangt sie. Darum wird für Hegel die Kantische Grenze der Erkenntnis zum Prinzip fortschreitender Erkenntnis selber. »Etwas ist nur in seiner Gränze und durch seine Gränze das, was es ist. Man darf somit die Gränze nicht als dem Daseyn bloß äußerlich betrachten, sondern dieselbe geht vielmehr durch das ganze Daseyn hindurch.«[25] Die Universalität der Negation ist keine metaphysische Panazee, der alle Türen sich öffnen sollen, sondern einzig die zum Selbstbewußtsein gediehene Konsequenz aus jener Erkenntniskritik, welche die Panazeen zerschlug. Mit anderen Worten, Hegels Philosophie ist in eminentem Sinn kritische Philosophie, und die Prüfung, der sie ihre Begriffe, mit dem Sein angefangen, unterwirft, speichert immer zugleich in sich auf, was gegen sie spezifisch einzuwenden ist. Von allen Verdrehungen Hegels durch die dümmliche Intelligenz ist die armseligste, Dialektik müsse unterschiedslos alles gelten lassen oder nichts. Bleibt bei Kant die Kritik eine der Vernunft, so wird bei Hegel, der die Kantische Trennung von Vernunft und Wirklichkeit selber kritisiert, Kritik der Vernunft zugleich zu einer des Wirklichen. Die Unzulänglichkeit aller isolierten Einzelbestimmungen ist immer zugleich auch die Unzulänglichkeit der partikularen Realität, die von jenen Einzelbestimmungen gefaßt wird. Wenngleich das System am Ende Vernunft und Wirklichkeit, Subjekt und Objekt einander gleichsetzt, kehrt Dialektik vermöge der Konfrontation einer jeglichen Realität mit ihrem eigenen Begriff, ihrer eigenen Vernünftigkeit die polemische Spitze wider die Unvernunft bloßen Daseins, den perennierenden Naturstand. Die Realität enthüllt sich ihr als todgeweiht, soweit sie noch nicht ganz vernünftig, solange sie unversöhnt ist. Mit dem Begriff der bestimmten Negation, den Hegel vor jenem Satz Nietzsches und jeglichem Irrationalismus voraushat, wendet er sich nicht nur gegen die abstrakten Oberbegriffe, auch den der Negation selber. Sondern die Negation greift zugleich in jene Realität ein, in welcher der sich selbst kritisierende Begriff überhaupt erst seinen Gehalt hat, die Gesellschaft. »Was aber das unmittelbare Wissen von Gott, vom Rechtlichen, vom Sittlichen betrifft«, so gelte, daß sie »schlechthin bedingt durch die Vermittlung seyen, welche Entwicklung, Erziehung, Bildung heißt«[26].

An der Gesellschaft ist der dialektische Widerspruch erfahren. Hegels eigene identitätsphilosophische Konstruktion erheischt, ihn ebenso vom Objekt her zu fassen wie vom Subjekt her; in ihm selbst kristallisiert sich ein Begriff von Erfahrung, der über den absoluten Idealismus hinausweist. Es ist der der antagonistischen Totalität. Wie das Prinzip der universalen Vermittlung gegenüber der Unmittelbarkeit des bloßen Subjekts zurückgeht darauf, daß die Objektivität des gesellschaftlichen Prozesses bis in alle Kategorien des Denkens hinein der Zufälligkeit des einzelnen Subjekts vorgeordnet sei, so ist die metaphysische Konzeption des versöhnten Ganzen als des Inbegriffs aller Widersprüche gewonnen am Modell der gespaltenen und dennoch einen Gesellschaft. Wahrhaft der Gesellschaft. Denn Hegel beruhigt sich nicht bei dem allgemeinen Begriff einer antagonistischen Wirklichkeit, etwa der Vorstellung von Urpolaritäten des Seins. Im kritischen Ausgang vom Nächsten, dem unmittelbaren einzelmenschlichen Bewußtsein, vollzieht er vielmehr in der Phänomenologie des Geistes dessen Vermittlung durch die geschichtliche Bewegung des Seienden hindurch, die ihn über alle bloße Seinsmetaphysik hinausträgt. Die Konkretisierung der Philosophie, einmal ausgelöst, läßt sich nicht um deren trügender Würde willen sistieren. »Es ist die Feigheit des abstracten Gedankens, die sinnliche Gegenwart mönchischer Weise zu scheuen; die moderne Abstraction hat diese ekle Vornehmigkeit gegen das Moment der sinnlichen Gegenwart.«[27] Jene Konkretion befähigt Hegel dazu, die vom idealistischen System stammende Idee der Totalität mit der des Widerspruchs gänzlich zu durchdringen. Die logisch-metaphysische Theorie von der Totalität als dem Inbegriff der Widersprüche heißt, dechiffriert, daß die Gesellschaft nicht ein von Widersprüchen, Disproportionalitäten bloß Durchfurchtes und Gestörtes sei; daß sie Totalität nicht als geschlichtetes Ganzes, sondern nur vermöge ihrer Widersprüche werde. Die Vergesellschaftung der Gesellschaft, ihr Zusammenschluß zu dem, was wahrhaft – Hegel vindizierend – dem System eher gleicht als dem Organismus, resultierte bis heute aus dem Prinzip der Herrschaft: der Entzweiung selber, und vererbt sie weiter. Nur durch ihre Spaltung in die einander entgegengesetzten Interessen der Verfügenden und der Produzierenden hindurch hat die Gesellschaft sich am Leben erhalten, sich erweitert reproduziert, ihre Kräfte entfaltet. Der Blick dafür hat Hegel vor allem Sentimentalismus, aller Romantik, allem Zurückstauen des Gedankens und der Realität auf vergangene Stufen bewahrt. Entweder die Totalität kommt zu sich selber, indem sie sich versöhnt, also durch den Austrag ihrer Widersprüche die eigene Widersprüchlichkeit wegschafft, und hört auf, Totalität zu sein, oder das alte Unwahre dauert fort bis zur Katastrophe. Das Ganze der Gesellschaft, als ein Widersprüchliches, treibt über sich hinaus. Das Goethisch-Mephistophelische Prinzip, daß alles, was entsteht, wert ist, daß es zugrunde geht, sagt bei Hegel, die Vernichtung alles Einzelnen sei bedingt von der Vereinzelung selber, der Partikularität, dem Gesetz des Ganzen: »Das Einzelne für sich entspricht seinem Begriffe nicht; diese Beschränktheit seines Daseyns macht seine Endlichkeit und seinen Untergang aus.«[28] Das Einzelne als Abgespaltenes hat Unrecht gegenüber der Gerechtigkeit, dem Frieden, der des Drucks des Ganzen ledig wäre. Werden die einzelnen Menschen, indem sie auf nichts achten als den je eigenen Vorteil, der Beschränkung, Dummheit und Nichtigkeit überantwortet; scheitert vollends eine Gesellschaft, die nur durch das universale Moment des partikularen Vorteils zusammengehalten wird und lebt, an der Konsequenz ihres Motivs, so sind das keine metaphorisch dialektischen Redeweisen für simple Aussagen über Tatsächliches. Ihre Formulierung kokettiert nicht bloß, wie es später an einer berühmten Stelle bei Marx heißt, mit Hegel. Sondern sie übersetzt gewissermaßen die Hegelsche Philosophie in das zurück, was er in die Sprache des Absoluten projiziert hatte. Daß Hegel derlei Gedanken in der Rechtsphilosophie, als erschräke die Dialektik vor sich selber, durch jähe Verabsolutierung einer Kategorie – des Staates – abbrach, rührt daher, daß seine Erfahrung zwar der Grenze der bürgerlichen Gesellschaft sich versicherte, die in ihrer eigenen Tendenz liegt, daß er aber als bürgerlicher Idealist vor dieser einen Grenze doch innehielt, weil er keine reale geschichtliche Kraft jenseits der Grenze vor sich sah. Den Widerspruch zwischen seiner Dialektik und seiner Erfahrung konnte er nicht meistern: das allein hat den Kritiker zum Affirmativen verhalten.

Der Nerv der Dialektik als Methode ist die bestimmte Negation. Sie basiert auf der Erfahrung der Ohnmacht von Kritik, solange sie im Allgemeinen sich hält, etwa den kritisierten Gegenstand erledigt, indem sie ihn von oben her einem Begriff als dessen bloßen Repräsentanten subsumiert. Fruchtbar ist nur der kritische Gedanke, der die in seinem eigenen Gegenstand aufgespeicherte Kraft entbindet; für ihn zugleich, indem sie ihn zu sich selber bringt, und gegen ihn, insofern sie ihn daran mahnt, daß er noch gar nicht er selber sei. Das Sterile jeder sogenannten geistigen Arbeit, die in der generellen Sphäre sich einrichtet, ohne mit dem Spezifischen sich zu beschmutzen, ist von Hegel gefühlt, aber nicht beklagt, sondern kritisch-produktiv gewandt worden. Dialektik spricht aus, daß philosophische Erkenntnis nicht dort zu Hause ist, wo das Herkommen sie ansiedelte; wo sie allzu leicht, gleichsam ungesättigt mit der Schwere und dem Widerstand des Seienden, gedeiht, sondern daß sie eigentlich erst dort anhebt, wo sie aufsprengt, was dem herkömmlichen Denken für opak, undurchdringlich, bloße Individuation dünkt. Darauf bezieht sich der dialektische Satz: »Das Reale ist schlechthin eine Identität des Allgemeinen und Besonderen.«[29] Diese Verschiebung jedoch will nun nicht die Philosophie, als Ergebnis ihrer Anstrengung, zur Feststellung von unverbundenem Dasein, am Ende doch wieder zum Positivismus zurückbilden. Wohl waltet in der Vergottung des Inbegriffs dessen, was ist, bei

Hegel insgeheim ein positivistischer Impuls. Aber die Kraft, welche das bestimmte Einzelne der Erkenntnis aufschließt, ist immer die der Insuffizienz seiner bloßen Einzelheit. Was es ist, ist immer mehr als es selber. Insofern das Ganze im Mikrokosmos des Einzelnen am Werk ist, kann man mit Grund von einer Reprise Leibnizens bei Hegel reden, wie dezidiert er im übrigen auch gegen die Abstraktheit der Monade steht. Um das durch unreflektierte geistige Erfahrung zu erläutern: wer immer eine Sache nicht mit Kategorien überspinnen, sondern sie selber erkennen will, muß zwar ihr sich ohne Vorbehalt, ohne Deckung beim Vorgedachten überlassen; das glückt ihm aber nur dann, wenn in ihm selbst, als Theorie, bereits das Potential jenes Wissens wartet, das erst durch die Versenkung in den Gegenstand sich aktualisiert. Insofern beschreibt die Hegelsche Dialektik mit philosophischem Selbstbewußtsein die Bahn eines jeden produktiven, nicht bloß nachkonstruierenden oder wiederholenden Gedankens. Freilich ist sie jenem Gedanken selber verborgen; fast möchte man mit Hegel glauben, daß sie ihm verborgen sein muß, damit er produktiv sei. Sie ist weder eine induzierte Theorie noch eine, aus der deduktiv zu folgern wäre. Was den unschuldigen Leser der Phänomenologie des Geistes am meisten schockiert, das Jähe der Blitze, die zwischen den obersten spekulativen Ideen und der aktuellen politischen Erfahrung aus der Französischen Revolution und der Napoleonischen Zeit zucken, ist das eigentlich Dialektische. Sie bezieht den allgemeinen Begriff und das begriffslose τόδε τι – wie vielleicht schon Aristoteles die πρώτη οὐσία – je in sich selbst auf ihr Gegenteil, eine Art permanenter Explosion, zündend in der Berührung der Extreme. Der Hegelsche Begriff von Dialektik empfängt seine spezifische Temperatur und unterscheidet sich von lebensphilosophischen Verflachungen wie der Diltheys durch eben den Zug der Bewegung durch die Extreme hindurch: Entwicklung als Diskontinuität. Auch die aber entspringt in der Erfahrung der antagonistischen Gesellschaft, nicht im bloß erdachten Denkschema. Die Geschichte des unversöhnten Weltalters kann nicht die harmonischer Entwicklung sein: dazu macht sie bloß die Ideologie, welche ihren antagonistischen Charakter verleugnet. Die Widersprüche, ihre wahre und einzige Ontologie, sind zugleich das

Formgesetz der selbst bloß im Widerspruch, mit unsäglichem Leid fortschreitenden Geschichte. Hegel hat diese eine Schlachtbank[30] genannt, wie denn, trotz seines vielberufenen Geschichtsoptimismus, den Schopenhauer verrucht nannte, die Fiber der Hegelschen Philosophie, das Bewußtsein, daß alles Seiende, indem es zu sich selbst kommt, zugleich sich aufhebt und untergeht, von Schopenhauers Einem Gedanken keineswegs so weit entfernt ist, wie die offizielle Philosophiegeschichte Schopenhauers Invektiven nachredet.

Die Lehre Hegels, daß, als »bestimmte Negation«, nur der Gedanke etwas tauge, der sich mit der Schwere seines Gegenstands sättigt, anstatt unverweilt über ihn hinauszuschießen, ist nun freilich in den Dienst des apologetischen Aspekts, der Rechtfertigung des Seienden getreten. Stets unterliegt der Gedanke, der zur Wahrheit erst wird, indem er das ihm Widerstrebende ganz in sich aufnimmt, zugleich der Versuchung, eben damit das Widerstrebende selber zum Gedanken, zur Idee, zur Wahrheit zu erklären. Jene Theorie Hegels ist denn auch jüngst von Georg Lukács[31] zitiert worden, nicht nur um die von der empirischen Wirklichkeit abweichende Literatur zu diffamieren, sondern darüber hinaus, um eine der fragwürdigsten Thesen Hegels wieder aufzuwärmen, die von der Vernünftigkeit des Wirklichen. Nach der Distinktion von abstrakter und realer Möglichkeit sei eigentlich nur das möglich, was selber wirklich geworden ist. Solche Philosophie marschiert mit den stärkeren Bataillonen. Sie eignet den Urteilsspruch einer Realität sich zu, die stets wieder, was anders sein könnte, unter sich begräbt. Selbst darüber jedoch ist nicht aus bloßer Gesinnung zu richten. Insistente Befassung mit Hegel lehrt, daß man in seiner Philosophie – wie wohl in jeder großen – nicht auswählen kann, was einem paßt, und verwerfen, was einen ärgert. Diese düstere Nötigung, kein Ideal des Kompletten erzeugt den Ernst und die Substantialität von Hegels systematischem Anspruch. Seine Wahrheit steckt im Skandalon, nicht im Plausiblen. Hegel retten – und nicht Erneuerung, bloß Rettung ziemt ihm gegenüber – heißt daher, seiner Philosophie dort sich zu stellen, wo sie am wehesten tut; dort, wo ihre Unwahrheit offenbar ist, die Wahrheit ihr zu entreißen. Bei der Lehre von der abstrakten und realen Möglichkeit mag dazu die ästhetische Erfahrung helfen. Aus einem Brief über Thomas Manns späte Novelle »Die Betrogene« von 1954 sei zitiert: »Die Figur des Ken trägt, wenn ich mich nicht irre, alle Zeichen eines Amerikaners aus den späten vierziger oder aus den fünfziger Jahren und nicht aus dem Dezennium nach dem Ersten Krieg ... Nun könnte man sagen, das sei die legitime Freiheit des Gestaltens, und die Forderung nach chronologischer Treue bleibe subaltern, auch wo es um die Akribie der Menschendarstellung sich handelt. Aber ich zweifle, ob dies als selbstverständlich sich aufdrängende Argument wirklich ganze Kraft hat. Wenn das Werk in die zwanziger Jahre verlegt wird, nach dem Ersten anstatt nach dem Zweiten Krieg spielt, so hat das seine guten Gründe – der handfesteste ist, daß eine Existenz wie die der Frau von Tümmler heute wohl nicht vorgestellt werden könnte, und in einer tieferen Schicht spielt wohl das Bestreben herein, gerade das Nächste zu distanzieren, in Vorwelt zu verzaubern, jene Vorwelt, mit deren besonderer Patina auch der Krull es zu tun hat. Indessen geht man doch mit solcher Transposition der Jahreszahlen eine Art von Verpflichtung ein, ähnlich wie beim ersten Takt einer Musik, dessen Desiderate man bis zum letzten Ton nicht mehr los wird, der das Gleichgewicht herstellt. Nicht die Verpflichtung äußerlicher Treue zum ›Zeitkolorit‹ meine ich, wohl aber die, daß die vom Kunstwerk beschworenen Bilder zugleich als geschichtliche Bilder leuchten, eine Verpflichtung freilich, die aus ästhetisch-immanenten Motiven von jener äußerlichen nur schwer sich dispensieren kann. Denn irre ich mich nicht, so stößt man auf den paradoxen Sachverhalt, daß die Beschwörung solcher Bilder, also das eigentlich Magische des Kunstobjektes, um so vollkommener gerät, je authentischer die Realien sind. Beinahe könnte man glauben, die subjektive Durchdringung stünde nicht, wie unsere Bildung und Geschichte uns glauben machen möchte, im einfachen Gegensatz zur Forderung des Realismus, die ja in gewissem Sinne durch Thomas Manns ganzes œuvre hindurchklingt, sondern es wäre, je präziser man sich ans Geschichtliche auch von Menschentypen hält, um so eher die Vergeistigung, die Welt der imago zu gewinnen. Auf derart abwegige Reflexionen bin ich zuerst bei Proust verfallen, der in dieser Schicht mit idiosynkratischer Genauigkeit reagierte, und bei der ›Betrogenen‹ haben sie sich mir wieder aufgedrängt. Im Augenblick kommt es mir vor, als wäre durch jene Art Genauigkeit etwas von der Sünde abzubüßen, an der jegliche künstlerische Fiktion laboriert; als wäre diese durchs Mittel der exakten Phantasie von sich selbst zu heilen.«[32] Ähnliches verbirgt sich hinter jenem Theorem Hegels. Noch im Kunstwerk, das kraft des eigenen Formgesetzes von allem bloß Daseienden wesentlich sich unterscheidet, hängt die Erfüllung dieses Formgesetzes, die eigene Wesenhaftigkeit, die »Möglichkeit« im emphatischen Sinn ab von dem Maß an Realität, das sie, wie sehr auch umgeschmolzen und in veränderten Konfigurationen in sich empfängt. Auch der Gedanke, der die stets wieder besiegte Möglichkeit gegen die Wirklichkeit festhält, hält sie bloß, indem er die Möglichkeit als eine der Wirklichkeit faßt unter dem Blickpunkt ihrer Verwirklichung; als das, wonach die Wirklichkeit selbst, wie immer auch schwach, die Fühler ausstreckt, nicht als ein Es wär so schön gewesen, dessen Klang vorweg damit sich abfindet, daß es mißriet. Das ist der Wahrheitsgehalt selbst der Schichten der Hegelschen Philosophie, wo er, wie in der Geschichtsphilosophie und besonders der Vorrede der Rechtsphilosophie, der Realität resigniert oder hämisch Recht zu geben scheint und über die Weltverbesserer spottet. Die reaktionärsten, keineswegs die liberal-progressiven Elemente Hegels haben der späteren sozialistischen Kritik des abstrakten Utopismus den Boden bereitet, um dann freilich in der Geschichte des Sozialismus selbst wiederum auch die Vorwände erneuter Repression zu liefern. Die gegenwärtig im Ostbereich übliche Diffamierung jeden Gedankens, der über die sture Unmittelbarkeit dessen sich erhebt, was dort unterm Begriff von Praxis betrieben wird, ist dafür der drastischeste Beleg. Nur sollte man Hegel nicht dort die Schuld aufbürden, wo seine Motive mißbraucht werden, um dem fortwährenden Grauen das ideologische Mäntelchen umzuhängen. Die dialektische Wahrheit exponiert sich solchem Mißbrauch: ihr Wesen ist zerbrechlich.

Gleichwohl darf die Unwahrheit der Hegelschen Rechtfertigung des Seienden, gegen die seinerzeit die Hegelsche Linke rebellierte und die unterdessen ins Absurde anwuchs, nicht verleugnet werden. Mehr als irgendeine andere seiner Lehren scheint die von der Vernünftigkeit des Wirklichen der Erfahrung von der Wirklichkeit, auch von deren sogenannter großer Tendenz zu widerstreiten. Sie aber ist eins mit dem Hegelschen Idealismus. Eine Philosophie, der, als Resultat ihrer Bewegung und als deren Ganzes, alles was ist, in Geist sich löst; die also im Großen jene Identität von Subjekt und Objekt doch verkündet, deren Nichtidentität im Einzelnen sie inspiriert – eine solche Philosophie wird apologetisch auf die Seite des Seienden sich schlagen, das ja selber eins sein soll mit dem Geiste. Wie aber die These von der Vernünftigkeit des Wirklichen von der Wirklichkeit dementiert wurde, so ist die identitätsphilosophische Konzeption philosophisch zusammengebrochen. Die Differenz von Subjekt und Objekt läßt in der Theorie so wenig sich ausmerzen, wie sie in der Erfahrung von der Wirklichkeit bis heute geschlichtet ward. Stellt, gegenüber der Anspannung des Geistes, der nie im Begreifen des Wirklichen mächtiger sich zeigte als bei Hegel, die Geschichte der Philosophie nach ihm als Schwächung, Resignation der begreifenden und konstruierenden Kraft sich dar, so ist doch der Prozeß, der dahin es brachte, irreversibel. Er ist nicht geistiger Kurzatmigkeit, Vergeßlichkeit, schlecht auferstandener Naivetät allein zur Last zu schreiben. In ihm wirkt, gut und erschreckend Hegelisch, zugleich etwas von der Logik der Sache selbst. Noch an Hegel bewährt sich jenes Philosophem, daß dem, was zugrunde geht, sein eigenes Recht widerfährt; als urbürgerlicher Denker untersteht er dem urbürgerlichen Spruch des Anaximander. Ohnmächtig wird die Vernunft, das Wirkliche zu begreifen, nicht bloß um der eigenen Ohnmacht willen, sondern weil das Wirkliche nicht die Vernunft ist. Der Prozeß zwischen Kant und Hegel, in dem dessen schlagende Beweisführung das letzte Wort hatte, ist nicht zu Ende; vielleicht weil das Schlagende, die Vormacht der logischen Stringenz selber, gegenüber den Kantischen Brüchen die Unwahrheit ist. Hat Hegel, vermöge seiner Kantkritik, das kritische Philosophieren großartig über das formale Bereich hinaus erweitert, so hat er in eins damit das oberste kritische Moment, die Kritik an der Totalität, am abschlußhaft gegebenen Unendlichen, eskamotiert. Selbstherrlich hat er dann doch den Block weggeräumt, jenes fürs Bewußtsein Unauflösliche, an dem Kants transzendentale Philosophie ihre innerste Erfahrung hat, und eine vermöge ihrer Brüche bruchlose Einstimmigkeit der Erkenntnis stipuliert, der etwas von mythischem Blendwerk eignet. Die Differenz von Bedingtem und Absolutem hat er weggedacht, dem Bedingten den Schein des Unbedingten verliehen. Damit hat er schließlich doch der Erfahrung Unrecht getan, von der er zehrt. Mit dem Erfahrungsrecht seiner Philosophie schwindet zugleich ihre Erkenntniskraft. Der Anspruch, mit dem Ganzen das Besondere aufzusprengen, wird illegitim, weil jenes Ganze selber nicht, wie der berühmte Satz der Phänomenologie es will, das Wahre, weil die affirmative und selbstgewisse Bezugnahme auf jenes Ganze, als ob man es sicher hätte, fiktiv ist.

Diese Kritik läßt sich nicht mildern, aber selbst sie sollte mit Hegel nicht summarisch verfahren. Noch dort, wo er der Erfahrung, auch der seine Philosophie selbst motivierenden, ins Gesicht schlägt, spricht Erfahrung aus ihm. Ist jenes Subjekt-Objekt, zu dem seine Philosophie sich entwickelt, kein System des versöhnten absoluten Geistes, so erfährt der Geist doch die Welt als System. Sein Name trifft den unerbittlichen Zusammenschluß aller Teilmomente und Teilakte der bürgerlichen Gesellschaft durch das Tauschprinzip zu einem Ganzen genauer als irrationalere wie der des Lebens, selbst wenn dieser der Irrationalität der Welt, ihrer Unversöhntheit mit den vernünftigen Interessen einer ihrer selbst bewußten Menschheit, besser anstünde. Nur ist die Vernunft jenes Zusammenschlusses zur Totalität selber die Unvernunft, die Totalität des Negativen. »Das Ganze ist das Unwahre«, nicht bloß weil die These von der Totalität selber die Unwahrheit, das zum Absoluten aufgeblähte Prinzip der Herrschaft ist. Die Idee einer Positivität, die alles ihr Widerstrebende zu bewältigen glaubt durch den übermächtigen Zwang des begreifenden Geistes, verzeichnet spiegelbildlich die Erfahrung des übermächtigen Zwanges, der allem Seienden durch seinen Zusammenschluß unter der Herrschaft innewohnt. Das ist das Wahre an Hegels Unwahrheit. Die Kraft des Ganzen, die sie mobilisiert, ist keine bloße Einbildung des Geistes, sondern die jenes realen Verblendungszusammenhangs, in den alles Einzelne eingespannt bleibt. Indem aber Philosophie wider Hegel die Negativität des Ganzen bestimmt, erfüllt sie zum letztenmal das Postulat der bestimmten Negation, welche die Position sei. Der Strahl, der in all seinen Momenten das Ganze als das Unwahre offenbart, ist kein anderer als die Utopie, die der ganzen Wahrheit, die noch erst zu verwirklichen wäre.

Skoteinos oder Wie zu lesen sei

Ich habe nichts als Rauschen.
Rudolf Borchardt

Die Widerstände, welche die großen systematischen Werke Hegels, zumal die Wissenschaft der Logik, dem Verständnis entgegensetzen, sind qualitativ verschieden von denen, die andere verrufene Texte bereiten. Aufgabe ist nicht einfach, durch genaue Betrachtung des Wortlauts und durch denkende Anstrengung eines zweifelsfrei vorhandenen Sinnes sich zu versichern. Sondern in vielen Partien ist der Sinn selbst ungewiß, und keine hermeneutische Kunst hat ihn bis heute fraglos etabliert; ohnehin gibt es keine Hegel-Philologie, keine zureichende Textkritik. Schopenhauers Tiraden wider den angeblichen Galimathias haben bei aller Kleinlichkeit und Rancune zumindest negativ, wie das Kind zu des Kaisers neuen Kleidern, ein Verhältnis zur Sache bekundet, wo der Bildungsrespekt und die Angst, sich zu blamieren, bloß ausweicht. Im Bereich großer Philosophie ist Hegel wohl der einzige, bei dem man buchstäblich zuweilen nicht weiß und nicht bündig entscheiden kann, wovon überhaupt geredet wird, und bei dem selbst die Möglichkeit solcher Entscheidung nicht verbrieft ist. Genannt sei, an Prinzipiellem, nur der Unterschied der Kategorien Grund und Kausalität im zweiten Buch der Großen Logik; als Detail ein paar Sätze aus dem ersten Kapitel desselben Buches: »Das Werden im Wesen, seine reflektirende Bewegung, ist daher die Bewegung von Nichts zu Nichts, und dadurch zu sich selbst zurück. Das Übergehen oder Werden hebt in seinem Übergehen sich auf; das Andere, das in diesem Übergehen wird, ist nicht das Nichtseyn eines Seyns, sondern das Nichts eines Nichts, und dieß, die Negation eines Nichts zu seyn, macht das Seyn aus. – Das Seyn ist nur als die Bewegung des Nichts zu Nichts, so ist es das Wesen;

und dieses hat nicht diese Bewegung in sich, sondern ist sie als der absolute Schein selbst, die reine Negativität, die nichts außer ihr hat, das sie negirte, sondern die nur ihr Negatives selbst negirt, das nur in diesem Negiren ist.«[1] Schon beim frühen Hegel gibt es Analoges, sogar in der als Programm überaus durchsichtigen Differenzschrift. Der Schluß des Abschnitts über das Verhältnis der Spekulation zum gesunden Menschenverstand lautet: »Wenn für den gesunden Menschenverstand nur die vernichtende Seite der Spekulation erscheint, so erscheint ihm auch dieß Vernichten nicht in seinem ganzen Umfange. Wenn er diesen Umfang fassen könnte, so hielte er sie nicht für seine Gegnerin. Denn die Spekulation fordert, in ihrer höchsten Synthese des Bewußten und Bewußtlosen, auch die Vernichtung des Bewußtseyns selbst; und die Vernunft versenkt damit ihr Reflektiren der absoluten Identität und ihr Wissen und sich selbst in ihren eigenen Abgrund. Und in dieser Nacht der bloßen Reflexion und des raisonnirenden Verstandes, die der Mittag des Lebens ist, können sich beide begegnen.«[2] Nur die ingeniöse und exakte Phantasie eines passionierten Seminarteilnehmers wird ohne Gewaltsamkeit dem letzten Satz, der es mit der exponiertesten Prosa Hölderlins aus denselben Jahren aufnimmt, sein Licht entzünden: daß die »Nacht der bloßen Reflexion« Nacht für die bloße Reflexion sei, das Leben aber, das mit dem Mittag verbunden wird, die Spekulation; denn deren Hegelscher Begriff meint, aus seiner terminologischen Verschalung herausgebrochen, nichts anderes als das nach innen geschlagene Leben noch einmal[3]; darin sind spekulative Philosophie – auch die Schopenhauers – und Musik miteinander verschwistert. Deutbar wird die Stelle durch Kenntnis des Hegelschen Gesamtzuges, zumal der Begriffskonstruktion des Kapitels, nicht aber aus dem Wortlaut des Paragraphen allein. Wer in diesen sich verbisse und dann, enttäuscht, des Abgründigen wegen ablehnte, mit Hegel sich zu befassen, dem wäre kaum mit viel mehr zu antworten als dem Allgemeinen, dessen Unzulänglichkeit Hegel selbst in jener Schrift dem nach seiner Terminologie bloß reflektierenden Verstande vorwarf. Nicht ist über die Passagen hinwegzugleiten, bei denen in der Schwebe bleibt, wovon sie handeln, sondern ihre Struktur wäre aus dem Gehalt der Hegelschen Philosophie abzuleiten. Der Charakter des Schwebenden ist ihr gesellt, in Übereinstimmung mit der Lehre, das Wahre sei in keiner einzelnen These, keiner beschränkt positiven Aussage zu greifen. Hegels Form ist dieser Absicht gemäß. Nichts läßt isoliert sich verstehen, alles nur im Ganzen, mit dem Peinlichen, daß wiederum das Ganze einzig an den singulären Momenten sein Leben hat. Solche Doppelheit der Dialektik entschlüpft aber eigentlich der literarischen Darstellung: diese ist mit Notwendigkeit endlich, soweit sie eindeutig ein Eindeutiges bekundet. Darum muß man ihr bei Hegel soviel vorgeben. Daß sie prinzipiell nicht die Einheit des Ganzen und seiner Teile mit einem Schlag bewerkstelligen kann, wird zu ihrer Blöße. Überführt jeder einzelne Satz der Hegelschen Philosophie sich der eigenen Unangemessenheit an jene, so drückt die Form das aus, indem sie keinen Inhalt voll adäquat zu fassen vermag. Sonst wäre sie der Not und Fehlbarkeit der Begriffe ledig, die der Inhalt lehrt. Darum zerlegt sich das Hegelverständnis in seine durcheinander vermittelten und gleichwohl widersprechenden Momente. Dem mit der Gesamtintention gar nicht Vertrauten sperrt sich Hegel. Sie ist zu entnehmen vor allem an dessen Kritik der geschichtlichen Philosophien und der seiner eigenen Zeit. Man muß, wie immer auch provisorisch, gegenwärtig haben, worauf Hegel jeweils hinaus will; ihn gleichsam von rückwärts aufhellen. Er verlangt objektiv, nicht bloß, um den Lesenden an die Sache zu gewöhnen, die mehrfache Lektüre. Stellt man freilich alles darauf, so kann man ihn abermals verfälschen. Leicht produziert man dann, was bislang der Interpretation am schädlichsten war, ein Leerbewußtsein des Systems, unvereinbar damit, daß es gegenüber seinen Momenten keinen abstrakten Oberbegriff bilden will, sondern nur durch die konkreten Momente hindurch seine Wahrheit gewinnen.

Zum dürftigen Verstehen von oben her verleitet ein Wesentliches an Hegel selbst. Was das Ganze und dessen Resultat sein soll: die Konstruktion des Subjekt-Objekts, jener Aufweis, daß die Wahrheit wesentlich Subjekt sei, wird tatsächlich von jedem dialektischen Schritt bereits vorausgesetzt, gemäß Hegels eigener Lehre, die Kategorien des Seins seien an sich schon, was schließlich die Lehre vom Begriff als ihr An und Für sich enthüllt. Am offensten wird das im »System« – der großen Enzyklopädie –

ausgesprochen: »Die Endlichkeit des Zwecks besteht darin, daß bei der Realisirung desselben das als Mittel dazu verwendete Material nur äußerlich darunter subsumirt und demselben gemäß gemacht wird. Nun aber ist in der That das Objekt an sich der Begriff, und indem derselbe, als Zweck, darin realisirt wird, so ist dieß nur die Manifestation seines eignen Innern. Die Objektivität ist so gleichsam nur eine Hülle, unter welcher der Begriff verborgen liegt. Im Endlichen können wir es nicht erleben oder sehen, daß der Zweck wahrhaft erreicht wird. Die Vollführung des unendlichen Zwecks ist so nur die Täuschung aufzuheben, als ob er noch nicht vollführt sey. Das Gute, das absolut Gute, vollbringt sich ewig in der Welt, und das Resultat ist, daß es schon an und für sich vollbracht ist und nicht erst auf uns zu warten braucht. Diese Täuschung ist es, in der wir leben und zugleich ist dieselbe allein das Bethätigende, worauf das Interesse in der Welt beruht. Die Idee in ihrem Proceß macht sich selbst jene Täuschung, setzt ein Anderes sich gegenüber und ihr Thun besteht darin, diese Täuschung aufzuheben. Nur aus diesem Irrthum geht die Wahrheit hervor und hierin liegt die Versöhnung mit dem Irrthum und mit der Endlichkeit. Das Andersseyn oder der Irrthum, als aufgehoben, ist selbst ein nothwendiges Moment der Wahrheit, welche nur ist, indem sie sich zu ihrem eignen Resultat macht.«[4] Das konterkariert jenes reine an die Sache und ihre Momente sich Überlassen, dem die Einleitung zur Phänomenologie vertraut. So konkret wird nicht verfahren, wie diese es will. Die isolierten Momente gehen eben doch nur darum über sich hinaus, weil die Identität von Subjekt und Objekt schon vorgedacht ist. Die Relevanz der Einzelanalysen wird immer wieder vom abstrakten Primat des Ganzen gebrochen. Die meisten Kommentare jedoch, auch der McTaggarts[5], versagen, indem sie diesem sich überantworten. Die Absicht wird für die Tat genommen, Orientierung über die Richtungstendenzen der Gedanken für ihre Richtigkeit; die Ausführung wäre dann überflüssig. Hegel selbst ist an jenem unzulänglichen Verfahren keineswegs unschuldig. Es folgt der Linie des geringsten Widerstandes; stets ist es leichter, sich wie auf einer Landkarte in einem Denken zurechtzufinden, als seiner Triftigkeit im Durchgeführten nachzugehen. So erschlafft Hegel selber zuweilen, begnügt sich mit formalen Anzeigen, Thesen, daß etwas so sei, wo es erst geleistet werden müßte. Unter den Aufgaben einer fälligen Interpretation ist nicht die geringste und nicht die einfachste, solche Passagen von denen zu scheiden, wo es wirklich gedacht wird. Wohl treten, mit Kant verglichen, bei Hegel die schematischen Elemente zurück. Aber das System fährt dem Programm des reinen Zusehens oft heftig in die Parade. Das war unvermeidlich, hätte nicht das Ganze sich hoffnungslos verstricken sollen. Hegel befleißigt sich gelegentlich, um das zu verhindern, einer Pedanterie, die wenig dem ansteht, der über Verbaldefinitionen und ihresgleichen mit Verachtung urteilt. Im Übergang von der bürgerlichen Gesellschaft in den Staat aus der Rechtsphilosophie liest man: »Der Begriff dieser Idee ist nur als Geist, als sich Wissendes und Wirkliches, indem er die Objektivierung seiner selbst, die Bewegung durch die Form seiner Momente ist. Er ist daher: A) der unmittelbare oder natürliche sittliche Geist; – die Familie. Diese Substantialität geht in den Verlust ihrer Einheit, in die Entzweiung und in den Standpunkt des Relativen über, und ist so B) bürgerliche Gesellschaft, eine Verbindung der Glieder als selbständiger Einzelner in einer somit formellen Allgemeinheit, durch ihre Bedürfnisse, und durch die Rechtsverfassung als Mittel der Sicherheit der Personen und des Eigenthums und durch eine äußerliche Ordnung für ihre besondern und gemeinsamen Interessen, welcher äußerliche Staat sich C) in den Zweck und die Wirklichkeit des substantiellen Allgemeinen, und des demselben gewidmeten öffentlichen Lebens, – in die Staatsverfassung zurück und zusammen nimmt.«[6] Inhaltlich dürfte die Konfiguration des dynamisch-dialektischen und des konservativ-affirmatorischen Moments nicht nur in der Rechtsphilosophie jenen Überschuß starrer Allgemeinheit in allem Werdenden und Besonderen ebenso bedingen, wie sie davon bedingt wird: die Hegelsche Logik ist seine Metaphysik nicht bloß sondern auch seine Politik. Die Kunst, ihn zu lesen, hätte darauf zu merken, wo Neues, Inhaltliches einsetzt und wo eine Maschine weiterläuft, die keine sein will und nicht weiterlaufen dürfte. Zu berücksichtigen sind in jedem Augenblick zwei scheinbar unvereinbare Maximen: die minutiöser Versenkung und die freier Distanz. An Hilfe fehlt es dabei nicht. Was dem gesunden Menschenverstand Wahnsinn dünkt, hat in Hegel auch für jenen lichte Momente. Von ihnen her kann der gesunde Menschenverstand Hegel sich nähern, wofern er es sich nicht aus Haß verbietet, wie ihn freilich Hegel selbst in der Differenzschrift[7] als jenem Menschenverstand eingeboren diagnostizierte. Selbst die kryptischen Kapitel bringen Sätze wie die aus der Erörterung des Scheines, die nachträglich aussprechen, daß polemisch der subjektive Idealismus und Phänomenalismus gemeint ist: »So ist der Schein das Phänomen des Skepticismus, oder auch die Erscheinung des Idealismus eine solche Unmittelbarkeit, die kein Etwas oder kein Ding ist, überhaupt nicht ein gleichgültiges Seyn, das außer seiner Bestimmtheit und Beziehung auf das Subjekt wäre.«[8]

Wer vor Hegels durchgeführten Überlegungen auf die Gesamtkonzeption sich zurückzieht, die Transparenz des Einzelnen durch die Bestimmung des Stellenwerts der Details im System ersetzt, verzichtet bereits aufs strikte Verständnis, kapituliert, weil Hegel strikt gar nicht zu verstehen sei. Wo er nachdrücklich abgelehnt wird – vor allem im Positivismus –, geht man heute kaum eigentlich auf ihn ein. Anstatt daß Kritik geübt würde, schiebt man ihn als sinnleer ab. Sinnleere ist ein eleganteres Wort für den alten Vorwurf mangelnder Klarheit. Nicht lohne es an den Zeit zu verschwenden, der nicht eindeutig zu sagen vermöchte, was er meint. Dieser Begriff von Klarheit hat, ähnlich wie die ihm verwandte Begierde nach Verbaldefinitionen, die Philosophie überlebt, in der er einmal entsprang, und von ihr sich unabhängig gemacht. Von Einzelwissenschaften, die ihn dogmatisch aufbewahren, wird er auf die Philosophie zurückübertragen, die ihn längst kritisch reflektierte und darum nicht umstandslos ihm zu willfahren hätte. Die Cartesianischen, noch bei Kant miteinander verkoppelten Begriffe der Klarheit und Deutlichkeit sind am ausführlichsten behandelt in den Principia: »Sehr viele Menschen erfassen in ihrem ganzen Leben überhaupt nichts so richtig, daß sie ein sicheres Urteil darüber fällen könnten. Denn zu einer Erkenntnis (perceptio), auf die ein sicheres und unzweifelhaftes Urteil gestützt werden kann, gehört nicht bloß Klarheit, sondern auch Deutlichkeit. Klar (clara) nenne ich die Erkenntnis, welche dem aufmerksamen Geiste gegenwärtig und offenkundig ist, wie man das klar gesehen nennt, was dem schauenden Auge gegenwärtig ist und dasselbe hinreichend kräftig und offenkundig erregt. Deutlich (distincta) nenne ich aber die Erkenntnis, welche, bei Voraussetzung der Stufe der Klarheit, von allen übrigen so getrennt und unterschieden (seiuncta et praecisa) ist, daß sie gar keine andren als klare Merkmale in sich enthält.«[9] Diese geschichtlich überaus folgenreichen Sätze sind erkenntnistheoretisch keineswegs so unproblematisch, wie der gesunde Menschenverstand heute wie damals es möchte. Descartes bringt sie als terminologische Festsetzungen vor: »claram voco illam ... perceptionem«. Er definiert Klarheit und Deutlichkeit zum Zweck von Verständigung. Ob die Erkenntnisse als solche, ihrer eigenen Beschaffenheit nach, den beiden Kriterien genügen, bleibt unausgemacht. Und zwar der Methode zuliebe*. Die Phänomenologie der cognitiven Akte selber erspart sich die Cartesianische Lehre, als wären sie wie eine mathematische Axiomatik zu behandeln, ohne Rücksicht auf ihre eigene Struktur. Dies mathematische Ideal determiniert aber auch inhaltlich die beiden methodologischen Normen. Descartes weiß sie nicht anders zu erläutern als durch den Vergleich mit der sinnlichen Welt: »sicut ea clare a nobis videri dicimus, quae, oculo intuenti praesentia, satis fortiter et aperte illum movent«[10]. Daß, bei der Diskussion gerade

* Eine Geschichtsphilosophie der Klarheit hätte darauf zu reflektieren, daß sie, ihrem Ursprung nach, Attribut des angeschauten Göttlichen und dessen Erscheinungsweise zugleich war, die leuchtende Aura der christlichen und jüdischen Mystik. Mit unaufhaltsamer Säkularisation wird daraus ein Methodologisches, der zum Absoluten erhobene Modus von Erkenntnis, die ihren Spielregeln genügt, ungeachtet dessen, woher das Ideal stammt und worauf es geht, ungeachtet auch des Inhalts. Klarheit ist die hypostasierte Form zulänglichen subjektiven Bewußtseins von etwas überhaupt. Sie wird dem Bewußtsein zum Fetisch. Seine Adäquanz an die Gegenstände verdrängt die Gegenstände selbst, schließlich den transzendenten Sinn; Philosophie soll dann nur noch »Streben nach letzter Klarheit« sein. Das Wort Aufklärung dürfte die Paßhöhe jener Entwicklung markieren. Seine Depotenzierung hängt wohl damit zusammen, daß die Erinnerung ans Urbild von Klarheit, das Licht, das ihr Pathos doch noch voraussetzt, seitdem erlosch. Der Jugendstil, paradoxaler Einstand von Romantik und Positivismus, hat den Doppelcharakter von Klarheit wie nach rückwärts schauend auf die Formel gebracht; ein Motto Jacobsens lautet: »Licht übers Land / Das ist's, was wir gewollt«. Handelt Husserl von »Stufen der Klarheit«, so benutzt er unwillentlich eine Metapher aus dem Tempelreich des Jugendstils, der profanen Sakralsphäre.

von Klarheit, Descartes mit einer bloßen Metapher – »sicut« – sich beschied, die notwendig von dem abweicht, was sie erläutern soll, und darum selber alles eher als klar wäre, ist nicht zu unterstellen. Er muß das Klarheitsideal von der sinnlichen Gewißheit abgezogen haben, auf welche die Rede vom Auge anspielt. Deren Substrat aber, die sinnlich-räumliche Welt, die res extensa, ist allbekannterweise bei Descartes identisch mit dem Gegenstand der Geometrie, bar jeglicher Dynamik. Das Ungenügen daran zeitigte die Leibnizsche Lehre eines infinitesimalen Kontinuums von der dunklen und verworrenen bis zur klaren Vorstellung, die Kant, gegen Descartes, übernahm: »Klarheit ist nicht, wie die Logiker sagen, das Bewußtsein einer Vorstellung; denn ein gewisser Grad des Bewußtseins, der aber zur Erinnerung nicht ausreicht, muß selbst in manchen dunklen Vorstellungen anzutreffen sein, weil ohne alles Bewußtsein wir in der Verbindung dunkler Vorstellungen keinen Unterschied machen würden, welches wir doch bei den Merkmalen mancher Begriffe (wie der von Recht und Billigkeit, und des Tonkünstlers, wenn er viele Noten im Phantasieren zugleich greift) zu tun vermögen. Sondern eine Vorstellung ist klar, in der das Bewußtsein zum Bewußtsein des Unterschiedes derselben von andern zureicht«; – Cartesianisch also »deutlich« ist, ohne daß doch das, wie im Discours de la méthode, ihre Wahrheit garantierte. Kant fährt fort: »Reicht dieses zwar zur Unterscheidung, aber nicht zum Bewußtsein des Unterschiedes zu, so müßte die Vorstellung noch dunkel genannt werden. Also gibt es unendlich viele Grade des Bewußtseins bis zum Verschwinden.«[11] Ihm so wenig wie Leibniz wäre beigekommen, alle diese Grade außer dem idealen höchsten zu entwerten. Dieser aber wird als Klarheit vom szientifischen Erkenntnisbegriff gehandhabt, als wäre er ein jederzeit und beliebig verfügbares An sich, hätte nicht in der Ära nach Descartes als Hypostase sich erwiesen. Vom Klarheitsideal wird, rationalistisch im historischen Sinn, der Erkenntnis etwas zugemutet, was a priori ihren Gegenstand zurechtstutzt, wie wenn er der statisch-mathematische sein müßte. Nur wofern vorausgesetzt wird, jener Gegenstand sei selbst so geartet, daß er vom Subjekt sich fixieren läßt wie geometrische Figuren im Blick, gilt die Norm der Klarheit schlechthin. Mit ihrer generellen Behauptung ist über den Gegenstand vorentschieden, nach dem Erkenntnis doch, im einfachsten Verstande der scholastischen und Cartesianischen adaequatio, sich zu richten hätte. Klarheit kann aller Erkenntnis abverlangt werden nur, wofern ausgemacht ist, daß die Sachen rein sind von jeder Dynamik, die sie dem eindeutig festhaltenden Blick entzöge. Das Desiderat der Klarheit wird doppelt fragwürdig, sobald der konsequente Gedanke entdeckt, daß das, worüber er philosophiert, nicht nur am Erkennenden wie auf einem Vehikel vorüberfährt, sondern bewegt ist in sich selbst, und dadurch der letzten Ähnlichkeit mit der Cartesianischen res extensa, dem räumlich Ausgedehnten, sich entäußert. Korrelativ zu dieser Einsicht bildet sich die, daß auch das Subjekt nicht wie eine Kamera auf einem Stativ ruht, sondern vermöge seiner Beziehung zu dem in sich bewegten Gegenstand auch selber sich bewegt – eine der zentralen Lehren der Hegelschen Phänomenologie. Demgegenüber wird die schlichte Forderung von Klarheit und Deutlichkeit zum Zopf; inmitten der Dialektik beharren die traditionellen Kategorien nicht intakt, sondern jene durchdringt eine jegliche und verändert ihre inwendige Komplexion.

Trotzdem klammert die Erkenntnispraxis sich mit der primitiven Unterscheidung von Klar und Unklar an einen Maßstab, der nur auf ein statisches Subjekt und Objekt zuträfe; wohl aus beflissenem Übereifer für den arbeitsteiligen Betrieb der Einzelwissenschaften, die ihre Gegenstände und Gegenstandsbereiche unreflektiert sich vorgeben und das Verhältnis der Erkenntnis zu diesen dogmatisch normieren. Klarheit und Deutlichkeit haben ein dinghaftes Bewußtsein von Dingen zum Modell. Tatsächlich redet Descartes, durchaus im Geist seines Systems, in einer früheren Diskussion des Klarheitsideals vom Ding naiv-realistisch: »Nun hatte ich beobachtet, daß in dem Satz: ›Ich denke, also bin ich‹ überhaupt nur dies mir die Gewißheit gibt, die Wahrheit zu sagen, daß ich klar einsehe, daß man, um zu denken, sein muß, und meinte daher, ich könne als allgemeine Regel annehmen, daß die Dinge, die wir ganz klar und deutlich begreifen, alle wahr sind, daß aber nur darin eine gewisse Schwierigkeit liege, richtig zu merken, welche es sind, die wir deutlich begreifen.«[12] In der Schwierigkeit, die Descartes notiert: richtig zu merken, was wir deutlich begreifen, regt sich schwach die Erinnerung daran, daß die Objekte selbst in den Erkenntnisakten des Subjekts gar nicht ohne weiteres jenem Anspruch sich fügen. Sonst könnten ihre Klarheit und Deutlichkeit, seine Attribute von Wahrheit, nicht wiederum Schwierigkeiten bereiten. Ist aber einmal zugestanden, daß Klarheit und Deutlichkeit keine bloßen Charaktere der Gegebenheit, nicht selber ein Gegebenes sind, dann kann über die Dignität der Erkenntnisse nicht länger danach befunden werden, wie klar und eindeutig sie als je einzelne sich präsentieren. Sobald Bewußtsein sie nicht als dinghaft festgestellte, gleichsam photographierbare auffaßt, gerät es in notwendigen Widerspruch zur Cartesianischen Ambition. Verdinglichtes Bewußtsein läßt die Gegenstände zum An sich gefrieren, damit sie als ein Für anderes, für Wissenschaft und Praxis verfügbar werden. Wohl darf man die Forderung von Klarheit nicht grob vernachlässigen, soll nicht Philosophie der Verwirrung verfallen und ihre eigene Möglichkeit zerstören. Was daran zu retten ist, wäre die Nötigung, daß der Ausdruck die ausgedrückte Sache genau trifft, auch wo diese ihrerseits der üblichen Ansicht eines klar Anzugebenden widerstreitet. Auch darin stünde Philosophie einem Paradoxon gegenüber: Unklares, nicht fest Umrissenes, der Verdinglichung nicht Willfähriges klar sagen, so also, daß die Momente, die dem fixierenden Blickstrahl entgleiten oder überhaupt nicht zugänglich sind, selber mit höchster Deutlichkeit bezeichnet werden. Das ist aber kein bloß formales Verlangen, sondern ein Stück des Gehalts selber, nach dem Philosophie sucht. Paradox ist dies Verlangen deshalb, weil die Sprache mit dem Prozeß der Verdinglichung sich verklammert. Allein schon die Form der Kopula, des »Ist«, verfolgt jene Intention des Aufspießens, deren Korrektur an der Philosophie wäre; insofern ist alle philosophische Sprache eine gegen die Sprache, gezeichnet vom Mal ihrer eigenen Unmöglichkeit. Zu bescheiden noch wäre die vertagende Haltung: daß die Forderung der Klarheit nicht sogleich und nicht fürs Isolierte gelte, aber durchs Ganze nach Hause käme, wie der Systematiker Hegel noch hoffen mochte, ohne im übrigen das Versprechen voll einzulösen. In Wahrheit entzieht Philosophie sich jener Forderung, aber in bestimmter Negation. Das muß sie zu ihrer Sache machen auch in der Darstellung; konkret sagen, was sie nicht sagen kann, die immanenten Schranken von Klarheit selbst noch trachten zu erklären. Sie tut besser daran auszusprechen, daß sie die Erwartung enttäuscht, sie erfülle in jedem Augenblick, an jedem Begriff und jedem Satz vollständig, was sie meint, als, vom Erfolg der Einzelwissenschaften eingeschüchtert, diesen eine Norm abzuborgen, vor der sie doch Bankrott machen muß. Philosophie hat mit dem zu tun, was nicht in einer vorgegebenen Ordnung von Gedanken und Gegenständen seinen Ort hat, wie es der Naivetät des Rationalismus dünkte, und was nicht auf jener als ihrem Koordinatensystem bloß abzubilden ist. In der Norm von Klarheit verschanzt sich der alte Abbildrealismus in der Erkenntniskritik, unbekümmert um deren eigene Ergebnisse. Er allein erlaubt den Glauben, jeder Gegenstand ließe fraglos, unangefochten sich widerspiegeln. Über Gegenständlichkeit, Bestimmung, Erfüllung jedoch hat Philosophie ebenso zu reflektieren wie über die Sprache und ihr Verhältnis zur Sache. Insofern sie permanent sich anstrengt, aus der Verdinglichung von Bewußtsein und Sachen auszubrechen, kann sie nicht den Spielregeln des verdinglichten Bewußtseins willfahren, ohne sich zu durchstreichen, wie wenig sie im übrigen auch, soll sie nicht ins Stammeln ausarten, jene Spielregeln einfach mißachten darf. Der Spruch Wittgensteins: »Wovon man nicht sprechen kann, darüber muß man schweigen«[13], in dem das positivistische Extrem in den Habitus ehrfürchtig-autoritärer Eigentlichkeit hinüberspielt, und der deshalb eine Art intellektueller Massensuggestion ausübt, ist antiphilosophisch schlechthin. Philosophie ließe, wenn irgend, sich definieren als Anstrengung, zu sagen, wovon man nicht sprechen kann; dem Nichtidentischen zum Ausdruck zu helfen, während der Ausdruck es immer doch identifiziert. Hegel versucht das. Weil es nie unmittelbar sich sagen läßt, weil jedes Unmittelbare falsch – und darum im Ausdruck notwendig unklar – ist, sagt er es unermüdlich vermittelt. Nicht zuletzt darum appelliert er an die sei's noch so problematische Totalität. Philosophie, die im Namen bestechend mathematisierter formaler Logik das sich abgewöhnt, verleugnet a priori ihren eigenen Begriff, das, was sie will, und wozu konstitutiv die Unmöglichkeit hinzugehört, aus der Wittgenstein und seine Anhänger ein Tabu der Vernunft über die Philosophie gemacht haben, das virtuell Vernunft selber abschafft.

Selten wurde eine Theorie der philosophischen Klarheit entworfen; statt dessen deren Begriff als selbstverständlich verwandt*. Bei Hegel dürfte sie nirgendwo thematisch sein; allenfalls e contrario, wo er den Heraklit verteidigt: »Das Dunkle dieser Philosophie liegt aber hauptsächlich darin, daß ein tiefer, spekulativer Gedanke in ihr ausgedrückt ist; dieser ist immer schwer, dunkel für den Verstand: die Mathematik dagegen ist ganz leicht. Der Begriff, die Idee ist dem Verstande« – im Gegensatz zur Vernunft – »zuwider, kann nicht von ihm gefaßt werden.«[14] Nicht dem Wortlaut, aber dem Sinn nach ist das Desiderat in Husserls ›Ideen‹ behandelt; der Begriff der Exaktheit dort ist wohl dem traditionellen der Klarheit gleichzusetzen. Er behält ihn den mathematisch definiten Mannigfaltigkeiten vor[15] und fragt, ob seine eigene phänomenologische Methode als eine »›Geometrie‹ der Erlebnisse«[16] konstituiert werden müsse oder könne: »Haben wir also auch hier nach einem definiten Axiomensystem zu suchen und darauf deduktive Theorien zu bauen?«[17] Seine Antwort reicht weiter als jene Methode. Er ist darauf aufmerksam geworden, daß über die Möglichkeit der Ableitung deduktiver Theorien aus einem definiten Axiomensystem nicht methodologisch befunden werden kann, sondern einzig vom Inhalt her. Das tangiert die sogenannte Exaktheit der Begriffsbildung, ihm zufolge Bedingung deduktiver Theorie. Sie sei »keineswegs eine Sache unserer freien Willkür und logischen Kunst . . ., sondern« setze »hinsichtlich der prätendierten axiomatischen Begriffe, die doch in unmittelbarer Intuition ausweisbar sein müssen, Exaktheit in den erfaßten Wesen selbst voraus . . .«. »Inwiefern aber in einem

* Am ehesten leistete das wohl die metaphysische Spekulation Alfred North Whitehead's in dem Buch »Adventure of Ideas« (New York 1932). Klarheit und Deutlichkeit könne es nur geben, wenn »Subjekt« starr identisch mit »Wissendem« und »Objekt« mit »Gewußtem« gesetzt werde: »No topic has suffered more from this tendency of philosophers than their account of the object-subject structure of experience. In the first place, this structure has been identified with the bare relation of knower to known. This subject is the knower, the object is the known. Thus, with this interpretation, the object-subject relation is the known-knower relation. It then follows that the more clearly any instance of this relation stands out for discrimination, the more safely we can utilize it for the interpretation of the status of experience in the universe of things. Hence Descartes' appeal to clarity and distinctness.« (p. 225).

Wesensgebiet ›exakte‹ Wesen vorfindlich sind, und ob gar allen in wirklicher Intuition erfaßbaren Wesen, und somit auch allen Wesenskomponenten exakte Wesen substruierbar sind, das ist von der Eigenart des Gebietes durchaus abhängig.«[18] Im nächsten Paragraphen unterscheidet er deskriptive von exakten Wissenschaften und urteilt über jene: »Die Vagheit der Begriffe, der Umstand, daß sie fließende Sphären der Anwendung haben, ist kein ihnen anzuheftender Makel; denn für die Erkenntnissphäre, der sie dienen, sind sie schlechthin unentbehrlich, bzw. in ihr sind sie die einzig berechtigten. Gilt es die anschaulichen Dinggegebenheiten in ihren anschaulich gegebenen Wesenscharakteren zu angemessenem begrifflichen Ausdrucke zu bringen, so heißt es eben, sie zu nehmen, wie sie sich geben. Und sie geben sich eben nicht anders, denn als fließende, und typische Wesen sind an ihnen nur in der unmittelbar analysierenden Wesensintuition zur Erfassung zu bringen. Die vollkommenste Geometrie und ihre vollkommenste praktische Beherrschung kann dem deskriptiven Naturforscher nicht dazu verhelfen, gerade das zum Ausdruck zu bringen (in exakt geometrischen Begriffen), was er in so schlichter, verständlicher, völlig angemessener Weise mit den Worten: gezackt, gekerbt, linsenförmig, doldenförmig u. dgl. ausdrückt – lauter Begriffe, die wesentlich und nicht zufällig inexakt und daher auch unmathematisch sind.«[19] Die philosophischen Begriffe unterscheiden sich demnach von den exakten als fließende kraft der Beschaffenheit dessen, worauf sie gehen. Das diktiert zugleich der Husserlschen Einsicht ihre Schranke. Er nimmt mit der reflexionsphilosophischen Disjunktion des Festen und Fließenden vorlieb, während Hegels Dialektik beides bestimmt als je in sich durchs andere vermittelt. Was aber der Logiker Husserl konzediert, der sonst gern in den Chor jener einstimmt, die Hegel wegen seiner Kritik am Satz vom Widerspruch schulmeistern, gilt gewiß für Hegel selbst, der weit energischer als Husserl die Begriffe so bilden wollte, daß in ihnen das Leben der Sache selbst erscheint, und nicht nach dem abstrakten Erkenntnisideal von Klarheit: »Ganz nur in die Sache versenkt, schien er dieselbe nur aus ihr, ihrer selbst willen und kaum aus eigenem Geist der Hörer wegen zu entwickeln, und doch entsprang sie aus ihm allein, und eine fast väterliche Sorge um Klarheit milderte den starren

Ernst, der vor der Aufnahme so mühseliger Gedanken hätte zurückschrecken können.«[20]

Während die Forderung der Klarheit sprachlich sich verstrickt, weil die Sprache der Worte selbst Klarheit eigentlich nicht gestattet – auch unter diesem Aspekt konvergiert deren Ideal mit dem mathematischen –, ist sprachlich Klarheit zugleich insofern von der Stellung des Gedankens zur Objektivität abhängig, als klar ohne Rest überhaupt nur sich sagen ließe, was wahr ist. Die volle Transparenz des Ausdrucks hängt nicht nur am Verhältnis zwischen diesem und dem vorgestellten Sachverhalt, sondern an der Triftigkeit des Urteils. Ist es unfundiert oder Fehlschluß, so sperrt es sich der adäquaten Formulierung; soweit sie die Sache nicht ganz hat, ist sie dieser gegenüber vag. Sprache selbst, kein Index des Wahren, ist doch einer des Falschen. Behält aber Hegels Verdikt seine Kraft über ihn selbst hinaus, daß philosophisch kein einzelner Satz wahr sei, so wäre einem jeden auch seine sprachliche Unzulänglichkeit vorzuhalten. Hegelisch könnte man, freilich ohne Rücksicht auf seine eigene sprachliche Praxis, sagen, die unermüdlich an ihm monierte Unklarheit sei nicht bloß Schwäche, sondern auch Motor zur Berichtigung der Unwahrheit des Partikularen, die als Unklarheit des Einzelnen sich einbekennt.

Am ehesten würde der Not eine philosophische Sprache gerecht, die auf Verständlichkeit dringt, ohne mit Klarheit sie zu verwechseln. Sprache, als Ausdruck der Sache, geht nicht in der Kommunikation, der Mitteilung an andere auf. Sie ist aber – und das wußte Hegel – auch nicht schlechthin unabhängig von Kommunikation. Sonst entschlüpfte sie jeglicher Kritik auch an ihrem Verhältnis zur Sache und erniedrigte es zur willkürlichen Prätention. Sprache als Ausdruck der Sache und Sprache als Mitteilung sind ineinander verwoben. Die Fähigkeit, die Sache selbst zu nennen, hat ebenso sich gebildet an dem Zwang, sie weiterzugeben, und bewahrt ihn auf, wie sie umgekehrt nichts mitteilen könnte, was sie nicht selber, von Rücksicht unabgelenkt, als ihre Intention hätte. Solche Dialektik trägt in ihrem eigenen Medium sich zu, ist nicht erst Sündenfall des menschenverachtenden sozialen Eifers, der darüber wacht, daß nur ja nichts gedacht werde, was nicht kommunizierbar sei. Auch das integerste sprachliche

Verfahren kann den Antagonismus von An sich und Für andere nicht fortschaffen. Während er in der Dichtung über den Köpfen der Texte hinweg sich durchsetzen mag, ist Philosophie gehalten, ihn einzubegreifen. Erschwert wird das durch die geschichtliche Stunde, in der die vom Markt diktierte Kommunikation – symptomatisch der Ersatz von Sprachtheorie durch Kommunikationstheorie – derart auf der Sprache lastet, daß diese, um der Konformität dessen zu widerstehen, was im Positivismus »Alltagssprache« heißt, zwangsläufig die Kommunikation kündigt. Lieber wird sie unverständlich, als die Sache durch eine Kommunikation zu verunstalten, welche daran hindert, die Sache zu kommunizieren. Aber die sprachliche Mühe des Theoretikers gerät an eine Grenze, die sie achten muß, wofern sie nicht durch Treue ebenso zur Sabotage an sich selbst werden will wie sonst durch Untreue. Das Moment der Allgemeinheit in der Sprache, ohne das keine wäre, verletzt unabdingbar die volle sachliche Bestimmtheit des Besonderen, das sie bestimmen will. Korrektiv ist die wie immer auch unkenntliche Anstrengung zur Verständlichkeit. Diese bleibt zur reinen sprachlichen Objektivität der Gegenpol. Einzig in der Spannung beider gedeiht die Wahrheit des Ausdrucks. Solche Spannung jedoch ist nicht eins mit dem vagen und brutalen Kommando von Klarheit, das meist darauf hinausläuft, man müsse reden, wie alle ohnehin reden, und darauf verzichten zu sagen, was anders wäre und was nur anders zu sagen ist. Der Sprache verlangt das Gebot der Klarheit – ohne Unterlaß, jetzt und hier, unmittelbar – vergebens etwas ab, was sie in der Unmittelbarkeit ihrer Worte und Sätze überhaupt nicht gewähren kann, sondern einzig, und fragmentarisch genug, in deren Konfiguration. Besser wäre ein Verfahren, das, Verbaldefinitionen als bloße Festsetzungen sorglich vermeidend, die Begriffe so getreu wie nur möglich dem anbildet, was sie in der Sprache sagen: virtuell als Namen. Die spätere, »materiale« Phänomenologie war dafür immerhin eine Vorschule. Die Anstrengung des sprachlichen Sensoriums zur Prägnanz ist dabei weit größer als die mechanische, einmal dekretierte Definitionen festzuhalten; wer zum Sklaven der eigenen Worte sich macht, erleichtert es sich, indem er sie vor die Sachen schiebt, anstatt es sich zu erschweren, soviel er auch darauf sich einbilden mag. Dennoch ist jenes Verfahren unzulänglich. Denn die Worte in den empirischen Sprachen sind keine reinen Namen, sondern immer auch θέσει, Produkte subjektiven Bewußtseins und insofern selber auch definitionsähnlich. Wer das überspringt, wird, indem er sie der Relativität der Festsetzung entreißt, einer zweiten sie überantworten, einem Rest von Beliebigkeit dessen, was darunter zu denken sei. Dagegen hat die philosophische Sprache kein Remedium, als jene Worte, die, wären sie buchstäblich als Namen gebraucht, scheitern müßten, mit Bedacht so zu verwenden, daß durch ihren Stellenwert jene Beliebigkeit sich mindert. Die sprachliche Konfiguration und der manisch angespannte Blick aufs einzelne Wort, dessen es bedarf, ergänzen sich. Vereint sprengen sie das mittlere Einverständnis, die klebrige Schicht zwischen Sache und Verständnis. Vergleichbar wäre ein rechtes sprachliches Verfahren damit, wie ein Emigrant eine fremde Sprache lernt. Er mag, ungeduldig und unter Druck, weniger mit dem Diktionär operieren, als soviel lesen, wie ihm nur erreichbar ist. Zahlreiche Worte werden dabei zwar im Kontext sich aufschließen, aber doch lange von einem Hof der Unbestimmtheit umgeben sein, selbst lächerliche Verwechslungen dulden, bis sie, durch die Fülle der Kombinationen, in denen sie erscheinen, sich ganz enträtseln und besser, als das Diktionär erlaubte, in dem allein schon die Auswahl der Synonyma mit aller Beschränktheit und sprachlichen Undifferenziertheit des Lexikographen behaftet ist.

Wahrscheinlich hat die Widerspenstigkeit der Hegelschen Texte nicht zum letzten den Grund, daß er, in allzu großem Vertrauen auf den objektiven Geist, glaubte, ohne solchen Einschuß des Fremden auszukommen, das Unsagbare so zu sagen, wie er redete. Trotzdem werden die Elemente, die bei ihm zusammentreten, Begriffe, Urteile und Schlüsse, nicht unverständlich. Nur weisen sie über sich hinaus, sind schon der eigenen Idee nach so wenig als einzelne erfüllbar, wie sonst die Bestandstücke der außerphilosophischen Sprache, die es nur nicht von sich wissen. Unter diesem Aspekt wäre die Aufgabe, Philosophie, und gar die Hegelsche, zu verstehen, die, zu verstehen, was vor der gängigen Norm der Klarheit zu Protest gehen müßte: das Gemeinte zu denken, auch wo nicht alle seine Implikate clare et distincte vorzustellen sind.

Von der Wissenschaft her gesehen, geht in philosophische Rationalität selber, als Moment, ein Irrationales ein, und an der Philosophie ist es, dies Moment zu absorbieren, ohne darum dem Irrationalismus sich zu verschreiben. Die dialektische Methode insgesamt ist der Versuch, mit dieser Zumutung fertig zu werden, indem sie vom Bann des schlaghaften Augenblicks befreit und im ausgreifenden Gedankengefüge entfaltet wird. Philosophische Erfahrung kann der exemplarischen Evidenz, des ›So ist es‹ im Horizont untilgbarer Vagheit nicht entraten. Dabei darf sie nicht stehenbleiben; wem aber derlei Evidenz bei der Lektüre irgendeiner belasteten Stelle der Hegelschen Logik überhaupt nicht aufblitzt; wer nicht merkt, was getroffen ist, selbst wenn es sich nicht voll artikuliert, der wird so wenig verstehen wie einer, der am Ungefähr philosophischen Gefühls sich berauscht. Fanatiker der Klarheit möchten dies Aufleuchtende auslöschen. Philosophie soll bar, ohne Verzug zahlen; die Teilhabe an ihr wird in der Bilanz nach dem Modell eines Aufwands von Arbeit eingeschätzt, der seinen äquivalenten Lohn haben muß. Aber Philosophie ist der Einspruch gegen das Äquivalenzprinzip, darin unbürgerlich selbst als bürgerliche. Wer ihr – »warum soll ich mich dafür interessieren?« – Äquivalente abverlangt, betrügt sich um ihr Lebenselement, den Rhythmus von Kontinuität und Intermittenz geistiger Erfahrung.

Die Bestimmtheit von Philosophie als einer Konfiguration von Momenten ist qualitativ verschieden von der Eindeutigkeit eines jeglichen auch in der Konfiguration, weil die Konfiguration selber mehr und ein anderes ist als der Inbegriff ihrer Momente. Konstellation ist nicht System. Nicht schlichtet sich, nicht geht alles auf in ihr, aber eines wirft Licht aufs andere, und die Figuren, welche die einzelnen Momente mitsammen bilden, sind bestimmtes Zeichen und lesbare Schrift. All das ist bei Hegel, dessen Darstellungsweise zur Sprache souverän-gleichgültig sich verhielt, noch nicht artikuliert, jedenfalls kaum in den Chemismus seiner eigenen Sprachform eingedrungen. Diese ermangelt, in allzu simplem Vertrauen auf die Totalität, jener Schärfe aus kritischem Selbstbewußtsein, die im Verein mit der Reflexion auf die notwendige Inadäquanz erst die Dialektik in die Sprache einbrächte. Verhängnisvoll wird das, weil seine Formulierungen, die abschlußhaft weder sein wollen noch können, doch vielfach klingen, als wären sie es. Hegels Sprache hat den Gestus der Lehre. Ihn motiviert die Präponderanz des quasi mündlichen Vortrags über den geschriebenen Text. Vagheit, untilgbar in Dialektik, wird bei ihm zum Defekt, weil er sprachlich kein Gegengift beimischte, während sachlich, in der Betonung und schließlich dem Lob aller Arten von Vergegenständlichung, seine Philosophie sonst damit nicht geizt. Am liebsten hätte er traditionell philosophisch geschrieben, ohne die Differenz von der traditionellen Theorie in der Sprache aufzufangen. Mit diesem Manko muß sein loyaler Interpret rechnen. An ihm wäre zu leisten, was Hegel versäumte; soviel an Prägnanz herzustellen wie nur möglich, um jene Stringenz der dialektischen Bewegung darzutun, die in Prägnanz nicht sich beruhigt. Auf keinen weniger wohl als auf Hegel paßt die ohnehin problematische Norm der Philologie, den vom Autor subjektiv gemeinten Sinn herauszuarbeiten. Denn seine von der Sache unablösbare Methode will die Sache sich bewegen lassen, nicht eigene Überlegungen entwickeln. Seine Texte sind darum nicht gänzlich durchgeformt – und das wäre notwendig: individuiert –, weil es auch ihr geistiges Medium nicht derart ist, wie man es, in den hundertfünfzig Jahren seitdem, als selbstverständlich erwartet. Man gab dem anderen Stichworte, Einsätze fast wie in der Musik. Solche apriorische Kommunikation ist dann, in der Großen Logik, zum Ferment eines nicht kommunikativen Textes geworden und macht ihn hermetisch.

Der verbreitetste Einwand gegen die angebliche Hegelsche Unklarheit ist der der Äquivokationen; noch die Überwegsche Geschichte wiederholt ihn[21]. Von Belegen dafür wimmelt es. So heißt es zu Beginn der subjektiven Logik: »Was die Natur des Begriffes sey, kann so wenig unmittelbar angegeben werden, als der Begriff irgend eines andern Gegenstandes unmittelbar aufgestellt werden kann ... Ob nun wohl der Begriff nicht nur als eine subjektive Voraussetzung, sondern als absolute Grundlage anzusehen ist, so kann er dieß doch nicht sein, als insofern er sich zur Grundlage gemacht hat. Das abstrakt-Unmittelbare ist wohl ein Erstes; als dieß Abstrakte ist es aber vielmehr ein Vermitteltes, von dem also, wenn es in seiner Wahrheit gefaßt werden soll, seine Grundlage erst zu suchen ist. Diese muß daher zwar ein Unmittelbares seyn, aber so, daß es aus der Aufhebung der Vermittelung sich zum Unmittelbaren gemacht hat.«[22] Der Begriff des Begriffs wird fraglos beide Male verschieden gebraucht. Einmal emphatisch, als »absolute Grundlage«, also objektiv, im Sinn der Sache selbst, die wesentlich Geist sei; nicht nur das aber sollen die Begriffe sein, sondern zugleich die »subjektive Voraussetzung«, das Gemachte, worunter Denken sein Anderes subsumiert. Verwirrend ist die Terminologie darum, weil auch im zweiten Fall nicht, wie man es erwartete, der Plural, sondern der Singular gewählt ist, wohl darum, weil es zum Hegelschen Begriff des Begriffs ebenso prinzipiell gehört, daß er Resultat subjektiver Synthesis ist, wie daß er das An sich der Sache ausdrückt. Erleichtert wird das Verständnis, im Unterschied zu vielen anderen Hegelschen Äquivokationen, dadurch, daß die Differenzen der beiden Begriffe vom Begriff in dem Kapitel »Vom Begriff im allgemeinen« thematisch sind. Die Rechtfertigung jener Äquivokation aber bietet Hegel ein paar Seiten später, wo er die Einheit der beiden Begriffe vom Begriff entwickelt: »Ich beschränke mich hier auf eine Bemerkung, die für das Auffassen der hier entwickelten Begriffe dienen kann, und es erleichtern mag, sich darein zu finden. Der Begriff, insofern er zu einer solchen Existenz gediehen ist, welche selbst frei ist, ist nichts Anderes als Ich oder das reine Selbstbewußtseyn. Ich habe wohl Begriffe, das heißt, bestimmte Begriffe; aber Ich ist der reine Begriff selbst, der als Begriff zum Daseyn gekommen ist.«[23] Der objektive Begriff, Hegel zufolge der der Sache selbst, der zu seiner Existenz gedieh, zum Ansichseienden wurde, ist nach der Generalthesis des Hegelschen Systems zugleich selbst Subjektivität. Darum koinzidiert schließlich die nominalistische Seite des Begriffs als eines subjektiv gebildeten mit der realistischen, dem Begriff als Ansichsein, das im Zug der Vermittlungen von der Logik selber als Subjekt, Ich, erwiesen werden soll. Diese Struktur ist prototypisch für das Subalterne des Einwands gegen Äquivokationen. Wo Hegel formal ihrer sich schuldig macht, handelt es sich meist um inhaltliche Pointen, um die Explikation dessen, daß zwei distinguierte Momente ebenso verschieden wie eines sind. Der Hegel-transzendente Einwand berührt diesen kaum. Er legt das Identitätsprinzip zugrunde: Termini müßten in der einmal ihnen definierend verliehenen Bedeutung festgehalten werden. Das ist ungebrochener Nominalismus; Begriffe sollen nichts anderes sein denn Kennmarken für die Merkmaleinheiten einer Vielfalt. Je subjektiver sie geprägt sind, desto weniger soll man an ihnen rütteln, wie wenn sonst ihr Äußerliches, bloß Gemachtes sich offenbarte. Das rationalisiert der gesunde Menschenverstand damit, daß der Frevel an der Definition die Ordnung im Denken zerstörte. Der Protest dagegen wirkt so unanfechtbar, weil er auf einer Konzeption basiert, die von nichts am Objekt wissen will, wodurch das vom subjektiven Geist ihm Auferlegte dementiert zu werden vermöchte. Heftig sträubt sie sich gegen die Erfahrung, welche die Sache selbst zum Sprechen bringen will; vielleicht aus der Ahnung heraus, daß vor jener der eigene, scheinbar unbestechliche Wahrheitsbegriff zum Geständnis seiner Unwahrheit gebracht würde. Nominalismus gehört zum bürgerlichen Urgestein und gesellt in den verschiedensten Phasen, in den verschiedensten Nationen sich der Konsolidierung städtischer Verhältnisse. Deren Ambivalenz ist ihm eingesenkt. Er trägt dazu bei, das Bewußtsein vom Druck der Autorität des Begriffs zu befreien, der als vorgängige Allgemeinheit sich etabliert hat, indem er ihn entzaubert zur bloßen Abkürzung der von ihm gedeckten Partikularitäten. Aber solche Aufklärung ist immer zugleich auch deren Gegenteil: Hypostasis des Partikularen. Insofern ermuntert der Nominalismus das Bürgertum, alles als bloße Illusion zu verdächtigen, was die isolierten Individuen hemmen würde in ihrer pursuit of happiness, der unreflektierten Jagd nach dem je eigenen Vorteil. Nichts Allgemeines soll sein, das die Scheuklappen des Besonderen, den Glauben, seine Zufälligkeit sei sein Gesetz, wegrisse. »Was ist schon der Begriff?« – die Geste drückt immer zugleich auch aus, daß der Einzelne Geld zu verdienen hat und daß das wichtiger sei als alles andere. Wäre der Begriff soweit selbständig, daß er nicht in den Einzelheiten sich erschöpfte, aus denen er sich zusammensetzt, so wäre das bürgerliche Individuationsprinzip zuinnerst erschüttert. Es wird aber um so boshafter verteidigt, als es selber Schein ist; als durch die Einzelinteressen hindurch das schlechte Allgemeine sich realisiert, das tendenziell die Einzelinteressen wiederum unter sich begräbt. Dieser Schein wird krampfhaft festgehalten, weil sonst weder die Verblendeten mehr unangefochten weitermachen, noch an die Metaphysik ihrer »Jemeinigkeit«, die Heiligkeit von Besitz schlechthin, glauben könnten. Individualität ist, unter diesem Aspekt, das sich selbst zum Besitz gewordene Subjekt. Der anti-ideologische Nominalismus ist von Anbeginn auch Ideologie. Hegels Logik wollte mit ihren Mitteln, die nicht auf Gesellschaft transparent sind, diese Dialektik austragen, mit dem ideologischen Rest, daß dabei dem Liberalen das in den Einzelindividuen und über sie hinweg waltende Allgemeine zum Positiven sich verklärte. Nur eine solche ideologische Wendung erlaubt Hegel, die gesellschaftliche Dialektik von Allgemeinem und Besonderem zur logischen zu neutralisieren. Der Begriff, der bei ihm doch die Wirklichkeit selber sein soll, bleibt dadurch, daß er zur Wirklichkeit proklamiert wird, Begriff. Aber für Hegel ist das Maß des Begriffs wie bei Platon der Anspruch der Sache selbst, nicht die definitorische Veranstaltung des Subjekts. Deshalb suspendiert er die Identität des Begriffs als Kriterium von Wahrheit. Es allein aber würdigt zur Äquivokation herab, was die Bedeutungen der Begriffe verändert ihrem eigenen Gehalt zuliebe.

Gleichwohl hat Hegel das Identitätsprinzip nicht einfach umgestoßen, sondern eingeschränkt; nach seiner Art verachtet und geachtet zugleich. Nur vermöge jenes Prinzips, also indem das Leben der vom Begriff ausgedrückten Sache mit der einmal fixierten Bedeutung verglichen wird, und indem dabei die alte Bedeutung als ungültig zu Protest geht, konstituiert sich überhaupt die andere. Entweder behandelt Hegel die Termini so wie die nichtphilosophische Sprache unbedenklich viele ihrer Worte und Wortklassen: okkasionell. Während in solchen Worten manche Bedeutungsschichten konstant bleiben, empfangen sie andere je nach dem Kontext. Die philosophische Sprache bildet sich insofern der naiven an, als sie, skeptisch gegen die wissenschaftliche, durch den Zusammenhang die Starrheit von deren Definitionssystemen verflüssigt. Solche okkasionellen Äquivokationen widerfahren bei Hegel Ausdrücken wie dem verschwenderisch gebrauchten »unmittelbar«. Wo er sagen will, die Vermittlung sei in der Sache selbst, nicht zwischen mehreren Sachen, verwendet er »unmittelbar« vielfach fürs Mittelbare: eine Kategorie sei unmittelbar ihr

Gegenteil heißt dann soviel wie: sie sei in sich selbst auch ihr Gegenteil, anstatt erst durch Beziehung auf ein ihr Auswendiges. »So ist die ausschließende Reflexion Setzen des Positiven, als ausschließend das Andere, so daß dieß Setzen unmittelbar das Setzen seines Andern, es ausschließenden, ist. Dieß ist der absolute Widerspruch des Positiven, aber er ist unmittelbar der absolute Widerspruch des Negativen; das Setzen beider ist Eine Reflexion.«[24] Danach ist die Vermittlung selber unmittelbar, weil das Gesetzte, Vermittelte nichts vom Primären Verschiedenes, weil dieses selber gesetzt sei. Ähnlich, krasser noch, später in einer Anmerkung: »Die unvermittelte Identität der Form, wie sie hier noch ohne die inhaltsvolle Bewegung der Sache selbst gesetzt ist, ist sehr wichtig, bemerkt zu werden. Sie kommt in der Sache vor, wie diese in ihrem Anfange ist. So ist das reine Seyn unmittelbar das Nichts.«[25] »Unmittelbar« klingt hier bloß paradox; gemeint aber ist, daß das Nichts keine zum reinen Sein von außen hinzutretende Kategorie sei, sondern das reine Sein, als schlechthin Unbestimmtes, nichts an sich selbst. Die gründliche terminologische Analyse von Hegels Sprache könnte solche Äquivokationen vollständig registrieren und vermutlich aufhellen. Sie müßte sich auch mit Kunstworten wie Reflexion befassen. Es deckt, nach einer im nach-Kantischen Idealismus gängigen Unterscheidung, den endlichen, beschränkten Verstandesgebrauch und, etwas weitherziger, die positivistisch-szientifische Haltung insgesamt; dann jedoch auch, in der Großarchitektur der ›Wissenschaft der Logik‹, die »Reflexionsbestimmungen«, also die kritische Reflexion der objektiven ersten, quasi-Aristotelischen Kategorienlehre, die dann selbst wiederum ihrer Scheinhaftigkeit überführt wird und zum emphatischen Begriff des Begriffs geleitet. – Oder die Äquivokationen sind solche im Ernst: philosophische Kunstmittel, durch welche die Dialektik des Gedankens sich sprachlich realisieren will, zuweilen mit einer etwas gewaltsamen, Heidegger antezipierenden Tendenz, sprachliche Sachverhalte gegenüber den gemeinten zu verselbständigen, freilich mit weniger Nachdruck als Heidegger und darum unschuldiger. Schon in der Phänomenologie jongliert Hegel etwa mit »Erinnerung«: »Indem seine« – des Geistes – »Vollendung darin besteht, das was er ist, seine Substanz, vollkommen zu wissen, so ist dieß Wissen sein

Insichgehen, in welchem er sein Daseyn verläßt und seine Gestalt der Erinnerung übergiebt. In seinem Insichgehen ist er in der Nacht seines Selbstbewußtseyns versunken, sein verschwundenes Daseyn aber ist in ihr aufbewahrt, und dieß aufgehobne Daseyn, – das vorige, aber aus dem Wissen neugeborne, – ist das neue Daseyn, eine neue Welt und Geistesgestalt. In ihr hat er eben so unbefangen von vorn bei ihrer Unmittelbarkeit anzufangen und sich von ihr auf wieder groß zu ziehen, als ob alles Vorhergehende für ihn verloren wäre und er aus der Erfahrung der früheren Geister nichts gelernt hätte. Aber die Er-Innerung hat sie aufbewahrt und ist das Innere und die in der That höhere Form der Substanz. Wenn also dieser Geist seine Bildung, von sich nur auszugehen scheinend, wieder von vorn anfängt, so ist es zugleich auf einer höheren Stufe, daß er anfängt.«[26] Die abgedroschenste funktionelle Äquivokation ist die von »aufheben«; doch läßt sich die Technik auch in subtileren Fällen, geheimen Wortspielen verfolgen; zumal mit dem Begriff des Nichts verübt er einiges. Solche Sprachfiguren wollen nicht wörtlich genommen werden, sondern ironisch, als Eulenspiegelei. Ohne eine Miene zu verziehen, überführt Hegel die Sprache durch die Sprache der leeren Anmaßung ihres selbstzufriedenen Sinnes. Die Funktion der Sprache in solchen Passagen ist nicht apologetisch, sondern kritisch. Sie desavouiert das endliche Urteil, das in seiner Partikularität, objektiv und ohne etwas dagegen zu vermögen, sich gebärdet, als hätte es absolute Wahrheit. Die Äquivokation will die Unangemessenheit der statischen Logik an die in sich vermittelte, als seiende werdende Sache mit logischen Mitteln demonstrieren. Die Wendung der Logik gegen sich selbst ist das dialektische Salz von derlei Äquivokationen. – Die kurrente Auffassung von der Äquivokation ist nicht als solche unbesehen zu akzeptieren. Semantische Analyse, die Äquivokationen herauspräpariert, ist notwendige, doch keineswegs zureichende Bedingung der sprachlichen Rechenschaft von Philosophie. Zwar kann diese nicht verstehen, wer nicht etwa die Bedeutungen des Terminus immanent und des korrelativen transzendent erst einmal trennt; die logische, ob eine Überlegung innerhalb der Voraussetzungen des Theorems verbleibt, dem sie gilt, oder nicht; die erkenntnistheoretische, ob der Gedanke ausgeht von Bewußtseinsimmanenz, dem sogenannten Zusammenhang des Gegebenen innerhalb des Subjekts; die metaphysische, ob Erkenntnis in den Grenzen möglicher Erfahrung sich halte. Die Wahl des gleichen Wortes für die verschiedenen γένη ist aber selbst in der kurrenten Terminologie nicht zufällig. So hängen die erkenntnistheoretische und die metaphysische Bedeutung von transzendent zusammen; das erkenntnistheoretisch absolut Transzendente – das Kantische Ding an sich –, also das nicht im sogenannten Bewußtseinsstrom Ausweisbare, wäre auch metaphysisch transzendent. Hegel steigerte das zur These, Logik und Metaphysik seien Eines. Schon in der vordialektischen Logik vertuschen Äquivokationen nicht absolute Verschiedenheiten, sondern bezeugen auch die Einheit des Verschiedenen. Ihre Aufklärung bedarf ebenso der Einsicht in jene Einheit wie der Markierung der Differenzen. Dialektische Philosophie verhalf bloß einem Sachverhalt, der in der traditionellen Terminologie und ihrer Geschichte wider ihren Willen sich durchsetzt, zum Selbstbewußtsein. Von ihm zehren die Hegelschen Äquivokationen, wenngleich bei ihm das Moment der Distinktion zugunsten unterschiedsloser Gleichheit zuweilen verkümmert.

Trotz solchen Nachlässigkeiten sind in den Hegelschen Schriften superlativische Äußerungen über die Sprache verstreut. Sie sei »für den Geist . . . sein vollkommener Ausdruck«[27], ja »die höchste Macht unter den Menschen«[28]. Auch die Logik geht davon nicht ab. Sie behandelt das »Element der Mittheilung«: »im Körperlichen hat das Wasser die Funktion dieses Mediums; im Geistigen, insofern in ihm das Analogon eines solchen Verhältnisses Statt findet, ist das Zeichen überhaupt, und näher die Sprache dafür anzusehen«[29]. Gleicher Tendenz bereits die Lehre der Phänomenologie, der zufolge die Sprache auf die Stufe der Bildung gehört, wo »die für sich seyende Einzelnheit des Selbstbewußtseyns als solche in die Existenz« tritt, »so daß sie für Andre ist«[30]. Danach scheint es, daß Hegel, erstaunlich genug, die Sprache, der er doch ihren Ort im dritten Buch der Logik zuwies, nicht in die Sphäre des objektiven Geistes zugelassen hat, sondern wesentlich als »Medium« oder »Für Andre«, als Träger subjektiver Bewußtseinsinhalte anstatt als Ausdruck der Idee dachte. Nominalistische Züge fehlen nirgends seinem System, das sich zuspitzt wider die übliche Dichotomie, auch das ihm Konträre zu absorbieren sich gehalten sieht, und dessen Tenor dem vergeblichen Versuch widerstritte, die Kritik an der Eigenständigkeit des Begriffs einfach zurückzunehmen. Hegel mochte die Sprache, soweit er ihr seine Aufmerksamkeit zukehrte – und daß der Zeitgenosse Humboldts so wenig um sie sich kümmerte, ist auffällig genug –, eher, nach gegenwärtigen Begriffen, als Kommunikationsmittel betrachten denn als jene Erscheinung der Wahrheit, welche, wie die Kunst, Sprache strengen Sinnes für ihn sein müßte. Damit harmoniert seine Abneigung gegen kunstvolle und nachdrückliche Formulierung; er urteilt unfreundlich über die »geistreiche Sprache«[31] des sich entfremdeten Geistes, der bloßen Bildung. So reagierten Deutsche von je auf Voltaire und Diderot. In Hegel lauert schon die akademische Rancune gegen eine sprachliche Selbstreflexion, die vom mediokren Einverständnis allzu weit sich entferne; seine stilistische Indifferenz mahnt an seine fatale Bereitschaft, durch Reflexion der Reflexion mit dem vorkritischen Bewußtsein gemeinsame Sache zu machen, durch Unnaivetät die Naiven in ihrer Willfährigkeit zu bestärken. Schwerlich wünschte er die Opposition der Sprache gegen das Einverständnis, mochte nun darin seine eigene sprachliche Erfahrung oder Mangel an ihr sich niederschlagen. Seine sprachliche Praxis gehorcht einer leise archaistischen Vorstellung vom Primat des gesprochenen Wortes über das geschriebene, wie sie der wohl hegt, der eigensinnig an seinem Dialekt hängt. Die vielfach wiederholte, ursprünglich von Horkheimer stammende Bemerkung, nur der verstehe Hegel richtig, der Schwäbisch könne, ist kein bloßes Aperçu über linguistische Eigenheiten, sondern beschreibt den Hegelschen Sprachgestus selber. Er ließ es nicht bei der Geringschätzung des sprachlichen Ausdrucks sein Bewenden haben, schrieb nicht professoral um den Ausdruck unbekümmert – das bürgerte erst im Zeitalter des Niedergangs der Universitäten sich ein –, sondern erhob, sei es auch bewußtlos, sein skeptisches, dem Unverbindlichen geneigtes Verhältnis zur Sprache zum Stilisationsprinzip. Genötigt war er dazu durch eine Aporie. Er mißtraute dem eigenmächtigen, gleichsam gewalttätigen sprachlichen Ausdruck und wurde doch durchs spekulative, vom gesunden Menschenverstand der Alltagssprache überaus distanzierte Wesen der eigenen Philosophie zur spezifischen Sprachform gedrängt. Seine Lösung war, auf ihre unscheinbare Weise, recht radikal. Anstatt als Verächter des durchartikulierten Wortes selber der Sprache der Bildung, dem philosophischen Allerweltsjargon als einem Vorgegebenen und Plappernden sich zu überlassen, hat er das Prinzip der Fixierung, ohne die kein Sprachliches überhaupt ist, paradox herausgefordert. So wie man heutzutage von Anti-Materie spricht, sind die Hegelschen Texte Anti-Texte. Während das Extrem an Abstraktion, das die größten unter ihnen leisten und erheischen, äußerste Anspannung des objektivierenden, von der Unmittelbarkeit des erfahrenden Subjekts sich befreienden Denkens involviert, sind seine Bücher eigentlich keine solchen sondern notierter Vortrag; vielfach bloß Nachhall, der noch gedruckt unverbindlich bleiben will. Exzentrizitäten wie die, daß er nur den kleineren Teil seiner Werke edierte; daß das meiste, selbst die ausführliche Gestalt des Gesamtsystems, einzig in Kollegheften von Hörern oder als entwurfartiges Manuskript vorliegt, das erst aus den Niederschriften ganz sich konkretisiert – solche Züge sind seiner Philosophie inhärent. Zeit seines Lebens war Hegel Aristoteliker darin, daß er alle Phänomene auf ihre Form reduzieren wollte. So verfuhr er sogar mit dem Zufälligen der akademischen Vorlesung. Seine Texte sind deren Platonische Idee. Daß ein Denken von so maßlosem Anspruch soll darauf verzichtet haben, sich selbst bestimmt, definitiv zu überliefern, ist erklärbar einzig aus seinem Darstellungsideal, der Negation von Darstellung. Zugleich ist, in dem Lockeren eines noch im Exponiertesten eher gesprochenen als geschriebenen Vortrags, ein Korrektiv zu suchen gegen jene Hybris des Abschließenden und Endlichen, deren man Hegels Werk schon zu seinen Lebzeiten anklagte. Dieser Habitus eignet keineswegs bloß den Systemteilen, die nur als Gedächtnisstützen existieren und die er gar nicht, oder bloß kondensiert, herausgab; er hat offenbar im Laufe der Jahre eher sich verstärkt. Die Phänomenologie mag man zur Not noch als Buch betrachten, die Große Logik gestattet es nicht mehr. Ihre Lektüre mahnt an H. G. Hothos Beschreibung des Dozenten Hegel aus seiner Berliner Zeit: »Abgespannt, grämlich saß er mit niedergebücktem Kopf in sich zusammengefallen da, und blätterte und suchte immerfort sprechend in den langen Foliohefften vorwärts und rückwärts, unten und oben; das stete Räuspern und Husten störte allen Fluß der Rede, jeder Satz stand vereinzelt da, und kam mit Anstrengung zerstückt und durcheinander geworfen heraus; jedes Wort, jede Sylbe lößte sich nur widerwillig los, um von der metalleeren Stimme dann in Schwäbisch breitem Dialekt, als sey jedes das Wichtigste, einen wundersam gründlichen Nachdruck zu erhalten ... Eine glatthinströmende Beredsamkeit setzt das in- und auswendige Fertigseyn mit ihrem Gegenstande voraus, und die formelle Geschicklichkeit vermag im Halben und Platten am anmuthigsten geschwätzig fortzugleiten. Jener aber hatte die mächtigsten Gedanken aus dem untersten Grunde der Dinge heraufzufördern, und sollten sie lebendig einwirken, so mußten sie sich, wenn auch jahrelang zuvor und immer von neuem durchsonnen und verarbeitet, in stets lebendiger Gegenwart in ihm selber wieder erzeugen.«[32] Der Vortragende rebellierte gegen das verhärtete An sich der Sprache, und dabei hat seine eigene den Kopf sich eingerannt. Denkmal dieser Intention ist der Anfang des ersten Kapitels des ersten Buches der Logik, »Seyn, reines Seyn, – ohne alle weitere Bestimmung«[33], ein Anakoluth, der gleichwie mit Hebelscher Verschlagenheit sich der Not zu entwinden sucht, daß die »unbestimmte Unmittelbarkeit«, würde sie auch nur in die Form eines prädikativen Satzes wie »Seyn ist der allgemeinste Begriff, ohne alle weitere Bestimmung« gekleidet, dadurch selber bereits eine Bestimmung empfinge, durch welche der Satz sich widerspräche. Hielte man dem Kunststück entgegen, das reine Nomen sei strengen Sinnes gar nicht zu verstehen, vollends nicht von seinem Widerspruch zu handeln, da nur Sätze sich widersprechen können und nicht bloße Begriffe, so dürfte er verschmitzt dem beipflichten: der Einwand motiviere bereits die erste Antithesis zur ersten Thesis, er selbst führe ja aus, solches Sein sei nichts. In derlei Sophismen stellt jedoch eine Identitätsphilosophie, die schon mit dem ersten Wort um jeden Preis, auch den schäbigsten, das letzte behalten will, weil sie am Ende recht haben soll, nicht nur sich dumm. Unmittelbar kann der Protest der Dialektik gegen die Sprache anders als in der Sprache gar nicht laut werden. Deshalb bleibt er zur ohnmächtigen Paradoxie verurteilt, und macht aus deren Not seine Tugend.

Hothos Beschreibung fördert Einsichten zutage, die bis ins Zentrum von Hegels literarischer Form reichen. Diese ist das schroffe Gegenteil der Nietzscheschen Maxime, man könne nur über das schreiben, womit man fertig geworden sei, was man hinter sich gelassen habe. Ist der Gehalt seiner Philosophie Prozeß, so möchte sie sich selbst als Prozeß aussprechen, in permanentem status nascendi, Negation von Darstellung als einem Geronnenen, das nur dann dem Dargestellten entspräche, wenn jenes selber ein Geronnenes wäre. Mit einem anachronistischen Vergleich sind Hegels Publikationen eher Filme des Gedankens als Texte. Wie das ungeschulte Auge Details eines Films nie so festhalten wird wie die eines stillgestellten Bildes, so ergeht es mit seinen Schriften. Ihr spezifisch Prohibitives ist darin zu suchen, und an eben dieser Stelle bleibt Hegel hinter dem dialektischen Inhalt zurück. Der bedürfte, aus seiner einfachen Konsequenz, einer zu ihm antithetischen Darstellung. Die einzelnen Momente müßten sprachlich so scharf sich abheben, so verantwortlich ausgedrückt sein, daß der subjektive Denkprozeß und sein Belieben von ihnen abfällt. Assimiliert dagegen die Darstellung widerstandslos sich der Bewegungsstruktur, so wird der Preis zu billig bemessen, den die Kritik des spekulativen Begriffs an der traditionellen Logik dieser zu entrichten hat. Dem ist Hegel nicht gerecht geworden. Schuld mag mangelnde Sensibilität für die Sprachschicht insgesamt tragen; manches stofflich Krude in der Ästhetik erregt den Argwohn. Vielleicht jedoch war der sprachfeindliche Impuls eines Denkens, das die Schranke jegliches einzelnen Bestimmten als eine der Sprache wahrnimmt, so tief, daß der Stilist Hegel den Vorrang der Objektivation aufopferte, den diese inhaltlich in seinem gesamten œuvre behauptet. Der auf alle Reflexion reflektierte, reflektierte nicht auf die Sprache: in ihr bewegte er sich mit einer Lässigkeit, die unvereinbar ist mit dem Gesagten. Seine Schriften sind der Versuch, in der Darstellung dem Gehalt unmittelbar ähnlich zu werden. Ihr signifikativer Charakter tritt zurück hinter einem mimetischen, einer Art gestischer oder Kurvenschrift, seltsam disparat zum feierlichen Anspruch von Vernunft, den Hegel von Kant und der Aufklärung ererbte. Analog sind Dialekte, gar der schwäbische mit dem unübersetzbaren »Ha no«, Repositorien von Gesten, welche den Hochsprachen abgewöhnt wurden. Die vom reifen Hegel geringschätzig behandelte Romantik, die doch das Ferment seiner eigenen Spekulation war, mochte an ihm sich rächen, indem sie seiner Sprache sich bemächtigte wie ihrer eigenen im volkstümlichen Ton. Abstrakt strömend, nimmt Hegels Stil, ähnlich den Abstrakta Hölderlins, eine musikhafte Qualität an, die dem nüchternen des romantischen Schelling abgeht. Zuweilen bekundet er sich etwa im Gebrauch von antithetischen Partikeln wie »Aber« zum Zweck bloßer Verbindung: »Weil nun im Absoluten die Form nur die einfache Identität mit sich ist, so bestimmt sich das Absolute nicht; denn die Bestimmung ist ein Formunterschied, der zunächst als solcher gilt. Weil es aber zugleich allen Unterschied und Formbestimmung überhaupt enthält, oder weil es selbst die absolute Form und Reflexion ist, so muß auch die Verschiedenheit des Inhalts an ihm hervortreten. *Aber* das Absolute selbst ist die absolute Identität; dieß ist seine Bestimmung, indem alle Mannigfaltigkeit der an sich seyenden und der erscheinenden Welt, oder der innerlichen und äußerlichen Totalität in ihm aufgehoben ist.«[34] Wohl ist Hegels Stil dem üblichen philosophischen Verständnis entgegen, doch bereitet er, durch seine Schwäche, ein anderes vor: man muß Hegel lesen, indem man die Kurven der geistigen Bewegung mitbeschreibt, gleichsam mit dem spekulativen Ohr die Gedanken mitspielt, als wären sie Noten. Ist Philosophie insgesamt mit der Kunst alliiert, soweit sie im Medium des Begriffs die von diesem verdrängte Mimesis[35] erretten möchte, dann verfährt Hegel dabei wie Alexander mit dem gordischen Knoten. Er depotenziert die einzelnen Begriffe, handhabt sie, als wären sie die bilderlosen Bilder dessen, was sie intendieren. Daher der Goethesche Bodensatz des Absurden in der Philosophie des absoluten Geistes. Womit sie über den Begriff hinaus will, das treibt sie im Einzelnen stets wieder unter den Begriff. Ehre tut Hegel erst der Leser an, der nicht bloß solche fraglose Schwäche ihm ankreidet, sondern noch in ihr den Impuls wahrnimmt; versteht, warum dies oder jenes unverständlich sein muß, und dadurch es selber versteht.

Vom Leser erwartet Hegel ein Doppeltes, das dem dialektischen Wesen selber nicht schlecht anstünde. Er soll mitgleiten, vom Fluß sich tragen lassen, das Momentane nicht zum Verweilen nötigen. Sonst veränderte er es trotz größter Treue und durch sie. Andererseits jedoch ist ein intellektuelles Zeitlupenverfahren auszubilden, das Tempo bei den wolkigen Stellen so zu verlangsamen, daß diese nicht verdampfen, sondern als Bewegte sich ins Auge fassen lassen. Kaum je werden beide Verfahren demselben Akt des Lesens zuteil. Er wird ebenso in seine Gegensätze sich zerlegen müssen wie der Gehalt selber. Die Marxische Formulierung, Philosophie gehe in Geschichte über, charakterisiert in gewissem Sinn bereits Hegel*. Indem bei ihm Philosophie zum Zusehen und Beschreiben der Bewegung des Begriffs wird, entwirft virtuell die Phänomenologie des Geistes dessen Historiographie. Hastig gleichsam versucht Hegel, die Darstellung danach zu modeln; so zu philosophieren, als ob man Geschichte schriebe, durch den Denkmodus die in Dialektik konzipierte Einheit des Systematischen und Historischen erzwänge. Unter dieser Perspektive wäre, was der Hegelschen Philosophie an clarté mangelt, bedingt von der hineinragenden historischen Dimension. In der Darstellung birgt sich die Spur des dem Begriff inkommensurablen empirischen Elements. Weil es vom Begriff nicht rein durchdrungen werden kann, ist es an sich widerspenstig gegen die Norm der clarté, die, ursprünglich explizit, später ohne daran sich zu erinnern, dem Ideal des wie aller Empirie so auch der historischen entgegengesetzten Systems entlehnt ist. Während Hegel zur Integration des geschichtlichen Moments ins logische, und umgekehrt, gedrängt ist, verwandelt sich doch der Versuch dazu in Kritik an seinem eigenen System. Es muß die begriffliche Irreduktibilität

* »Die selbständige Philosophie verliert mit der Darstellung der Wirklichkeit ihr Existenzminimum. An ihre Stelle kann höchstens eine Zusammenfassung der allgemeinsten Resultate treten, die sich aus der Betrachtung der historischen Entwicklung der Menschen abstrahieren lassen. Diese Abstraktionen haben für sich, getrennt von der wirklichen Geschichte, durchaus keinen Wert. Sie können nur dazu dienen, die Ordnung des geschichtlichen Materials zu erleichtern, die Reihenfolge seiner einzelnen Schichten anzudeuten.« (Marx-Engels, Die deutsche Ideologie, Berlin 1953, S. 23 f.) Pointierter noch eine Textvariante: »Wir kennen nur eine einzige Wissenschaft, die Wissenschaft der Geschichte. Die Geschichte kann von zwei Seiten aus betrachtet, in die Geschichte der Natur und die Geschichte der Menschheit abgeteilt werden. Beide Seiten sind indes nicht zu trennen; solange Menschen existieren, bedingen sich Geschichte der Natur und Geschichte der Menschen gegenseitig.« (Deutsche Ideologie, in: MEGA, Bd. V, 1. Abteilung, Berlin 1932, S. 567.)

des in sich selbst historischen Begriffs einbekennen: nach logisch-systematischen Kriterien stört Geschichtliches, trotz allem, als blinder Fleck. In der Rechtsphilosophie hat Hegel das sehr wohl gesehen, freilich damit eine seiner zentralen Intentionen desavouiert und für die herkömmliche Trennung des Historischen und Systematischen optiert: »Das in der Zeit erscheinende Hervortreten und Entwickeln von Rechtsbestimmungen zu betrachten, – diese rein geschichtliche Bemühung, so wie die Erkenntniß ihrer verständigen Konsequenz, die aus der Vergleichung derselben mit bereits vorhandenen Rechtsverhältnissen hervorgeht, hat in ihrer eigenen Sphäre ihr Verdienst und ihre Würdigung und steht außer dem Verhältniß mit der philosophischen Betrachtung, insofern nämlich die Entwickelung aus historischen Gründen sich nicht selbst verwechselt mit der Entwickelung aus dem Begriffe, und die geschichtliche Erklärung und Rechtfertigung nicht zur Bedeutung einer an und für sich gültigen Rechtfertigung ausgedehnt wird. Dieser Unterschied, der sehr wichtig und wohl festzuhalten ist, ist zugleich sehr einleuchtend; eine Rechtsbestimmung kann sich aus den Umständen und vorhandenen Rechts-Institutionen als vollkommen gegründet und konsequent zeigen lassen und doch an und für sich unrechtlich und unvernünftig seyn, wie die Menge der Bestimmungen des römischen Privatrechts, die aus solchen Institutionen, als die römische väterliche Gewalt, der römische Ehestand, ganz konsequent flossen. Es seyen aber auch die Rechtsbestimmungen rechtlich und vernünftig, so ist es etwas ganz anderes, dieß von ihnen aufzuzeigen, was allein durch den Begriff wahrhaftig geschehen kann, und ein anderes, das Geschichtliche ihres Hervortretens darzustellen, die Umstände, Fälle, Bedürfnisse und Begebenheiten, welche ihre Feststellung herbeigeführt haben. Ein solches Aufzeigen und (pragmatisches) Erkennen aus den nähern oder entferntern geschichtlichen Ursachen heißt man häufig: Erklären oder noch lieber Begreifen, in der Meinung, als ob durch dieses Aufzeigen des Geschichtlichen Alles oder vielmehr das Wesentliche, worauf es allein ankomme, geschehe, um das Gesetz oder die Rechts-Institution zu begreifen; während vielmehr das wahrhaft Wesentliche, der Begriff der Sache, dabei gar nicht zur Sprache gekommen ist.«[36]

In dem Begriffslosen, das der Hegelschen Bewegung des Begriffs widersteht, gewinnt die Nichtidentität über ihn die Oberhand. Was am Ende die gegen das Identitätssystem sich behauptende Wahrheit wäre, wird in diesem selbst zu seinem Makel, zum Undarstellbaren. Darauf wird von Hegels Lesern seit je allergisch reagiert. Der restaurative Liberale verletzt ein bürgerliches Tabu. Vorgewiesenes soll fertig, abgeschlossen sein, wohl nach den Gepflogenheiten des Warentauschs, in dem der Kunde darauf insistiert, daß das ihm um den vollen Preis Gelieferte nun auch das gesamte Quantum Arbeit verkörpere, für welches er das Äquivalent zahlt; bleibt noch etwas daran zu tun, so fühlt er sich betrogen. Die Arbeit und Anstrengung des Begriffs, welche die Hegelsche Philosophie nicht bloß von sich sondern in einem über jedes gewohnte Maß von Rezeption qualitativ hinausgehenden Sinn vom Leser erwartet, wird ihm angekreidet, als hätte er nicht genügend Schweiß aufgewandt. Das Tabu reicht hinab bis in das idiosynkratische Gebot des Marktes, daß am Produkt die Spur des Menschlichen getilgt, daß es selber reines An sich sei. Der Fetischcharakter der Ware ist nicht bloß Schleier sondern Imperativ. Geronnene Arbeit, der man anmerkt, daß sie die von Menschen ist, wird mit Ekel abgewehrt. Ihr Menschengeruch verrät den Wert als Verhältnis zwischen Subjekten anstelle des den Dingen Anhaftenden, als das er registriert wird. Der Besitz, unter dessen Kategorie die bürgerliche Gesellschaft auch ihre Geistesgüter subsumiert, ist kein absoluter. Wird das sichtbar, so scheint am Heiligsten gefrevelt. Wissenschaftler geraten gern in Wut angesichts von Theoremen oder Gedanken, die sie noch nicht als vollbewiesene nach Hause tragen können. Das Unbehagen am Konzeptcharakter, welcher der Hegelschen Philosophie nicht äußerlich ist, rationalisiert sich dann zur hämischen Behauptung, der Inkriminierte bringe selber nicht zustande, wozu er den anderen verhalte. So in dem bekannten Bericht des Tübinger Universitätskanzlers Gustav Rümelin über Hegel. Mit unverwüstlich wohlfeiler Ironie fragt er: »Verstehst du es denn? bewegt sich der Begriff in dir von selbst und ohne dein Zutun? schlägt er in sein Gegenteil um, und springt daraus die höhere Einheit der Gegensätze hervor?«[37] Als ob es darum sich handelte, daß der bewundernd oder abschätzig vielberufene »spekulative Kopf«

subjektiv irgendwelche besonderen Saltos absolviere, um fertigzubringen, was Hegel dem Begriff selber zuschreibt; als wäre die Spekulation ein esoterisches Vermögen, nicht die kritische Selbstbesinnung der Reflexion, dieser feindlich verschwistert wie nur bereits bei Kant die Vernunft dem Verstande. Unter den Voraussetzungen dafür, Hegel recht zu lesen, ist wohl die erste, solcher eingewurzelter Gewohnheiten sich zu entschlagen, die der Inhalt der Hegelschen Philosophie dementiert. Nichts hilft es, sich abzuzappeln wie der Kalif und der Großwesir als Störche, die vergebens auf das Wort mutabor sich besinnen. Weder ist der von Hegel gelehrte Umschlag endlicher in unendliche Bestimmungen ein Tatbestand subjektiven Bewußtseins, noch bedarf es dazu eines besonderen Akts. Gemeint ist philosophische Kritik der Philosophie, so rational wie diese selbst. Das einzige subjektive Desiderat ist, sich nicht zu verstocken, sondern Motivationen einzusehen wie bei Kant und Fichte, ohne daß im übrigen, wer dazu fähig ist, die Bewegung des Begriffs als Realität sui generis nun auch gläubig zu akzeptieren brauchte.

Diese Desiderate der Hegellektüre sind aber nur dann zu schützen vor der Divagation, wenn sie ergänzt werden durch zäheste Beharrlichkeit vorm Detail. Genetisch mag diese vorhergehen; erst dort, wo sie kategorisch mißlingt, mag die dynamisch distanzierte Verhaltensweise des Lesenden sie berichtigen. Zur Mikrologie veranlaßt gerade der unbestrittene Mangel an Unterschiedenheit der Begriffe und Überlegungen: an Plastik. Zuweilen muß es selbst dem legendären geneigten Leser aus dem früheren neunzehnten Jahrhundert wie ein Mühlrad im Kopf herumgegangen sein. Die Bezogenheit der Kategorien aufs Ganze wird von ihrer spezifischen, eingeschränkten Bedeutung an Ort und Stelle kaum je mit Nachdruck gesondert. Idee bedeutet einerseits selbst das Absolute, das Subjekt-Objekt; andererseits aber soll sie, als dessen geistige Erscheinung, doch wieder ein anderes als die objektive Totalität sein. Beides erscheint in der subjektiven Logik. Die Idee ist darin, manchmal, Subjekt-Objekt: »Die absolute Idee allein ist Seyn, unvergängliches Leben, sich wissende Wahrheit, und ist alle Wahrheit«[38]; oder: »Die Idee hat aber nicht nur den allgemeineren Sinn des wahrhaften Seyns, der Einheit von Begriff und Realität, sondern den bestimmteren von subjektivem Begriffe und der Objektivität.«[39] Dagegen unterscheidet sie Hegel anderwärts im gleichen, dritten Buch von der objektiven Totalität: »Die Idee hat sich nun gezeigt als der wieder von der Unmittelbarkeit, in die er im Objekte versenkt ist, zu seiner Subjektivität befreite Begriff, welcher sich von seiner Objektivität unterscheidet, die aber ebenso sehr von ihm bestimmt und ihre Substantialität nur in jenem Begriffe hat... Aber dieß ist bestimmter aufzufassen. Der Begriff, indem er wahrhaft seine Realität erreicht hat, ist dieß absolute Urtheil, dessen Subjekt als die sich auf sich beziehende negative Einheit sich von seiner Objektivität unterscheidet, und das An- und Fürsichseyn derselben ist, aber wesentlich sich durch sich selbst auf sie bezieht«[40], und entsprechend: »Die Bestimmtheit der Idee und der ganze Verlauf dieser Bestimmtheit nun hat den Gegenstand der logischen Wissenschaft ausgemacht, aus welchem Verlauf die absolute Idee selbst für sich hervorgegangen ist; für sich aber hat sie sich als dieß gezeigt, daß die Bestimmtheit nicht die Gestalt eines Inhalts hat, sondern schlechthin als Form, daß die Idee hiernach als die schlechthin allgemeine Idee ist.«[41] Schließlich gar benutzt er beides im gleichen Argumentationszusammenhang: »Indem die Idee sich nämlich als absolute Einheit des reinen Begriffs und seiner Realität setzt, somit in die Unmittelbarkeit des Seyns zusammennimmt, so ist sie als die Totalität in dieser Form, – Natur. – Diese Bestimmung ist aber nicht ein Gewordenseyn und Übergang, wie, nach oben, der subjektive Begriff in seiner Totalität zur Objektivität, auch der subjektive Zweck zum Leben wird. Die reine Idee, in welcher die Bestimmtheit oder Realität des Begriffes selbst zum Begriffe erhoben ist, ist vielmehr absolute Befreiung, für welche keine unmittelbare Bestimmung mehr ist, die nicht ebenso sehr gesetzt und der Begriff ist; in dieser Freiheit findet daher kein Übergang Statt, das einfache Seyn, zu dem sich die Idee bestimmt, bleibt ihr vollkommen durchsichtig, und ist der in seiner Bestimmung bei sich selbst bleibende Begriff. Das Übergehen ist also hier vielmehr so zu fassen, daß die Idee sich selbst frei entläßt, ihrer absolut sicher und in sich ruhend.«[42] Wie die faule Existenz bei Hegel eximiert ist von jenem Wirklichen, das da vernünftig sei, bleibt unvermeidlich die Idee trotz allem soweit χωρίς von der Wirklichkeit, wie diese auch faule Existenz ist. Solche Inkonzinitäten sind verstreut gerade über die Haupttexte Hegels. Aufgabe ist dann die Disjunktion des Spezifischen und des Allgemeineren, hic et nunc nicht Fälligen; beides verschränkt sich in den bei Hegel beliebten Sprachfiguren. Er wollte die Gefahr der Flucht ins Allgemeine abwehren, als er einer ästhetischen Teedame, die ihn fragte, was man denn bei dem oder jenem sich zu denken habe, antwortete: eben dieses. Aber die Frage war nicht so töricht, wie sie in der Abfertigung erscheint. Die Megäre mochte gemerkt haben, daß das Leerbewußtsein: also was ein Paragraph jeweils im Zusammenhang der Logik leistet, die Stelle der Leistung selbst usurpiert, von der allein abhängt, ob es zu jenem Zusammenhang überhaupt kommt. Was man sich dabei zu denken habe, meldet einen falschen Anspruch an, soweit es das bloße Unverständnis bekundet und das Heil von Illustrationen der Sache erhofft, die, als Illustrationen, fehlgehen; heißt jedoch ganz richtig: daß jede Einzelanalyse zu erfüllen ist, daß die Lektüre der erörterten, getroffenen, sich verwandelnden Sachverhalte habhaft werden muß, nicht bloßer Richtungskonstanten. Der häufigste Mangel der Hegelinterpretation ist, daß die Analyse nicht inhaltlich mitvollzogen wird, sondern bloß der Wortlaut paraphrasiert. Solche Exegese steht dann meist zur Sache im gleichen Verhältnis wie, nach Schelers Witz, der Wegweiser zum durchmessenen Weg. Hegel selbst hat vielfach die Erfüllung selber nicht vollbracht, sondern durch umschreibende Deklarationen der Absicht ersetzt. In der Rechtsphilosophie etwa wird die spekulative Deduktion der Monarchie prätendiert, nicht geleistet, und dadurch bleibt ihr Ergebnis schutzlos gegen jeden Einwand: »Dieses letzte Selbst des Staatswillens ist in dieser seiner Abstraktion einfach und daher unmittelbare Einzelnheit; in seinem Begriffe selbst liegt hiermit die Bestimmung der Natürlichkeit; der Monarch ist daher wesentlich als dieses Individuum, abstrahirt von allem anderen Inhalte, und dieses Individuum auf unmittelbare natürliche Weise, durch die natürliche Geburt, zur Würde des Monarchen bestimmt. Dieser Übergang vom Begriff der reinen Selbstbestimmung in die Unmittelbarkeit des Seyns und damit in die Natürlichkeit ist rein spekulativer Natur, seine Erkenntniß gehört daher der logischen Philosophie an. Es ist übrigens im Ganzen derselbe Übergang, welcher als die Natur des Willens überhaupt bekannt und der Proceß ist, einen Inhalt aus der Subjektivität (als vorgestellten Zweck) in das Daseyn zu übersetzen (§ 8). Aber die eigenthümliche Form der Idee und des Überganges, der hier betrachtet wird, ist das unmittelbare Umschlagen der reinen Selbstbestimmung des Willens (des einfachen Begriffes selbst) in ein Dieses und natürliches Daseyn, ohne die Vermittelung durch einen besondern Inhalt – (einen Zweck im Handeln). – ... Zusatz. Wenn man oft gegen den Monarchen behauptet, daß es durch ihn von der Zufälligkeit abhänge, wie es im Staate zugehe, da der Monarch übel gebildet seyn könne, da er vielleicht nicht werth sey, an der Spitze desselben zu stehen, und daß es widersinnig sey, daß ein solcher Zustand als ein vernünftiger existiren solle: so ist eben die Voraussetzung hier nichtig, daß es auf die Besonderheit des Charakters ankomme. Es ist bei einer vollendeten Organisation nur um die Spitze formellen Entscheidens zu thun, und man braucht zu einem Monarchen nur einen Menschen, der ›Ja‹ sagt und den Punkt auf das I setzt; denn die Spitze soll so seyn, daß die Besonderheit des Charakters nicht das Bedeutende ist. Was der Monarch noch über diese letzte Entscheidung hat, ist etwas, das der Partikularität anheimfällt, auf die es nicht ankommen darf. Es kann wohl Zustände geben, in denen diese Partikularität allein auftritt, aber alsdann ist der Staat noch kein völlig ausgebildeter, oder kein wohl konstruirter. In einer wohlgeordneten Monarchie kommt dem Gesetz allein die objektive Seite zu, welchem der Monarch nur das subjektive ›Ich will‹ hinzuzusetzen hat.«[43] Entweder drängt in dies »Ich will« sich doch all die schlechte Zufälligkeit zusammen, die Hegel bestreitet, oder der Monarch ist wirklich nur ein entbehrlicher Jasager. Solche Schwächen enthalten aber auch vielfach die entscheidende Anweisung zum Verständnis. Immanente Treue zur Intention verlangt in besseren Fällen als dem ungeschickt ideologischen der Rechtsphilosophie, daß man den Text, um ihn zu verstehen, ergänze oder überschreite. Dann hilft es nichts, über kryptische Einzelformulierungen zu brüten und sich in oftmals unschlichtbare Kontroversen über das Gemeinte einzulassen. Vielmehr ist die Absicht freizulegen; aus ihrer Kenntnis sind die Sachverhalte zu rekonstruieren, die Hegel stets fast vorschweben, auch wo seine eigene Formulierung davon abprallt. Wichtiger, als was er meinte, ist, worüber er redet; aus dem Programm ist die Sachlage und das Problem herzustellen, danach selbständig zu durchdenken. Der Vorrang der Objektivität über den gewollten Gedankenzug, des bestimmten Sachverhalts, der betrachtet werden soll, bildet noch in Hegels Philosophie eine Instanz gegen diese. Zeichnet sich innerhalb eines Paragraphen dessen Problem an sich ab als umrissen und gelöst – das Geheimnis der philosophischen Methode mag man darin vermuten, daß ein Problem verstehen und lösen eigentlich eines sei –, so wird sich auch die Intention Hegels verdeutlichen, sei es, daß nun das von ihm kryptisch Gedachte von sich aus sich entschleiert, sei es, daß seine Überlegungen sich artikulieren durch das, was sie selber versäumten.

Die Aufgabe der Versenkung ins einzelne bedarf der Besinnung über die Binnenstruktur der Hegelschen Texte. Sie ist so wenig die übliche geradlinig fortschreitender Gedankenentwicklung wie die Folge diskret gegeneinander abgesetzter, sich selbst genügender Analysen. Auch der Vergleich mit dem Gewebe, den sie zuweilen provoziert, ist ungenau: er unterschlägt das dynamische Moment. Charakteristisch jedoch dessen Fusion mit dem statischen. Hegels belastete Kapitel weigern sich der Distinktion zwischen der Analyse von Begriffen, der »Erläuterung«, und der Synthesis als dem Fortgang zu einem Neuen, das im Begriff selber nicht enthalten sei. Das stört die Orientierung darüber, wo man nun jeweils hält. »Stockend schon begann er, strebte weiter, fing noch einmal an, hielt wieder ein, sprach und sann, das treffende Wort schien für immer zu fehlen, und nun erst schlug es am sichersten ein, es schien gewöhnlich und war doch unnachahmlich passend, ungebräuchlich und dennoch das einzig rechte; das Eigentlichste schien immer erst folgen zu sollen, und doch war es schon unvermerkt so vollständig als möglich ausgesprochen. Nun hatte man die klare Bedeutung eines Satzes gefaßt, und hoffte sehnlichst weiterzuschreiten. Vergebens. Der Gedanke statt vorwärts zu rücken drehte sich mit den ähnlichen Worten stets wieder um denselben Punkt. Schweifte jedoch die erlahmte Aufmerksamkeit zerstreuend ab, und kehrte nach Minuten erst plötzlich aufgeschreckt zu dem Vortrage zurück, so fand sie zur Strafe sich aus allem Zusammenhange herausgerissen. Denn leise und bedachtsam durch scheinbar bedeutungslose Mittelglieder fortleitend hatte sich irgendein voller Gedanke zur Einseitigkeit beschränkt, zu Unterschieden auseinandergetrieben, und in Widersprüche verwickelt, deren siegreiche Lösung erst das Widerstrebendste endlich zur Wiedervereinigung zu bezwingen kräftig war. Und so das Frühere sorglich immer wieder aufnehmend, um vertiefter umgestaltet daraus das Spätere entzweiender und doch stets versöhnungsreicher zu entwickeln, schlang sich und drängte und rang der wunderbarste Gedankenstrom bald vereinzelnd, bald weit zusammenfassend, stellenweise zögernd, ruckweise fortreißend, unaufhaltsam vorwärts.«[44] Mit einiger Freiheit wäre zu behaupten, daß, im Hegelschen System selbst wie in dessen Vortrag, nicht mehr so strikt analytische und synthetische Urteile auseinandergehalten werden wie nach dem Kantischen ABC. Auch darin komponiert Hegel eine durch Subjektivität vermittelte Reprise des vor-Kantischen, zumal Leibniz'schen Rationalismus, und das modelt die Darstellung. Diese hat tendenziell die Form des analytischen Urteils, so wenig Hegel dieser logischen Form selber, der abstrakten Identität des Begriffs, hold war. Die gedankliche Bewegung, der Eintritt des Neuen, fügt nicht Kantisch dem grammatischen Subjektbegriff etwas hinzu. Das Neue ist das Alte. Durch die Explikation der Begriffe, also durch das, was nach traditioneller Logik und Erkenntnistheorie die analytischen Urteile leisten, wird im Begriff selber, ohne den Umfang des Begriffs zu verletzen, sein Anderes, Nichtidentisches als sein Sinnesimplikat evident. Der Begriff wird solange hin- und hergewendet, bis sich ergibt, daß er mehr ist, als er ist. Er geht in die Brüche, sobald er auf sich beharrt, während doch nur die Katastrophe solcher Beharrung die Bewegung stiftet, die ihn in sich zu einem anderen macht. Das Modell dieser gedanklichen Struktur ist die Behandlung des Identitätssatzes A = A, die schon in der Differenzschrift skizziert und dann in der Logik energisch durchgeführt ist. Zum Sinn eines rein identischen Urteils gehöre die Nichtidentität seiner Glieder; in einem Einzelurteil könne Gleichheit überhaupt nur von Ungleichem prädiziert werden, wofern nicht der immanente Anspruch der Urteilsform: daß etwas dies oder jenes sei, versäumt werden soll. Ähnlich sind zahlreiche Überlegungen Hegels organisiert, und man muß den Modus einmal sich verdeutlicht haben, um nicht stets wieder von ihm verwirrt zu werden. Seiner Mikrostruktur nach ist das Hegelsche Denken, und dessen literarische Gestalt, bereits das, was Benjamin Dialektik im Stillstand nannte, vergleichbar der Erfahrung des Auges am Wassertropfen unter dem Mikroskop, der zu wimmeln beginnt; nur daß, worauf ein hartnäckiger, bannender Blick fällt, nicht gegenständlich fest umgrenzt ist, sondern gleichsam an den Rändern ausgefranst. Eine der berühmtesten Stellen aus der Vorrede der Phänomenologie verrät etwas von jener Binnenstruktur: »Die Erscheinung ist das Entstehen und Vergehen, das selbst nicht entsteht und vergeht, sondern an sich ist, und die Wirklichkeit und Bewegung des Lebens der Wahrheit ausmacht. Das Wahre ist so der bacchantische Taumel, an dem kein Glied nicht trunken ist, und weil jedes, indem es sich absondert, eben so unmittelbar sich auflöst, – ist er eben so die durchsichtige und einfache Ruhe. In dem Gerichte jener Bewegung bestehen zwar die einzelnen Gestalten des Geistes wie die bestimmten Gedanken nicht, aber sie sind so sehr auch positive nothwendige Momente, als sie negativ und verschwindend sind. – In dem Ganzen der Bewegung, es als Ruhe aufgefaßt, ist dasjenige, was sich in ihr unterscheidet und besonderes Daseyn giebt, als ein solches, das sich erinnert, aufbewahrt, dessen Daseyn das Wissen von sich selbst ist, wie dieses eben so unmittelbar Daseyn ist.«[45] Freilich bleibt dabei, und an analogen Stellen der Logik[46], der Stillstand der Totalität vorbehalten wie in Goethes Spruch von allem Drängen als ewiger Ruh. Aber wie jeder Aspekt des Ganzen ist auch dieser bei Hegel zugleich einer von jedem Einzelnen, und seine Ubiquität mochte Hegel daran hindern, von ihm Rechenschaft zu geben. Er war zu nahe daran; es verbarg sich ihm als ein Stück unreflektierter Unmittelbarkeit.

Die Binnenstruktur hat aber weitreichende Konsequenz auch für den Zusammenhang: rückwirkende Kraft. Die verbreitete Vorstellung von der Dynamik des Hegelschen Denkens: die Bewegung des Begriffs sei nichts als der Fortschritt von einem zum anderen kraft der inneren Vermitteltheit des einen, ist zumindest einseitig. Insofern die Reflexion jeden Begriffs, regelmäßig verbunden mit der Reflexion der Reflexion, den Begriff durch den Nachweis seiner Unstimmigkeit sprengt, affiziert die Bewegung des Begriffs stets auch das Stadium, dem sie sich entringt. Der Fortgang ist permanente Kritik des Vorhergehenden, und solche Bewegung ergänzt die synthetisch fortschreitende. In der Dialektik der Identität wird also nicht nur als deren höhere Form die Identität des Nichtidentischen, das A = B, das synthetische Urteil erreicht, sondern dessen eigener Gehalt wird als notwendiges Moment bereits des analytischen Urteils A = A erkannt. Umgekehrt ist auch die einfache formale Identität des A = A in der Gleichsetzung des Nichtidentischen aufbewahrt. Manchmal springt demgemäß die Darstellung zurück. Was nach dem simplen Schema der Triplizität das Neue wäre, enthüllt sich als der umbeleuchtete, modifizierte Ausgangsbegriff der je in Rede stehenden dialektischen Einzelbewegung. Belegt sei das, als von Hegel selbst gemeint, an der »Selbstbestimmung des Wesens zum Grund« aus dem zweiten Buch der Logik: »Insofern von der Bestimmung aus, als dem Ersten, Unmittelbaren zum Grunde fortgegangen wird, (durch die Natur der Bestimmung selbst, die durch sich zu Grunde geht,) so ist der Grund zunächst ein durch jenes Erste Bestimmtes. Allein dieß Bestimmen ist eines Theils als Aufheben des Bestimmens die nur wiederhergestellte, gereinigte oder geoffenbarte Identität des Wesens, welche die Reflexions-Bestimmung an sich ist; – andern Theils ist diese negierende Bewegung als Bestimmen erst das Setzen jener Reflexions-Bestimmtheit, welche als die unmittelbare erschien, die aber nur von der sich selbst ausschließenden Reflexion des Grundes gesetzt und hierin als nur Gesetztes oder Aufgehobenes gesetzt ist. – So kommt das Wesen, indem es sich als Grund bestimmt, nur aus sich her.«[47] – In der subjektiven Logik bestimmt Hegel, generell und ein wenig formalistisch, das »dritte Glied« des dreitaktigen Schemas als das abgewandelte erste der in Rede stehenden dialektischen Einzelbewegung: »In diesem Wendepunkt der Methode kehrt der Verlauf des Erkennens zugleich in sich selbst zurück. Diese Negativität ist als der sich aufhebende Widerspruch die Herstellung der ersten Unmittelbarkeit, der einfachen Allgemeinheit; denn unmittelbar ist das Andere des Andern, das Negative des Negativen, das Positive, Identische, Allgemeine. Dieß zweite Unmittelbare ist im ganzen Verlaufe, wenn man überhaupt zählen will, das Dritte zum ersten Unmittelbaren und zum Vermittelten. Es ist aber auch das Dritte zum ersten oder formellen Negativen, und zur absoluten Negativität oder dem zweiten Negativen; insofern nun jenes erste Negative schon der zweite Terminus ist, so kann das als Dritte gezähltes auch als Viertes gezählt, und statt der Triplicität die abstrakte Form als eine Quadruplicität genommen werden; das Negative oder der Unterschied ist auf diese Weise als eine Zweiheit gezählt. – ... Näher ist nun das Dritte das Unmittelbare aber durch Aufhebung der Vermittelung, das Einfache durch Aufheben des Unterschiedes, das Positive durch Aufheben des Negativen, der Begriff, der sich durch das Andersseyn realisirt, und durch Aufheben dieser Realität ... seine einfache Beziehung auf sich hergestellt hat. Dieß Resultat ist daher die Wahrheit. Es ist ebenso sehr Unmittelbarkeit als Vermittelung; – aber diese Formen des Urtheils: das Dritte ist Unmittelbarkeit und Vermittelung, oder es ist die Einheit derselben, sind nicht vermögend, es zu fassen, weil es nicht ein ruhendes Drittes, sondern eben als diese Einheit, die sich mit sich selbst vermittelnde Bewegung und Thätigkeit ist. – ... Dieß Resultat hat nun als das in sich gegangene und mit sich identische Ganze sich die Form der Unmittelbarkeit wieder gegeben. Somit ist es nun selbst ein solches, wie das Anfangende sich bestimmt hatte.«[48] Die Musik des Beethovenschen Typus, nach deren Ideal die Reprise, also die erinnernde Wiederkehr früher exponierter Komplexe, Resultat der Durchführung, also der Dialektik sein will, bietet dazu ein Analogon, das bloße Analogie überschreitet. Auch hochorganisierte Musik muß man mehrdimensional, von vorwärts zugleich und rückwärts hören. Das erheischt ihr zeitliches Organisationsprinzip: Zeit ist nur durch Unterschiede des Bekannten und nicht schon Bekannten, des Dagewesenen und des Neuen zu artikulieren; Fortgang selber hat zur Bedingung ein rückläufiges Bewußtsein. Man muß einen ganzen Satz kennen, in jedem Augenblick des Vorhergehenden retrospektiv gewahr sein. Die einzelnen Passagen sind als dessen Konsequenzen aufzufassen, der Sinn abweichender Wiederholung ist zu realisieren, das Wiedererscheinende nicht bloß als architektonische Korrespondenz, sondern als zwangvoll Gewordenes wahrzunehmen. Vielleicht hilft zum Verständnis dieser Analogie wie zum innersten Hegels, daß die Auffassung der Totalität als der in sich durch Nichtidentität ver-

mittelten Identität ein künstlerisches Formgesetz aufs philosophische überträgt. Die Übertragung ist selber philosophisch motiviert. Der absolute Idealismus möchte so wenig ein seinem eigenen Gesetz Fremdes und Äußerliches tolerieren wie die dynamische Teleologie der gleichzeitigen Kunst, zumal der klassizistischen Musik. Hat der reife Hegel die Schellingsche intellektuelle Anschauung als zugleich begriffslose und mechanische Schwärmerei verfemt, so ist dafür die Gestalt der Hegelschen Philosophie den Kunstwerken unvergleichlich viel näher als die Schellingsche, welche die Welt nach dem Urbild des Kunstwerks konstruieren wollte. Kunst, als von der Empirie Abgehobenes, bedarf konstitutiv eines Unauflöslichen, Nichtidentischen; sie wird Kunst nur an dem, was sie nicht selber ist. Das erbt sich fort an den von Schelling niemals liquidierten Dualismus seiner Philosophie, die ihren Begriff von Wahrheit von der Kunst empfängt. Ist aber diese nicht eine von der Philosophie gesonderte, sie urbildlich geleitende Idee; will Philosophie als solche vollbringen, was in der Kunst, als einem Schein, nicht vollbracht sei, so wird eben dadurch die philosophische Totalität ästhetisch, Schauplatz des Scheins absoluter Identität. Er ist in der Kunst unschädlicher, soweit diese sich noch als Schein setzt und nicht als verwirklichte Vernunft.
Wie in Kunstwerken Spannung waltet zwischen Expression und Konstruktion, so bei Hegel eine zwischen dem Ausdruckselement und dem argumentativen. Gemäßigter freilich kennt es jede Philosophie, die nicht in der unreflektierten Nachahmung des Wissenschaftsideals sich befriedigt. Das Ausdruckselement repräsentiert bei Hegel Erfahrung; das was eigentlich ans Licht möchte, aber anders als durchs begriffliche Medium, primär seinen Gegensatz, nicht hervortreten kann, wofern es Necessität erlangen soll. Solches Ausdrucksbedürfnis ist keineswegs, und am letzten bei Hegel, eines der subjektiven Weltanschauung. Vielmehr ist es selber bereits objektiv determiniert. Es gilt, in jeder nachdrücklichen Philosophie, der geschichtlich erscheinenden Wahrheit. Im Nachleben der philosophischen Werke, der Entfaltung ihres Gehalts, befreit sich stufenweise, was sie ausdrücken, von dem, was sie bloß dachten. Aber gerade die Objektivität des Erfahrungsgehalts, welche, als bewußtlose Historiographie des Geistes, das subjektiv Gemeinte überwächst, regt sich in der Philosophie zu-

nächst, als wäre sie deren subjektives Moment. Darum kräftigt sie sich an eben jener denkenden Aktivität, die am Ende im offenbaren Erfahrungsgehalt erlischt. Sogenannte philosophische Grund- oder gar Urerfahrungen, die unmittelbar als solche sich aussprechen wollten, ohne zur Überlegung sich zu entäußern, blieben ohnmächtige Innervationen. Subjektive Erfahrung ist nur die Hülle der philosophischen, die unter ihr gedeiht und die jene dann abwirft. Die gesamte Hegelsche Philosophie ist eine einzige Anstrengung, geistige Erfahrung in Begriffe zu übersetzen. Die Steigerung der Denkapparatur, die man so gern als Zwangsmechanismus rügt, entspricht proportional der Gewalt der Erfahrung, die bewältigt werden muß. Noch in der Phänomenologie mochte Hegel glauben, sie lasse einfach sich beschreiben. Aber geistige Erfahrung kann gar nicht anders ausgedrückt werden, als indem sie in ihrer Vermittlung sich reflektiert: aktiv gedacht wird. Indifferenz zwischen der ausgedrückten geistigen Erfahrung und dem gedanklichen Medium ist nicht zu gewinnen. Das Unwahre der Hegelschen Philosophie manifestiert sich gerade darin, daß sie eine solche Indifferenz vorstellt als realisierbar vermöge zureichender begrifflicher Anstrengung. Daher die ungezählten Brüche zwischen dem Erfahrenen und dem Begriff. Hegel ist gegen den Strich zu lesen, auch derart, daß jede logische Operation, und gäbe sie sich noch so formal, auf ihren Erfahrungskern gebracht wird. Das Äquivalent solcher Erfahrung beim Leser ist die Imagination. Wollte er bloß konstatieren, was eine Stelle heißen soll, oder gar der Schimäre nachjagen, zu erraten, was der Autor habe sagen wollen, so verflüchtigte ihm sich der Gehalt, dessen philosophischer Gewißheit er nachhängt. Keiner kann aus Hegel mehr herauslesen, als er hineinlegt. Der Prozeß des Verständnisses ist die fortschreitende Selbstkorrektur solcher Projektion durch den Vergleich mit dem, was geschrieben steht. Die Sache selbst enthält, als Formgesetz, die Erwartung produktiver Phantasie beim Lesenden. Was an Erfahrung registriert sein mag, muß er aus der eigenen ausdenken. Gerade in den Brüchen zwischen Erfahrung und Begriff muß Verständnis einhaken. Wo die Begriffe zur Apparatur sich verselbständigen – und nur enthusiastische Torheit könnte Hegel davon freisprechen, daß er zuweilen den eigenen Kanon mißachtet –, sind sie in die motivierende geistige Erfahrung zurückzuholen, so lebendig zu machen, wie sie es sein möchten und zwangsläufig nicht sein können. – Andererseits affiziert bei Hegel der Primat der geistigen Erfahrung auch die begriffliche Gestalt. Er, den man des Panlogismus bezichtigt, antezipiert eine Tendenz, die erst hundert Jahre nach ihm, in der Phänomenologie Husserls und seiner Schule, methodisch sich einbekannte. Sein Denkverfahren ist paradox. Zwar hält es sich extrem im Medium des Begriffs – nach der Hierarchie der Umfangslogik: auf dem höchsten Abstraktionsniveau –, argumentiert aber nicht eigentlich, so als wollte er dadurch die objektive Zutat des Gedankens gegenüber jener Erfahrung einsparen, die andererseits doch geistige und selbst Gedanke ist. Das Programm des reinen Zusehens aus der Einleitung zur Phänomenologie hat in den Hauptwerken mehr Gewicht, als das arglose philosophische Bewußtsein ihm zutraut. Weil, seiner Konzeption zufolge, alle Phänomene – und im Sinn der Logik sind auch deren Kategorien Phänomene, ein Erscheinendes, Gegebenes und insofern derart Vermitteltes, wie es bereits an einer Stelle der Kantischen Deduktion aufblitzt* – in sich geistig vermittelt sind, bedürfe es nicht des Denkens, sie zu fassen, sondern eher jenes Verhaltens, für das die hundert Jahre spätere Phänomenologie den Terminus spontane Rezeptivität erfand. Das denkende Subjekt soll vom Denken entbunden werden, weil es sich selbst in dem gedachten Objekt wiederfindet; es sei nur aus diesem herauszuwickeln und habe sich darin zu identifizieren. Was immer auch an dieser Anschauung zur Kritik steht, sein eigenes Verfahren jedenfalls ist danach eingerichtet. Verstehen läßt er

* »Sie sind nur Regeln für einen Verstand, dessen ganzes Vermögen im Denken besteht, d. i. in der Handlung, die Synthesis des Mannigfaltigen, welches ihm anderweitig in der Anschauung gegeben worden, zur Einheit der Apperzeption zu bringen, der also für sich gar nichts erkennt, sondern nur den Stoff zum Erkenntnis, die Anschauung, die ihm durchs Objekt gegeben werden muß, verbindet oder ordnet. Von der Eigentümlichkeit unseres Verstandes aber, nur vermittelst der Kategorien und nur gerade durch diese Art und Zahl derselben Einheit der Apperzeption a priori zustande zu bringen, läßt sich ebensowenig ferner ein Grund angeben, als warum wir gerade diese und keine anderen Funktionen zu urteilen haben, oder warum Zeit und Raum die einzigen Formen unserer möglichen Anschauung sind.« (Kant, Kritik der reinen Vernunft, hg. von Raymund Schmidt, 2. Aufl., Leipzig 1944, S. 158 f. [B 145 f.].)

darum sich nur, wenn man die Einzelanalysen nicht als Argumentationen, sondern als Deskriptionen von »Sinnesimplikaten« liest. Nur werden diese nicht, wie in der Husserlschule, als fixierte Bedeutungen, ideale Einheiten, Invarianten vorgestellt, sondern als in sich bewegt. Hegel mißtraut dem Argument tief und mit Recht. Primär weiß der Dialektiker, was später Simmel wiederentdeckte: daß, was argumentativ bleibt, dadurch stets der Widerlegung sich exponiert. Darum enttäuscht Hegel notwendig die Suche nach dem Argument. Schon die Frage nach dem Warum, die der ungewaffnete Leser häufig an Hegelsche Übergänge und Folgerungen zu richten sich bemüßigt fühlt, wo andere Möglichkeiten als die von ihm ventilierten offen dünken, ist ungemäß. Die Richtungskonstanten sind von der Gesamtintention vorgezeichnet; was aber vom Phänomen gesagt wird, ist ihm entnommen, oder soll es wenigstens sein. Kategorien wie die des Begründungszusammenhangs fallen selber in die Hegelsche Dialektik des Wesens und sind nicht zu supponieren. Ist die Aufgabe, vor welche Hegel stellt, nicht die von intellektuellen Gewaltmärschen, so wäre sie fast deren Gegenteil zu nennen. Das Ideal ist nichtargumentatives Denken. Seine Philosophie, die als eine der zum höchsten gespannten Identität äußerste Anspannung des Gedankens fordert, ist dialektisch auch insofern, als sie im Medium des entspannten Gedankens sich bewegt. Ihr Vollzug hängt davon ab, ob die Entspannung gelingt. Darin unterscheidet er sich ungemein von Kant und Fichte. Allerdings auch vom Intuitionismus, den er in Schelling attackierte. Wie alle starren Dichotomien, hat er auch die von These und Argument gebrochen. Nicht ist ihm das Argument, wie vielfach in Philosophie, ein Subsidiäres, das entbehrlich würde, sobald die These eingesickert ist. Thesen gibt es so wenig wie Argumente; Hegel hat sie als »Spruch« verspottet. Virtuell ist immer eines auch das andere: das Argument die Prädikation dessen, was eine Sache sei, also These; die These urteilende Synthesis, also Argument.

Entspannung des Bewußtseins als Verhaltensweise heißt, Assoziationen nicht abwehren, sondern das Verständnis ihnen öffnen. Hegel kann nur assoziativ gelesen werden. Zu versuchen ist, an jeder Stelle so viele Möglichkeiten des Gemeinten, so viele Beziehungen zu anderem einzulassen, wie irgend sich aufdrängen. Die

Leistung der produktiven Phantasie besteht nicht zum letzten darin. Zumindest ein Teil der Energie, ohne die so wenig gelesen werden kann wie ohne Entspannung, wird dazu gebraucht, jene automatisierte Disziplin abzuschütteln, welche die reine Konzentration auf den Gegenstand verlangt und welche dadurch ihn leicht verfehlt. Assoziatives Denken hat bei Hegel sein fundamentum in re. Seine Konzeption von der Wahrheit als einem Werdenden ebenso wie die Absorption der Empirie im Leben des Begriffs hat die Trennung der philosophischen Sparten des Systematischen und Historischen, trotz den entgegenlautenden Deklarationen der Rechtsphilosophie, überschritten. Das Substrat seiner Philosophie, der Geist, soll, wie man weiß, nicht abgespaltener subjektiver Gedanke sein sondern real, und damit seine Bewegung die reale Geschichte. Gleichwohl pressen selbst die späteren Kapitel der Phänomenologie, mit unvergleichlichem Takt, die Wissenschaft von der Erfahrung des Bewußtseins und die von der menschlichen Geschichte nicht brutal ineinander. Die beiden Sphären schweben in ihrer Berührung. In der Logik wird, ihrer Thematik gemäß, wohl auch unterm Druck der Versteifung des späteren Hegel, die auswendige Geschichte von der inneren Historizität der Kategorienlehre verschluckt. Aber diese vergißt zumindest kaum je die Geistesgeschichte im eingeschränkteren Sinn. Wo die Logik an anderen Ansichten über die gleiche Sache sich abgrenzt, bezieht sie durchweg sich auf philosophiehistorisch überlieferte Thesen. Im allgemeinen ist es bei dunklen Absätzen ratsam, derlei Bezüge zu extrapolieren. Heranzuziehen sind frühere Hegelsche Texte, wie die Differenzschrift oder die Jenenser Logik. Vielfach formulieren sie programmatisch, was die Logik einlösen möchte, und gestatten sich noch die philosophiehistorischen Hinweise, die später, dem Ideal der Bewegung des Begriffs zuliebe, verschwiegen werden. Ein Schatten von Mehrdeutigkeit fällt freilich auch über diese Hegelsche Schicht. Wie die systematischen Erwägungen Impulse von den historischen empfangen, so sind diese durch systematische abgelenkt. Selten gehen sie auf in dem Philosophem, auf das sie anspielen. Sie richten sich mehr nach dem objektiven Interesse als dem an der sogenannten Auseinandersetzung mit Büchern. Schon in der Differenzschrift wird man zuweilen zweifeln, was gegen Reinhold geht, was gegen Fichte und was bereits gegen Schelling, dessen Standpunkt offiziell noch verteidigt, gedanklich aber überschritten ist. Solche Fragen wären von der Hegelphilologie entscheidbar, wenn es eine gäbe. Einstweilen sollte die philosophiehistorische Deutung der gleichen Liberalität sich befleißigen wie die systematische.

Historische Assoziationen sind im übrigen keineswegs die einzigen, die an Hegel sich heften. Wenigstens eine andere Dimension sei angedeutet. Seine Dynamik ist selber wiederum eine zwischen dynamischen und festen Elementen. Das trennt ihn unversöhnlich von jenem lebensphilosophischen Fließen, zu welchem etwa die Diltheysche Methode ihn aufweicht. Den Folgen für die Struktur wäre nachzugehen. Inmitten des sich bewegenden Begriffs behauptet sich viel mehr Invarianz, als erwartet, wer den Begriff der Dialektik selber zu undialektisch sich vorstellt. Die Konzeption der Identität im Ganzen, des Subjekt-Objekts, bedarf ebensosehr einer Kategorienlehre, wie diese im einzelnen negiert wird. Trotz allem Reichtum dessen, was Marx, mit einer musikalischen Metapher, die groteske Felsenmelodie[49] nannte, ist die Zahl der Hegelschen Motive endlich. Die wie immer auch paradoxale Aufgabe, einen Katalog der Hegelschen Invarianten anzulegen und deren Verhältnis zum Bewegten herauszuarbeiten, ist dringlich. Sie diente der Sache nicht weniger denn als pädagogische Stütze, freilich nur im ungeschmälerten Bewußtsein jener Einseitigkeit, die Hegel zufolge selber das Unwahre ist. Die Lektüre muß aus der Not der störend klappernden Geräusche, die Richard Wagner analog am musikalischen Klassizismus beklagte, eine Tugend der Zueignung machen. Bei den schwierigsten Stellen ist es gut, wenn man, aus der Kenntnis der von Hegel keineswegs freigelegten, vielleicht gegen seinen Willen ins Werk eingesenkten Invarianten, assoziiert, woran jeweils die Einzelerwägung sich anlehnt. Der Vergleich des allgemeinen Motivs mit dem besonderen Wortlaut liefert vielfach den Sinn. Die unorthodoxe Übersicht über das Ganze, ohne die es dabei nicht abgeht, erteilt Hegel die Quittung dafür, daß er selber nicht orthodox verfahren konnte. Während er, wie der freie Gedanke insgesamt, ohne ein Spielerisches nicht zu denken ist, dem die Assoziationen sich verdanken, sind diese doch bloß Teilmoment. Ihr Gegenpol ist der Wortlaut. Die zweite Stufe der Zueignung wäre, wenn man sie an jenem ausprobiert; die ausscheidet, die ihm widerstreiten; übrig läßt, was zu ihm stimmt und das Detail aufleuchten macht. Kriterium der Assoziationen ist, neben solcher Fruchtbarkeit, daß sie vereinbar sind nicht bloß mit dem, was dasteht, sondern vor allem auch mit dem Zusammenhang. Hegel lesen wäre demnach ein experimentierendes Verfahren: mögliche Deutungen sich einfallen lassen, vorschlagen, dem Text und dem bereits zuverlässig Interpretierten kontrastieren. Der Gedanke, der notwendig vom Gesagten sich entfernt, muß in es wiederum sich zusammenziehen. Ein zeitgenössischer Denker, der trotz seinem Positivismus Hegel näher ist als ihrer beider angebliche Standpunkte, John Dewey, nannte seine Philosophie Experimentalismus. Etwas von seiner Haltung ziemt dem Leser Hegels. Solcher Empirismus zweiten Grades brächte auf der gegenwärtigen Stufe von Hegels geschichtlicher Entfaltung jenes latent positivistische Moment zutage, das seine Philosophie selbst, trotz allen Invektiven gegen das befangene Reflexionsdenken, birgt in der hartnäckigen Insistenz auf dem, was ist. Der den Geist im Inbegriff dessen aufzusuchen sich vermißt, was der Fall sei, beugt damit diesem sich tiefer, als er beteuert. Sein Ideal der Nachkonstruktion ist vom szientifischen nicht absolut verschieden: unter den Widersprüchen der Hegelschen Dialektik, die sie selber nicht schlichtet, vielleicht der folgenreichste. Er fordert die experimentelle Methode heraus, die sonst nur von puren Nominalisten empfohlen ward. Experimentierend ihn lesen heißt, ihn am eigenen Maß messen.

Das sagt aber nicht weniger, als daß keine Lektüre Hegels, die ihm Gerechtigkeit widerfahren läßt, möglich ist ohne Kritik an ihm. Falsch ist allgemein die von pädagogischen Convenus und dem autoritären Vorurteil abgeleitete Vorstellung, Kritik baue als zweite Schicht auf dem Verständnis sich auf. Philosophie selbst vollzieht sich in der permanenten Disjunktion von Wahrem und Falschem. Verständnis ist deren Mitvollzug, und damit immer auch virtuell Kritik an dem zu Verstehenden, sobald dessen Vollzug ein anderes Urteil erzwingt als das, welches verstanden werden soll. Der war nie der schlechteste Leser, welcher das Buch mit despektierlichen Randglossen versah. Die pädagogische

Gefahr, daß Studenten darüber ins Schwätzen und Räsonieren geraten, narzißtisch-bequem über die Sache sich stellen, braucht nicht geleugnet zu werden, hat jedoch mit dem erkenntnistheoretischen Sachverhalt nichts zu tun. Am Lehrer ist es, das Ineinander von Verständnis und Kritik davor zu beschützen, ins prätentiös Hohle auszuarten. Dies Ineinander nun ist Hegel gegenüber in besonderem Maß zu verlangen. Anweisungen, wie er zu lesen sei, sind notwendig immanent. Sie wollen dazu beitragen, den objektiven Gehalt seiner Texte herauszuholen, anstatt daß von außen her über seine Philosophie philosophiert würde. Nicht anders kommt es zum Kontakt mit der Sache. Den Einwand, es sei standpunktslos, molluskenhaft, relativistisch, braucht das immanente Verfahren nicht zu scheuen. Gedanken, die der eigenen Objektivität vertrauen, müssen dem Gegenstand, in den sie sich versenken, und wäre er wiederum Gedanke, va banque, ohne Mentalreservat sich überantworten; das ist die Risikoprämie dafür, daß sie nicht System sind. Transzendente Kritik weicht vorweg der Erfahrung dessen aus, was anders ist als ihr eigenes Bewußtsein. Sie, nicht die immanente, machte sich auf jenem Standpunkt fest, gegen dessen Starrheit und Willkür Philosophie gleichermaßen sich kehrt. Sie sympathisiert schon der bloßen Form nach mit Autorität, ehe nur ein Inhalt ausgesprochen wird: die Form selbst hat ihr inhaltliches Moment. Die Wendung »ich als ...«, an die man jede Richtung vom Diamat bis zum Protestantismus anhängen mag, ist dafür symptomatisch. Wer Exponiertes – Kunst oder Philosophie – nach den Voraussetzungen beurteilt, die darin außer Kurs gesetzt sind, verhält sich reaktionär, auch wenn er auf progressive Parolen schwört. Dagegen ist der Anspruch der Hegelschen immanenten Bewegung, daß sie die Wahrheit sei, keine Position. Insofern will sie hinausführen über ihre pure Immanenz, obwohl diese auch ihrerseits in der Beschränkung eines Standpunkts anheben muß. Wer darum Hegel sich anvertraut, wird geleitet zu der Schwelle, an der über seinen Wahrheitsanspruch zu entscheiden ist. Er wird zu Hegels Kritiker, indem er ihm folgt. Unterm Aspekt des Verstehens ist das Unverständliche an Hegel Wundmal des Identitätsdenkens selbst. Seine dialektische Philosophie gerät in eine Dialektik, von der sie keine Rechenschaft ablegen kann, deren Lösung ihre Allmacht übersteigt. Ihr Versprechen aufzugehen ist falsch. Die Wahrheit des unauflöslich Nichtidentischen erscheint im System, nach dessen eigenem Gesetz, als Fehler, als ungelöst im anderen Sinn, dem des Unbewältigten; als seine Unwahrheit; und nichts Unwahres läßt sich verstehen. So sprengt das Unverständliche das System. Bei allem Nachdruck auf Negativität, Entzweiung, Nichtidentität kennt Hegel deren Dimension eigentlich nur um der Identität willen, nur als deren Instrument. Die Nichtidentitäten werden schwer betont, aber gerade wegen ihrer extremen spekulativen Belastung nicht anerkannt. Wie in einem gigantischen Kreditsystem sei jedes Einzelne ans andere verschuldet – nichtidentisch –, das Ganze jedoch schuldenfrei, identisch. Darin begeht die idealistische Dialektik ihren Trugschluß. Sie sagt mit Pathos: Nichtidentität. Diese soll um ihrer selbst willen, als Heterogenes bestimmt werden. Indem die Dialektik sie jedoch bestimmt, wähnt sie schon, über die Nichtidentität hinaus und der absoluten Identität sicher zu sein. Wohl wird das Nichtidentische, Unerkannte durch Erkennen auch identisch, das Nichtbegriffliche durch Begreifen zum Begriff des Nichtidentischen. Kraft solcher Reflexion indessen ist das Nichtidentische selber doch nicht nur Begriff geworden, sondern bleibt dessen von ihm unterschiedener Gehalt. Aus der logischen Bewegung der Begriffe ist nicht in die Existenz überzugehen. Hegel zufolge bedarf es konstitutiv des Nichtidentischen, damit Begriffe, Identität zustande kommen; so wie es umgekehrt des Begriffs bedarf, um eines Nichtbegrifflichen, Nichtidentischen sich bewußt zu werden. Nur verletzt er seinen eigenen Begriff von Dialektik, der gegen ihn zu verteidigen wäre, indem er ihn nicht verletzt, ihn zur obersten widerspruchsfreien Einheit zusammenschließt. Summum ius summa iniuria. Durch ihre Aufhebung wird die Wechselseitigkeit in Einseitigkeit zurückgebildet. Aus der Wechselseitigkeit ist auch nicht ins Nichtidentische zu springen; sonst vergäße Dialektik ihre Einsicht in die universale Vermittlung. Aber das Moment des Nichtaufgehenden, das in ihr mitgesetzt ist, vermag sie nicht ohne Münchhausenkunststück wegzuschaffen. Was ihr Ärgernis bereitet, ist der Wahrheitsgehalt, der ihr erst abzugewinnen wäre. Stimmig würde sie einzig in der Preisgabe von Stimmigkeit aus der eigenen Konsequenz. Um nichts Geringeres ist Hegel zu verstehen.

Nachweise

Hegels Schriften werden nach der Jubiläumsausgabe, neu herausgegeben von Hermann Glockner, Stuttgart, seit 1927, zitiert. Dabei gelten die Abkürzungen:

WW 1: Aufsätze aus dem kritischen Journal der Philosophie (und andere Schriften aus der Jenenser Zeit)
WW 2: Phänomenologie des Geistes
WW 3: Philosophische Propädeutik
WW 4: Wissenschaft der Logik, 1. Teil
WW 5: Wissenschaft der Logik, 2. Teil
WW 7: Grundlinien der Philosophie des Rechts
WW 8: System der Philosophie, I. Teil
WW 9: System der Philosophie, II. Teil
WW 10: System der Philosophie, III. Teil
WW 11: Vorlesungen über die Philosophie der Geschichte
WW 12: Vorlesungen über die Aesthetik, 1. Bd.
WW 15: Vorlesungen über die Philosophie der Religion, 1. Bd.
WW 16: Vorlesungen über die Philosophie der Religion, 2. Bd.
WW 17: Vorlesungen über die Geschichte der Philosophie, 1. Bd.
WW 18: Vorlesungen über die Geschichte der Philosophie, 2. Bd.
WW 19: Vorlesungen über die Geschichte der Philosophie, 3. Bd.

Aspekte

1 Hegel, WW 19, S. 611.
2 a. a. O., S. 613.
3 a. a. O., S. 615.
4 Richard Kroner, Von Kant bis Hegel, Tübingen 1924, II, S. 279.
5 Vgl. etwa J. G. Fichte, Erste Einleitung in die Wissenschaftslehre, WW (Neudruck der von J. H. Fichte herausgegebenen Gesamtausgabe) I, S. 425 f., und Zweite Einleitung in die Wissenschaftslehre, a. a. O., S. 477 f.
6 Arthur Schopenhauer, Preisschrift über die Grundlage der Moral. Sämtliche Werke, hg. von Paul Deussen, München 1912, III, S. 601.
7 Hegel, WW 10, S. 305.
8 Karl Marx, Die Frühschriften, hg. von Siegfried Landshut, Stuttgart 1953, S. 269.

9 Vgl. Hegel, WW 4, S. 588 ff.
10 Vgl. dazu Text, Schluß von »Skoteinos«.
11 Hegel, WW 2, S. 30.
12 a. a. O., S. 171.
13 Karl Marx, Kritik des Gothaer Programms, in: Karl Marx und Friedrich Engels, Ausgewählte Schriften, Stuttgart 1953, II, S. 11.
14 Vgl. Kroner, a. a. O., II, S. 404 f.
15 Hegel, WW 2, S. 531.
16 Vgl. Max Horkheimer und Theodor W. Adorno, Dialektik der Aufklärung, Amsterdam 1947, S. 38.
17 Hegel, WW 7, S. 319 f.
18 a. a. O., S. 322 f.
19 a. a. O., S. 396.
20 WW 2, S. 23.
21 WW 4, S. 87.
22 a. a. O., S. 87 f.
23 WW 8, S. 204.
24 WW 4, S. 110.
25 a. a. O., S. 107.
26 WW 8, S. 91.
27 a. a. O., S. 35.
28 WW 2, S. 25.
29 a. a. O., S. 46.
30 a. a. O., S. 22.
31 WW 10, S. 17.
32 WW 8, S. 372.
33 WW 4, S. 46.
34 WW 2, S. 38 f.
35 WW 7, S. 387 f.
36 Vgl. Kroner, a. a. O., II, S. 386.
37 Hegel, WW 2, S. 479.
38 Kuno Fischer, Hegels Leben, Werke und Lehre, Heidelberg 1901, 1. Teil, S. 87.

Erfahrungsgehalt

1 Martin Heidegger, Holzwege, Frankfurt am Main 1950, S. 166.
2 a. a. O., S. 170.
3 Hegel, WW 2, S. 613.
4 a. a. O., S. 78.
5 Vgl. Text S. 258.
6 Hegel, WW 9, S. 58.
7 WW 15, S. 174.
8 WW 19, S. 283.

9 WW 8, S. 50.
10 a. a. O., S. 172.
11 a. a. O., S. 181.
12 Vgl. etwa WW 8, § 213, S. 423 f.
13 WW 1, S. 54 f.
14 WW 12, S. 207.
15 WW 17, S. 69.
16 WW 8, S. 57.
17 Vgl. WW 19, S. 606.
18 WW 3, S. 125.
19 WW 18, S. 341.
20 WW 8, S. 47.
21 Immanuel Kant, Kritik der reinen Vernunft. Vorrede zur zweiten Auflage, zitiert nach der Insel-Ausgabe 1922, S. 24.
22 Hegel, WW 8, S. 36.
23 Vgl. WW 2, S. 46 ff.
24 Friedrich Nietzsche, Aus der Zeit der Morgenröthe und der fröhlichen Wissenschaft 1880–1882, Gesammelte Werke, Musarionsausgabe, Elfter Band, München 1924, S. 22.
25 Hegel, WW 8, S. 220.
26 a. a. O., S. 173.
27 WW 16, S. 309.
28 WW 8, S. 423.
29 WW 1, S. 527.
30 Vgl. WW 11, S. 49.
31 Vgl. Georg Lukács, Wider den mißverstandenen Realismus, Hamburg 1958; und dazu Theodor W. Adorno, Erpreßte Versöhnung, in: Noten zur Literatur II, Frankfurt 1961, S. 152 ff.
32 Theodor W. Adorno, Aus einem Brief über die »Betrogene« an Thomas Mann, in: Akzente, Jahrgang 1955, Heft 3, S. 286 f.

Skoteinos

1 Hegel, WW 4, S. 493.
2 WW 1, S. 60.
3 Vgl. Text, S. 293 f.
4 Hegel, WW 8, § 212, Zusatz, S. 422.
5 Vgl. J. M. E. McTaggart, A Commentary on Hegel's Logic, Cambridge 1931.
6 Hegel, WW 7, § 157, S. 236 f.
7 Vgl. WW 1, S. 56 f.
8 WW 4, S. 488.
9 Descartes, Die Prinzipien der Philosophie, übers. und erläutert von Artur Buchenau, Hamburg 1955, I. Teil, S. 15.

10 Descartes, Œuvres, Principia Philosophiae, Bd. III, Paris 1905, pars prima, S. 21 f.
11 Kant, Kritik der reinen Vernunft, hg. von Raymund Schmidt, 2. Aufl., Leipzig 1944, S. 398 f. (B 414 f.).
12 Descartes, Discours de la méthode, übers. v. Lüder Gäbe, Meiner, Hamburg 1960, 4. Teil, S. 55.
13 Ludwig Wittgenstein, Tractatus logico-philosophicus, 7, in: Schriften, Frankfurt 1960, S. 83.
14 Hegel, WW 17, S. 348.
15 Vgl. Edmund Husserl, Ideen zu einer reinen Phänomenologie und phänomenologischen Philosophie, Halle 1922, S. 136.
16 a. a. O., S. 133.
17 a. a. O., S. 137.
18 a. a. O.
19 a. a. O., S. 138.
20 H. G. Hotho, Vorstudien für Leben und Kunst, Stuttgart und Tübingen 1835, S. 386.
21 Vgl. Friedrich Überweg, Grundriß der Geschichte der Philosophie, IV, neu bearbeitet von T. K. Oesterreich, Berlin 1923, S. 87.
22 Hegel, WW 5, S. 5.
23 a. a. O., S. 13 f.
24 WW 4, S. 536.
25 a. a. O., S. 658 f.
26 WW 2, S. 619.
27 WW 10, § 411, Anmerkung, S. 246.
28 WW 3, S. 211.
29 WW 5, S. 203.
30 WW 2, S. 390.
31 a. a. O., S. 405.
32 Hotho, Vorstudien für Leben und Kunst, a. a. O., S. 384 f.
33 Hegel, WW 4, S. 87.
34 a. a. O., S. 665.
35 Vgl. Max Horkheimer und Theodor W. Adorno, Dialektik der Aufklärung, a. a. O., S. 38 ff.
36 Hegel, WW 7, § 3, Anmerkung, S. 43 f.
37 Gustav Rümelin, Reden und Aufsätze, Tübingen 1875, S. 48 f., zitiert in: Friedrich Überweg, Grundriß der Geschichte der Philosophie, a. a. O., S. 77.
38 Hegel, WW 5, S. 328.
39 a. a. O., S. 240.
40 a. a. O., S. 240 f.
41 a. a. O., S. 329.
42 a. a. O., S. 352 f.
43 WW 7, § 280, S. 387 ff.
44 Hotho, Vorstudien für Leben und Kunst, a. a. O., S. 386 f.
45 Hegel, WW 2, S. 44 f.

46 Vgl. WW 4, S. 665 f., und WW 5, S. 212.
47 WW 4, S 552.
48 WW 5, S. 343 ff.
49 Vgl. Marx, Die Frühschriften, hg. von Siegfried Landshut, Stuttgart 1953, S. 7.

Notiz

Die ›Aspekte‹ sind entstanden aus der Gedenkrede, die der Autor zum hundertfünfundzwanzigsten Todestag Hegels, dem 14. November 1956, an der Berliner Freien Universität hielt. Die Vorarbeiten waren zu umfangreich, als daß sie in jener Rede hätten bewältigt werden können. Der Autor sah sich genötigt, für den Berliner Anlaß einen – freilich zentralen – Komplex auszuwählen und andere Motive in einem Vortrag zu behandeln, der vom Hessischen Rundfunk übertragen wurde. Da jedoch die Elemente als Ganzes konzipiert waren, so hat er sie dann, mit wesentlichen Ergänzungen, zu einer Abhandlung vereint.

Der ›Erfahrungsgehalt‹ ist die ebenfalls stark erweiterte Fassung eines Festvortrags des Autors auf der Tagung der Deutschen Hegel-Gesellschaft am 25. Oktober 1958 in Frankfurt; er wiederholte ihn kurz danach in französischer Sprache an der Sorbonne. Gedruckt ist die Arbeit im Archiv für Philosophie 1959, Band 9, Heft 1/2.

›Skoteinos‹, geschrieben im Winter 1962/63, ist unpubliziert.

Da die drei komplementären Teile in einiger Unabhängigkeit voneinander literarisch fixiert wurden, erscheinen gewisse Motive wiederholt; stets allerdings in wechselnder Perspektive.

Herzlich zu danken ist den Assistenten des Frankfurter Philosophischen Seminars, insbesondere Professor Hermann Schweppenhäuser, Dr. Alfred Schmidt, Dr. Werner Becker und Dr. Herbert Schnädelbach.

Editorische Nachbemerkung

Die Hinweise zur Entstehungsgeschichte, die Adorno selbst in der Vorrede zur »Metakritik der Erkenntnistheorie« sowie in der »Notiz« der »Drei Studien zu Hegel« gibt, bedürfen nur weniger Ergänzungen.

Den Oxforder Husserl-Studien Adornos während der Jahre 1934–37 war eine intensive Beschäftigung mit der Phänomenologie bereits in der Studentenzeit vorausgegangen; diese hatte zu der Dissertation »Die Transzendenz des Dinglichen und Noematischen in Husserls Phänomenologie« geführt, mit der der Zwanzigjährige am 28. Juli 1924 in Frankfurt a. M. promoviert wurde. Die Dissertation, von der damals nur eine zweiseitige Zusammenfassung gedruckt worden ist, wird im ersten Band der »Gesammelten Schriften« publiziert werden. – Während die erste Husserl-Arbeit den Begriff des Dings an sich, wie ihn die »Ideen zu einer reinen Phänomenologie und phänomenologischen Philosophie« entfalten, von der immanenzphilosophischen Position Hans Cornelius' aus kritisiert, gelten die zehn Jahre später wiederaufgenommenen Husserl-Studien vorab der Arbeit an den Fragen einer materialistischen Logik. Zunächst begonnen, um den Oxforder philosophischen Doktortitel zu erwerben, legte Adorno das Manuskript im Herbst 1937 beiseite und schrieb den »Versuch über Wagner«. Im folgenden Jahr, nach seiner Übersiedlung nach New York, arbeitete er an einer zusammenfassenden Darstellung, die zur Veröffentlichung in der »Zeitschrift für Sozialforschung« vorgesehen war, aber nicht zustande kam. Lediglich ein kürzerer Aufsatz »Husserl and the Problem of Idealism« wurde abgeschlossen und erschien 1940 in englischer Sprache im »Journal of Philosophy« (Vol. 37, No. 1, S. 5–18); innerhalb der »Gesammelten Schriften« wird dieser Aufsatz im zwanzigsten Band abgedruckt werden. – Von der 1956 im Verlag W. Kohlhammer, Stuttgart, erschienenen »Metakritik der Erkennt-

nistheorie« beruhen das erste, zweite und vierte Kapitel auf Teilen des Oxforder Manuskripts, das dritte Kapitel und die Einleitung wurden 1955/56 für das Buch neu geschrieben. Der Titel »Zur Metakritik der Erkenntnistheorie« stellt ein Zugeständnis an den Erstverlag dar, Adorno beabsichtigte ursprünglich, das Buch »Die phänomenologischen Antinomien« zu nennen. Er bezeichnete es noch 1968 als das ihm selbst nächst der »Negativen Dialektik« wichtigste seiner Bücher. Vor allem auf die Einleitung pflegte er hinzuweisen als auf diejenige Arbeit, die neben dem Aufsatz »Der Essay als Form« aus den »Noten zur Literatur I« noch am ehesten ein Programm seiner Philosophie enthalte.
Die erste der »Drei Studien zu Hegel« erschien 1957 unter dem Titel »Aspekte der Hegelschen Philosophie« als selbständige Publikation im Suhrkamp Verlag, Berlin und Frankfurt a. M. Die Einzelausgabe enthält ein den »Minima Moralia« entnommenes Motto: »Das Ganze ist das Unwahre.« Eine vom Januar 1957 datierte »Notiz« zu der Einzelausgabe ging in der »Notiz« der »Drei Studien zu Hegel« mit Ausnahme des letzten Absatzes auf; dieser lautet: »Gerade eine Publikation über Hegel bietet Gelegenheit zu wiederholen, daß das philosophische Denken des Autors und das Max Horkheimers eines sind. Darum konnte auf einzelne Hinweise verzichtet werden.« – Die »Drei Studien zu Hegel« wurden für die Reihe »edition suhrkamp« zusammengestellt und erschienen 1963 in der ersten Auflage.
Der Text des vorliegenden Abdrucks der »Metakritik der Erkenntnistheorie« beruht auf der bislang einzigen Ausgabe von 1956, der der »Drei Studien zu Hegel« auf der dritten Auflage von 1969, der letzten zu Lebzeiten des Autors erschienenen. Einige wenige Korrekturen sind aus Adornos Handexemplaren übernommen worden. Die Zitate wurden kontrolliert und berichtigt. Vier Textanmerkungen zum »Skoteinos« wurden nach dem Vorgang der »Metakritik der Erkenntnistheorie« von den Nachweisen getrennt und unter die Seiten mit ihren Bezugstellen gerückt. Im übrigen folgt auch die Form der Zitatnachweise soweit möglich den Originalen; noch deren Inkonsequenzen sind Ausdruck von Adornos Idiosynkrasie gegen Einheits- und Systemdenken.

Januar 1971

- Band 18: Musikalische Schriften V. stw 1718. 841 Seiten
- Band 19: Musikalische Schriften VI. stw 1719. 665 Seiten
- Band 20: Vermischte Schriften. Zwei Bände. stw 1720. 877 Seiten

Nachgelassene Schriften
Herausgegeben vom Theodor W. Adorno Archiv

Abteilung I: Fragment gebliebene Schriften
- Band 3: Current of Music. Elements of a Radio Theory. Herausgegeben von Robert Hullot-Kentor. 690 Seiten. Gebunden

Abteilung IV: Vorlesungen
- Band 2: Einführung in die Dialektik. Herausgegeben von Christoph Ziermann. 439 Seiten. Gebunden
- Band 3: Ästhetik. Herausgegeben von Eberhard Ortland. 522 Seiten. Gebunden
- Band 4: Kants »Kritik der reinen Vernunft«. Herausgegeben von Rolf Tiedemann. 440 Seiten. Gebunden
- Band 6: Philosophie und Soziologie. Herausgegeben von Dirk Braunstein. 459 Seiten. Gebunden
- Band 7: Ontologie und Dialektik. Herausgegeben von Rolf Tiedemann. 448 Seiten. Gebunden
- Band 9: Philosophische Terminologie. Herausgegeben von Henri Lonitz. 912 Seiten. Gebunden
- Band 10: Probleme der Moralphilosophie. Herausgegeben von Thomas Schröder. 318 Seiten. Gebunden
- Band 12: Philosophische Elemente einer Theorie der Gesellschaft. Herausgegeben von Tobias ten Brink und Marc Phillip Nogueira. 278 Seiten. Gebunden
- Band 13: Zur Lehre von der Geschichte und von der Freiheit. Herausgegeben von Rolf Tiedemann. stw 1785. 491 Seiten
- Band 14: Metaphysik. Begriff und Probleme. Herausgegeben von Rolf Tiedemann. 320 Seiten. Gebunden

NF 138/2/12.16

- Band 15: Einleitung in die Soziologie. Herausgegeben von Christoph Gödde. 330 Seiten. Gebunden
- Band 16: Vorlesung über negative Dialektik. Herausgegeben von Rolf Tiedemann. 464 Seiten. Gebunden
- Band 17: Kranichsteiner Vorlesungen. Herausgegeben von Klaus Reichert und Michael Schwarz. Mit einer DVD. 600 Seiten. Gebunden

Briefe und Briefwechsel
Herausgegeben vom Theodor W. Adorno Archiv

- Band 1: Theodor W. Adorno – Walter Benjamin. Briefwechsel 1928-1940. Herausgegeben von Henri Lonitz. 501 Seiten. Gebunden
- Band 2. Theodor W. Adorno – Alban Berg. Briefwechsel 1925-1935. Herausgegeben von Henri Lonitz. 380 Seiten. Gebunden
- Band 3: Theodor W. Adorno – Thomas Mann, Briefwechsel 1943-1955. Herausgegeben von Christoph Gödde und Thomas Sprecher. 179 Seiten. Gebunden
- Band 4.1: Adorno – Max Horkheimer. Briefwechsel I. 1927-1937. Herausgegeben von Christoph Gödde und Henri Lonitz. 612 Seiten. Gebunden
- Band 4.2.: Adorno – Max Horkheimer. Briefwechsel II. 1938-1944. Herausgegeben von Christoph Gödde und Henri Lonitz. 662 Seiten. Gebunden
- Band 4.3.: Adorno – Max Horkheimer. Briefwechsel III. 1945-1949. Herausgegeben von Christoph Gödde und Henri Lonitz. 589 Seiten. Gebunden
- Band 4.4 Adorno – Max Horkheimer. Briefwechsel IV. 1950-1969. Herausgegeben von Christoph Gödde und Henri Lonitz. 1078 Seiten. Gebunden
- Band 5: Briefe an die Eltern. 1939-1951. Herausgegeben von Christoph Gödde und Henri Lonitz. Mit einem vierfarbigen Bildteil. 576 Seiten. Gebunden

NF 138/3/12.16

- Band 7: Adorno – Siegfried Kracauer. Briefwechsel 1923-1966. »Der Riß der Welt geht auch durch mich …«. 772 Seiten. Gebunden
- Band 8: Theodor W. Adorno – Gershom Scholem. Briefwechsel. 1939-1969. »Der liebe Gott wohnt im Detail«. Herausgegeben von Asaf Angermann. 548 Seiten. Gebunden

»So müßte ich ein Engel und kein Autor sein«. Adorno und seine Frankfurter Verleger. Der Briefwechsel mit Peter Suhrkamp und Siegfried Unseld. Herausgegeben von Wolfgang Schopf. 650 Seiten. Gebunden

Einzelausgaben. Eine Auswahl

Beethoven. Philosophie der Musik. Fragmente und Texte. Herausgegeben von Rolf Tiedemann. stw 1727. 392 Seiten

Einleitung in die Soziologie. Herausgegeben von Christoph Gödde. stw 1673. 336 Seiten

Erziehung zur Mündigkeit. Voträge und Gespräche mit Hellmut Becker 1959 bis 1969. Herausgegeben von Gerd Kadelbach. st 11. 148 Seiten

Jargon der Eigentlichkeit. Zur deutschen Ideologie. es 91. 139 Seiten

Minima Moralia. Reflexionen aus dem beschädigten Leben. BS 236. 339 Seiten

Negative Dialektik. stw 1706. 531 Seiten

Studien zum autoritären Charakter. Übersetzt von Milli Weinbrenner. stw 1182. 483 Seiten

NF 138/4/12.16

Georg Simmel
im Suhrkamp Verlag

Gesamtausgabe in 24 Bänden. Herausgegeben von Otthein Rammstedt. Die Bände sind auch einzeln lieferbar.

- Band 1: Das Wesen der Materie nach Kant's Physischer Monadologie. Abhandlungen 1882-1884. Rezensionen 1883-1901. Herausgegeben von Klaus Christian Köhnke. Gebunden und stw 801. 527 Seiten
- Band 2: Aufsätze 1887 bis 1890. Über sociale Differenzierung (1890). Die Probleme der Geschichtsphilosophie (1892). Herausgegeben von Heinz-Jürgen Dahme. Gebunden und stw 802. 434 Seiten
- Band 3: Einleitung in die Moralwissenschaft. Eine Kritik der ethischen Grundbegriffe. Erster Band. Herausgegeben von Klaus Christian Köhnke. Gebunden und stw 803. 461 Seiten
- Band 4: Einleitung in die Moralwissenschaft. Eine Kritik der ethischen Grundbegriffe. Zweiter Band. Herausgegeben von Klaus Christian Köhnke. Gebunden und stw 804. 427 Seiten
- Band 5: Aufsätze und Abhandlungen 1894-1900. Herausgegeben von Heinz-Jürgen Dahme und David P. Frisby. Gebunden und stw 805. 690 Seiten
- Band 6: Philosophie des Geldes. Herausgegeben von David P. Frisby und Klaus Christian Köhnke. Gebunden und stw 806. 787 Seiten
- Band 7: Aufsätze und Abhandlungen 1901-1908, Band I. Herausgegeben von Rüdiger Kramme, Angela Rammstedt und Otthein Rammstedt. Gebunden und stw 807. 382 Seiten
- Band 8: Aufsätze und Abhandlungen 1901-1908, Band II. Herausgegeben von Alessandro Cavalli und Volkhard Krech. Gebunden und stw 808. 463 Seiten

NF 137/1/9.16

- Band 9: Kant. Die Probleme der Geschichtsphilosophie (1905/1907). Herausgegeben von Guy Oakes und Kurt Röttgers. Gebunden und stw 809. 485 Seiten
- Band 10: Philosophie der Mode (1905). Die Religion (1906/1912). Kant und Goethe (1906/1916). Schopenhauer und Nietzsche (1907). Herausgegeben von Michael Behr, Volkhard Krech und Gert Schmidt. stw 810. 497 Seiten
- Band 11: Soziologie. Untersuchungen über die Formen der Vergesellschaftung. Herausgegeben von Otthein Rammstedt. stw 811. 1051 Seiten
- Band 12: Aufsätze und Abhandlungen 1909-1918, Band I. Herausgegeben von Rüdiger Kramme und Angela Rammstedt. 586 Seiten. Gebunden. stw 812. 592 Seiten
- Band 13: Aufsätze und Abhandlungen 1909-1918, Band II. Herausgegeben von Klaus Latzel. Gebunden und stw 813. 431 Seiten
- Band 14: Hauptprobleme der Philosophie. Philosophische Kultur. Herausgegeben von Rüdiger Kramme und Otthein Rammstedt. Gebunden und stw 814. 530 Seiten
- Band 15: Goethe. Deutschlands innere Wandlung. Das Problem der historischen Zeit. Rembrandt. Herausgegeben von Uta Kösser, Hans-Martin Kruckis, Otthein Rammstedt. Gebunden und stw 815. 678 Seiten
- Band 16: Der Krieg und die geistigen Entscheidungen. Grundfragen der Soziologie. Vom Wesen des historischen Verstehens. Der Konflikt der modernen Kultur. Lebensanschauung. Herausgegeben von Gregor Fitzi und Otthein Rammstedt. Gebunden und stw 816. 516 Seiten
- Band 17: Miszellen, Glossen, Stellungnahmen, Umfrageantworten, Leserbriefe, Diskussionsbeiträge 1889-1918. Anonyme und pseudonyme Veröffentlichungen 1888-1920. Bearbeitet und herausgegeben von Klaus Christian Köhnke unter Mitarbeit von Cornelia Jaenichen und Erwin Schullerus. Gebunden und stw 817. 626 Seiten

NF 137/2/9.16

- Band 18: Englischsprachige Veröffentlichungen 1893-1910. Herausgegeben von David P. Frisby. Gebunden und stw 818. 548 Seiten
- Band 19: Französisch- und italienischsprachige Veröffentlichungen. Mélanges de philosophie relativiste. Herausgegeben von Christian Papilloud, Angela Rammstedt und Patrick Watier. Gebunden und stw 819. 464 Seiten
- Band 20: Postume Veröffentlichungen, Ungedrucktes, Schulpädagogik. Herausgegeben von Torge Karlsruhen und Otthein Rammstedt. Gebunden und stw 820. 628 Seiten
- Band 21: Kollegheft und Mitschriften. Herausgegeben von Angela Rammstedt und Cécile Rol. Gebunden und stw 821. 1343 Seiten
- Band 22: Briefe 1880-1911. Herausgegeben von Klaus Christian Köhnke. Gebunden und stw 822. 1094 Seiten
- Band 23: Briefe 1912-1918. Jugendbriefe. Herausgegeben von Otthein und Angela Rammstedt. Gebunden und stw 823. 1200 Seiten
- Band 24: Nachträge. Dokumente. Bibliographien. Auflistungen. Indices. Bearbeitet und herausgegeben von Otthein Rammstedt unter Mitarbeit von Angela Rammstedt und Erwin Schullerus. Gebunden und stw 824. 1089 Seiten

Die Großstädte und das Geistesleben. Gebunden. 47 Seiten

Individualismus der modernen Zeit und andere soziologische Abhandlungen. Ausgewählt und mit einem Nachwort von Otthein Rammstedt. stw 1873. 394 Seiten

Das individuelle Gesetz. Philosophische Exkurse. Herausgegeben und eingeleitet von Michael Landmann. Neuausgabe 1987 mit einem Nachwort von Klaus Christian Köhnke. Broschur. 275 Seiten

NF 137/3/9.16

Jenseits der Schönheit. Schriften zur Ästhetik und Kunstphilosophie. Ausgewählt und mit einem Nachwort von Ingo Meyer. stw 1874. 437 Seiten

Schriften zur Soziologie. Eine Auswahl. Herausgegeben und eingeleitet von Heinz-Jürgen Dahme und Otthein Rammstedt. stw 434. 310 Seiten

Zu Georg Simmel

Georg Simmel und die Moderne. Neue Interpretationen und Materialien. Herausgegeben von Heinz-Jürgen Dahme und Otthein Rammstedt. Mit Beiträgen von David P. Frisby, Lewis A. Coser, Birgitta Nedelmann, Bruno Accarino, Michael Landmann, Kurt H. Wolff, Hannes Böhringer, Sibylle Hübner-Funk, Heinz-Jürgen Dahme, Klaus Lichtblau, Peter-Ernst Schnabel, Donald N. Levine, Klaus Christian Köhnke, Heinz-Jürgen Dahme und Otthein Rammstedt. stw 469. 486 Seiten

Georg Simmels ›Philosophie des Geldes‹. Aufsätze und Materialien. Herausgegeben von Otthein Rammstedt unter Mitwirkung von Christian Papilloud, Natàlia Cantó i Milà und Cécile Rol. stw 1584. 350 Seiten

Klaus Christian Köhnke. Der junge Simmel in Theoriebeziehungen und sozialen Bewegungen. Gebunden. 569 Seiten

NF 137/4/9.16

Jürgen Habermas
im Suhrkamp Verlag
Eine Auswahl

Auch eine Geschichte der Philosophie. 2 Bde. Gebunden/Broschur. 1752 Seiten

Ein Bewußtsein von dem, was fehlt. Eine Diskussion mit Jürgen Habermas. Herausgegeben von Michael Reder und Josef Schmidt. es 2537. 109 Seiten

Die Einbeziehung des Anderen. Studien zur politischen Theorie. stw 1444. 404 Seiten

Erkenntnis und Interesse. stw 1. 420 Seiten

Erläuterungen zur Diskursethik. stw 975. 229 Seiten

Faktizität und Geltung. Beiträge zur Diskurstheorie des Rechts und des demokratischen Rechtsstaats. 667 Seiten. Gebunden. stw 1361. 704 Seiten

Glauben und Wissen. Rede zum Friedenspreis des Deutschen Buchhandels. es-Sonderdruck. 60 Seiten

Legitimationsprobleme im Spätkapitalismus. es 623. 196 Seiten

Moralbewußtsein und kommunikatives Handeln. stw 422. 208 Seiten

Nachmetaphysisches Denken. Philosophische Aufsätze. Gebunden und stw 1004. 286 Seiten

NF 119/1/11.20

Nachmetaphysisches Denken II. Aufsätze und Repliken. Gebunden/Broschur. 335 Seiten

Philosophisch-politische Profile. Gebunden und stw 659. 479 Seiten

Der philosophische Diskurs der Moderne. Zwölf Vorlesungen. stw 749. 450 Seiten

Die postnationale Konstellation. es 2095. 272 Seiten

Philosophische Texte. Studienausgabe in fünf Bänden
- Sprachtheoretische Grundlegung der Soziologie. Band 1. Broschur. 411 Seiten
- Rationalitäts- und Sprachtheorie. Band 2. Broschur. 389 Seiten
- Diskursethik. Band 3. Broschur. 470 Seiten
- Politische Theorie. Band 4. Broschur. 437 Seiten
- Kritik der Vernunft. Band 5. Broschur. 463 Seiten

Strukturwandel der Öffentlichkeit. Untersuchungen zu einer Kategorie der bürgerlichen Gesellschaft. stw 891. 391 Seiten

Technik und Wissenschaft als »Ideologie«. es 287. 184 Seiten

Texte und Kontexte. stw 944. 217 Seiten

Theorie des kommunikativen Handelns.
- Bd. 1: Handlungsrationalität und gesellschaftliche Rationalisierung
- Bd. 2: Zur Kritik der funktionalistischen Vernunft. Gebunden und stw 1175. 1216 Seiten

Theorie und Praxis. Sozialphilosophische Studien. stw 243. 473 Seiten

NF 119/2/11.20

Vom sinnlichen Eindruck zum symbolischen Ausdruck. Philosophische Essays. BS 1233. 156 Seiten

Vorstudien und Ergänzungen zur Theorie des kommunikativen Handelns. Gebunden und stw 1176. 606 Seiten

Wahrheit und Rechtfertigung. Philosophische Aufsätze. 336 Seiten. Gebunden und Broschur. stw 1723. Erweiterte Ausgabe. 364 Seiten

Zeitdiagnosen. Zwölf Essays. 1980-2001. es 2439. 264 Seiten

Die Zukunft der menschlichen Natur. Auf dem Weg zur liberalen Eugenik? 128 Seiten. Broschur. stw 1744. Erweiterte Ausgabe. 164 Seiten

Zur Logik der Sozialwissenschaften. Gebunden/Broschur/stw 517. 607 Seiten

Zur Rekonstruktion des Historischen Materialismus. stw 154. 346 Seiten

Zur Verfassung Europas. Ein Essay. es-Sonderdruck. 140 Seiten

Zwischen Naturalismus und Religion. Philosophische Aufsätze. 376 Seiten. Gebunden und Broschur

Kleine politische Schriften

Kleine politische Schriften I–IV. 535 Seiten. Gebunden

Die Neue Unübersichtlichkeit. Kleine politische Schriften V. es 1321. 268 Seiten

NF 119/3/11.20

Eine Art Schadensabwicklung. Kleine politische Schriften VI. es 1453. 179 Seiten

Die nachholende Revolution. Kleine politische Schriften VII. es 1633. 225 Seiten

Die Normalität einer Berliner Republik. Kleine politische Schriften VIII. es 1967. 188 Seiten

Zeit der Übergänge. Kleine politische Schriften IX. es 2262. 196 Seiten

Der gespaltene Westen. Kleine politische Schriften X. es 2383. 208 Seiten

Ach, Europa. Kleine politische Schriften XI. es 2551. 191 Seiten

Im Sog der Technokratie. Kleine Politische Schriften XII. es 2671. 193 Seiten

Jürgen Habermas als Herausgeber

Stichworte zur »Geistigen Situation der Zeit«. es 1000. 860 Seiten

Zu Jürgen Habermas

Kommunikatives Handeln. Beiträge zu Jürgen Habermas' »Theorie des kommunikativen Handelns«. Herausgegeben von Axel Honneth und Hans Joas. Erweiterte und aktualisierte Ausgabe. stw 625. 521 Seiten

NF 119/4/11.20